ENTRE A LAGOA E O MAR.
Reminiscências.
....

FERNANDO PEDREIRA
ENTRE A LAGOA E O MAR.
Reminiscências.

Bem-Te-Vi
2016

Bem-Te-Vi Produções Literárias
Estrada da Gávea, 712, sala 502 –
São Conrado – Rio de Janeiro – RJ
CEP 22610-002
e-mail: bem-te-vi@bem-te-vi.net
www.editorabemtevi.com.br

Proibida toda forma de reprodução desta edição por qualquer modo ou forma, eletrônica, mecânica, fotocopiada, gravada ou por qualquer meio sem autorização expressa do autor e da editora.

© Fernando Pedreira, 2016

Esta edição segue o Acordo Ortográfico da Língua Portuguesa em vigor desde 2009.

Foi feito o Depósito Legal junto à Fundação Biblioteca Nacional.

EDITORA RESPONSÁVEL
Vivi Nabuco

EDITOR EXECUTIVO
Sebastião Lacerda

ASSESSOR ESPECIAL
Fernando Pedreira

ASSESSORIA JURÍDICA
Manoel Nabuco

DESIGN GRÁFICO
Victor Burton

DESIGNER ASSISTENTE
Adriana Moreno

TRATAMENTO DE IMAGENS
Anderson Junqueira
Trio Studio

COORDENADORA DE PROJETOS
Liana Pérola Schipper

REVISÃO
Elisabeth Lissovsky
Mauro Borges
Sônia Sant'Anna

PRODUÇÃO GRÁFICA
Marcello Braga Machado

APOIO À PRODUÇÃO
Pêtty Azeredo
Evandro Salvino

CONSELHO CONSULTIVO DA BEM-TE-VI
Ana Arruda Callado
Anna Letycia
Armando Freitas Filho
Cláudio Mello e Souza, *in memoriam*
Gilberto Velho, *in memoriam*
Luiz Paulo Horta, *in memoriam*
Marco Lucchesi
Mário Carneiro, *in memoriam*
Moacir Werneck de Castro, *in memoriam*
Ricardo Cravo Albin
Sérgio Augusto
Sérgio Rodrigues, *in memoriam*
Silviano Santiago
Vera Pedrosa

CRÉDITOS DAS FOTOS

FOTO DA CAPA: Acervo familiar, autor desconhecido.

PÁGINA VII: Evandro Teixeira/acervo familiar.

PÁGINA VIII: Solano de Freitas/Agência Estado.
Copyright © Estadão Conteúdo. Todos os direitos reservados.

PÁGINA IX, EMBAIXO: J. C. Brasil/CPDoc JB.

PÁGINA XIII, EMBAIXO: Cristina Lacerda/acervo Bem-Te-Vi.

PÁGINA XIV, NO ALTO: Zeca Guimarães/Folhapress.

As outras fotos pertencem a arquivos familiares e são de autoria desconhecida.

Todos os esforços foram realizados pela editora no sentido de localizar os titulares dos direitos autorais das imagens constantes desta obra. Para quaisquer omissões, os direitos encontram-se reservados.

Sumário

{Carta a Fernando}
7

{ Entre a lagoa e o mar }
Reminiscências
11

{ I }
13

{ II }
173

{ III }
263

{ IV }
283

Carta a Fernando*

Fernando,

O Gusmão me trouxe ontem cento e poucas páginas de seu livro. Li-as, praticamente de um só fôlego, o que mostra a qualidade da escritura e o interesse que desperta. Não sei se desperta tamanho interesse em todo mundo, ou, quem sabe, somente *nosotros*, "os velhos" (vou me acostumando com relutância a esta condição, mas depois que o Mandela me chamou para fazer parte com ele, o Carter, o Kofi Anan, o bispo Tutu, e outros caquéticos mais, de um grupo chamado "The Elders", tenho que enfiar a carapuça...).

    Há seções fascinantes no livro e, para minha surpresa, as mais fascinantes são as que se referem a seus sentimentos, quase sempre escondidos na vida diária. Sem falar na memória de elefante para nomes de pessoas, árvores, lugares, frutas. Há também

---

* N. do. E.: Carta de Fernando Henrique Cardoso, sem data, escrita provavelmente no final de 2006, quando Fernando Pedreira terminou de redigir a primeira parte destas *Reminiscências*.

excelentes análises mais sofisticadas do que significou a experiência política e mesmo existencial de toda uma geração, com seus *hopes* e frustrações.

Alguns pormenores podem ser revistos: nomes de ruas, referências específicas a situações de terceiras pessoas *etc.* Mas não sei se vale a pena revê-los dado o movimento do texto, que se descompromete com detalhes e rigores. Só para exemplificar, sua dúvida sobre de quem eu era assistente quando fui convidado para participar do Conselho Nacional de Economia é fácil de resolver: àquela altura eu era professor assistente de sociologia (cátedra do Florestan) e não mais da Alice Canabrava, de quem fui assistente nos anos cinquenta. A rua em que morava o Júlio Filho, em cuja esquina com a Higienópolis você morou, era a Sabará. Há outros enganos, mas que não prejudicam em nada a leitura e, se você preferir, pode deixá-los porque serão tomados como demonstração da espontaneidade do livro.

Quanto ao que andei fazendo na vida, primeiro, obrigado pela magnanimidade com que você me trata, talvez exagerando os feitos deste pobre marquês (embora diante dos desfeitos do atual pândego quase me convenço de que não fiz tanta bobagem assim).

Para seu esclarecimento, e sem que mude uma linha do que escreveu, concordo com o que você diz sobre meus ministros da Justiça. O Jobim, que foi o primeiro, tem boa formação jurídica, faltam-lhe, contudo, virtudes. Na saída dele tentei o Pertence; em outra ocasião tentei o Veloso, procurei ver se o Aristides Junqueira aceitaria, e nenhum deles topou: a reação contra o governo sustentada pela OAB, dominada pela "esquerda", paralisava as melhores figuras. Não se esqueça de que em São Paulo o Gofredo da Silva Teles, junto ao sacripanta chamado Fábio Comparato, assinaram pedidos de *impeachment* mais de uma vez. Utilizei, mesmo depois da má oleada de peemedebistas politiqueiros (que durou um ano apenas), a prata da casa: Miguel Reale Júnior, José Carlos Dias, Zé Gregori e o último, um jovem do Pará, cujo pai foi ministro do Tancredo e que se saiu surpreendentemente bem, Paulo de Tarso Ribeiro. Apenas justifico, mas não nego a validade de suas críticas.

Nos comentários sobre o Sérgio Mota e, especificamente, na comparação que fiz de estilos entre ele e o Fernando G., não havia ironia. O Sérgio sustentou financeiramente o jornal *O Movimento*. Quando houve a cisão do Raimundo Pereira para a criação do novo jornal eu me meti no conselho consultivo dos dois para evitar a fragmentação de uma oposição nanica e inconsistente, mas valente. Sérgio abrigou na empresa dele tudo quanto foi clandestino, inclusive uma ex-mulher do Marighela, chamada Clara, e tinha uma coragem temerária para defender os amigos e perseguidos pelo regime. A imagem dele foi muito desfigurada, a partir de sua própria incontinência verbal e de seu jeito físico, assemelhado ao do PC Farias, mas era um lutador. Sua influência sobre o governo era muito menor do que ele e a imprensa faziam crer. Quando se soma ACM mais Serjão, o bobão parecia ser eu, que, como você sabe, de bobo tenho pouco. Coisas da política... De qualquer modo, não o comparo em sã consciência com nosso Fernando Gasparian, cuja ousadia, generosidade e pertinácia são únicas.

Por fim, minha inexorável vocação política. Eu não posso negá-la. Mas deveria ser mais ambicioso de poder do que sou (ainda hoje). O título do outro livro escrito em inglês foi dado pelos editores e havia uma escolha binária: ou chamá-lo de "*Taming Brazil*" – muito pretensioso, ainda mais pelo que já me consideram de vaidoso – ou o *Accidental Pr*. Mas reitero no livro: sem fortuna não se chega lá, mas só com ela tampouco. A "verdade" é que eu sou ambíguo em matéria de poder, vivo hesitando entre o homem da academia e o do poder e é difícil servir a dois senhores. É impossível ser presidente duas vezes por acaso, mas sem essa ajuda, também não dá. É só ver quanta ambição jaz ao redor do Planalto sem jamais chegar lá e quanta incompetência entrou lá.

Mas não escrevo para me justificar, embora o tenha feito, mas para gabar. E para dizer que lendo seu livro senti saudades, de você, da Renina, da Monique, do Gusmão, essa confusão toda, de tantos amigos vivos e mortos que, a despeito de caminhos tão dispersos e entrecruzados e das distâncias geográficas e mesmo sentimentais (o Sartre, com o pedantismo da época falava de "espaço odológico" se não me engano, para se referir ao espaço físico, ao sentimental e ao da memória) continuamos, estranhamente, mantendo vínculos emocionais muito fortes.

Por fim, minha saúde: por enquanto continua leonina. Fui operado da próstata, há poucos dias, uma "ressecção" da bicha pela uretra, seguida da extração de pedras na bexiga, e me recuperei em dois dias. Nem senti dor alguma, nem mais nada. A genética é forte.

Um abraço para você e para a Monique e vá em frente com suas *Reminiscências sérias e frívolas**, mas não abuse das frívolas,

Fernando Henrique

---

* N. do E.: Ao começar a escrever suas próprias memórias, Fernando Pedreira nomeava-as pelo título de *Reminiscências sérias e frívolas*, em referência ao livro do embaixador Maurício Nabuco, em que ele revela bastidores da política, relações do ambiente social que frequentou e histórias de sua carreira diplomática – fatos relevantes e pitorescos entremeados a reflexões e dotados de senso de humor.

ENTRE A LAGOA E O MAR.
Reminiscências.

{I}

Quando fiz 30 anos tomei o maior porre da minha vida. Fugi de casa, fui dormir num hotelzinho muito modesto, na cidade de Ubatuba, onde estávamos. Bebi água a noite toda, sem parar. De manhã, saí, andei um pouco pela praia ainda deserta e me sentei na areia, morto de vergonha e desânimo. Só me levantei quando meus amigos me descobriram e me dei conta de que estava tudo bem. Tinha sido só uma *bad trip*.

Naquele ano, encerrou-se minha extensa e ensolarada adolescência. Tornei-me jornalista profissional, primeiro no *Diário de S. Paulo* e na *Última Hora* e, enfim, no *Estadão*. Rompi definitivamente (e memoravelmente) com o Partido Comunista. Por que memoravelmente? Porque não estava sozinho. Nós éramos um grupo numeroso de amigos: Paulo e Newton Rodrigues, Vítor Konder, Osvaldo Peralva, Mário Schenberg, Agildo Barata, Luís Hildebrando Pereira da Silva, Geraldo Mayer, Fernando Henrique Cardoso; virtualmente toda a redação da *Voz Operária*, órgão central do PC, e toda a cúpula do aparelho de coleta de fundos do partido em São Paulo. A ruptura foi um longo processo, uma febre moral e intelectual que nos consumiu durante meses inteiros. Eu mesmo fui uma espécie de propagandista e "ideólogo" do processo. Escrevia longos ensaios, sob o codinome de Pedro Salústio, que eram clandestinamente mimeografados e difundidos no nosso vasto submundo revolucionário. O comunismo era ilegal e perseguido, mas a repressão estava ainda longe do paroxismo dos tempos de ditadura. Enfim, quem há de contar melhor essa história há de ser Fernando Henrique, o mais moço dos nossos, então e, certamente, o que se revelaria mais preocupado com questões de biografia e de história.

Aquele ano de 1956 foi o ano da Revolução Húngara e do seu brutal esmagamento pelas tropas soviéticas. Foi também o ano da divulgação do relatório "secreto" de Kruschev no 20º Congresso do PCUS sobre os crimes de Stalin. No processo de ruptura a que me referi, discutimos tudo isso exaustivamente, misturando à nossa experiência local e pessoal, além da doutrina que sustentava todo o arcabouço e que era a base da nossa fé, o marxismo-leninismo-stalinismo. Foi uma prolongada e ampla "autocrítica", na verdade uma purgação, um clister ideológico que, no fim, nos deixou livres e soltos, contentes e até entusiasmados com a liberdade e a independência reconquistadas, mas, ao mesmo tempo, frustrados, perdidos, sem rumo diante de uma insatisfatória realidade que queríamos transformar (éramos jovens), mas já não sabíamos como.

Essa frustração, esse desconforto, esse vazio – tudo havia ido de roldão, heróis e líderes um depois do outro e supostos teóricos também; Stalin primeiro, depois Lenin, depois Trotski, depois o marxismo – levaram alguns dos nossos, pouco depois, a retornar ao aprisco, à casa arruinada e mal-assombrada do PC. Mário Schenberg, o de maior prestígio e autoridade intelectual, foi o único que procurou justificar seu recuo. "Sou homem de sistema", disse ele. "Seja como for, não posso sair. Preciso ter, ao meu lado, o peso de uma grande potência, participar do seu sistema. A independência e o arbítrio do indivíduo, só e isolado, em política, não servem para grande coisa." Outros, como Luís Hildebrando, limitaram-se a ceder ao peso do sentimentalismo: o velho PC, Prestes, a Revolução Soviética, eram a religião, a pátria dos seus, de sua família e de sua gente. Outros ainda, como Rossini Camargo Guarnieri, poeta e extraordinária figura humana, uma vez libertos, simplesmente desmoronaram "por dentro", ruíram como casas implodidas.

Pouco tempo depois, já em 1959, a vitória do barbudo Fidel em Havana incendiaria outra vez os corações, faria esquecer a tragédia da Hungria e as revelações de Kruschev e levaria o trêfego Sartre a mudar espetacularmente de lado. O comunismo e o marxismo voltavam à moda, mais fortes do que nunca, dominavam as universidades (e a própria Sorbonne) com inesperado vigor. O que não deixaria de influenciar professores e intelectuais como Fernando Henrique e levá-los de volta, quando menos, a seminários sobre *O capital* de Marx...

A safra de "renegados" de 1956, os que persistiram na descrença, os que se recusaram a negar o óbvio, ficamos falando sozinhos. Eu gostava muito do Schenberg e senti sua franca rendição (demissão) diante das supostas realidades ecumênicas. Minha última conversa com ele aconteceu em Brasília, em começos de 1964, no vasto *hall* do Hotel Nacional. Foi uma conversa peripatética. Andamos os dois, lado a lado, durante talvez uma hora ou duas, para lá e para cá, no grande saguão do hotel cheio de gente, como se estivéssemos nos jardins da academia, em Atenas, na Grécia antiga, debatendo teses filosóficas...

Schenberg estava convencido de que a política de Prestes e do PC, que ele conhecia em pormenores, estava certa. A mobilização de suboficiais, sargentos e marinheiros, o apoio dos sindicatos e federações de trabalhadores, o peso da máquina política do governo e o prestígio político de Brizola e Jango constituíam, naquele momento, um sistema imbatível que dobraria sem esforço as resistências inevitáveis no Congresso e na sociedade civil. Os problemas surgiriam, possivelmente, depois de instalado o novo regime, a "República Sindicalista", esquerdizante e pró-soviética.

Eu, louvado na minha experiência e nas minhas observações de repórter político, já há cinco anos em Brasília, estava convencido do oposto. Jango e Brizola, e o PC com eles, seriam derrotados. Prevaleceria o peso da ordem; a subversão militar e sindical era um blefe sem substância; se o presidente insistisse (e ele tinha que insistir porque senão Brizola passaria por cima dele), seu "dispositivo militar" ruiria e ele seria simplesmente deposto e provisoriamente substituído pelo "poder moderador", isto é, pelos generais ou por um outro Nereu Ramos em nome deles.

Estávamos os dois errados, embora eu menos do que Schenberg. Em março de 1964, não teríamos apenas mais um golpe militar; teríamos um novo 1935. Em 1935, um *putsch* comunista, comandado por Prestes e chefiado no Rio por Agildo Barata, abriria caminho para a ditadura do Estado Novo, dois anos depois. Em 1964, a tentativa de subversão nos navios e nos quartéis, a suposta aliança marxista entre operários, soldados e camponeses, ou entre Jango, Brizola e Prestes, entre o PC e os radicais, levariam diretamente à instauração de um regime militar, ao assim chamado "Estado Novo da UDN"; três anos de "ditadura republicana" sob Castelo Branco e outros 17 de puro arbítrio militar.

Encontrei Mário Schenberg outra vez, não sei se antes ou depois desses momentosos acontecimentos, em Paris, num restaurante situado numa pequena praça diante da entrada principal da Sorbonne. Nessa ocasião pensei ter visto uma solitária lágrima rolar por sua face impassível, em geral protegida pelos olhos sempre semicerrados e pela fumaça de um charuto. Amigos comuns a quem relatei o episódio não acreditaram; a lágrima teria sido mero efeito de uma ilusão ótica. O grande físico Mário Schenberg, assim como Celso Furtado, depois dele, havia se tornado para nós um mito. E mitos não choram. Mitos "explicam", racionalizam, justificam.

O paralelo tão óbvio entre 1935 e 1964, curiosamente, só me ocorreu agora, ao redigir estas notas. Minha carreira de jornalista, iniciada há quase meio século, está hoje nos estertores, embora empurrada ainda, nesses últimos tempos, por inesperados sopros de ânimo. Chegou a hora do canto do cisne. Durante boa parte do percurso, minha sina foi trabalhar sob o peso e a tensão do arbítrio militar. Tinha, algumas vezes (ou quase sempre), de subentender, aludir, insinuar. Havia tópicos e temas tácita ou explicitamente proibidos.

Houve momentos especialmente patéticos. Certa vez, no Rio, pouco tempo depois de decretado o AI-5, foram presos todos os redatores e colaboradores do *Pasquim*, curiosamente, com a exceção de Millôr Fernandes. Foram levados para um quartel do Exército e lá mantidos em custódia. O tratamento era relativamente ameno, podiam receber visitas e presentes de familiares (um dos presos era Flávio Rangel, casado com minha irmã); e em alguns casos chegou mesmo a haver manifestações de simpatia de determinados carcereiros pela sorte dos presos, mas a situação não se resolvia e a aflição crescia, entre nós, à medida que corriam as semanas. De fontes do governo ou militares, chegavam informações contraditórias, às vezes alarmantes. Mas, tudo que podíamos fazer, nos jornais, era escrever sobre o russo Soljenitzyn, que estava então em evidência, sobre o Gulag soviético, as prisões sem motivo conhecido e as relações entre os infelizes prisioneiros, os *zeks*, e seus algozes. Enfim, na véspera do dia de Natal, foram todos soltos, sem maiores explicações.

Coisa semelhante, e bem mais grave ainda, ocorreria em São Paulo, no fim do pior período repressivo, com a morte sob tortura de Vlado Herzog, antigo companheiro nosso de redação, no *Estado* em Brasília e em São Paulo, e que na época ocupava uma função pública. Vlado foi vítima da guerra interna entre setores do regime militar vigente. Queriam fazê-lo confessar que era parte de uma conspiração envolvendo o secretário José Mindlin e o próprio governador Paulo Egídio, homens do general-presidente Geisel em São Paulo. O objetivo do Doi-Codi era mostrar que o general protegia ou escondia subversivos e judeus (Vlado, Mindlin) no governo paulista, e assim enfraquecê-lo diante do Exército e prejudicar o processo de abertura política que ele comandava. A morte de Vlado fez o tiro sair pela culatra. Mas na imprensa, na época, não se podia nem de longe tratar de temas como esse.

O caminho do inferno está calçado de boas intenções. O mal dos militares, que nos fez sofrer sua ditadura por 20 anos, era seu estreito, arraigado e arrogante corporativismo; e a crença de que sabiam tudo, graças aos seus sistemas de informação e inteligência; graças aos simpósios e seminários da Escola de Comando e Estado-Maior (ECEME) e da Escola Superior de Guerra (ESG). Tamanha estupidez corporativa e coletiva talvez só encontre paralelo adequado na credulidade e na ignorância dos jovens, cujos anseios e idealismo acabam por fazê-los agentes e cúmplices dos piores erros e crimes políticos da história, como tantas vezes aconteceu em nosso tempo.

E não só os jovens. Não duvido da sinceridade e mesmo da honestidade de líderes como Prestes ou Brizola, por mais errados que estivessem. Mas eles foram, na verdade, os grandes provocadores e os principais responsáveis pelo desastre de 1964. Não satisfeitos, quando o regime militar, ainda precariamente constitucional, começava a abrir-se sob Costa e Silva, criaram o clima e as condições para a decretação do AI-5, em 1968, e para o severo agravamento da repressão. No fim, com Carlos Marighela e Lamarca, tudo fizeram para dificultar, sabotar e implodir, até a undécima ou a vigésima quinta hora, até a eleição de Tancredo, o processo de abertura "lenta e gradual" (mais lenta que gradual...) do regime, conduzido pelos generais Geisel e Golberi, e afinal completado em 1984. Foram eles, na realidade, os grandes cúmplices do brigadeiro Burnier, do general Sílvio Frota e quejandos. Hoje posam de heróis e mártires (e beneficiários) de um retorno democrático, de uma democracia que nunca quiseram e que voltou apesar deles, contra eles e, algumas vezes, lamentavelmente, por cima dos seus cadáveres.

Malandros. Farsantes. Trapalhões. Quando afinal chegaram ao poder, ainda agora, sob Lula, tentaram estabelecer controles sobre a imprensa e as artes, reinventar a censura. Montaram, usando a máquina do Estado e o caixa-dois, desde as prefeituras paulistas até o topo, até as grandes empresas estatais e seus bilionários fundos de pensão, um vasto sistema de corrupção que lhes daria o permanente domínio do poder político (e dos dinheiros públicos), talvez até princípios do século XXII...

• • •

Pensei em dar a estas anotações que vou pondo no papel, à medida que me ocorrem, o mesmo título de um pequeno e encantador livrinho de Maurício Nabuco: *Reminiscências sérias e frívolas*. Linhas atrás, falei em canto do cisne. Melhor que o canto do cisne, entretanto, que aliás nunca ouvi, é o canto dos sabiás que se renova a cada ano e anuncia uma geração nova. Os sabiás (ou tordos, ou melros) são um extraordinário pássaro, comum na Europa, na

Inglaterra, em quase toda a América do Sul e em outras áreas ainda, que não sei. Só no Brasil há diversas (12 ou 15) variedades de sabiás; eles medem, em geral, cerca de 20 centímetros e podem ser pretos, marrom-alaranjados, cinzentos, rajados, pintados, mas todos, em todos os lugares, durante o verão e a primavera, cantam basicamente o mesmo canto: um forte, melodioso grito, persistente, repetido, cheio de dobras e voltas, que domina todos os outros.

Tenho viajado muito e, em todos os lugares aonde fui, excetuado talvez o Alasca, encontrei sempre, no verão, o canto inimitável dos sabiás, dos melros. Não sei se eles são como os canários. Li, há tempos, um artigo de um professor da Rockfeller University, no estado de Nova York, que estudou os canários de lá e constatou coisas curiosas sobre seu comportamento. Entre os canários, só os machos cantam. Na primavera, com o fim do frio do inverno, eleva-se o teor de hormônio masculino no sangue dos bichinhos e isso provoca o considerável crescimento de um dos seus hemisférios cerebrais, aquele que controla o canto, a voz do pássaro. Descobriu o professor, ainda, que, se pegarmos uma fêmea da espécie e lhe dermos doses apropriadas do hormônio masculino, também seu cérebro se modificará e ela acabará cantando como o macho. Cantando de galo.

Quase tudo o que sei sobre sabiás, aprendi com Rubem Braga. O Braga era apaixonado por pássaros e gostava também muito de coisas do mar, de sair de barco, pescar e passear. Mas fingia indignar-se com a história de um outro amigo nosso que o entrevistara e publicara depois uma matéria no jornal chamando-o de "ornitólogo e velho lobo do mar". O Braga, homem simples, repetia esse título com espanto. Houve tempo, na verdade aquele mesmo tempo dos generais, em que frequentemente passávamos os fins de semana do verão em Búzios, numa pequena casa, na praia dos Ossos. O Braga vinha de outros carnavais, mas, para pelo menos alguns de nós, mais moços, a praia dos Ossos acabou sendo parte significativa de nossas vidas e nossas lembranças. É uma paradoxal praia que não dá para o mar, mas para a terra; está voltada para o continente e não para o oceano, para o Ocidente e não para o Oriente. Uma primeira consequência disso é que o pôr do sol na praia dos Ossos é, no verão, muitas vezes, inacreditavelmente belo. O sol se põe, lá longe, no horizonte, por trás das altas montanhas do Rio e da Serra do Mar, entre as nuvens, e na verdade está ainda relativamente alto e forte e tudo incendeia: o próprio mar, os barcos, as ilhas... Outra consequência, talvez menos admirável, é que o vento dominante em Búzios, um nordeste constante e arretado, vem por trás e sopra nos Ossos da terra para o mar. Naqueles anos havia aparecido um esporte novo, o *windsurf*, mas ao menos para principiantes como nós, era fácil sair da praia, mas quase impossível velejar de volta.

Éramos sempre, na praia dos Ossos, um pequeno e variado grupo de amigos. A casa era uma antiga casa de pescadores, reformada e ampliada pelo novo dono, um antigo oficial de máquinas da Marinha de Guerra. Dava diretamente sobre a rua – as ruas de Búzios eram então estradas de terra batida, esburacadas e maltratadas. Passada a rua, havia a sombra de duas grandes amendoeiras, a praia, estreita e que não teria mais que 300 ou 400 metros de longo, e o mar. Atrás da casa havia um pátio, onde se tinha construído um confortável pavilhão para hóspedes, e uma piscina, no meio, angular, pequena, de uns dez metros quadrados, protegida por uma arvorezinha que dava flores azuis.

Por toda a casa, pelas paredes e telhados havia montanhas de buganvíleas de todas as cores. E muitos marimbondos; centenas, milhares deles. Os marimbondos gostam das buganvíleas e não se incomodam com a presença humana, desde que não se mexa com eles. Certa manhã, na piscina, matei e afoguei alguns, até que um me picou de leve a mão. Fiquei dois dias com o antebraço inchado e dolorido, sem poder abotoar o punho da camisa. Os marimbondos vinham à piscina buscar água para construir suas casas, ou seus ninhos, lá em cima, no beiral do telhado. Esse que me picou queria provavelmente vingar as maldades que eu fazia com eles, desde o tempo de menino, na praça Eugênio Jardim. Eu pegava uma vareta comprida, de uns dois metros, com um chumaço de algodão embebido de álcool na ponta, punha fogo e fazia explodirem com um pequeno estampido surdo as casas de marimbondos no teto da varanda. Não sou amigo de marimbondos, embora os respeite. E com razão. Uma tarde, numa ilha do oceano Índico, eu caminhava descalço e distraído por um gramado à beira-mar, quando pisei sem querer num marimbondo, um daqueles terríveis marimbondos, vermelhos e de ventre rajado que eles têm por lá. O bicho me mordeu o pé, entre os dedos, e foi sem dúvida a dor mais forte e lancinante que senti na vida. O fogo é sem dúvida um remédio radical, mas no Espírito Santo, num velho galpão à beira de um rio, pude observar o método usado pelos pescadores para fazer com que os marimbondos, que por lá são especialmente assustadores, vermelhos e graúdos, chamados de "caabas", abandonem suas casas. Os pescadores pegam um remo de madeira já velho e gasto, esfregam-no nas axilas suarentas e depois o erguem até alcançar os ninhos. Os marimbondos vão-se embora e não voltam mais. Não suportam o cheiro do suor humano.

Nos Ossos, o pátio atrás dava diretamente na encosta do morro. Todos os dias, armado de um facão e seguido por dois ou três acompanhantes providos de implementos diversos, o dono da casa subia a encosta, avançava morro acima, cortando o matagal, limpando o terreno, plantando árvores e canteiros. Era sua paixão, seu *hobby*. Não ia muito à praia, nem nela ficava muito tempo. Preferia o morro ao mar, ou, se quiserem, o morro à beira-mar.

Mais ou menos por essa época, somou-se, à sua casa, a casa vizinha, cuja dona, como se diz, pulou o muro. Ou terá sido ele que pulou. Nunca saberemos e na verdade não importa. O que vale é que o afeto e a dedicação mútuos eram verdadeiros e duradouros; duraram até a morte dele, muitos anos depois. O ambiente na casa era boêmio, livre e alegre. Bebia-se muito e comia--se muito bem. Havia longas e animadas conversas que entravam pela noite. Dormia-se tarde e eram raros os que acordavam mais cedo. As investidas do proprietário morro acima tinham o adicional mérito de, limpando o mato por trás da casa, reduzir consideravelmente o número de mosquitos na hora do entardecer. Os mosquitos, mais que os marimbondos, eram uma praga e só aos poucos a urbanização foi dando conta deles. Na casa vizinha ficavam, em geral, as crianças. No seu quintal reinava uma grande e bela árvore, curiosamente daquelas que espalham em torno, em certas horas, um forte odor desagradável.

Rubem Braga, ao contrário da maioria, levantava-se muito cedo e ia esperar o café, espichado numa rede entre as árvores do quintal. Às vezes, eu ia encontrá-lo lá. Eram na verdade duas redes, duas amplas redes maranhenses, presas às árvores. Ficávamos lembrando histórias, ouvindo os passarinhos e falando de coisas passadas. O Braga, em geral taciturno e caladão, era quem falava. Eu só ouvia e provocava. Lembrava-me, por exemplo, perfeitamente, de uma solenidade na União Nacional dos Estudantes, cerca de 30 anos antes, na qual o Braga tinha participado da mesa diretora, ao lado do cubano Blás Roca, antecessor histórico de Fidel Castro. "Não é verdade", protestava o Braga. "Você está inventando coisas. Eu nunca fui a reunião nenhuma na UNE, muito menos sentei-me na mesa com o Blás Roca." "Mas eu estava lá, me lembro muito bem de ter visto você". "Não era eu. Você está me confundindo com outra pessoa."

Talvez o Braga tivesse razão. Nos tempos da UNE, ainda estudante, eu era leitor constante e fiel de suas crônicas. Lia-as toda manhã, antes de sair de casa, e meu dia estava estragado se o cronista por acaso atacasse ou criticasse alguns dos meus outros ídolos ou crenças da época. Os jovens são assim, imoderados e ciumentos em suas paixões. Na UNE, talvez estivesse, não o Rubem, mas seu amigo, mais tarde famoso, Samuel Wainer. Os dois, ainda moços, magros e enxutos, eram muito parecidos, a ponto de serem confundidos. Quando o Braga, pouco depois, foi embaixador do Brasil no Marrocos, e ia a Paris sempre que podia, era frequente que amigos parisienses os confundissem, trocassem um pelo outro, como chegou a acontecer com a célebre Mimi de Ouro Preto, encanto de um e de outro.

Contava o Braga que, naqueles tempos mais antigos, seus amigos e companheiros eram todos comunistas ou trotskistas e a pressão era grande para que ele também aderisse ao partido. Mas, o partido – dizia ele – "vive criticando e fazendo pouco dos pequenos-burgueses. Ora, eu sou um pequeno-burguês. Se entrasse para o partido, estaria traindo a minha própria classe; e tentando obter perdão de culpas e pecados que não tenho e não reconheço". Ele era muito cioso de sua independência e orgulhava-se dela. Em hora de grandes entusiasmos cívicos, chegou a ser membro da Esquerda Democrática, embora sem muita fé, talvez porque a "Esquerda", naquele momento, fosse uma espécie de refúgio ou de protesto diante das grandes seitas dominantes. Bem antes disso, fora demitido e perseguido pela Igreja Católica por causa de uma célebre crônica irreverente e voltaireana sobre a santa missa. O santo verdadeiro era ele, Rubem. Morreu da mesma doença que matou Carlos Castelo Branco, o Castelinho (outro santo) e, lá nas Europas, nos anos 30, Franz Kafka: câncer na garganta. Castelinho morreu quando era operado. Rubem, com o apoio de um médico sábio e cúmplice, deixou-se morrer devagar, cercado de amigos e amigas queridos.

Para quem escrevo agora estas notas? O pequeno mundo dos Ossos desapareceu há tempos, e hoje os que ainda podiam lembrar-se dele vão sumindo, um a um. Logo depois das eleições de 1982, premido por dívidas de campanha, meu amigo ex-oficial de máquinas da Marinha, deputado e ministro, teve que vender às pressas sua casa de Búzios, e logo se descobriu que o morro, desbravado e cultivado por ele, não era dele. Mudamo-nos – havíamos já nos mudado – para o sul da Bahia, onde não havia morro, mas onde, atrás do coqueiral vasto, o mangue e a areia esperavam pelos seus esforços civilizatórios. Outra curiosa mania desse meu amigo eram os noticiários da BBC. Ele carregava sempre consigo um poderoso rádio de pilhas, e à noite, quando a conversa amainava e as pessoas já bocejavam de sono, ligava o aparelho para ouvir as últimas notícias de Londres, entre os ruídos infernais das tempestades magnéticas e a "estática" que caracterizavam as transmissões radiofônicas intercontinentais naqueles tempos ainda anteriores à atual era dos satélites. Uma noite em que a barulheira era especialmente intensa e o rádio gania e uivava, em vez da voz do locutor londrino, meu amigo foi surpreendido pela abrupta queda de um morcego, sobre sua mesa, ao lado do rádio. Morto; talvez atingido, em seu próprio comprimento de onda pelos uivos da estática. A queda do bicho fez-nos descobrir uma família inteira deles pendurados numa viga do telhado bem alto. Não eram morcegos de sangue, felizmente, eram vegetarianos, comiam frutas...

Mas, estamos avançando depressa demais. Essas histórias da ponta do Corumbau no sul da Bahia devem ficar para depois. Comecei esta crônica falando dos meus 30 anos, da minha própria revolução dos 30, e do grande porre monumental em Ubatuba. Naquela manhã, na praia, depois do banho de mar, tomávamos batida de maracujá, isto é, maracujá esmagado com gelo, um pouco de açúcar e pinga. Eu estava resfriado, friorento e a batida parecia-me fazer bem. Mas o maracujá contém uma substância, a maracujina, que mexe com o sistema nervoso central e é tida como poderoso calmante; essa substância pode, misturada ao álcool, produzir inesperados efeitos, às vezes históricos ou simbólicos, como no meu caso. Evitem a maracujina.

Dez anos mais tarde, quando fiz 40, nem percebi. Estava em Nova York, preparava-me para voltar ao Brasil e minha primeira mulher havia anunciado a decisão de separar-se de mim. Nova York não é um mau lugar para se viver, e eu podia ter ficado lá mais tempo, dividido entre minhas funções na Missão do Brasil junto às Nações Unidas, na 3ª Avenida; e o Instituto de Assuntos Latino-Americanos da Universidade Columbia, lá no outro extremo de Manhattan. Os 700 dólares que a Missão me pagava todos os meses eram folgadamente suficientes para os meus modestos gastos. Quanto valeriam, hoje, 40 anos depois, aqueles 700 dólares? Eu era *Press Attaché*, adido de imprensa, cargo que não existe na diplomacia brasileira, mas existia na ONU e me garantia consideráveis regalias, internas e externas. No instituto da Columbia, ao contrário, não tinha remuneração nenhuma, só deveres. Estava lá a convite do diretor, Charles Wagley, e em verdade realizava, um tanto tardiamente, um velho sonho meu: viver no *campus* de uma grande Universidade norte-americana. Mas, se não tinha remuneração, também não tinha casa; tinha apenas um pequeno escritório, quase um cubículo, com uma mesa, duas cadeiras, uma máquina de escrever e um arquivo. E mais os serviços de uma secretária que, talvez por timidez, só usei uma única vez.

Minhas funções universitárias, no entanto, eram pelo menos tão interessantes e instrutivas quanto as que me ocupavam na ONU. Aprendi muito, naqueles meses, e alarguei enormemente meu campo de visão. Eu havia publicado, no ano anterior, um pequeno livro, *Março 31*, sobre o movimento de 1964 e a evolução do quadro político e militar brasileiro. Esse livrinho estava sendo traduzido para ser editado (não chegou a ser) pela Knopf de Nova York. O velho Knopf, um distinto *gentleman* de barbas brancas, estivera pouco antes no Rio e em São Paulo e gostara do livro. Tudo isso criava, na época, certa expectativa; eu era um jovem autor, às vésperas de ser editado pela célebre Knopf; um autêntico *brazilianist* brasileiro... Minha responsabilidade maior na Columbia era, pois, prestar assistência aos jovens estudantes e pesquisadores do Instituto que se dedicavam à análise deste nosso estremecido Patropi e de seus controvertidos rumos políticos.

Minha passagem pela Columbia produziu algumas sólidas e duradouras amizades e, pelo menos, dois ou três bons livros como os que Alfred Stepan escreveria pouco depois sobre o Brasil e seu regime, sobre a República e seus militares. Stepan, com sua mulher Nancy e um filhinho recém-nascido, Adam (Adão), veio para o Brasil assim que concluiu seu período na Universidade. Ganhou uma bolsa de estudos ou coisa parecida e instalou-se num pequeno apartamento sobre o Bar Lagoa, em Ipanema. Da minha varanda, numa rua logo atrás, não dava para ver o apartamento, mas muitas vezes vi Nancy passeando pela calçada, empurrando seu carrinho de bebê. Ipanema era, então, bem mais amena e tranquila do que é hoje. Uns vinte ou trinta anos mais tarde, Adam, já graúdo e metido em atividades cinematográficas, iria casar-se com uma brasileira e viver entre nós, ter filhos brasileiros...

Formavam um casal valente, os dois, a Nancy e o Stepan. Gostavam de *jazz* e de ópera e, pelo menos uma vez, ainda em Nova York, conseguiram arrastar-me até o Metropolitan, acho que para assistir à última e histórica récita nas instalações antigas, antes de o teatro mudar-se para o Lincoln Center, no West

Side. Circulávamos num minúsculo carro esporte, um Morgan, os três apertados, Nancy grávida, mas sempre disposta. Stepan jogara hóquei no gelo, em Chicago, quando mais moço e fizera seu serviço militar com os *Marines*. Nadava bem. Encarava sem medo o mar de ressaca de Copacabana ou Ipanema. Ainda estudante, escrevera para o *Observer* inglês. Fez uma bela carreira universitária. Depois daqueles livros sobre o Brasil e de uns anos como professor, iria dirigir o próprio instituto do Charles Wagley, que deixara de ser apenas latino-americano para abranger o mundo inteiro. Nas últimas vezes em que estivemos juntos, tornara-se reitor (e organizador) de uma universidade do leste europeu, em Budapeste, fundada e subsidiada pelo célebre George Soros. Sua mulher, Nancy, escocesa, tinha cabelos pretos e olhos azuis (como minha mãe). Era inteligente, culta e cheia de personalidade. Dedicava-se à história da ciência e, no Brasil, escreveu um livrinho precioso sobre Osvaldo Cruz e sua batalha contra a febre amarela no Rio de Janeiro, no início do século XX. Sempre achei que essa história, especialmente tal como foi contada pela Nancy, daria um bom filme; um bom roteiro, talvez, para o Nélson Pereira dos Santos ou, quem sabe, o Miguel Faria, que, ainda agora, vem de lançar um belo documentário sobre Vinicius de Moraes.

 É curioso como o balanço de forças entre os sexos, especialmente nos casais mais jovens, pode variar sutilmente de acordo com a latitude e a longitude. Nova York abriga multidões de italianos, de judeus, de latinos e de negros, mas há ainda na cidade um número considerável de anglo-saxões. Quando por lá andei, há quase meio século, havia ainda, proporcionalmente, muitos mais. E, entre os anglo-saxões, a liberdade e a autoridade femininas sempre foram consideravelmente mais presentes e mais amplas do que na maioria das outras culturas (até mesmo as mais avançadas como a francesa). Mesmo um latino moderadamente machista, ou marxista, como eu era então, podia sentir isso no primeiro contato, no primeiro olhar, no primeiro diálogo. Em questões de amor e sexo, as mulheres dominam, sabem do seu nariz; os machos se curvam.

A revolução feminina, que é a verdadeira revolução do nosso tempo, começou na Inglaterra (com as *sufragettes*) e não teria vencido, nem chegado até onde chegou, sem a ideologia dos ingleses e dos anglo-americanos, seus hábitos, seu passado, sua história. Está nos livros, nos romances, na gente, nas famílias. A França pode ser o país de Joana d'Arc, que morreu na fogueira, mas a Inglaterra é o país de duas rainhas, Elizabeth e Victoria. Mulheres fortes, dominadoras, mas mulheres, sobretudo. Fêmeas, diante do seu rei e do seu cavalariço, como Victoria ou, como Elizabeth, diante do amante e do amor da adolescência que traiu o reino e a rainha e ela mesma teve que mandar matar. Enfim, hoje somos todos, irremediavelmente, cada vez mais, americanos (por mais que detestemos o Bush), e essas impressões, essas descobertas antigas talvez já não tenham mais sentido, nem relevância.

Aos 23 anos, o poeta Baudelaire escreveu algumas linhas que podiam servir-lhe de autorretrato, se não fossem antes, um pouco, o de todos nós, ou de muitos de nós. "Samuel" – conta o poeta – "nunca teve na vida senão metades de ideias. O sol da preguiça que resplandece em seu ventre vaporiza e consome essa metade de gênio que o céu lhe deu..." Metades de ideias; o sol da preguiça ardendo no peito. Baudelaire considerava seu personagem Samuel um deus moderno, o próprio deus da impotência, uma impotência tão colossal e tão imensa a ponto de tornar-se épica. Contei, logo no início destas notas, como reagiram amigos meus diante do vácuo que nos restou, depois que nos livramos do marxismo-leninismo-stalinismo, em fins de 1956. Resta contar como reagi eu mesmo, o próprio *Pedro Salústio*, armado de sua nova, reconquistada liberdade de pensamento.

Tornei-me jornalista, entrei para o *Estadão*, escrevi reportagens, fiz extraordinários novos amigos, como Cláudio Abramo, Flávio Rangel, Carlão Mesquita, dediquei-me à profissão com entusiasmo. Não sei como é hoje, mas trabalhar no *Estadão* naqueles tempos inaugurais do Cláudio, do Júlio e do Carlão era uma aventura incessante, uma descoberta. Ainda assim, passei pelo menos mais uns anos mastigando, revolvendo dentro de mim mesmo, o processo de revisão de ideias e de crítica, antes de voltar a pisar em terreno mais firme. Ainda em 1964, quando escrevi *Março 31*, sobre os acontecimentos daquele ano, houve quem apontasse no texto restos, sobras de ideias marxistas. Sem dúvida. Para mim, entretanto, o que marcou a "passagem" e provocou o retorno da minha própria capacidade de pensar e de tentar entender a realidade ambiente foi o encontro com os livros de John Kenneth Galbraith, naqueles anos. Galbraith era ainda pouco conhecido no Brasil e não sei como me aconteceu encontrá-lo. Ele era um rooseveltiano, um "liberal", no sentido norte-americano da palavra. Um homem muito alto, magro, elegante, professor em Harvard e que escrevia extraordinariamente bem. Seus livros eram uma crítica ácida e brilhante da economia e sobretudo daquilo que ele chamava "a sabedoria convencional", isto é, o pensamento e as ideias que hoje diríamos política ou economicamente corretos.

Encantei-me com ele e aprendi muito lendo seus livros – ele tinha, até, um livrinho crítico, precioso, sobre os militares – mas o que efetivamente me sacudiu e me moveu foi o título, mais que o próprio livro, de sua obra mais famosa: *The Affluent Society*, a sociedade da afluência ou da abundância. Que sociedade era essa, em que abundam os bens e o consumo? Era a nossa ou, antes, era a sociedade norte-americana e europeia de meio século atrás, na qual Galbraith vivia e publicava seus livros. Galbraith, portanto, era um pensador de esquerda, um "liberal", que não fazia como os outros, isto é, não recitava a ladainha incessante da miséria, da escassez e da exploração dos pobres pelos ricos, mas, ao contrário, proclamava uma realidade nova e tentava estudá-la e compreendê-la (e corrigi-la) em vez da choradeira habitual. Galbraith demonstrava, pois (ou, pelo menos, foi isso que tirei dele), que a velha sociedade de escassez, em que a humanidade tinha vivido por tantos milênios, na qual a comida e os recursos eram escassos, limitados, e onde os homens e as nações eram obrigados a brigar, a lutar entre si para sobreviver, para manter-se, havia sido substituída por uma realidade nova, criada pela moderna tecnologia e pelo progresso espantoso da ciência. Essa realidade nova, que se firmava já sobre as próprias pernas, dava à humanidade, aos homens (e mulheres), um poder imenso, podia-se quase tudo, podia-se cada vez mais, mas fazia surgir problemas novos, inéditos, e obrigava a uma revisão, frequentemente, radical de ideias políticas, econômicas, filosóficas e religiosas. Ia ser preciso mudar as cabeças dos homens, mudar a própria Bíblia Sagrada...

Não eram opiniões, elucubrações, palpites. Eram fatos, números, a própria realidade viva que a esquerda não queria ver. A humanidade havia dado um primeiro grande salto com a máquina a vapor e a Revolução Industrial, há dois séculos, movida primeiro a carvão de pedra (Inglaterra) e, depois, a petróleo (Estados Unidos). Passava agora por um novo salto, muito maior ainda, um salto imenso, de dimensões ainda incalculáveis, em todas as áreas do conhecimento e da produção humanos. Um salto que parece não ter fim; não alcançamos um patamar mais alto, continuamos em rápida ascensão, arrastados por ele. Passamos, pois, da Era da Escassez para a Era da Afluência sem saber como, quase sem nos dar conta. E esse avanço tão rápido, quase cataclísmico, em um meio século apenas, produziu uma tragicômica defasagem na cabeça das pessoas. Há uma espécie de "vanguarda" que demoniza o processo, o progresso, a globalização, a liderança norte-americana e europeia. E há um grande número que se agarra a crenças e crendices antigas, na aflição de escapar ou de sobrenadar no rodamoinho material e moral do tempo.

Não se pode escrever a sério nos jornais (ou em livros) sem ter dentro de si um pensamento-guia, uma concepção do mundo, uma bússola, um leme. O meu foi esse, extraído do Galbraith ou inspirado por ele, e completado, ao longo dos anos, por algumas poucas contribuições seminais: um ensaio de George Orwell, "*England, your England*" as observações de Tocqueville na América e um pequeno livro seu sobre a Revolução de 1848; uma frase de Charles Darwin mostrando que a justiça e os bons costumes (ao contrário do que acreditava Platão) servem à sociedade, mesmo quando não servem ao indivíduo; e, enfim, os escritos de Octavio Paz sobre o México e a sociedade contemporânea. Paz é muito louvado como poeta e crítico, mas geralmente (e deliberadamente) ignorado como pensador social; suas observações e descobertas são, no entanto, extremamente úteis e pertinentes, especialmente para quem quer entender (e mudar) o Brasil e a dolorosa realidade do subdesenvolvimento.

Eis aí, pois, as fontes e a substância do meu credo pós-marxista ao longo dos últimos 50 anos, desde o canto de cisne do Pedro Salústio. Galbraith teve seu auge, talvez, nos anos em que foi embaixador de Kennedy na Índia. Depois, embora publicasse ainda bons livros, foi-se apagando até quase sumir como ponto de referência. Não é difícil entender por quê. Ele era economista, professor de economia em Harvard, e suas teses (suas origens) econômicas, o New Deal, o Keynesianismo, foram engolidas pelo tempo. Serviam na época da crise de 1929 e de suas terríveis consequências. Passado esse período, a vitória dos seus adversários "ortodoxos" da chamada "escola de Chicago" tornou-se inevitável; os chicagoanos cobriam-se de êxitos e de glórias até mesmo no Terceiro Mundo, no Chile de Pinochet, aquele mesmo que fora antes da Cepal e de Prebisch e Furtado...

Ficou a semente da ampla visão, galbraitheana, da sua crítica, que a própria esquerda, de onde ele provinha, até hoje não entendeu, não absorveu, recusa-se a ver. A esquerda prefere seus dinossauros antigos: Hobsbawn, Fidel Castro, para não falar da contribuição brasileira à espécie...

Em Nova York, naquele ano da graça de 1965, além da Nancy e do Al Stepan, fiz muitos outros grandes amigos para a vida inteira. O médico, tornado político, Marcelo Garcia; Zoza Médicis. Zoza, quando o conheci, estava docemente apaixonado por uma jovem cantora que então passava umas semanas no seu apartamento da rua 63, ao lado do parque. Quando afinal ela se foi, fomos os dois levá-la ao aeroporto, e o meu novo amigo, ao meu lado, chorava, vendo-a partir. Meses mais tarde, quando chegou a nossa vez de viajar para o Brasil, para as férias do Natal, fomos juntos à Tiffany's comprar lembranças, ele para ela e eu para minha mulher que queria se separar. Os presentes, escolhidos com carinho, ainda que dentro de nossas limitadas possibilidades financeiras, não alcançaram o fim desejado. Continuamos sozinhos, e assim ficaríamos por mais uns bons pares de anos. A comum condição de solteiros reforçou o companheirismo, embora carregássemos as nossas cruzes com altaneria. A vida em Nova York (e, depois, no Rio) era alegre e animada e as distrações não faltavam. Na primavera de 1966, um dos meus *hobbies* era jogar futebol no Central Park com a turma de futebolismo da Missão brasileira. Eram "rachas" memoráveis e, num deles, pisei num buraco do campo improvisado e estourei o joelho esquerdo. Uma amiga da Columbia, Judy Tendler, levou-me a um grande hospital da 2ª Avenida, mas os médicos (dois rapazolas convencidos) queriam raspar-me a perna e eu não concordei. Amparado na Judy, saí fugido do hospital e fui refugiar-me na casa dela, um apartamento cheio de sol numa esquina de Riverside Avenue. Tempos depois, recebi pelo correio, na Missão, as contas dos dois mediquinhos da 2ª Avenida, mas quem efetivamente me curou o joelho foi o doutor Jesus, convocado pela embaixatriz Elba Sette Câmara, assim que soube da minha desventura.

O doutor Jesus, médico da Missão e dos brasileiros em Nova York, era um santo homem. Muitas décadas depois, quando morreu Paulo Francis, ainda lá estava, atendendo emergências e visitando doentes. No meu caso, ele foi ao apartamento, fez uma punção no joelho machucado e enfaixou-o devidamente. Mandou-me alugar muletas e proibia expressamente que eu encostasse sequer o pé no chão, durante pelo menos um mês. Lá fiquei eu, prisioneiro em minha gaiola dourada no Upper West Side, impaciente e inquieto, embora consolado pelo carinho e pela paciência da Judy. Esse joelho, aliás, era uma velha vítima das minhas aventuras futebolísticas. Ainda menino, na praia de Copacabana, mais ou menos na altura da Djalma Ulrich, eu havia sofrido outro acidente virtualmente igual ao do Central Park. Naquele distante ano, fui atendido no Hospital Central dos Acidentados, pelo doutor Mário Jorge, a sumidade da época. Depois da punção, engessaram-me a perna inteira, acho que por três meses. Mas o pior é quando, afinal, tiram o gesso e você descobre que não consegue dobrar a perna. Dói muito; só aos poucos, à custa de massagens e truques diversos, se vai recuperando os movimentos. Esse meu joelho esquerdo, na verdade, já nasceu torto. Sou canhoto da cintura para baixo e destro da cintura para cima. Chuto com o pé esquerdo, onde se pode ver um joanete que se tornou enorme, ao longo dos anos, mas que nunca me incomodou, a não ser esteticamente. A perna direita é normal, mas a esquerda é em xis, isto é, do joelho para baixo ela se afasta um pouco mais para a esquerda, o que a torna 9 milímetros menor que a outra. A arquitetura do corpo humano é complicada. No meu caso, por todos esses motivos, o joelho esquerdo paga o pato.

 Antes de ir para Nova York, eu passara pouco menos de dois meses em Washington. Dois meses intensos, de solidão e de muitas e importantes revelações. Jornalista em Brasília, eu fora nomeado oficial de chancelaria do Itamaraty, à minha revelia e sem meu prévio conhecimento, por amigos meus que sabiam que eu queria ir para os Estados Unidos. Aceitei, afinal, e comecei a preparar a viagem. Já às vésperas da partida, fui ao Itamaraty, ainda no Rio, chamado pelo secretário-geral, Silveirinha, todo-poderoso na época. Disse-me ele: "Meus parabéns; você foi designado para servir em Washington." Minha surpresa e meus protestos não valeram de nada. Eu queria ir para Nova York, tinha que ir para Nova York, fora convidado pelo professor Charles Wagley para passar um ano como *visiting scholar* no Instituto de Estudos Latino-Americanos da Columbia University, em Nova York. Mas o Silveirinha foi implacável: "O embaixador Juraci Magalhães quer você ao lado dele, em Washington, e é para lá que você vai."

 A caminho de Washington, pois, encontrei em Nova York, por acaso, dois colegas e amigos meus: Pedro Gomes e Nadir Pereira. Eles faziam uma dupla perfeita: o Nadir, alegre, animado e falante; o Pedro, preocupado com o filho que estudava por lá, pessimista, sorumbático, complicado, queixando-se das incompreensões de sua (linda) mulher e dos seus sofrimentos de marido e pai. Alugamos um carro e partimos para a capital, onde eu me apresentaria ao Juraci e eles ficariam apenas oito dias. Sobre minha passagem por Washington, escrevi, tempos depois, nos jornais, dois ou três artigos que talvez mereçam ser relidos, mas o fato é que, no dia em que o Nadir e o Pedro Gomes se foram, e eu me vi, de repente, sozinho na cidade desconhecida, sem um amigo ou conhecido sequer, me bateu uma crise de solidão, uma angústia, um desamparo que fariam inveja ao próprio Pedro Gomes. Havia, é verdade, a embaixada e o embaixador, valente companheiro de antigos embates (a campanha contra a candidatura de Jânio Quadros, em 1960), e havia até um de seus ministros, Cláudio Garcia de Souza e sua mulher, Lílian, que tinham sido meus colegas no Colégio Mallet Soares vinte e poucos anos antes. Cláudio mostrou-se fraternal, ainda que distante; tinha adquirido o ranço característico do Itamaraty. Sua mulher, ao contrário, era calorosa e amiga. Não demorei muito a recosturar meu equilíbrio interior, e aprendi até a explorar a intensidade nova que a solidão dava a meus sentidos e à minha sensibilidade. Hemingway nota coisa parecida, em seus dias de mocidade e relativa miséria, em Paris, nos anos 20. Passeava no jardim do Luxemburgo, empurrando o carrinho de bebê de seu primeiro filho e, na hora do almoço, enganava a fome no museu, à entrada do parque, percorrendo suas galerias. Descobriu que arte não é coisa para ser apreciada de barriga cheia e que, até certo ponto, o estômago vazio aviva a sensibilidade artística. Em Washington, para mim, não era a fome, era a solidão.

 Nos dias de semana, até que a barra era mais leve; trabalhava de manhã e à tarde, na embaixada, onde fui fazendo outros bons amigos. Terminado o expediente, saía e caminhava quilômetros pelas ruas da cidade, descobrindo coisas, jantava e ia dormir. O pior eram os fins de semana, dois dias inteiros sem ter aonde ir e sem nada para fazer. Um dos meus refúgios preferidos logo ficou sendo a National Gallery, um claro e bem fornido museu, nascido da doação de um desses multimilionários americanos e que se tornara um dos maiores e melhores do mundo. Passava tardes inteiras lá, dias inteiros, e me apaixonei especialmente pelos pré-renascentistas; por Piero della Francesca, sua luz, suas cores tão simples. Hoje, pensando naquelas poucas semanas de Washington, surpreendo-me com o número de sensações, episódios e fortes lembranças que me ficaram. Como pôde acontecer tanta coisa em tão pouco tempo? Começo a refazer as contas para ver se não me enganei, se não estou confundindo com outras viagens. Mas, não: se decidisse registrar tudo o que vivi e senti naquelas semanas, acabaria escrevendo um livro inteiro. Ou uma biblioteca, uma Washingtoniana... Morei em três lugares diferentes, em Washington; num deles fui assaltado por um ventanista que levou meus poucos dólares e um relógio. Assisti, quase por acaso, a uma marcha de negros integracionistas que terminou diante do portão da Casa Branca com um discurso de Martin Luther King. Comprei um fusca, a crédito. Gostava de passear, quando podia, pelo Rock Creek Park, um imenso parque, cheio de grandes árvores, escondido no próprio coração de Washington. No meu fusca, aprendi a entrar e sair do parque sempre pelo mesmo lugar. Uma vez, entretanto, errei o caminho de volta e acabei, de repente, perdido no imenso gueto dos negros em Washington e não conseguia mais sair; embarafustava por intermináveis avenidas, parava em postos de gasolina para pedir informações que não me davam ou que eu não entendia; rodei talvez horas inteiras e cheguei quase ao desespero antes de encontrar uma saída. Washington é negra, majoritariamente negra; o gueto, a rigor, era a parte dos brancos. Naquela época, o ressentimento e a agressividade da maioria oprimida eram muito grandes. Surgiam já os *Black Panthers*, os panteras negras, e o grande confronto, a grande explosão de violência ia acontecer logo depois, no verão de 1968, quando a capital americana passou meses sob estado de sítio. Aprendi muito sobre os negros e sua saga, em Washington. Dei-me conta da diferença entre o racismo norte-americano, um racismo de sangue, e o nosso racismo, um racismo de cor. Lá, a miscigenação produz negros, irremediáveis negros; aqui, produz "brancos" como o poeta Cruz e Sousa, como Machado de Assis, como André Rebouças, como o Ronaldo Fenômeno.

Usava o fusca, frequentemente, à noite, para longos passeios solitários pelas estradas vizinhas, ouvindo música. Não há no mundo melhor lugar para ouvir música do que num fusca com os vidros fechados, rodando pela noite. Certa vez, já estava chegando de volta à cidade, impulsionado pelos acordes finais de um concerto de Beethoven, quando fui parado por um guarda rodoviário. Eu havia entrado já, sem me dar conta, na área urbana e corria acima do limite permitido. O guarda pediu-me os documentos, estudou-os com calma e concluiu: "Você trabalha na Embaixada do Brasil? E no Brasil você dirige assim, como um maníaco?" (*You drive like this, like a maniac?*) Pedi desculpas, prometi tomar mais cuidado no futuro e segui viagem.

Se você está sozinho em Washington (mais tarde descobri que em Nova York também) a única coisa que não deve fazer é dar uma volta a pé, depois do jantar. À noite, solitário, você corre sério risco de ser confundido com um homossexual, por mais dura e feroz que seja sua catadura; você faz até mais sucesso, se parecer muito macho. Há sempre dúzias de homos nas ruas e, para eles, andando sozinho, inevitavelmente você é mais um a ser paquerado, seguido, às vezes até abordado. Muito desagradável. Héteros, por lá, não passeiam à noite; ficam em casa com suas mulheres vendo TV, cujas imagens, naquele ano, apareciam pela primeira vez em cores.

Duas ou três vezes, em fins de semana, acompanhei o embaixador e funcionários da embaixada em excursões até casas de boliche em Chevy Chase. Era uma espécie de confraternização ou de cerimônia destinada a aproximar o chefe dos seus subordinados. Boliche mesmo, jogava-se pouco. Havia, entre os diplomatas, especialmente os mais jovens, um temor muito grande diante do embaixador, ilustre e histórica figura da República, antigo "tenente" da Revolução de 1930, líder e senhor da política baiana por tantos anos, adversário de Getúlio e de Jânio, amigo do peito e conselheiro político do então presidente, marechal Humberto Castelo Branco. Juraci Magalhães era um embaixador com alma de político; e um político com alma de caudilho. Era homem lido e culto, que sabia ser delicado no convívio pessoal, mas que na verdade nada tinha a ver com o comum dos chefes de embaixada. Tinha até (como Getúlio, como Magalhães Pinto) o físico dos grandes apaixonados do poder; simiesco, braços muito longos, mãos peludas e fortes, características da espécie. Queria ser respeitado e obedecido, mais pelo sentimento do que pela razão; estabelecia com seus seguidores uma relação, não de subserviência, propriamente, mas de dependência e amor (ou "ternura", como diria Fidel Castro). Na Bahia, o povo lhe beijava as mãos; em Washington, a mera eficiência e o profissionalismo burocráticos irritavam-no, impacientavam-no. Numa das últimas vezes em que fomos ao boliche, o embaixador sentiu-se mal. Deitou-se num duro banco de madeira e lá ficou por muito tempo até que chegasse ao fim seu mal-estar, cercado de diplomatas aflitos que não sabiam bem o que fazer com ele. A imagem do então todo-poderoso Juraci Magalhães estendido num banco, como um qualquer, num vago salão de boliche, me pareceu patética e até um tanto alarmante. Então era isso, ser embaixador em Washington? Mas, talvez ele quisesse apenas, quem sabe inconscientemente, exibir sua fragilidade humana, forçar o carinho, os cuidados pessoais e a atenção dos seus relutantes funcionários.

Eu mesmo, jornalista, tinha privilégios no trato do embaixador, que me incumbiu pessoalmente de funções específicas; organizei um serviço de notícias, extraído da imprensa local que, depois de aprovado por ele, era distribuído às embaixadas e legações brasileiras pelo mundo afora. Era um trabalho atento e humilde, catar notícias sobre o Brasil nos jornais americanos. Enfim, em outubro, o embaixador foi chamado de volta ao Brasil pelo presidente Castelo para ocupar a pasta da Justiça. Lá se foi ele para sua histórica missão (preparar e editar o AI-2) e pude afinal transferir-me para Nova York, onde me esperava o professor Charles Wagley. Parti com uma saudade nova no peito. Entre as surpresas que me reservara a capital norte-americana estava uma moça, estudante de línguas neolatinas na vizinha Universidade da Virginia. Chamava-se Gwendolyn e viera a Washington com a professora e um pequeno grupo de colegas para visitar a Casa da Cultura da Embaixada. Na Casa havia um ciclo de conferências e, naquele dia, o conferencista escalado era eu. As moças ouviram minha palestra e em seguida me convidaram para conversar. Queriam mais informações sobre o Brasil, queriam ouvir-me falar e queriam mais ainda exercitar o seu ainda tímido português de iniciantes. Encantei-me pela Gwen e ela por mim. Cavalgando o meu bravo fusca, fui visitá-la mais de uma vez em sua Universidade, na Virginia; e afinal ela veio a Washington passar comigo um fim de semana.

Chegou no fim da tarde e instalou-se no meu quarto de hotel, um amplo quarto, simples e confortável. Depois das tardes de namoro no fusca, nas estradas da Virginia, a intimidade do quarto e a ampla cama do hotel nos pareceram o paraíso. Mais tarde, saímos para jantar num bar vizinho, o *Mr. Smith*, onde se ouvia um bom piano, e logo voltamos para casa. Durante a noite e ainda na manhã do dia seguinte, ela me abraçava com força e dizia: "*But you are so thin!*" (Tão magro). Eu pesava, na época, 15 quilos menos do que peso hoje, e talvez por isso, para tristeza minha, nosso namoro tenha durado tão pouco.

Coisa semelhante havia acontecido muitos e muitos anos antes, ainda no tempo da praça Eugênio Jardim, no Rio de Janeiro. Maryland – chamava-se Maryland, a moça – vinha de Campos passar o verão em Copacabana, onde sua família alugava uma casa perto da nossa. Éramos crianças, ainda, e nosso namoro consistia em passear de mãos dadas na calçada e brincar escondidos embaixo da grande mesa da sala de jantar da casa dela. No segundo verão, entretanto, Maryland trocou-me por outro, explicando que eu tinha os pés muito grandes, fora de proporção com o resto. Questão de estética. Mas, em Washington, além da magreza, houve ainda outros motivos igualmente ponderáveis. Em sua cartinha de despedida, Gwen me dizia: "Fernando, minha professora soube que você está casado e me proibiu de continuar a ver você." Meus protestos e apelos, e até um enorme cachorro de pelúcia que mandei para ela, não valeram de nada. E a verdade é que eu estava mesmo casado, embora minha mulher estivesse a 12 mil quilômetros de distância, no Rio, com seus pais, seu irmão e seus idolatrados primos, Jeanette e Heitor Alimonda. Casados há 15 anos, minha mulher e eu queríamo-nos muito, muitíssimo, até, mas ela já não suportava meu espírito de aventura que, na época, parecia atingir o auge...

Hoje, a aventura em boa medida se foi, mas seu espírito, sua sombra, ficou. Esta manhã, no meu apartamento do Leblon, quando o sol ainda nascia, acordei no meio de um sonho delicado e forte que não quero deixar de contar, aqui. Talvez porque tenha lido, antes de dormir, um grande artigo sobre o Alasca e visto, na TV, um documentário sobre caçadas no verão do Ártico, a luz no sonho era uma luz do norte, branca e intensa. Eu estava sentado diante da ampla janela de vidro do apartamento e podia ver ao lado, um andar acima, projetada no espaço, a varanda também de vidro de outro apartamento onde me pareceu entrever a silhueta de uma moça. Diante de mim havia uma pequena mesa com folhas soltas de papel muito branco. Escrevi numa delas: "Eu vi a Lídia." Essa folha ergueu-se e ficou sobre a mesa como uma pequena cortina translúcida, um anteparo que escondesse minhas mãos, ante um amigo que chegava, ou que podia chegar, e que tinha, talvez pudesse ter, ciúmes de mim e da imagem da Lídia...

Quem era a Lídia? Lídia era uma estudante de balé, e a imagem que guardei dela, voltando da aula ainda com a malha preta e um simples casaquinho de *blue jeans,* não dá para esquecer. Era irmã da Evelina, um pouco mais velha, secretária do Museu de Arte Moderna, em São Paulo, que arrancava suspiros de escritores amigos meus, frequentadores do barzinho do museu, na rua Sete de Abril. As duas pareciam ser de origem libanesa, os olhos grandes, magras e esbeltas. Lídia e eu tínhamos um pelo outro uma forte atração física; não podíamos nos ver, nos tocar, sem ficar incendiados de desejo. Nossos encontros eram violentos, rudes, incompletos. Lídia me procurava, me atraía, e me recusava; estava prometida a um pintor nosso conhecido, ia casar-se com ele. Lembro-me dela uma vez, em casa de sua mãe, escondidos os dois num quarto de vestir, fingindo examinar roupas num armário; e, outra vez, no meu carro à tarde, em pleno Jardim Europa, num canto da rua Groelândia, gotas de sêmen em seus cabelos como pequenas lágrimas densas, brilhantes. Muitos anos depois, o casamento feito e desfeito, Lídia foi trabalhar com outro amigo meu, Aparício, meu vizinho num prédio da rua da Consolação. Encontramo-nos; veio me visitar uma ou duas vezes, mas o ardor antigo havia-se apagado.

Quando fui para os Estados Unidos, em princípios de agosto de 1965, licenciado do *Estadão*, mas temeroso de que os 700 dólares do Itamaraty não me bastassem, prometi aos jornais (o *JB* e o próprio *Estado*) mandar-lhes um artigo por semana em troca de mais 500 dólares por mês. Escrevi entre agosto e dezembro, 22 artigos. Mas, quando voltei ao Brasil no fim do ano, para as férias de Natal, desfiz o acordo. Tinha constatado que o dinheiro do Itamaraty era suficiente, dava muito bem para viver. Por outro lado, os jornais não mostravam muito interesse na colaboração; das duas dezenas de artigos que tinha mandado, a redação do *Estado* havia aproveitado apenas dois. Mas a razão mais forte para a ruptura foi que eu detestei a condição de correspondente estrangeiro. Naquele tempo, tempo do telex, as comunicações eram ainda complicadas e difíceis, e a sensação que eu tinha, quando mandava um artigo, era de que o havia simplesmente atirado pela janela. Não tinha ideia da recepção, da repercussão. O próprio jornal, que me era enviado em pesados pacotes pelo Júlio, me chegava às mãos, quando chegava, com meses de atraso.

As férias no Rio foram animadas: o reencontro com minha mulher num pequeno apartamento na Fonte da Saudade, os amigos, e muita chuva. Aquele foi o verão em que dois dias e três noites de torrenciais chuvas ininterruptas fizeram desabar as encostas dos morros, destruíram favelas (que ainda não eram de pedra e cal, como agora), desabrigaram milhares de pessoas e poluíram o próprio oceano Atlântico: numa faixa de talvez meio quilômetro de largura, ao longo das praias, o mar do Rio ficou marrom escuro com os detritos e a lama das enxurradas e dos esgotos. Um Amazonas de chuvas havia lavado a cidade de suas impurezas e arrancado até um pouco de sua carne. Datam daí, desse desastre, os primeiros esforços sistemáticos de contenção das encostas; mas o "interceptor oceânico", que hoje atira boa parte dos esgotos do

Rio lá longe, nas ilhas Cagarras, custaria ainda uns bons oito ou dez anos, até ser inaugurado.

Voltei a Nova York, em janeiro. Estava livre do peso daqueles artigos inúteis e, pois, mais leve e disposto do que nunca, embora nem por isso menos preso ao Brasil. Minhas funções nova-iorquinas faziam de mim uma espécie de divulgador ou de explicador profissional da pátria amada. Na Missão, Sette Câmara me havia incumbido de receber comitivas e grupos de visitantes, que nos procuravam para obter informações sobre nosso país e nosso trabalho. Eram, em geral, turistas ou estudantes vindos do interior dos Estados Unidos; grupos de dez, 20, às vezes 30 ou 40 pessoas atraídos pelo prestígio da ONU. Esses visitantes eram encaminhados ao salão nobre da Missão, onde eu lhes fazia uma breve exposição inicial e me dispunha, em seguida, a responder às suas perguntas. Os americanos, como se sabe, gostam de perguntar e de ir à raiz dos fatos. Sua curiosidade só tem paralelo em sua monumental ignorância ecumênica. Ainda agora, já nos albores deste Terceiro Milênio, o próprio presidente George W. Bush perguntou ao brasileiro Fernando Henrique se tínhamos "negros" por aqui. E ficou sabendo que tínhamos; sua própria secretária Condoleezza Rice explicou-lhe que o Brasil era até considerado o país não africano que tem mais negros no mundo. Há 40 anos atrás, naquele salão nobre da 3ª Avenida, meus esforços de explicador compulsório e dedicado hão de ter sido quase sempre vãos.

O americano comum, especialmente aquele que vem do interior, está convencido de que a América Latina é apenas um imenso Caribe; um Caribe que se estende de Cuba até o cabo Horn e a Patagônia. Uma vasta região cheia de Panamás, Repúblicas Dominicanas e Guatemalas, onde há também dois ou três Méxicos, dois ou três países mais graúdos, como a Argentina e o Brasil.

Bem-feitas as contas, é muito possível que os meus ouvintes daquela época, na Missão brasileira da ONU, estivessem mais próximos da verdade do que eu mesmo pensava estar. Na Universidade Columbia, entretanto, o nível de sofisticação era mais alto; cabia-me explicar ao Stepan, por exemplo, como funcionava e de onde vinha o célebre "poder moderador" dos militares brasileiros, e isso numa época em que a própria crise tornava mais agudas as opções e sua percepção, um tempo em que, paradoxalmente, talvez soubéssemos menos sobre a cabeça dos nossos militares do que sabiam os próprios norte-americanos ou, ao menos, os mais bem informados dentre eles.

Entre os amigos que fiz em Columbia, estava o professor Ronald Schneider. Era um homenzinho falante e insinuante, com um falar apressado e um tanto embrulhado, mas que parecia bom companheiro. Convidou-me para almoçar mais de uma vez na cantina da universidade e acabou íntimo, suficientemente próximo para pedir emprestado meu apartamento na rua 110 para seus encontros românticos com uma jovem brasileira que, anos mais tarde, se casaria com o benemérito cientista Albert Sabin, aquele mesmo da vacina da poliomielite. A especialidade de Schneider eram os militares, e ele não demorou a chamar-me a atenção para a doutrina da *counter-insurgency*, então na moda entre os militares americanos, e seu criador e principal propagador, o coronel Lincoln, respeitado mestre, professor da Academia Militar de West Point. West Point não fica longe de Nova York; basta subir um pouco pelas margens do Hudson e, em poucas horas, se chega lá. O próprio Schneider era frequentador constante da academia, acompanhava seus cursos e seminários, dos quais participavam oficiais brasileiros; conhecia bem o coronel Lincoln e seus assessores. Convidou-me para ir com ele em uma de suas próximas visitas, e ver de perto como funcionavam as coisas, além de ser apresentado ao célebre coronel. Fomos. Lembro-me de extensos corredores envidraçados, salas de aula cheias de militares, alguns brasileiros, os professores diante de vastos quadros-negros traçando seus diagramas e, afinal, o próprio guru, que nos recebeu informalmente e me dirigiu algumas palavras cordiais e oraculares.

Sua doutrina era um "samba de uma nota só", impiedosamente antidemocrática e primária. Estava, na época, sendo aplicada no Vietnã e devia servir de modelo para a ação norte-americana em todos os países pobres e subdesenvolvidos do Terceiro Mundo, especialmente na América Latina de Fidel Castro e Che Guevara. A teoria era simples: partia da "constatação" de que nos países pobres e atrasados o povo é presa fácil da demagogia comunista. A única maneira, pois, de evitar a derrota seria fortalecer uma elite, uma minoria imune ao vírus comunista e capaz de conduzir o país, isto é, de governá-lo autoritariamente, digamos, como havia feito Ataturk na Turquia, por 30 ou 40 anos, até que o progresso material e social permitisse a volta à democracia e à liberdade de todos.

A doutrina da *conter-insurgency* não demoraria muito a desmoralizar-se nos próprios Estados Unidos e a revelar o seu caráter monstruoso nos lugares em que chegou a ser posta em prática. Entre nós, em 1964 e mesmo em 1965-66 (quando eu servia de "explicador" do Brasil em Nova York), muito poucas pessoas tinham sequer conhecimento dela. Entre essas muito poucas pessoas, entretanto, estavam os líderes da ECEME, a Escola de Comando e Estado-Maior do Exército, na praia Vermelha, vale dizer, o marechal Humberto Castelo Branco e seus companheiros do núcleo político-militar que assumiu o poder depois da queda de Jango. Seu porta-voz civil era o deputado Olavo Bilac Pinto, dirigente udenista que fez da tribuna da Câmara dois ou três importantes discursos em que expunha as ideias do grupo, mas que não foram, a rigor, ouvidos, nem muito menos entendidos, pela ampla maioria de parlamentares e jornalistas no Congresso Nacional. O próprio Bilac Pinto, político respeitado, de boa tradição mineira, foi mais tarde mandado para Paris, como embaixador do Brasil. A teoria do coronel Lincoln era daquelas que só podem prosperar na clandestinidade; exposta à luz do dia, ela logo revelava seu verdadeiro caráter. Nas nebulosas cabeças de militares como Castelo, Golberi, Geisel ou Meira Matos, mais conturbadas ainda no quadro dos três anos de conspirações e desordens do reinado janguista, ela havia, entretanto, ganhado raízes fortes e se tornado a Bíblia secreta do nosso regime, a fonte alentadora e inspiradora do sistema autocrático que se pretendia impor ao país. O brutal radicalismo do primeiro Ato Institucional, ratificado pelo Congresso em abril de 1964, que inocentemente atribuíamos às ideias antigas e retrógradas do Chico Campos, na verdade era do coronel Lincoln. E o mesmo se poderia dizer do AI-2, de Juraci Magalhães, dissolvendo os partidos políticos brasileiros (desarmando a própria UDN, com seu candidato Carlos Lacerda) e estabelecendo eleições indiretas para presidente e governadores. Enquanto isso, o porta-voz militar, general Meira Matos, escrevia artigos anunciando que o novo regime duraria até quando fosse necessário, até o ano 2000 se preciso fosse. Antes de passar o poder ao seu sucessor, Castelo fez questão de firmar solenemente os princípios da sua revolução numa nova Constituição da República do Brasil, a Carta de 1967, aprovada a toque de caixa. E natimorta.

 Talvez hoje (escrevo na primeira semana de 2006, 40 anos depois) se possa perceber com mais clareza o significado desses acontecimentos históricos. Devo confessar que nunca dei muita importância à teoria da *conter-insurgency* e a seus efeitos entre nós. Preferi sempre, patrioticamente, atribuir a nossas vicissitudes motivações e explicações brasileiras, autóctones ou, quando menos, tradicionais. Mas, é difícil não admitir que, bem-feitas as contas, boa parte do que suportamos, entre 1961 e 1984, deveu-se a consequências diretas e indiretas da Guerra Fria; ao fato de que a presidência de Jânio Quadros e sua renúncia arrebentaram a barreira das antigas instituições e abriram as portas da República a uma espécie de conflito estranho ao país e que seria conduzido por "estrangeiros": os agentes fidelistas, guevaristas e prestistas, de um lado; e, do outro, os militares repressores do coronel Lincoln e do presidente Castelo. Nós nos acostumamos a considerar "nossos" os jovens esquerdistas, que éramos tantas vezes nós mesmos ou nossos filhos, e isso frequentemente nos impedia de ver os *méneurs*, os *aparatchiks*, os profissionais por trás deles, como ainda hoje é esse Zé Dirceu, treinado em Cuba, e foram a seu tempo Olga Benário e o próprio Prestes, entre centenas e centenas de outros.

Na verdade, por pelo menos duas décadas, o Brasil esteve preso entre as duas pontas dessa tenaz maligna e "estrangeira", e talvez a melhor maneira de entender o regime militar e sua (excepcional) extensão seja essa: O governo da *counter-insurgency*, estabelecido pelo marechal Castelo, não demoraria muito a degenerar e a abrir caminho para uma simples ditadura militar, presidida por uma "junta" dominada pelos mais radicais, e que ameaçava dividir o próprio Exército e cindi-lo entre candidaturas e facções rivais. Era o Brasil a caminho da África... ou do Caribe. A partir da posse do general Médici, em 1970-71, entretanto, as lideranças militares tradicionais retomaram o comando e o governo e iniciaram uma longa retirada, para usar o termo militar, um deliberado e determinado processo de abertura, encabeçado por generais como o próprio Médici e seu todo-poderoso ministro Orlando Geisel, por oficiais de Marinha como Adalberto Nunes e pelo brigadeiro Eduardo Gomes, todos eles solidamente anti-comunistas, presos à tradição e ao corporativismo militares, mas alheios às teses da *conter-insurgency*. Orlando Geisel e Eduardo Gomes, de longe os dois mais importantes, ao menos na fase inicial do processo, eram oficiais de enorme prestígio em suas armas e tinham, com o mundo político civil, laços antigos e fortes. Pode-se dizer que eles representavam ou exprimiam, naquelas excepcionais circunstâncias, uma espécie de consenso ou de acordo político à maneira tradicional e tinham no país o tácito apoio da maioria civil. A retirada, o gradativo processo de abertura, dar-se-ia, como sói acontecer, sob o fogo da dupla guerrilha dos inimigos internos e externos do regime: os "provocadores" da esquerda revolucionária, pequenos grupos isolados de militantes da luta armada (Marighela, Lamarca, *etc.*) e os núcleos radicais do próprio sistema militar que queriam perenizar a ditadura e, dentro dela, seu próprio poder torcionário.

Esses anos da retirada, os hoje chamados anos de chumbo, na verdade foram, antes, os anos da Copa de 1970, do "milagre" econômico do ministro Delfim Neto, quando o Brasil crescia a um ritmo comparável ao da China de hoje; anos da "explosão" de Ipanema, anos em que o dinheiro e a corrupção corriam soltos e que só iriam esbarrar e capotar no início da década de 1980 diante do segundo choque do petróleo. Anos de censura, sem dúvida, ainda que, no fim, decrescente. Anos de aflição e medo, especialmente quando a sórdida guerrilha nas entranhas do regime apanhava um amigo, um filho, um parente e o transformava em "carne de canhão" de sua guerra suja. Falei, antes, de episódios que me tocaram, falei de Rubens Paiva e Vlado Herzog, mas estaria mentindo, torcendo a verdade, se não dissesse que esses anos foram também os mais brilhantes de minha carreira profissional e talvez tenham estado entre os melhores, os mais intensos e sentidos de minha própria vida íntima, pessoal. Amei muito, vivi muito, aprendi e gozei muito naqueles anos. Lembro-me deles em boa medida como uma grande festa. E o meu caso não há de ser exceção; é a regra, a norma, ao menos entre os da minha faixa de idade. A exceção, se houve, terá estado na determinação cega, na lúgubre, severa paixão pelo poder absoluto de homens que conheci bastante bem, como Joaquim Câmara Ferreira, Carlos Marighela, Marco Antônio Coelho, entre tantos outros. O próprio enfrentamento cotidiano com a censura e o arbítrio, o esforço para falar e ser ouvido e entendido, para influir no bom sentido até mesmo entre os militares e os facciosos, eram exaltantes, estimulantes, e o resultado, afinal, justificou os nossos esforços. A dor e o medo são parte da vida. A barriga cheia e o entorpecimento moral em que hoje tantos refocilam, sob o PT e Lula, não são bom exemplo de felicidade, mesmo para os de ambição mais curta.

Anos de chumbo, quem me dera tê-los de volta! Talvez só Millôr Fernandes pudesse escrever uma frase assim sem correr o risco de ser xingado e mal interpretado. E, entretanto, aqueles foram os anos da maturidade e do *épanouissement* verdadeiro não só do Zózimo, mas dele próprio, Millôr, do Castelinho e, até, do Ibrahim Sued, entre outros menos votados. O Rio de Janeiro (o Brasil), apesar dos militares, era "nosso", muito mais do que poderia ser hoje; e a própria TV Globo, sob Walter Clark, não era ainda essa imensa máquina de emburrecimento e vulgaridade em que afinal se tornou. Ninguém terá certamente saudade de homens como o brigadeiro Burnier, deposto ainda no início do governo Médici, graças a uma verdadeira operação de guerra, com tropas fiéis ao governo cercando as bases aéreas do Galeão e de Belo Horizonte, mas que até hoje não foi nem processado nem punido pelos seus muitos e horrendos crimes. Ou como o delegado Fleury, chefe do Esquadrão da Morte, combatido valentemente pelo Hélio Bicudo e pelo *Estado de S. Paulo*, e que acabou morrendo num mal explicado acidente de fim de semana que pareceu tirado da história da Natalie Wood. Ninguém terá saudades do general Ednardo e de seu chefe, o ministro Sílvio Frota, mal disfarçados protetores dos que torturaram e mataram Vlado Herzog.

Hélio Bicudo, o bravo promotor público Hélio Bicudo, trabalhava a meu lado no *Estadão*; escrevia editoriais e artigos para o Júlio Neto, diretor do jornal. Éramos conhecidos já de tempos atrás e, no *Estado*, nos aproximamos mais ainda. Jogamos tênis juntos, duas ou três vezes, no Paulistano, mas o seu tênis era ainda mais precário que o meu e desistimos. Nos tempos de Carvalho Pinto governador, pertencíamos a um pequeno grupo de carvalhistas empenhado em fazer do governador candidato à Presidência da República. Alguém entendeu que não se poderia realizar isso sem dispor, pelo menos, dos recursos de uma "caixinha" bem provida como eram as dos outros candidatos. O Hélio era secretário do governo; outro secretário e nosso amigo era o Diogo Gaspar, e ficaram os dois responsáveis pela coleta e armazenamento dos dinheiros da caixinha. Passaram-se os meses, a campanha ganhava forças, mas eis que de repente o Diogo sumiu, desapareceu no oco do mundo, e com ele se foram os cabedais inconfessados do que hoje chamaríamos de caixa-dois. Sobrou o Hélio, impoluto e limpo, nos dois sentidos da palavra, mas nosso entusiasmo e nossas esperanças carvalhistas morreram. Éramos apenas um pequeno punhado de ingênuos amadores da política...

Menos do que homem do *Estadão*, Hélio Bicudo, na época do Esquadrão da Morte, era homem do cardeal arcebispo dom Evaristo Arns. Lembro-me de que, no *Estado*, ele me contou certa vez que estava decidido a candidatar-se a deputado pelo MDB, até para dar cobertura mais sólida ao seu bom combate. Mas o cardeal o dissuadiu: "Espere. Não entre para o MDB. Muito breve nós vamos ter o nosso próprio partido e você terá seu lugar." Era o PT que estava a caminho. O cardeal Arns tivera e tinha ainda papel importantíssimo na resistência à repressão militar e sobretudo na formação dos órgãos da militância católica, as "pastorais", a AP e o resto, mas se preparava para criar um instrumento direto de ação política, um partido que somaria ao imenso poder da Igreja, a força do novo sindicalismo do ABC paulista. A ideia era talvez boa e generosa, e deu no que deu.

Hélio Bicudo foi, ainda agora, até 2004, vice da Marta Suplicy, em São Paulo. Mas não o vejo há séculos. Era um homem pequeno, leve, todo nervos, todo energia, o bigode bem aparado e o cabelo branco. Católico, tinha um monte de filhos, todos, como ele, exímios cavaleiros. Não escrevia bem; seus textos tinham que ser cuidadosamente copidescados. Essa é, aliás, uma das curiosidades da imprensa: muitos dos melhores redatores e repórteres são incapazes de escrever com clareza; é preciso, quase sempre, traduzi-los... e o Hélio submetia-se a esse processo valentemente, pacientemente. Fico imaginando o que passará hoje por sua cabeça, vendo os seus sonhos de antigamente (e os sonhos também do cardeal, se é que cardeais sonham) transformados em lama, confusão e vergonha pelos sobas do PT, o Gushiken, o Zé Dirceu, o Lula.

Em outubro e novembro de 1965, se a memória não me falha, o "Velho Júlio" (que era como chamávamos, entre nós, o doutor Júlio Mesquita Filho, *publisher* do *Estado*) passou uns dias em Nova York e convidou-me para almoçar num restaurante que havia, então, bem em frente a seu hotel, na rua 55, quase na 5ª Avenida. O hotel era o St. Regis e o restaurante, que depois se mudaria para o outro lado da avenida, antes de fechar definitivamente ainda há relativamente poucos anos, era o glorioso *Cote Basque*. Nesses dias em que o Velho Júlio estava em Nova York, editava-se inesperadamente, no Rio de Janeiro, o AI-2, aquele que acabou com o que restava do poder civil e instituiu o governo dos generais-presidentes, indiretamente "eleitos". Diante das notícias ainda pouco claras que lhe chegavam do Brasil, o Velho Júlio indignou-se, irritou-se profundamente e ordenou ao seu jornal a ruptura imediata com o governo e o regime. O Ato representava, na verdade, a morte, não só da candidatura do seu amigo Carlos Lacerda, mas o fim de qualquer esperança de renascimento, a curto prazo, como era do compromisso dos próprios chefes revoltosos, de um regime civil, fundado nos princípios da Constituição liberal de 1946.

O Velho Júlio era talvez o líder mais importante do primeiro grupo de conspiradores pré-1964, formado pelos que não se tinham na verdade conformado com a posse "parlamentarista" do vice João Goulart na Presidência da República em 1961. Eram homens (militares e civis) que vinham de antes, vinham da revolução de 1930, mas se tinham tornado ferrenhos antigetulistas desde 1937 e, agora, em 1964 e 1965, ocupavam postos importantes no próprio governo Castelo Branco. Sua ruptura traria graves consequências. A primeira séria divergência do Velho Júlio com o regime havia ocorrido logo no começo, com o primeiro Ato Institucional, o que não tinha número. O velho e seus companheiros defendiam a suspensão dos direitos constitucionais por um curto prazo (3 ou 4 meses), mas desde que se assegurasse o retorno pleno da própria Constituição, assim que se concluísse o período de exceção. Ele não admitia que os revoltosos assumissem eles próprios (usurpassem) poderes constitucionais. Não tinham o direito de rever a Constituição de 1946, muito menos trocá-la por outra, como acabaram fazendo.

Da primeira vez, ainda que sob protesto, o Velho Júlio havia cedido, diante do entusiasmo da hora e das garantias oferecidas pelo marechal Castelo. Em Nova York, em 1965, acabou cedendo outra vez, coagido pela pressão dos seus próprios filhos e dos seus amigos que haviam ficado no jornal em São Paulo. O AI-2, diziam eles, representava um compromisso tornado indispensável e inevitável. Nas eleições estaduais daquele ano (a eleição presidencial fora adiada para o ano seguinte a fim de dar ao marechal um ano mais de governo) haviam vencido, em Minas e no Rio, dois veteranos pessedistas, Israel Pinheiro, construtor de Brasília, e, sobretudo, Negrão de Lima, o pombo-correio do Estado Novo em 1937, espécie de faz-tudo ou de Tayllerand da era getulista. A base militar revolucionária, a chamada "oficialidade jovem", julgara inaceitável esse suposto retorno ao poder dos antigos senhores e não admitia sua posse. A "única" maneira de fazê-los engolir os dois novos governadores – que na verdade não assustavam ninguém, nem mesmo o marechal Castelo – havia sido essa de assegurar com o AI-2 que nunca mais teríamos no Brasil eleições livres e que o poder militar estava definitivamente garantido, pelo menos tão seguro quanto Pedro II sob as leis do Império...

Até onde seria preciso ir? Exatamente três anos depois, em 13 de dezembro de 1968, o *Estadão* seria cercado e invadido militarmente, sua edição apreendida e a redação posta sob censura prévia. Era o AI-5, o Ato definitivo. Fui ver o doutor Júlio em sua sala, em São Paulo, e ele me disse apenas: "Se eu fosse dez anos mais moço, o senhor ia ver o que eu faria neste país!" Morreu meses depois de desgosto e tristeza, traído e humilhado por seus velhos companheiros, da mesma doença que mataria Eduardo Gomes, entre crises de hemorragia interna que o enfraqueciam e esgotavam. Acompanhou-o seu irmão Francisco, unha e carne com ele, na vida e na morte.

Não tenho pretensões a historiador; nem sequer acredito muito na história, essa História em maiúsculas que se apoia em arquivos e documentos e que, para o bruxo Machado de Assis, "dá para tudo". Conto o que vi, ou acho que vi ou vivi e o que lembro. Diante de um homem como o Velho Júlio, acho que é preciso, quando menos, uma pausa. Ele era um intelectual europeu de antes da guerra, um *grand seigneur*, um oposicionista inato, um incurável D. Quixote capaz de perder todas as batalhas e, apesar de tudo, vencer. Perdeu em 1937; perdeu em 1946, com o brigadeiro; perdeu em 1950, outra vez, diante do próprio Vargas; perdeu no Tamandaré, com Lacerda; e, afinal, quando o convenceram a ganhar com Jânio, em 1960, sofreu sua pior e mais cruel derrota: a renúncia do presidente, que abriria as portas, logo depois, para o calvário militar, a morte e uma curiosa redenção, à qual ele já não assistiria. Acreditava o velho que o Brasil só tomaria jeito quando chegasse ao poder um homem educado e formado pela Universidade de São Paulo, que ele mesmo havia carinhosamente fundado, em 1936, com seu amigo (e cunhado) Armando de Sales Oliveira, então governador do Estado.

O professor Fernando Henrique Cardoso governou o Brasil, entre 1994 e 2002. Fechou um século, o nosso, abriu o novo milênio e, de quebra, confirmou as expectativas do doutor Júlio. Com todos os seus pequenos erros, tropeços, eventuais fraquezas, Fernando foi provavelmente o melhor presidente que este país já teve, nos seus cento e poucos anos de República. Quem teriam sido os outros? Campos Sales, Juscelino? Não importa. Fernando Henrique redimiu esperanças, redimiu uma geração inteira, a nossa, que parecia já ter perdido o bonde da história, tantos anos antes. Melhor: levou consigo, para a presidência, a juventude, o humor, a verve, um astral alto, o natural otimismo e uma tranquila competência. Fomos muito amigos há meio século, e ele gostava de dizer que queria ser um dia bispo ou senador. Foi senador por 12 anos e se tornou a figura mais brilhante, respeitada e estimada do Senado. Era sociólogo e mais de uma vez recusara postos e responsabilidades na área econômica.

Em princípios de 1961, no governo Jânio Quadros, seu secretário particular, José Aparecido, um dia me anunciou que ia indicar para um cargo importante, na área do Ministério da Educação, um professor que, embora ainda jovem como nós, era uma dessas pessoas extremamente bem-falantes, mas com a cabeça confusa; pessoas que escrevem artigos e livros complicadíssimos, eruditos e ilegíveis. Achei graça na indicação e disse ao José Aparecido que ele precisava de alguém ao seu lado que o orientasse em assuntos de universidade e de educação, e fosse capaz, ao menos, de distinguir competência verdadeira de brilho vazio e palavra fácil. Por que ele não chamava o Fernando Henrique para, pelo menos, ouvir sua opinião? Mas, o governo Jânio mal começava, a confusão no palácio era muito grande e os olhos vesgos do próprio presidente entortavam tudo. Dias mais tarde, Fernando Henrique foi surpreendentemente nomeado membro do Conselho Nacional de Economia, cargo que lhe dava *status* de ministro, nada menos, mas que ele teve o bom senso de recusar, polidamente, dizendo ao presidente que a economia estava fora de sua área de especialidade e que ele preferia simplesmente prosseguir em sua recém-iniciada carreira universitária. FH era, então, se não me engano, professor-assistente da USP, na cadeira de Alice Canabrava. Trinta e poucos anos mais tarde, num governo ainda mais atabalhoado e tonto, o do mineiro Itamar Franco, que sucedeu ao impichado Fernando Collor de Mello, Fernando Henrique era ministro do Exterior e estava em viagem, passando por Nova York, quando o presidente anunciou sua nomeação para ministro da Fazenda. A inflação era altíssima, na época, ninguém sabia mais o que fazer e três figurões, pelo menos, o último dos quais Eliseu Resende, haviam já se esborrachado no ministério. O próprio presidente Itamar não tinha mais alternativas, não tinha mais para onde se virar. Fernando Henrique chegou ao Brasil e aceitou. Chamou Edmar Bacha, que então estava nos Estados Unidos, para assessorá-lo, e assumiu. Naquela mesma semana eu o encontrei em São Paulo, na casa do Fernando Gasparian, numa reunião de velhos amigos, e lembrei-o da frase antiga: bispo ou senador? "Pois agora eu quero ser papa!", respondeu ele, alegremente. A Fazenda, o êxito na Fazenda, era a porta aberta da presidência e o Fernando não tinha dúvida de sua própria estrela e competência. Derrubou a inflação e por oito anos foi papa, eleito e reeleito presidente no primeiro turno, em 1994 e 1998. Pouca gente há de lembrar-se, no entanto, do que foram aqueles meses, entre a posse na Fazenda e a primeira eleição. Para um simples observador como eu era, obrigado a escrever todos os domingos um artigo no jornal, o que pareceu mais surpreendente foi a confiança serena do país, dos grandes jornais e da TV, no ministro, durante meses seguidos em que a inflação crescia sem parar e tudo o que ele fazia era pedir paciência, era preparar paciente e cuidadosamente seu plano de ação, reunido com o Bacha, o Malan, o André Lara Resende, o Pérsio Arida e outros ainda. Fernando é homem reconhecidamente paciente e prudente, mas o que lhe permitiu usar esses atributos, naquela hora, com tanta largueza foi o excepcional capital político que havia acumulado ao longo de 12 anos de Senado e talvez 20 de vida política; sua autoridade diante do próprio presidente Itamar e dos grandes personagens da República, seu prestígio pessoal, seu bom nome entre as amplas camadas da chamada opinião esclarecida. Foi como se o país dissesse para si mesmo: FH é nossa última bala no último fuzil, e ele não pode errar.

 A base do plano de ação afinal adotado seria uma ideia de gênio de André Lara Resende, anunciada anos antes (e aprovada, na época, pelo próprio Mário Henrique Simonsen): a moeda indexada; a indexação da própria moeda como instrumento de passagem de uma inflação desabalada para a estabilidade monetária, sem crise, sem sofrimento, sem desemprego e quebradeira. Fernando e seu time de jovens economistas não só aprovaram a ideia do André, como souberam cercá-la das medidas necessárias para garantir e preservar a estabilidade desejada. O Plano Real veio, enfim, quase às vésperas da eleição presidencial, e foi um espetacular êxito, uma quase mágica, uma espécie de novo milagre dos peixes ou dos pãezinhos. O PT criticou-o de todas as maneiras, chamou--o de simples manobra eleitoreira, mas o Plano venceu e ficou. Lá está até hoje, quatro anos depois da posse de Lula, e vai continuar. Tenho muitos amigos que não gostam do Fernando Henrique e não o engolem de jeito nenhum. O Evandro, quase no fim da vida, era um deles. O Millôr é outro. Eles têm ou terão tido suas razões, mas o que o Fernando Henrique fez, gostemos ou não dele, foi botar o país outra vez nos trilhos. Foi, materialmente, como se ele tivesse estendido a mão, apanhado entre os dedos a pequena locomotiva caída ou descarrilada e a repusesse na linha. Depois da estabilidade e do saneamento moral e financeiro que ela provocou, viriam leis como a da responsabilidade fiscal e, acima de tudo, um novo espírito, uma nova atitude do país diante de si mesmo e do seu futuro. Posso ser ingênuo (até acho que sempre fui), mas acredito que, apesar da grande roubalheira que é hoje esse governo de líderes sindicais e ex-comunistas capitaneados pelo Lula, o novo espírito vai prevalecer e firmar-se porque sua base moral e física, material, é muito ampla. Tudo aqui se resume, a rigor, num pequeno preceito enunciado há século e meio pelo cientista inglês, Charles Darwin. Observou ele que, se um operário ou simples trabalhador obedece disciplinadamente às leis e aos bons costumes, nem sempre esse bom comportamento beneficiará sua família e seus filhos que podem continuar sofrendo necessidades e carências diversas. Por outro lado, não há notícia na história do Universo de sociedade ou país que jamais tenha sido próspero, rico e feliz se nele as leis e o bom comportamento não são respeitados pela maioria. Em outras palavras: as leis e a boa moral podem não servir, eventualmente, ao interesse do indivíduo: mas são indispensáveis à sociedade e, portanto, também aos indivíduos em geral. Acho que, nós, no Brasil, já vamos sendo capazes de entender essa verdade simples, esse axioma ou postulado, ou que outro nome tenha. Se você se comporta mal, pode até enriquecer, desde que não seja apanhado (e, muitas vezes, mesmo apanhado, sempre sobrará algum para os seus). Mas, o mau comportamento rompe o contrato social, vicia, empobrece e infelicita a sociedade e, portanto, deve ser perseguido e punido, implacavelmente.

O Brasil do tempo do doutor Júlio, antes da guerra, em nosso tempo de meninos, era completamente outro; tão diferente que devia até ter outro nome. E, em verdade, tinha. Chamava-se "Estados Unidos do Brasil" e era, a rigor, um imenso, um continental arquipélago. Viajava-se, entre uma ilha e outra, de navio (ou em lombo de burro; estradas de ferro, ou de rodagem, eram muito raras, escassas). Navios da Royal Mail, em que meu pai foi, uma ou duas vezes, à Bahia; do Lloyd Brasileiro, da Costeira ou de uma grande companhia italiana cujo nome já não me recordo. O arquipélago era dividido em amplas áreas, sucessoras das antigas capitanias: havia a Amazônia, havia o Norte (não se falava ainda em Nordeste), havia a Bahia, Minas Gerais, o Rio, São Paulo e o Sul. Cada uma dessas ilhas era dominada por meia dúzia de famílias que formavam uma espécie de aristocracia local e constituíam a oligarquia dominante. Senhores de baraço e cutelo, como se dizia nos tempos do Camões. Senhores da terra, senhores de vida e morte, na verdade, se não de direito ao menos de fato – e, muitíssimas vezes, de direito também, pois nomeavam o juiz e o delegado de polícia e escolhiam, com seus pares, o governador do estado, o prefeito do município e o presidente. Manda a tradição que se imaginem essas famílias como grandes árvores cheias de galhos que se subdividem e multiplicam. Prefiro vê-las como grandes polvos, gigantescos *octopus*. Os polvos têm os testículos na cabeça; os senhores da terra faziam filhos nas mulheres e nas mucamas, nas empregadas, e tinham, frequentemente, o benfazejo costume de perfilhar os bastardos ou, quando menos, os que lhes caíam no goto. Os polvos têm braços longos e cheios de ventosas para melhor agarrar a presa e sugar-lhe a substância. No caso dos senhores, a presa era o Estado; os braços eram os altos funcionários, os juízes, os militares, os padres, os políticos. Não havia grande família que não tivesse os seus. Não custa registrar que os bastardos logo se tornariam legião e que muitos dos seus descendentes foram figuras ilustres no Império e na República. Francisco de Assis Chateaubriand Bandeira de Melo, o Chatô, por exemplo, era filho de um ramo bastardo da ilustre família Bandeira. O primeiro Bandeira, segundo certidão antiga ainda dos tempos coloniais, encontrada entre os guardados de minha mãe, recebeu o nome das mãos do próprio rei de Portugal por ter bravamente arrebatado a bandeira da tropa inimiga na batalha (se não me engano de batalha) de Aljubarrota. E há, sobretudo, o caso do estado de Minas Gerais. Minas nasceu da mineração de ouro e diamantes por concessionários do rei de Portugal, os quais, diante das dificuldades da empreitada, nos primeiros tempos, deixavam para trás suas mulheres portuguesas quando para lá iam tentar a sorte e acabavam cedendo aos encantos das Xicas da Silva; e essa foi a origem de muitas das mais velhas e ilustres famílias mineiras. Em Minas, diria o Millôr, como os mineiros. A miscigenação é uma das mais longas e fundas raízes do Brasil, mas, ao menos entre as elites nacionais, ela é frequentemente mineira. É, aliás, matéria de simples bom senso supor que o casamento com escravos ou servos seja, costumeiramente, mais frequente nas lonjuras do sertão do que nas cidades, onde tudo se vê e nada escapa à maledicência.

Escrevo reminiscências (sérias e frívolas), lembranças, reflexões e certamente não será demais falar da minha própria família ou da crônica que me ficou dela. A família de meu avô materno, Francisco, por exemplo, que não cheguei a conhecer porque ele morreu cedo, mas era engenheiro do Estado e trabalhou em estradas de ferro como a que vai de Curitiba para o porto de Paranaguá, era a família Silveira Lobo. Os Silveira Lobo deram o primeiro ministro da Justiça da República, Aristides Lobo, ministro de Deodoro; e deram também um bom número de padres e freiras e jornalistas, além de oficiais de marinha, entre os quais pelo menos um ministro de Estado e dois ou três almirantes, comandantes-chefes da esquadra brasileira. O último deles veio à casa de minha irmã, Maria Dulce, nos anos 60, pedir desculpas pela prisão do Flávio, meu cunhado, que teve a cabeça raspada pelo Cenimar, e dizer-nos que a Marinha, a verdadeira Marinha brasileira, não era responsável por aquela vergonheira. Do outro lado mais rude, baiano, meu avô paterno João Melo Pedreira, grande comerciante e concessionário da Loteria da Bahia, que acabou perdendo tudo e deixando meu pai, às vésperas de casar-se com minha mãe, sem um tostão furado, sem dinheiro nem para pagar a aliança (que acabou sendo comprada pela mãe da noiva, minha avó materna, Gabriela), pertencia a uma antiga e vasta oligarquia do Recôncavo baiano, que deu um ministro e, mais de uma vez, presidente de província, grande amigo do imperador, Luís Pedreira do Couto Ferraz. Os Pedreira espalhavam seu poder e sua influência por diversas cidades da região, como São Gonçalo, São Félix, Cachoeira, Santo Amaro, Feira de Santana. Ainda no meu tempo de estudante, quando fui pela primeira vez à Bahia, o prefeito de São Gonçalo era um Pedreira, Adriano Pedreira, o coronel Didi. Outro Pedreira, pai do meu colega Gastãozinho, era presidente da Light baiana, concessionária de Força e Luz (e bondes) da terra. Ainda outro Pedreira era dono da boate mais famosa, chamada, se não me engano, Anjo Azul; outro mais era o presidente da Aliança da Bahia, a grande companhia de seguros. Esses dois últimos, diga-se de passagem, homossexuais, atributo que não estava ainda na moda e que levaria pelo menos mais uns 30 ou 40 anos para "sair do armário" depois que a Aids obrigou o próprio galã Rock Hudson a declarar-se publicamente.

Mas, os Pedreira ficavam longe, lá na sua Bahia distante, e raramente vinham ver-nos na praça Eugênio Jardim ou passar temporadas conosco, como fizeram os primos Caio Mário e Marina – Marina já mocinha e com um curioso encantamento pelo craque do Botafogo, Perácio. Na época, futebol era coisa de homens, não de mulheres. Nós, meninos, passávamos quase todo o tempo jogando bola na calçada, na rua, onde os carros e ônibus eram raros, e na praça ainda de terra batida e capim pisado. Dentro de casa, entretanto, na sala de jantar e no *hall* da escada, a vez era dos Silveira Lobo. A prima Rachel vinha tomar chá com minha mãe; suas filhas Helena, Heloísa, Heleda e Hebe apareciam com frequência. Helena, a mais velha, era um raro tipo de beleza, já noiva de Plácido Gutierrez, rapaz elegante, com físico de toureiro e um bigode negro, bem desenhado. Heloísa tinha o ar mais severo e me lembra, não se por quê, minha avó Gabriela, que era forte, sem ser severa. Heleda era mais alegre e menos segura de si, e eu gostava muito dela, embora minha paixão verdadeira fosse a Hebe, a mais moça, quase da minha idade. As Silveira Lobo, como minha irmã, Maria Dulce, mais tarde, eram em geral muito vistosas e bonitas, cabelos longos, cacheados, desembaraçadas e falantes, um pouco no gênero da Dulcina de Moraes, a grande atriz de teatro daquele tempo. Hebe, muitos anos depois, casou-se com um oficial do Exército, teve muitos filhos e foi muito feliz; meu carinho de menino pelas primas Silveira Lobo foi ficando mais distante, até perder-se no tempo. Tive notícias da Hebe, por minha mãe, uns 30 anos depois, no restaurante do Hotel Nacional, em Brasília, onde ela me viu de longe, mas eu não cheguei a vê-la.

Foi ainda na praça Eugênio Jardim, bem no começo, que meu pai recebeu a visita do seu tio-avô, Artur Magalhães – com sua segunda mulher, Elza. Estavam no caminho da Europa, não me lembro se indo ou voltando, mas a viagem era uma espécie de presente de lua de mel e de apresentação aos parentes para a tia Elza, bem mais moça (e bonita) que o tio. Artur Magalhães era, então, o grande senhor de terras da família. Era plantador de fumo, representante da Suerdieke e da Danneman no Brasil, e suas fazendas se estendiam do Recôncavo até quase o São Francisco. Fiquei sabendo dessas coisas por meu pai, porque eu mesmo era bem pequeno e da visita só me ficou a lembrança de uma sala, a nossa própria sala de visitas, sempre fechada e onde mais tarde eu me escondia para minhas travessuras mais secretas, com as janelas e portas abertas sobre a varanda, a luz do sol entrando e o tio e a tia sentados nas poltronas conversando com meus pais. Do tio Artur, contava-se, na família, que ele tinha sido chamado a palácio, certa vez, onde o então recente tenente-interventor Juraci Magalhães lhe pedira apoio para enfrentar os Pedreira em sua região, tendo ele respondido que não podia fazer isso porque sua própria mãe era Pedreira... Ficaram, entretanto, bons amigos, ele e o interventor. Em Washington, tantos anos depois, encontrei maneiras de perguntar ao embaixador Juraci se a história era verdadeira e ele me disse que não se lembrava do episódio e que, ao contrário, tivera sempre bons contatos e bom comércio com a família. Dizia o tio Artur que os trabalhadores de suas terras eram gente boa e simples e que, espontaneamente, haviam adquirido o costume de deixar numa gaveta do escritório da fazenda seus títulos eleitorais. Na hora devida, vinham buscá-los e pedir conselho... Meu pai gostava, ainda, de contar a história de um outro tio mais distante, perdido nas lonjuras do sertão baiano, e que tinha no rosto uma alergia ou inflamação qualquer que o impedia de raspar a barba com uma navalha, como então todo mundo fazia. Em vez disso, sentava-se pela manhã na varanda da fazenda e barbeava-se com uma tesourinha de unhas e o eventual auxílio de um espelho, cortando e aparando fio por fio, enquanto despachava com o capataz e os administradores ou conversava com visitantes.

À casa da praça Eugênio Jardim, viriam, anos depois, ainda outros da família baiana, como meu próprio avô João Pedreira, já com as finanças parcialmente recuperadas, mas a saúde fortemente abalada, e o querido tio Mário, irmão mais velho de meu pai, o único tio de verdade que tive na vida. Esse tio era homem de passado romântico e aventuroso, homem de letras e de imaginação, alto e elegante. Aos 14 anos fora sota-voga na equipe de remo da Bahia, num campeonato brasileiro. Nós, meninos, o adorávamos. Tomava xícaras e xícaras de um café fortíssimo e fumava uns cigarros pequenos e finos, que trazia da Bahia e tinham o fumo muito escuro, quase negro. Ia morrer, tempos mais tarde, de enfisema; depois que eu mesmo, já universitário, o tivesse ido ver na casinha de Itapagipe onde então vivia. Em suas passagens (duas ou três, apenas) pela praça Eugênio Jardim, o tio Mário estava sempre envolvido em algum plano mirabolante onde aplicava os limitados recursos que lhe restavam. Comprara um garanhão puro-sangue inglês e dispunha-se a iniciar uma criação de cavalos na Bahia. O garanhão, nas fotografias que nos mandava, parecia realmente muito bonito. De outra vez, chegou trazendo diamantes e pedras preciosas que negociava. No fim, perdeu tudo. Mas era homem querido e brilhante e seus amigos lhe arranjaram um modesto lugar de professor substituto; dava aulas na Politécnica, onde havia estudado quando ainda rapazola e lá ficou até que a doença o consumisse.

Lembro-me ainda de um outro visitante da praça Eugênio Jardim: o Cerqueirinha. O Cerqueirinha era médico. Baixinho, cheio de corpo, mas risonho e atlético, com os óculos claros e voz um tanto fanhosa, de asmático. Vinha com as filhas, Corina e Leonor, as duas pequenas como ele, mas bonitas de rosto e de corpo. E risonhas. Brincávamos com elas no quintal de casa, já então coberto de ladrilhos de cerâmica cor de tijolo e de mangueiras trazidas da Bahia. A mulher do Cerqueirinha ficava em Santos, onde ele clinicava; chamava-se Ronoel, inversão do nome de sua filha Leonor; ou talvez fosse o contrário e eu esteja trocando uma pela outra. O Cerqueirinha era Pedreira, também: Cerqueira Pedreira ou Pedreira Cerqueira. E era um bom exemplo dessa capacidade que têm os Pedreira de estabelecer alianças. Há Pedreira, na Bahia, de todas as espécies possíveis e imagináveis: Pedreira do Couto Ferraz, Pedreira de Freitas, Pedreira Magalhães e Magalhães Pedreira, Pedreira de Carvalho. Só os Bulhões Pedreira, do José Luís Bulhões Pedreira, famoso por seu saber econômico em meus tempos de estudante, não eram, no dizer de meu pai, parentes nossos. Não sei como, nem por quê. Provar o parentesco é relativamente fácil, mas provar que não se é parente, talvez só com sofisticados testes de DNA, ainda inexistentes na época. Na verdade, o Brasil colonial era um empreendimento fechado, estreitamente cercado pelas barreiras do reacionarismo da Coroa portuguesa e da Igreja. Foi feito por dúzia e meia de famílias privilegiadas que, ao longo de 400 anos, constituíram (e construíram) a oligarquia dominante. Somos, todos, mais ou menos parentes. E não demorou muito antes que essa verdade simples se comprovasse.

Eu era já aluno da Faculdade Nacional de Direito, na rua Moncorvo Filho, e nosso catedrático de Ciência das Finanças chamava-se Olinda de Andrada. O Olinda era completamente louco. "Os impostos", dizia ele, "são os elefantes brancos das florestas negras da Ciência das Finanças". Suas aulas eram discursos bombásticos sem nenhum sentido. No fim, era aclamado e aplaudido pelos estudantes. "Olinda para presidente!" gritava um; outros respondiam: "Olinda para ministro da Fazenda!" Havia ocasiões, mais solenes, em que os alunos se reuniam, antes da aula, e designavam um orador. Olinda entrava, era aplaudido e ovacionado, e logo o orador se levantava e fazia um pomposo elogio do mestre, citando seu passado ilustre, seu saber, seu mérito incomparável, e vituperando os inimigos ocultos que o impediam de ocupar os mais altos postos da República... O Olinda agradecia, comovido. No fim do ano letivo, chegada a hora do exame oral, chamado meu nome, sentei-me diante dele para ser examinado e ele me perguntou: "Pedreira? Você é parente dos Pedreira, de Sertãozinho, lá em Minas?" Respondi: "Não, mestre. A família de meu pai é da Bahia." Olinda fechou a cara e me reprovou. Três meses depois, no exame de segunda época, a cena repetiu-se: "Pedreira? Você é parente dos Pedreira, de Sertãozinho, em Minas?" Respondi: "Sou", e passei de ano.

Os Silveira Lobo, maternos, haviam se estabelecido na Corte, vale dizer, no Rio de Janeiro, há muitos e muitos anos. Segundo contava minha mãe, no entanto, eram também de origem nordestina. Vinham de uma célebre dona Ana Silveira que fugira de casa, na Bahia, e viajara semanas e semanas em lombo de burro, acompanhada apenas de uma mucama, para encontrar o noivo, um Lobo, no Recife, e casar-se com ele. Fez o que faria mais tarde, em diferentes circunstâncias, outro baiano, Nabuco de Araújo, o "Estadista do Império", pai de Joaquim Nabuco, que foi também encontrar seu amor em Pernambuco, na tão celebrada Massangana. Vínhamos todos, pois, maternos e paternos, dos cafundós da Bahia. Mas, o Pedreira que foi ministro e amigo de dom Pedro, e que é mais de uma vez citado por Nabuco no seu livro *Um Esta-*

dista do Império, morava no Rio, no Alto da Boa Vista, e, quando descia de lá, gostava de tomar o barco e ir recolher-se num retiro que possuía nos fundos da baía de Guanabara, onde lia, estudava e exarava seus despachos. Talvez por isso o imperador lhe tenha dado os títulos de barão e de visconde "do Bom Retiro".

Nós, meninos, no Rio dos anos 30, não sabíamos de nada disso; nem do que iria ainda acontecer, nem do que já ocorria em volta de nós; mais tarde, já na Faculdade, a moda dos novos tempos nos tornaria ainda mais displicentes e distantes de uma incômoda e desprezada descendência oligárquica. De fato, os braços dos polvos tanto se entrecruzavam e estendiam que acabavam finos e quebradiços como os filamentos das águas-vivas, dessas temidas "caravelas" que às vezes vinham bater no mar de Copacabana e nos queimavam os braços e os pés, as pernas, o corpo. A praça Eugênio Jardim era sobretudo mineira. Na rampa do lado direito que sobe para o corte do Cantagalo, então ainda em obras, moravam os Batista Martins, os Belmiro Medeiros, os Continentino e os Leonardos; seriam todos de Minas? E os Lodi, de um irmão do Euvaldo Lodi, amigo do Getúlio e senhor do SESI e da Federação das Indústrias? Esse irmão do Euvaldo Lodi, funcionário do Ministério da Educação, era um homenzarrão carrancudo, malvisto pela vizinhança porque, nas férias, mandava para Minas a mulher e as filhas e instalava em casa, com todas as honras, uma senhora que passava o dia todo de *peignoir*, andando pela casa ou sentada ostensivamente na varanda. Um vexame! O Lodi morou na praça por uns anos, depois mudou-se. Os Batista Martins, por sua vez, já estavam na praça quando chegamos em 1932. Tinham dois filhos (que eu me lembre): o Nísio, mais velho, que iria para o Itamaraty e acabaria envolvido numa história de importação de automóveis, e o menor, Rodrigo, mais ou menos da minha idade. O Rodrigo era, como se usava dizer, um pestinha; mirrado, pequenino mas já de óculos grossos, com um risinho nervoso, e muito travesso. Recebeu-nos na praça a pedradas; atirava na gente tudo o que lhe caía nas mãos e nos obrigava a esconder-nos por trás do muro do jardim. Um dia, se deu conta de que o que estava pegando no chão, para atirar, não eram pedrinhas nem bolinhas de piche, do calçamento recente, mas cocô de cabra... A partir daí, tivemos uma trégua. As cabras, naquele tempo, desciam do morro, onde havia uma incipiente favela, e vinham pastar na praça e na rua. Eram bichos simpáticos, civilizados. O Rodrigo, como todos nós (tínhamos cinco ou seis anos), estava sempre acompanhado de uma babá que tentava conter os seus instintos maléficos. Outro, talvez ainda pior do que o Rodrigo, era o filho do Pedro Spyer, que morava na casa da esquina com a rua Xavier da Silveira, o Mauricinho, com sua babá portuguesa. O Mauricinho (José Maurício), desde que morreram meus irmãos mais moços, ficou sendo a pessoa no mundo que conheço há mais tempo. Desde 1932! Fomos colegas de colégio, no Guy de Fontgalland, e, depois, de clube, até hoje. Seu pai era ligado ao Paulo Bittencourt, dono do *Correio da Manhã*, e escrevia doutos artigos no jornal. Outro que era também ligado ao velho *Correio* era o vizinho do lado direito da nossa casa, o Calvet. Calvet devia ser homem rico, pois era ele quem comprava papel para as edições do jornal, um negócio de milhões. Tinha amigos jornalistas, entre os quais Gondim da Fonseca, que veio visitá-lo com a família, a mulher e os filhos, portugueses de sotaque carregado. Gondim virou brasileiro e, anos depois, ficou amigo também de meu pai, e eu mesmo lia tudo que ele escrevia e o admirei muito. Na praça, entretanto, o que fazíamos era rir da maneira de falar dos seus filhos. Havia um dos nossos, o Vivinho, filho mais moço do Álvaro Moreyra, que tinha dons teatrais e imitava bem o sotaque lusitano; ele arrastava os jovens Gondim a discussões sem pé nem cabeça, até que um dia eles perceberam a maroteira e o pau quebrou. Mas, o Vivinho era muito forte; seu apelido, no bairro, era Tocha Humana, um invencível personagem de histórias em quadrinhos, e logo os portugueses tiveram que refugiar-se na casa do Calvet. Passamos então do corpo a corpo à artilharia; municiado por nós, nosso herói apedrejava a ampla varanda da casa, por cima de um jardim de uns oito ou dez metros de profundidade, enquanto a vaia a Portugal e aos portugueses continuava. Mas, tudo acabou bem; não houve vítimas, a não ser uns vidros quebrados. No dia seguinte, o Calvet mandou a conta do prejuízo ao Álvaro Moreyra – que logo pagou e desculpou-se como pôde pela nossa selvageria. Portaram-se, os dois, como *gentlemen*. O Álvaro, aliás, o Alvinho, pai do Vivinho, do Sandro, do João, da Collete, da Ízia e da Rosa, morava na Xavier da Silveira, 99, endereço que teria, mais tarde, grande importância para todos nós.

Tinha o Calvet família grande. Sua mulher chamava-se Zuleica, nome também da filha mais moça, a Leleca. A filha mais velha era a Estela, tocava piano e enchia nossas manhãs, com os sons de escalas musicais interminavelmente repetidas. Ainda hoje a lembrança das notas, subindo e descendo, ressoa em minha cabeça, entre imagens iluminadas pelo sol das árvores do jardim e, especialmente, de um pé de acácia plantado quase sobre o muro entre as nossas duas casas. As flores da acácia coloriam os sons do piano. Além da Estela e da Leleca, havia o menino mais velho, um rapaz alto, magro e tímido, o Almerindo (Cimi) e mais dois outros, o Mauro e o Paulinho. Esses dois últimos tinham *status* doméstico diminuído; era como se fossem enteados, ou coisa assim. Uma avó aparentando origem mais modesta estava sempre atrás deles, tentando evitar que reinassem muito. A estrutura da família era, pois, complicada e objeto da especulação das comadres da vizinhança. Dona Zuleica nunca aparecia e os raros visitantes, como o Gondim, vinham de longe, quase sempre de Portugal. O Mauro, que era, dos irmãos, aquele mais da minha idade, era bruto e mau; recalcado; certa vez, numa festa junina, deixou cair o borrão incandescente de uma "estrelinha" dentro de minha camisa, nas costas, brincadeira de mau gosto que me custou queimaduras, cujas cicatrizes levaram anos para desaparecer. A Estela logo arranjou um noivo (português) que não gostava de piano e a proibiu de tocar. Acabaram-se as escalas matinais. Mas, minha amiga, na casa dos Calvet, era a Leleca. Brincávamos muito, os dois, às vezes dias inteiros, nas férias. A casa deles era uma casa térrea, espichada até o fundo do terreno. Uma vez, na área de serviço, subimos pela parede, apoiando-nos no muro, até uma caixa d'água daquelas grandes, de cimento, instalada lá em cima. Ficamos algum tempo empoleirados, juntos, cúmplices na aventura, observando o movimento dos empregados, embaixo, e o quintal de minha própria casa, ao lado, por cima do muro. A clara imagem desse momento ficou-me, embora não tenha da própria Leleca lembrança muito exata; era magra, morena, talvez usasse os cabelos curtos, um vestido leve, e só.

Foi essa a casa que apedrejamos, atrás de dois meninos portugueses que haviam reagido à nossa perseguição. Não se falava ainda em *harrassment*, nem em discriminação ou xenofobia. Eram tempos inocentes (na praça, ao menos) e eu era muito menino; era o mais moço da turma. Os outros tinham dois ou três anos mais do que eu, e o Vivinho talvez mais um pouco. Ninguém tinha muito juízo e não se pode certamente dizer que nosso comportamento refletisse uma desforra contra o poder colonizador português, contra a antiga Metrópole. Os portugueses do Rio, na época, em volta de nós, eram jardineiros, choferes de praça, motorneiros e condutores de bonde; gente simples, trabalhadores braçais, carregadores, carroceiros, "burros sem rabo". Mas, talvez por isso, porque haviam perdido o poder, e parecessem humildes e servis, fosse ainda melhor rir deles e de seu curioso modo de falar e até de raciocinar.

Nossa casa, como outras, tinha um jardineiro português, ainda bem moço. Um dia, meu pai e minha mãe, debruçados na varanda do andar de cima, tratavam com ele de coisas do jardim, quando meu pai se lembrou de perguntar se ele tinha feito, antes de vir para o Brasil, o serviço militar. O jardineiro era um típico jardineiro português da época: camiseta por baixo da camisa, calças pretas listadas, chapéu de feltro permanentemente na cabeça. Tinha estado limpando o gramado, arrancando uma a uma as ervas daninhas entre as folhas de grama, e pusera-se respeitosamente de pé para falar com os patrões. Com a mão livre, segurou a aba do chapéu, entre o polegar e o indicador, levantou-o um pouco e com os dedos que sobravam coçou meditativamente a cabeça, antes de responder que não, que era "refratário". Refratário! Meu pai achou essa resposta extraordinariamente cômica e repetiu-a várias vezes para plateias diversas, em casa ou na rua, entre amigos. Rimos muito com essa historinha, embora, na verdade, conforme descobri bem mais tarde, o jardineiro estivesse certo, rigorosa e precisamente certo, e meu pai errado: refratário é tudo o que sabíamos e sabemos, mas pode ser também "jovem que falta à seleção para o serviço militar, depois de convocado". Lá está, com todas as letras, no dicionário; refratário é o que chamaríamos de "insubmisso".

Mas, não deixamos de apedrejar. Poucos anos depois, estourava a guerra na Europa, submarinos alemães torpedeavam navios brasileiros em nossas próprias costas, matavam centenas de marinheiros e civis. A surpresa e a indignação no país eram muito grandes. Juntamo-nos em bandos e saímos pelas ruas de Copacabana e Ipanema apedrejando estabelecimentos com nomes alemães, bares e restaurantes, cujo crime era servir *chopp* excelente e que, na verdade, estavam aqui bem antes de nós, como o Zeppelin ou os atuais Bar Lagoa e Jangadeiros, cujos nomes de então já não sei mais. A diferença era que, dessa vez, tínhamos um motivo mais sério e tínhamos até, por trás de nós, um comando; agitadores e instigadores políticos. Escrevendo sobre isso na imprensa, já nos meus últimos anos de jornalista, eu disse que talvez o João Saldanha fosse um dos líderes dos apedrejamentos; talvez fosse, talvez não. O João era uma extraordinária figura e certamente merece que se conte sua história, bem contada. Ele era nove anos mais velho do que eu e pertencia a um grupo de rapazes já feitos, que só mais tarde se reuniria ao nosso (ou terá sido o contrário, nós é que nos reunimos a eles...). Conhecemo-nos nos salões de sinuca; primeiro na avenida N. S. de Copacabana quase esquina da Constante Ramos; um salão comprido com uma enfiada de mesas, atrás, e um café e bar na frente e, mais tarde, na esquina da Djalma Ulrich, em outros dois cafés, um de cada lado da avenida; acho que dos mesmos donos, o Carnera e o Baltazar; o Carnera, um português imenso e fortíssimo, o outro, baixo e gordo, e de bigodes. Eram gente boa e trabalhadora, tinham seus próprios filhos na escola e se orgulhavam muito de sua clientela clandestina e bem-nascida isto é, nós, meninos que não tínhamos idade para jogar, mas jogávamos, às vezes noites inteiras e sempre a dinheiro. Essa foi, aliás, com certeza, minha ocupação mais importante, dos 11 ou 12 anos, até os 17. Era (tornei-me) campeão de sinuca do bairro; e nos fins de semana, no Jockey Club, perdia costumeiramente tudo o que havia ganhado no pano verde. Jogávamos também cartas, pôquer, nos intervalos, em casa dos amigos. Era uma jogatina desenfreada e, por causa dela, acabei perdendo dois anos seguidos de ginásio, até ser salvo da perdição e da malandragem pelo meu primeiro grande amor adolescente...

 Mas estamos, outra vez, avançando depressa demais. Deixemos para mais adiante a história do João Saldanha e voltemos à praça Eugênio Jardim. Nossa casa não tinha canteiros de flores e eu, até hoje, implico com canteiros de flores – mas tinha, em troca, muitas árvores floridas. Além do pé de acácia junto ao muro dos Calvet, tínhamos, no jardim da frente, que talvez não fosse tão grande quanto nos parecia, um gramado com uma pequena palmeira-de-sagu no centro, e uma barreira de fícus bem aparada, diante da rua; do lado esquerdo, ficava um muro altíssimo, coberto de hera, e a seus pés um jasmineiro dama-da-noite e duas grandes árvores floridas, já quase na rua: um *flamboyant* e um jacarandá-da-folha-mimosa, que haviam crescido juntos, lado a lado, entrelaçando seus ramos, quase que como uma só árvore. Seria talvez conveniente chamar, aqui, o Casimiro de Abreu, ou, quem sabe, o próprio Machado, para falar dessas duas grandes árvores, de sua sombra e sua luz, suas flores, seus grandes galhos que me levavam até quase ao céu, o verde-escuro muro de hera por trás delas. Havia ainda, atrás da casa, um quintal com árvores frutíferas. Nosso terreno era igual ao dos Calvet, ao lado (12m x 50m), mas nossa casa era uma construção mais leve, mais simples, embora em dois andares, o que deixava espaço para o quintal. Bem no fundo, ficava uma pequena construção com uma garagem, embaixo, e, em cima, dois quartos para empregados. Sob a escada, um banheiro estreito, com um pequeno losango aberto no alto, para deixar entrar o ar e a luz (no qual uma vez me pendurei, tentando ver uma jovem empregada que tomava banho); o tanque de lavar roupa e, ao lado, uma área também cercada por fícus, com dois mamoeiros, onde se estendia um varal. Um pequeno telheiro, bem no fundo do terreno, protegia um galinheiro. Como pode ser amplo o pequeno universo da infância! Sobre o telheiro fui encontrar ainda, em minhas solitárias excursões clandestinas pelos telhados da vizinhança, os ramos de uma amoreira nascida na casa de trás que dava umas frutinhas muito ácidas e que me tingiam de roxo os dedos.

Quando nos mudamos para lá, em 1932, havia no quintal, se bem me lembro, um abacateiro, um pé de jambo, e um de abio, uma mangueira de mangas-rosa e outra de espadas, um sapotizeiro e uma laranjeira. Todas, árvores medianas, modestas; só o abacateiro espichava seus ramos magros mais para o alto; os jambos eram bonitos e perfumados, mas sem graça. As mangas-rosa, também. As mangas-espada eram boas, os abacates e os grandes mamões lá do fundo, estupendos. Havia ainda, na casa ao lado, uma casa já da rua Miguel Lemos, duas grandes jaqueiras bem rente ao muro que, vez ou outra, deixavam cair grandes jacas maduras no nosso terreno. Eu não gostava muito de jaca, mas o doce feito dela era bom. Cerca de seis anos mais tarde, quando se fez em nossa casa uma grande reforma – moramos um ano inteiro em uma pequena casa da rua Rainha Elizabeth, esquina de Bulhões de Carvalho, enquanto se fazia essa reforma – meu pai trocou todas as árvores do quintal por mangueiras vindas da Bahia: espadas, naturalmente, e carlotas e carlotinhas, itamaracás e pingos-de-ouro. Todas plantadas de enxerto e que, portanto, não cresceram muito, mas davam muitas mangas. As mais gostosas de todas eram, talvez, as carlotas e carlotinhas; mas as minhas queridas eram as pingo-de-ouro, que ficavam bem em frente da varanda do meu quarto. Mangas não muito grandes, arredondadas, cor de ouro velho, com reflexos de vermelho e uma pele firme, quase sem manchas; sem muitos fiapos. No verão, no grande festival de mangas em que se transformava o nosso quintal, as pingo-de-ouro eram as rainhas da festa; e bem embaixo da minha varanda. Naquele tempo, não se tinha ainda nem notícia dessas mangas Adem, cremosas e saborosas que hoje comemos, e talvez nosso paladar fosse menos delicado e sofisticado. Mas, que saudade! Nunca mais vi uma mangueira de pingos-de-ouro, nem sequer tive notícia de sua existência, mesmo na Bahia. Quando, às vezes, falo delas, hoje, tantos anos passados, meus amigos me olham com ar de dúvida; é possível que tudo não passe de um sonho, uma dessas peças que nos prega a lembrança...

Por trás do muro coberto de hera do jardim da frente, ficava a casa, para nós, mais misteriosa da praça. Era uma espécie de fortaleza, fechada, toda de pedra, com as molduras das portas e janelas num vermelho-tijolo, erguida talvez a um metro da calçada, cercada de um muro também de pedra. Fazia esquina com a rua Miguel Lemos e era toda voltada para dentro, não tinha jardim nem quintal. Morava lá um cidadão chamado Scaffa, homem já passado e corpulento, calvo, esposo ou irmão de uma senhora também volumosa e de cabelos louros, sarará. O Scaffa cantava no banheiro pela manhã e passava o tempo abraçado com uma sobrinha, Guiomar, sempre a seu lado, parecida com a senhora mais velha, mas de olhos e cabelos lisos, escuros, quase pretos. Havia ainda outro casal morando na casa; uma segunda sobrinha e seu marido, um comandante da Marinha chamado Falcão, professor de matemática. A família vinha de Mato Grosso, e seu chefe recebia periódicas visitas do Filinto Müller.

Às vezes tenho vontade de fazer um desenho, mostrando a praça e as ruas em volta, as ruas da nossa infância e adolescência. E outro desenho, menor, mostrando o nosso próprio quarteirão e os lotes desiguais que o compunham, entre a Xavier da Silveira, a Miguel Lemos, a Barata Ribeiro e o nosso próprio lado da praça; um grande quadrado sustentando um triângulo retângulo (ou quase), cercado de morros atrás dos quais o sol se escondia, às vezes, surpreendentemente cedo, às 4 da tarde. Era o sinal de que o verão tinha acabado e as aulas iam recomeçar. De um dos cantos da praça, por trás do Corpo de Bombeiros, saía outra rua;

a 4 de setembro, mais tarde Pompeu Loureiro. A Xavier e a Miguel Lemos estendiam-se até o mar, atravessavam a avenida N. S. de Copacabana, onde morava o Mauro Mico (Martins) e onde passavam os bondes. Por trás da Miguel Lemos, corria a Sto. Expedito, depois Djalma Ulrich, onde morava o Eltes e onde terminava a Leopoldo Miguez. O Sérgio Porto, o Fifuca, seu irmão mais moço, o Heleno, moravam na Leopoldo; e lá ficavam também a igreja e o Colégio Guy de Fontgalland, dos padres barnabitas, onde fizemos o curso primário. A avenida Copacabana estendia-se, para um lado, até o Cinema Roxy, na esquina da Bolívar, e daí saíam ainda outros caminhos, que mais tarde fomos descobrindo. Do outro lado da avenida, na direção de Ipanema, ficavam os botequins do Carnera e do Baltazar e, logo depois, uma pequena rua com nome de almirante e onde moravam o Rubem Braga e a Zora, sua mulher, e onde se formou uma famosa célula Mariátegui, do Partido Comunista, chefiada pelo Carlos Mota. Mas, estou outra vez avançando depressa demais. A praça, o número 19 da praça Eugênio Jardim, é o centro, a origem desse pequeno mundo de dom Camilo que aos poucos foi-se alastrando, até onde? Escrevo estas linhas ao anoitecer de uma quinta-feira de fevereiro. O ano é um ano que podia ser uma invenção de *science-fiction*, 2006; daqui a mais quatro dias, pego o avião e vou para o Egito, onde nunca pus os pés, comemorar os meus oitenta anos, com três amigos, no Hotel Old Cataract, em Assuan, no Nilo. Não deve ser um mau lugar; ouvi dizer que François Mitterand costumava passar lá os seus natais, escondido do mundo. Esses três amigos foram os únicos que se dispuseram a me acompanhar na aventura; os demais temeram o desconforto e, talvez, o ridículo. Não há muitas coisas que se possa fazer aos 80 anos, que não pareçam, se não inúteis, quando menos ridículas. Para quê? Na capa do caderno em que iniciei estas *Reminiscências* e que é apenas a cópia xerografada do original dos *Diários de Joaquim Nabuco* (eu aproveitei o verso em branco das folhas dos *Diários*), há uma inscrição que é, ao menos, curiosa. Diz assim: "*LE LIVRE DU BONHEUR* – Registro da Vida de *Mlle*. M. STEVENS, Escrito por ela mesma e só a Ela Destinado. Exemplar Único. NEW YORK, dia 1 do ano de 1877." Não imagino por que o grande Nabuco tenha escolhido, para rabiscar o seu *Diário*, um caderno com tal cabeçalho.

Ninguém gosta de envelhecer, ou antes, só um idiota pode gostar de envelhecer, mas há datas assim: parecem ralos chupando a água usada do tempo que corre para eles, com força inesperada; ou privadas a vácuo, como essas dos aviões modernos. Os meus 80 anos foram assim; durante meses e meses, eles me perseguiram e me interpelaram como se fossem uma obrigação nova, uma responsabilidade à qual eu não podia faltar. "Então", diziam os amigos, "vamos ter que festejar muito, esses 80!" Fugi para o Egito, não para visitar as tumbas dos deuses e ver se cabia nelas, mas para me esconder. Tive um amigo, chamava-se Orlando Meríngolo, que se aborrecia e resmungava muito sempre que via um dos seus companheiros de clube ser festejado e abraçado porque havia feito 70 ou 80 anos. Um dia, alguém lhe disse: "Você só não é festejado porque esconde a idade." Enfim, já chegando aos 90, o Orlando cedeu, e teve uma grande festa; mas morreu logo depois. O Orlando era um solteirão rude e sólido, formado em medicina, antigo frequentador de clubes de regatas, mulherengo, e homem já sem vaidades nem elegâncias. Havia feito carreira como funcionário público no exterior, passara a guerra (ou parte dela) internado como prisioneiro pelos alemães; era lido e viajado, gostava de ir ver as Olimpíadas, mas, já há muitos anos, o que diariamente fazia era sentar-se à sombra de uma árvore, diante da piscina do clube e ver as moças passarem e conversarem com os amigos. Um desses, o Teco (Brum Negreiros), era médico também, mas famoso e celebrado; outro, José Antônio Souza, o Souzinha, figura muito querida, filho de um primeiro Souzinha, da Sotto Mayor, amigo de meu pai nos anos 20, continua a ser o mais gentil e obstinado dos antiamericanos, ainda hoje admirador de Stalin. Sua secreta esperança (e seu grande medo) é que a bomba atômica caia nas mãos de algum árabe da Al Qaeda.

Passar uma barreira dessas, já quase no fim do percurso, pode ser um risco. Eugênio Gudin, pai dos economistas brasileiros, viveu até os 100 anos (um século inteiro!), mas já estava bem doente nos últimos meses e logo morreu. Em 1974 ou 1975 escrevi um pequeno livro, na verdade uma coletânea de ensaios de jornal, *A liberdade e a ostra*, que foi o único dos meus livros que chegou a tirar duas edições – graças ao Eugênio Gudin, que lhe dedicou um dos seus magistrais artigos da segunda página do *Globo*. O artigo era tão elogioso e tão bom que o Castelinho (prefaciador do meu livro) me disse: "Você tem que ir lá, pessoalmente, visitar o Gudin e agradecer esse artigo." Não fui. Não fui por timidez e falta de jeito, mas, tempos depois, o Miguel Lins e o Otto Lara se dispuseram a me levar até lá. Era um confortável e amplo apartamento no alto de um prédio na Miguel Lemos, esquina da praia. O velho Gudin, lúcido, inteligente, gentil com os amigos, recebeu-nos mais de uma vez. Quase centenário, ele era um *gentleman* à moda antiga e, ao mesmo tempo, um homem moderno, interessado nas coisas do tempo e nas pessoas à sua volta; havia gostado especialmente de uma atraente jornalista da TV Globo, que o entrevistara pouco antes, e pedia ao Otto, diretor da TV, que a mandasse mais vezes: tinha ainda muitas coisas a contar... Ficamos amigos, e ele passou a me telefonar com frequência; comentava assuntos do dia ou falava de suas leituras e lembranças. "O senhor merecia ser inglês!", me dizia ele durante a crise da guerra das Malvinas. Aos poucos, entretanto, seus telefonemas foram se tornando, para mim, fonte de mal-estar e angústia. Eu já não conseguia ouvir o que ele dizia; depois de duas ou três frases iniciais, em geral alegres e irônicas, sua voz sumia num murmúrio ininteligível: por mais que eu me esforçasse, não conseguia nem acompanhar seu pensamento nem sequer manter qualquer espécie de dialogo: era como se o próprio Gudin fosse sumindo diante de mim, apagando-se, enquanto eu tentava em vão manter o contato – *fading out*, como se diz no cinema. Essa é, aliás, a sorte dos que envelhecem. Dizia Paul Claudel que Deus vai cortando assim aos poucos nossos contatos com os nossos semelhantes e com a própria vida; ouvimos mal, falamos e já não nos escutam, a vista vai morrendo, as pernas se tornando trôpegas... Vamos nos voltando cada vez mais para dentro de nós mesmos, não por solipcismo ou ensimesmamento, mas por que é o que nos resta e pode não ser pouco. O próprio Paul Claudel, quando fez 80 anos, escreveu num poema: "80 anos! Nem olhos, nem ouvidos, nem pernas, nem nada. Como é bom viver ainda assim!" Estou citando de memória (outro atributo que também vai desaparecendo) e as palavras do poeta hão de ser, certamente, ainda mais em sua própria língua, bem mais belas e eloquentes.

Eugênio Gudin foi um dos grandes construtores do Brasil moderno; talvez o mais inteligente e culto, talvez o de maior engenho e arte, talvez tudo isso. Mas, já a minha geração (a de 1945) não gostava muito dele; preferia ignorá-lo. Essa de hoje nem sabe mais quem ele foi ou o que fez. O desencontro (o desencanto) entre gerações sucessivas, às vezes tão próximas, entre pais e filhos, muitas vezes é patético – duas vezes patético porque os mais jovens não gostam de confessar sua ignorância, seu desconhecimento, e fingem que sabem; sabem tudo: "Ora, o Fulano; você não leu o Fulano?"

Eu mesmo, na verdade, só fui entender o sentido do título que o Gudin deu ao seu artigo sobre o meu livrinho, anos depois.

Era: *Um novo retrato do Brasil*. O velho *Retrato*, o primeiro, tinha sido, é claro, o de Paulo Prado; mas quem lera Paulo Prado, quem ouvira falar nele senão em enfadonhas salas de aula? Para Eugênio Gudin, Paulo Prado era uma referência natural, inevitável; mas, para nós, as referências eram outras: marxistas, quase sempre; freudianas ou junguianas ou kafkianas, entre os mais sofisticados. Em matéria de retratos do Brasil, bastavam-nos os de Caio Prado Júnior, Celso Furtado, Sérgio Buarque de Holanda, para não falar nos discursos, na interminável ladainha do Luís Carlos Prestes e nas teses do PC – que, a rigor, ainda dominam o pensamento, mesmo agora, das gerações mais novas. Anos depois do artigo do Gudin, um dia esbarrei por acaso com o *Retrato* do Paulo Prado e só então descobri que seu livro não era, na verdade, um retrato do Brasil; mas sim, como o meu livrinho de 1975, um *cri du coeur*, um protesto e um angustiado lamento diante de um estado de coisas que nos oprimia e sufocava. "Quem explora e oprime o Brasil?", perguntava eu, da minha trincheira no *Estadão*. Eram os anos da morte do Vlado no Doi-Codi, da qual não se podia falar; eram sobretudo os anos de triunfo e glória do estabelecimento militar-industrial-tecnocrático; do estatismo e do autoritarismo encabeçados e tão bem representados pelo general Ernesto Geisel, um militar que era mais general da Petrobras do que do próprio Exército, com seu factótum Shigeaki Ueki e a corrupção que crescia e explodia entre os poros do regime, e tudo ia envenenando, mesmo a imprensa. A opressão, a sufocação (moral e intelectual), do Paulo Prado era certamente outra; mas a minha, a nossa, há 30 anos, era tanto mais pungente e sentida quanto seu repúdio importava em negar uma série de supostas verdades "históricas", longamente predominantes. Era preciso ir fundo (ou pelo menos tentar), sacudir velhas crenças e velhos ídolos, que até hoje, mesmo depois de 1989, depois da implosão da União Soviética (e mesmo agora, diante do desavergonhamento do PT e do Lula), ainda não desapareceram por completo e continuam entupindo os neurônios e os circuitos cerebrais de tanta gente boa. Por isso, porque eu investia contra esse pesado e antigo e ilustre acervo da Esquerda e da Direita históricas, o velho Gudin me recebeu com tanto entusiasmo e tanta alegria. Um novo retrato do Brasil, não do que era, mas do que deveria vir a ser.

Primeira ironia: dez anos depois de *A liberdade e a ostra*, em janeiro de 1985, quando o poder afinal voltou às mãos dos civis, quem o assumiria? Tancredo, Sarney, Ulysses, ACM, antigos pessedistas, janguistas, estatistas e governistas, a mesma base política e ideológica de 20 anos antes. Era o que restava nas prateleiras da despensa da nossa vida pública. Nem ao menos um Aliomar Baleeiro, um Prado Kelly, um Carlos Lacerda para destemperar o caldo. Seria preciso esperar outros dez anos quase, antes que acontecesse o "milagre" do Fernando Henrique. E mais oito, até que chegasse, enfim, a hora do "novo", isto é, do PT e do seu líder Lula, o torneiro mecânico. O PT nasceu pelas mãos do cardeal Evaristo Arns, da resistência à ditadura e do movimento sindical do ABC paulista, orgulho do país inteiro; era o partido da nova geração, o partido dos intelectuais (a esmagadora maioria), dos sindicatos, dos guevaristas, e dos "camponeses" do MST. Três anos lhe bastaram para mostrar sua verdadeira face: o PT era o passado redivivo; e piorado, elevado à enésima potência...

Segunda grande ironia: apesar de tudo isso, o país progrediu enormemente; e não só no plano material, no político também, nas ideias e até nas instituições da República. Somos hoje mais democráticos, mais abertos, mais "livres" do que nunca. Diz o ditado que Deus escreve certo por linhas tortas. O Brasil também. Vamos para a frente andando de costas; de marcha a ré, guiados pelo retrovisor; amassando os paralamas, como bêbados motorizados.

Ainda agora, a moda é ser antielitista; é nivelar por baixo, como a TV; trocar a qualidade pela quantidade, a meritocracia pela banalização (ou "bananização") da educação e da cultura. Quem sabe, assim, construímos elites novas, modernas e competentes...

Ah, o Brasil! Mas, estou outra vez avançando depressa demais. Em 1976, quando fiz 50 anos, tinha alcançado (e não sabia) o topo da montanha; juntei-me a dois casais amigos, os três felizes e recém-casados, e fomos esquiar nos Alpes suíços, em Zermatt. Ou talvez eu não devesse chamá-la de Zermatt, mas apenas de "Z", porque estou escrevendo mais sobre minha memória, do que sobre a realidade material das coisas. Z era uma cidadezinha perdida na montanha, onde se andava a pé ou em trenós puxados por cavalos. Automóveis e veículos motorizados não entravam lá. Foram dez ou doze dias de festa, talvez a festa de uma vida inteira. Era uma estação de esqui, mas nenhum de nós seis, a rigor, sabia esquiar de verdade. Éramos iniciantes; duas das moças tinham mais experiência, mas nós, homens, atrapalhados com aqueles esquis imensos, de *cross-country*... Pela manhã, subíamos a montanha até os pontos mais altos, usando "bondinhos" e *ski-lifts*, às vezes até mais de três mil metros, para ver a vista e respirar o ar das alturas; descíamos depois até uma estação intermediária que era o nosso campo de treinamento; voltávamos já quase ao anoitecer, acossados pelo frio e pela neve, e logo descobrimos que, no caminho do hotel, havia um bar animado e bem frequentado, onde se tomava o melhor *irish-coffee* do mundo. À noite comíamos *fondues* e bebíamos *Fendant*, o vinho da terra. Três casais recém-casados, moços, alegres e bem plantados na vida; deve haver, hoje em dia, muitos milhões assim. Entre nós, o mais jovem dos cavalheiros era um homenzarrão alto, corpulento, não destituído de verve e encanto. Era, como se diz, um *born winner*, um vencedor; as coisas e as pessoas (e o êxito) corriam para ele. Logo no primeiro ou segundo dia da nossa estada, entretanto, no centro de Zermatt, ele tropeçou numa criança, caiu de joelhos sobre o gelo e a neve da calçada e machucou-se. Já não podia ir às aulas de esqui; em vez disso, ia para um dos bares da montanha, em geral atendidos por moçoilas universitárias, gentis e industriosas, e passava o dia na varanda, tomando sol e bebendo uísque. Às vezes, no sol quente da montanha, o calor da bebida o levava a tirar não só os agasalhos, mas até a camisa; pegou uma tosse e um princípio de pneumonia que o perseguiram durante semanas, até Londres. Chamava-se Ronaldo, esse meu amigo, e era filho de outro contemporâneo de meu pai, na Bahia, Ulisses Carneiro da Rocha. Mas, parecia-se muito mais com a mãe, uma Young, descendente de ingleses. Seu apelido, no clube, era Ronaldo Inglês; os mais íntimos chamavam-no, brincando, de *English-for-Children*, embora ele na verdade mostrasse a garra, a valentia e a disposição de um verdadeiro conquistador, daqueles que fizeram o Império Britânico... Mas, não teve muita sorte. Morreu poucos anos depois, num terrível desastre aéreo, com a mulher Elizabeth, bonita, jovem, travessa, cheia de graça. Ele havia comprado um novo avião (estava cada vez mais rico), mas conservara seu piloto antigo, a quem se afeiçoara. Na hora do pouso, em Juiz de Fora, um outro pequeno avião atravessou-se na pista, o piloto tentou arremeter, mas errou na manobra e o avião espatifou-se no solo, de cabeça para baixo. Não sobrou nada, nem ninguém para contar a história. Eram amigos queridos, a Beth e o *English-for-Children*. Posso dizer que fizeram muita falta, nesses anos todos, de lá para cá. Moravam, os dois, na praia de Ipanema, esquina de Aníbal de Mendonça ("Mamãe me dá essa lua, ser esquecido e ignorado como esses nomes de rua"), bem em cima do apartamento do Millôr Fernandes. Nos últimos tempos, a Beth gostava de brincar de agente de viagens e levava o seu *hobby* com grande seriedade. Mais de uma vez fizemos estupendas viagens guiados por sua mão; atravessamos o Canadá inteiro, percorremos as Montanhas Rochosas até terminarem lá em cima, em Jaspers. Fomos a Vancouver pela primeira vez e descobrimos o então recém-inaugurado *Pan-Pacific*. Só ficou faltando uma derradeira escapada que a Beth não acabou de organizar: o cânion do rio Columbia, no Oregon, nas montanhas por trás de Portland.

Estava, também, em Z, uma moça M, que teria uma longa história. M, dentre nós, era a única que já havia estado em Zermatt antes daquela visita; a única que não era, digamos, virgem em Zermatt, mas, ao contrário, o próprio Arcanjo Gabriel, aquele que anunciou o milagre. M, na verdade, conhecia o mundo todo e, ainda estudante, havia visitado o Afeganistão, a fronteira da Síria com Israel, o Japão, a ilha de Bali, a Índia, o Nepal. Seu encanto maior, aquele que julgava talvez o lugar mais lindo de todos, eram as montanhas e altos vales afegãos; sua luz, sua cor, a estranha beleza de sua pungente, árida monotonia. Quem sabe, um dia ainda não vamos ao Afeganistão? Mestre Millôr Fernandes sofre de um mal chamado "cretinice geográfica"; deixado sozinho em qualquer ponto mais ou menos distante, ele imediatamente se sente perdido, se desespera e entra em pânico. Eu mesmo não sou assim; viajo bem, reconheço, às vezes, em lugares perdidos, cada rua, cada esquina. Mas, hoje em dia, não dou mais um passo fora de casa senão pelas mãos de M.

O terceiro homem em Zermatt (e não em Viena, como no filme do Orson Welles) era Carlos Mota, Carlos Frederico Lopes da Mota, meu amigo mais antigo, embora não o mais velho. Conhecemo-nos desde os 11 anos de idade, e ele é, portanto, um dos derradeiros remanescentes da praça Eugênio Jardim. Costumo dizer que o Carlos Frederico é meu amigo de infância, mas talvez isso não seja verdade. Onze anos meus, ou dele? Se forem dele, eu teria oito quando o conheci, pois ele é quase três anos mais velho do que eu (faz anos em agosto e eu em março). Se, ao contrário, os 11 anos forem meus, ele teria, então, 14. Inclino-me por essa segunda hipótese, porque o fato é que todas as minhas lembranças dos começos de nossa extensa parceria referem-se a coisas de adolescentes e não, propriamente, de crianças. O Carlinhos, pois, é meu amigo desde a primeira adolescência e não, a rigor, de infância.

A infância é a idade da inocência. Lembro-me claramente do lugar e do momento em que minha inocência terminou. O Colégio Santo Antônio Maria Zacharia, no qual eu estudava, tinha um grande, um imenso pátio interno que incluía até um campo de futebol, onde passávamos a hora do recreio. A um canto desse pátio, perto do grande prédio do colégio propriamente dito, havia um pavilhão com um amplo lavatório; eu estava sozinho, urinando nesse lavatório, quando me ocorreu que, se os homens tinham, entre as pernas, um pinto e as mulheres, no mesmo lugar, um buraco, um orifício, então o mais provável é que um fosse feito para ser enfiado no outro. Esse episódio pode parecer cômico demais ou ingênuo demais, ou apenas ridículo, mas posso garantir que é verdadeiro. Eu realmente não sabia nada sobre sexo, não tinha nenhuma informação sobre o assunto, era tímido e inexperiente e, ao mesmo tempo, estava sendo confrontado por coisas, palavras, acontecimentos que me desafiavam e pediam explicação. Tudo isso apenas demonstra que a era da minha inocência terminava; abria-se diante de mim o escorregadio terreno da adolescência. O Carlinhos Motta não estava lá; meus amigos e colegas, com os quais fui conversar para sondar a exatidão das minhas suposições, eram José Carlos Galliez Pinto, companheiro de carteira na sala de aula e amigo com quem eu ia, às vezes, tomar banho na piscina interna do palácio do Catete (seu pai era chefe da Casa Militar do Getúlio); Sérgio Felício dos Santos, que nunca mais vi, e Humberto Montenegro, que morava na rua Barão de Ipanema e, mais tarde, se revelaria um bom jogador de duplas de tênis, no Country Club. Todos os três éramos bons alunos, os primeiros da turma; bem-comportados e bem-educados, ainda que sem exagero. O sexo, pode-se dizer, começava a brotar entre nossas mãos e em volta de nós. O Humberto e eu, no ano anterior, no ônibus do colégio que nos apanhava em casa, em Copacabana, e nos levava ao Zacharia, no Catete, havíamos assistido a cenas de um jogo que não entendíamos bem, brincadeiras que nos pareciam talvez condenáveis, dúbias, carregadas de um estranho sentido. Um dos nossos colegas, Sérgio Paulo Machado da Silva, era como se fosse uma mulherzinha: olhos grandes, azuis, pestanas compridas, muito louro e bem fornido, com um riso e uma voz fanhosa, meio roufenhos. Sentava-se no colo dos mais velhos que o disputavam entre si e o agarravam, enquanto seu irmão mais moço, Luís Carlos, embora sem os mesmos talentos, tentava imitá-lo meio sem jeito e sem muito êxito. Nem o Humberto, nem eu ficamos muito tempo nesse ônibus; talvez apenas um ou dois meses, logo no início. Que idade eu tinha, nessa época? Não é difícil estabelecer. Eu havia completado o curso primário no Colégio Guy de Fontgalland, em Copacabana, um ano antes de ter idade suficiente para me inscrever no ginásio. Podia, é claro, enganar a idade, dizer que estava fazendo 11 em vez de apenas dez. Mas meu pai e meus mestres barnabitas acharam que o melhor era não ter pressa; usar aquele ano para me preparar melhor, física e mentalmente, para os desafios do ginásio. Fui, portanto, para o Zacharia aos dez anos e fiz, lá, primeiro, um quinto ano primário preparatório, e, no ano seguinte, inscrevi-me enfim no primeiro ano do ginásio, de onde sairia (mas essa é já outra história) diretamente para um leito de enfermo. Quanto ao episódio do ônibus, se ele me pareceu tão claro e ficou tão bem guardado em minha memória, foi porque os

Machado da Silva eram velhos conhecidos de minha família e até aparentados de minha mãe. Moravam mais para o lado do posto seis, na Sá Ferreira, e havia mesmo uma prima Pequetita, mulher grande e mandona, e mesmo outra, a prima Mary, já mais velha e sorridente, sempre sentada numa cadeira de balanço na varanda. Quanto ao pai dos dois meninos peraltas, era um senhor de altura talvez mediana, robusto e bem-vestido e com a mesma voz roufenha e o riso dos filhos. Era professor de inglês, mas não um professor qualquer, um professor importante, talvez do Instituto de Educação ou do Pedro II.

Por essa época é bem provável que nós, meninos, já nos tivéssemos iniciado nos prazeres da masturbação. Lembro-me de um dia em que nos escondemos numa garagem que era, provavelmente, a da minha casa, para um concurso de bronhas (tocar uma bronha, dizíamos, entre nós). A garagem, com a grande porta de madeira semicerrada, estava mergulhada na penumbra; havia um carro estacionado, um daqueles modelos bem antigos, com largos estribos de ferro e borracha e uma carroceria alta, vertical. Era, talvez, o velho Hupmobile de meu pai, que nos serviu por anos e anos e só foi substituído, quando voltaram as vacas gordas, depois de 1937.

Minha ambição é fazer dessas lembranças que vou pondo no papel (e que não acabam mais) uma espécie de grande colar, desses que as mulheres elegantes e belas enrolam no pescoço e que podem ter muitas voltas, sem ter começo nem fim. Um colar, não de pérolas ou de pedras preciosas, mas de contas e de seixos; de pedras simples, embora uma ou outra talvez de âmbar, ainda que isso venha a ser apenas uma pálida homenagem a heroínas de romances antigos, como *Os Thibault*, sombras de mulheres como as de Federico Fellini, inesquecíveis. Um colar, enfim, um rosário, uma obra de artesanato e amor, uma nova forma ou gênero literário que se possa pegar por onde se quiser e cujo sentido só aos poucos se vai revelando à medida que se desfiam as contas. Colar não de pedras ou pérolas, mas de palavras, de frases e parágrafos e até de pontos de exclamação!

O sexo, a energia do sexo que nos arrastava, a nós, meninos, para aquela garagem em Copacabana, é com certeza a mais vigorosa e mais perigosa força da alma humana. Não há nação, não há sociedade que se possa organizar sem conter o sexo, sem discipliná-lo e de algum modo regularizá-lo ou regulamentá-lo; e, talvez por isso, religiões bem-sucedidas, como a cristã, sejam tão severas com ele. O sexo é o pecado, é a danação eterna, é "sujo" embora seja também, como no quadro de Courbet, a fonte da vida. Que idade teriam Adão e Eva quando cometeram o pecado original e foram expulsos do paraíso? Os dois são em geral representados como um homem e uma mulher, embora jovens, com a serpente e a maçã, indefectíveis. A história de Adão e Eva, é claro, é apenas uma invenção, um mito; mas mais certo seria com certeza representar os dois como uma menina e um menino, ele ainda imberbe e de calças curtas, como nós há 70 anos; ela escondendo pudicamente o primeiro fio de sangue...

Eis aí uma questão para os sábios e teólogos do novo papa, Bento XVI: qual era a idade de Adão e Eva nos seus 15 minutos de celebridade, que já duram há tantos séculos? Diz a religião que o pecado original é a fonte de todos os males e que nascemos com ele; só a lição do Cristo pode redimi-lo. Mostra a experiência que, se nascemos com ele, na verdade ele só se revela, só aflora, por volta dos dez ou 11 anos, quando, exatamente por isso, dizemos que termina a infância. Mas, se representássemos Adão e Eva como infantes, como crianças dessa tenra idade, já não poderíamos culpá-los, responsabilizá-los, atirar sobre eles o peso terrível da danação e do pecado. De acordo com a lei e os costumes deste nosso grande país católico, os dois seriam considerados "de menor" e o pior que lhes poderia acontecer seria serem mandados para uma unidade da Febem. Adão e Eva seriam "inimputáveis"...

 É muito possível que os doutores da Igreja, em algum concílio antigo, medieval, já tenham resolvido "para sempre" essa incômoda e inesperada contradição entre os fatos da vida real e seu reflexo no mito religioso. Mas, a dúvida cá me fica. Segundo um relato ou confidência que me fez M, a súbita revelação ou conscientização do sexo chegou para ela quando, ainda menina, por uma porta mal fechada, surpreendeu uma mulher nua que examinava ou acariciava os próprios seios, diante de um espelho. O choque foi grande; ela sentiu como se a carícia fosse no seu próprio corpo e repercutisse dentro dela mesma. Só depois de algum tempo se deu conta de que a mulher nua diante do espelho era sua avó, mãe de sua mãe – uma bela, delicada e atraente mulher, como eu mesmo pude constatar, muitos e muitos anos depois.

 Assim acaba a infância; vejamos como começou a minha. Nasci no dia 3 de março de 1926, a uma hora da manhã, numa casa de rua Pereira da Silva, em Laranjeiras, no Rio. Mas, minha família logo se mudou de lá. Em abril do ano seguinte, quando nasceram meus dois irmãos gêmeos, Maurício e Rodolfo, já estávamos de volta, numa outra casa bem no alto da ladeira da rua Barcelos (depois, Francisco Sá) antes da descida do outro lado, para Ipanema. Logo que se casaram, meu pai, minha mãe e minha avó Gabriela tinham ido morar numa primeira casa à beira-mar, suponho que no início de Ipanema, então um grande areal. Minha mãe não gostava dessa casa, muito isolada e onde "o vento fazia a areia entrar por baixo da porta". Ali nasceu o primeiro filho, João Carlos, que morreu aos 11 dias apenas, de icterícia. Não sei o ano exato em que nasceu e morreu esse primogênito, mas sei que ele era, ou seria, cerca de dois anos mais velho do que eu. Meu pai tinha um só irmão, tio Mário; minha mãe, por sua vez, era filha única, pois meu avô, pai dela, morreu muito cedo e deixou minha avó para sempre viúva. Mas, o casamento mostrou-se fértil, fecundo; além dos quatro meninos, nasceriam, um pouco mais tarde, duas meninas, Maria Dulce e Lílian, e, embora em casa não se falasse disso, eu soube que, no intervalo de sete anos entre os gêmeos e as meninas, pelo menos uma vez minha mãe, grávida, foi convencida, por meu pai, a abortar, a interromper a gravidez, e, a partir daí, nunca mais ela se confessou ou comungou, embora continuasse a frequentar a igreja. Recapitulemos, pois: casamento em 1922 ou 23; em 24, João Carlos; em 26, Fernando; em 27, os gêmeos; em 34, Maria Dulce; em 36, Lílian Maria, a caçula, que se ligou muito a mim e parecia a cópia exata de minha mãe quando moça, pele muito branca, cabelos pretos e olhos azuis, mas que, na adolescência, se revelaria esquizofrênica, seria internada numa dessas casas de saúde e, enfim, morreria por volta dos 40 anos, depois de um longo calvário que infelicitou e amargurou a família inteira e acabou acarretando a morte de meu pai, em 1963. Mas, enfim, o tempo tudo apaga.

 Da casa da rua Pereira da Silva, não tenho lembrança nenhuma; parecia muito conveniente porque era bem próxima da sede do Fluminense, clube frequentado por meus pais, onde jogavam tênis e provavelmente se tinham conhecido, anos antes. O álbum de fotografias da família estava cheio de fotos de um e de outro, ambos devidamente paramentados e de raquete na mão, minha mãe de saias longas e blusas que cobriam o corpo até os punhos. Imagino o tênis que se conseguia jogar, vestido daquela maneira. Havia outras fotos, talvez mais antigas, de minha mãe tomando banho de mar na praia do Flamengo, envergando os incríveis maiôs da época, além de um gorro na cabeça. Mas, a Pereira da Silva era uma rua com muitas árvores, ali no sopé das verdes montanhas de Santa Teresa, e os acessos de asma de minha mãe pioravam muito com a umidade e a friagem do lugar, especialmente durante a noite. Eu mesmo, seu filho, hoje, 80 anos depois, e que herdei tantas de suas mazelas, sofro dos mesmos males, aqui no fim do Leblon onde vivo, embora só tenha tido asma de verdade quando ainda bem menino. Naquele tempo não havia ar-condicionado; o recurso contra o calor era abrir a janela, fechar quando muito as venezianas e deixar entrar o ar da noite. Também não havia remédios eficazes, muito menos a "bombinha" salvadora. Minha mãe era obrigada, muitas vezes, a levantar-se de noite, ferver ampolas e agulhas de injeção numas latinhas especiais, sobre uma chama de álcool, e aplicar em si mesma injeções de cânfora ou o que fosse que lhe devolvesse o ar e descongestionasse os brônquios. Durante anos e anos foi assim. O único possível remédio, diziam os médicos, era talvez mudar de ares; ir para um lugar mais seco, aberto ao vento do mar: por isso fomos tão depressa para a rua Barcelos (Francisco Sá). Mas, não aprendemos. Naquela época e por toda a nossa infância e juventude, a moda era passar as férias de verão em Petrópolis; e lá íamos nós para as margens do Piabanha. Alugávamos uma casa e ficávamos, a temporada inteira, mãe e filhos alérgicos, asmáticos (um de meus irmãos, o Maurício, tinha asma forte; eu passava três meses com o nariz entupido, gripado), enquanto meu pai, tal como faziam os maridos na época, subia e descia a serra num trenzinho de cremalheira...

Tomei horror de Petrópolis, horror físico, visceral; só muito tempo depois, aprendi o caminho de Itaipava e Araras, mais secos; ainda na década de 1970, quando meus amigos todos "subiam" e havia reuniões memoráveis na casa de mestre Aloísio Sales, na margem do Piabanha, eu me recusava a ir; quando muito, ia almoçar e voltava. Só uma ou duas vezes cedi e passei fins de semana; mas, a friagem no quarto, à noite, apesar dos aquecedores elétricos e do uísque que me aquecia o coração e me fortalecia o ânimo, era demais. Petrópolis, Araras mesmo, só com lareiras acesas até a madrugada; a lareira não apenas aquece, como seca o ar, consome os fungos, os ácaros e todos esses demônios que nos agridem os brônquios e os pulmões...

Essa espécie de fragilidade genética respiratória, que tanto maltratou minha mãe, acabou matando meu irmão Rodolfo, ainda agora, há poucos anos. Rodolfo perdeu o fôlego, como eu também estou perdendo, a ponto de não conseguir andar, nem mesmo oito ou dez metros, sem ter que parar para tomar ar. As intervenções e os esforços dos médicos só fizeram apressar o fim; morreu pouco depois de uma última (e desastrada) intervenção salvadora.

Entre 1926 e 1930, no entanto, tudo isso estava ainda muito longe. As lembranças que me ficaram da casa da rua Barcelos são sempre ensolaradas e felizes; são como *flashes*, iluminações, quase sonhos; lembro-me mais do que senti, do que posso ter visto ou tenha realmente acontecido. Lembro-me, por exemplo, do banheiro no segundo andar da casa, iluminado pela luz da manhã, eu, pequenino, apoiado na borda da banheira, conversando com meu pai, de pé, fazendo a barba diante do espelho, a navalha raspando o rosto coberto de espuma de sabão e deixando-o limpo, liso, perfeito; essa imagem, esse quase milagre da navalha sobre o rosto, sobre a pele e os pelos e a espuma, me ficou para sempre. Hoje, a barba com essas modernas giletes é mais segura e prática, mas não tem o mesmo encanto; usava-se então, mesmo em casa, aquelas grandes navalhas que serviam de armas para os malandros do morro, mas eu nem sequer sabia disso; teria, quando muito, três ou quatro anos. Muito tempo depois, já estudante dos últimos anos do Ginásio Melo e Sousa, fiquei amigo de um barbeiro, o Zé, que trabalhava nos fundos do salão de sinuca onde jogávamos, perto da Djalma Ulrich. Era um homem gorducho, moço, simpático e, além de barbeiro, bom pescador. Eu ficava, às vezes, horas, vendo-o barbear seus fregueses, apreciando sua destreza e ouvindo suas histórias. O Zé, tempos depois, deixou o salão e passou a trabalhar em casa; morava com a família numa pequena vila da Visconde de Pirajá, em Ipanema; cortou meu cabelo durante, talvez, uns 30 anos; no fim, desenvolveu uma alergia nas mãos, devida aos pêlos, e só cortava o cabelo de raros clientes antigos, como eu; usava também sua grande habilidade manual para consertar e até fabricar anzóis e instrumentos de pesca; passou a viver disso, a pequena vila de Ipanema tornou-se polo de uma romaria de pescadores que vinham, às vezes, de longe solicitar os seus préstimos. Infelizmente, o nome completo do Zé agora me escapa, se é que eu o soube, algum dia.

Quando voltei dos Estados Unidos, em 1966, ele ainda estava firme; mas, depois, temo que o "progresso" de Ipanema o tenha exilado em algum lugar distante. Quem o sucedeu, no meu caso, foi outro barbeiro de Ipanema: o Seabra, do Country Club. Esse dava um livro inteiro; era a figura mais popular do clube, talvez segundo apenas para o professor de tênis, José Aguero, que já vai chegando aos 100 anos, mas ainda aparece, vez ou outra, para rever os amigos. O Seabra contava com graça e com bastante talento, para os que gostavam de ouvir, como eu, histórias de suas aventuras de menino pobre do interior, ajudante de condutor de carros de boi, arrastado para a cidade grande pelo serviço militar, depois "varredor de sangue" num matadouro do subúrbio, até virar, já não me lembro como, barbeiro em Ipanema. Morava no próprio clube, de onde quase não saía a não ser para atender fregueses em casa; dividia com outro funcionário um pequeno quarto, em cima do bar da piscina. Sua mulher e seus filhos moravam longe, do outro lado da baía, numa pequena localidade vizinha de Niterói, e ele ia vê-los no fim de semana, mas voltava correndo para o trabalho. Era homem simples, quase simplório, humilde. Tornara-se relativamente rico; sua mulher administrava as coisas, onde moravam; tinham umas economias, umas casas, uns terrenos; os filhos mais velhos, uma filha, já formados. Morreu de complicações na próstata; e morreu como morrem pessoas como ele; um belo dia foi-se, deixou de aparecer, sumiu do mapa.

Algumas das minhas lembranças da rua Barcelos me chegam misturadas a histórias que ouvi de meus pais e de minha avó Gabriela, e as velhas fotografias dos álbuns que guardávamos na sala de visitas: um alto portão de ferro fundido na entrada, daqueles cheios de arabescos; um posto de gasolina do outro lado da rua; uma noite inteira que a família passou em claro, enquanto eu chorava e gritava com uma dor nova e desconhecida e que viria a ser uma terrível "dor de ouvido". Até hoje, 80 anos depois, não tive outra. Pela manhã, chegou o médico, meu primeiro pediatra, o doutor Calazães, que diagnosticou uma otite e lancetou alguma coisa, uma inflamação ou tumor que se formara por trás do tímpano. A dor e o incômodo foram passando, mas fiquei com uma campainha que zune permanentemente nos meus ouvidos e me prejudica a audição; não me dou conta da campainha, a não ser que preste atenção nela, mas os sons daquele comprimento de onda eu simplesmente não os ouço, a não ser que sejam muito fortes, mais fortes que a campainha... Hoje, com a velhice e a crônica rinite alérgica, as coisas pioraram bastante; a perda de audição, que era apenas relativa, vai-se tornando absoluta e esses irritantes *hearing aids* se vão tornando cada vez mais indispensáveis, e inúteis...

Minha memória do tempo da rua Barcelos é sempre alegre, luminosa; pura e plena felicidade. Apesar da dor de ouvido e da campainha que chegou com ela; apesar do susto. Uma noite, na hora do jantar, hora de as crianças irem para a cama, eu não queria ir e meu pai me pegou no colo para me convencer e me consolar, e, no caminho, me jogava para o alto e me apanhava e abraçava, até que, uma última vez, um impulso mais forte fez minha cabeça entrar por um lustre daqueles de pingentes, na sala; susto enorme meu, que recomecei a chorar, e de todos em volta; mas não aconteceu rigorosamente nada; apenas alguns pingentes que se soltaram e espatifaram no chão. A Constituição dos Estados Unidos da América, país cujos hábitos copiamos cada vez mais servilmente (e cuja política criticamos tanto e quase sempre com razão), inclui, entre os direitos do cidadão, a busca da felicidade. Comigo, não seria preciso; devo admitir que a felicidade sempre esteve ali, do meu lado ou dentro de mim, embora às vezes fugisse ou se escondesse diante de uma decepção, uma contrariedade, uma injustiça, mas voltava logo. Fui jornalista a vida inteira e ainda terei, nestas *Reminiscências*, de falar muito sobre isso; mas, se fosse escrever (o que não farei nunca) uma autobiografia, como o Ben Bradlee, do *Washington Post*, podia dar-lhe o mesmo título que ele deu à sua: *A Good Life*. O livro do Bradlee, aliás, não chega a ser uma obra-prima; a autobiografia é um gênero ingrato, tolo. A única de que realmente gosto é a de Benjamin Franklin; mesmo a do Chaplin, mesmo a do Stendhal (*Vie de Henry Brulard*), deixam a desejar. Mas, conservo meu exemplar do Bradlee com carinho porque o ganhei de um amigo querido.

Da casa da rua Barcelos saímos em 1930, sempre a conselho médico, na esperança de curar a asma de minha mãe, e fomos passar um ano em Belo Horizonte. Do que foi esse ano e dos extraordinários acontecimentos nele ocorridos, dei conta numa crônica de jornal. Não quero escrever tudo de novo e deixo-a aqui para quem quiser ler. Está datada de julho de 2000:

Maria Aparecida morava numa casa bem em frente da nossa, do outro lado da rua; uma grande casa, ampla e confortável, senhorial. A rua, vista do outro lado, me parecia, naquela época, imensa, larguíssima, como se fosse uma grande avenida. Eu tinha quatro anos, era um menino magrinho, miúdo ainda, e é compreensível que os espaços, as coisas, as casas, os móveis, me parecessem desmesuradamente grandes, na época. Entre Maria Aparecida e eu havia um vínculo especial; era como se ela fosse minha namorada. Não me lembro do seu rosto, nem do que fazíamos; sei apenas que brincávamos juntos, em geral em minha casa, num grupo de incluía vários de seus irmãos; mas tenho a clara consciência desse laço peculiar, dessa espécie de afinidade eletiva que nos ligava naturalmente, misteriosamente, um ao outro. Maria Aparecida e eu; namorados.

As lembranças que me ficaram desse tempo são imprecisas; flutuam num vasto quadro, como iluminações, como *flashes* de momentos isolados, entre histórias que ouvi mais tarde de minha mãe e de minha avó Gabriela, retratos antigos, conversas, recordações de família. Lembro-me de um dos meninos que, numa certa manhã, comia melecas do próprio nariz, cuidadosamente extraídas e examinadas, num canto de nossa varanda. Lembro-me do pai de Maria Aparecida saindo de casa todos os dias e seguindo a pé pela calçada, sempre vestido com uma roupa escura e sóbria de professor e magistrado, o andar lento e pausado.

Moramos em Belo Horizonte apenas um ano e lá assistimos à revolução de 1930, em que mineiros e gaúchos se juntaram para derrubar a República Velha. Nossa casa escondia-se entre árvores muito altas e, pela manhã, encontrávamos muitas vezes no chão folhas secas queimadas, carbonizadas, e que se desfaziam entre os nossos dedos. Não foi difícil saber por quê. Havia, numa colina das proximidades, um regimento rebelde que resistia no seu quartel ao sítio das tropas do governo mineiro. As balas do quartel e dos seus atacantes cruzavam-se por cima do nosso telhado, mas às vezes caíam, perdiam-se, e queimavam as folhas das nossas árvores.

Ficamos sabendo, um dia, que Maria Aparecida levara um grande tombo em sua casa e quebrara um braço. Minha mãe, depois de alguma hesitação, decidiu que devíamos ir, todos juntos, meus irmãos e eu, conduzidos por ela, visitar a menina acidentada. Essas coisas não se faziam, naquele tempo, sem uma certa solenidade. Até então, entre as duas famílias vizinhas, não se tinha ido além de trocas de gentilezas, recados amáveis, eventuais envios de terrinas de doces caseiros ou ramos de flores do jardim. A visita era mais do que isso; quase uma troca formal de embaixadores, e até mais: o contato físico, pessoal, entre as partes. E havia ainda um motivo específico, além do carinho pela menina de braço quebrado. Meu pai havia ficado no Rio, trabalhando; vinha ver-nos uma vez por mês, quando podia e, desde que estourara a revolução, não conseguia passar pelas barreiras militares entre a Capital Federal, que era o Rio, e o estado rebelde de Minas Gerais. A família do outro lado da rua havia sido especialmente acolhedora e amiga, multiplicando manifestações de simpatia em relação à minha mãe e minha avó, sozinhas conosco numa grande casa alugada.

Afinal, no dia da visita, devidamente arrumados e empetecados, minha mãe de chapéu e luvas, como se usava na época, atravessamos a rua e, depois das saudações de praxe, fomos levados ao quarto onde Maria Aparecida repousava no leito, com o seu bracinho engessado. Acho que foi a última vez em que a vi. Ela tinha o hábito de descer as escadas de sua casa escorregando pelo corrimão; daquela vez, perdeu o equilíbrio, por um motivo qualquer, e estatelou-se no chão. Nada de muito grave, porém; apenas um grande susto e o braço quebrado.

No ano seguinte, deixamos Belo Horizonte e voltamos ao Rio. Fomos morar em Santa Teresa, na rua Almirante Alexandrino. A casa dava diretamente sobre a rua; tinha um vasto quintal, morro abaixo, todo plantado de bananeiras. Mas, a história dos meus laços com Maria Aparecida e seus irmãos não acabara, ainda. Anos mais tarde, na União Nacional dos Estudantes, a então famosa UNE, um dos mais moços dos irmãos de Maria Aparecida, Bernardino Franzen de Lima, ia tornar-se um amigo querido e um dos mais firmes e leais esteios do nosso grupo. E, uma geração mais adiante, já ainda agora, nestes confins do século XX, as filhas do próprio Bernardino e de sua mulher Marielsa, sobrinhas de Maria Aparecida casadas, no Rio de Janeiro com amigos nossos, acabariam por fazer-se partes de uma vasta aliança, talvez ainda mais forte que a da revolução de 1930, e que inclui não só mineiros e gaúchos, mas cariocas, paulistas, capixabas e até lisboetas, imigrantes e nativos...

Folhas secas, carbonizadas, no quintal de uma casa cercada de árvores muito altas; uma meninazinha de braço quebrado do outro lado da rua. O que eu não sabia é que em Santa Teresa, meses depois, teria uma segunda "namorada"; chamava-se Zezé Azambuja e era uma menina morena, magra, espigada, bem mais alta do que eu. Brincávamos numa grande varanda que ficava nos fundos da casa, cercada por uma balaustrada de ferro fundido, que nos parecia muito alta, embora na verdade não fosse; os mais velhos debruçavam-se nela para ver o bananal, na encosta, morro abaixo, e a paisagem ao longe. Havia móveis de vime na varanda e, na extremidade, um daqueles balanços de ferro e lona acolchoada, uma espécie de sofá pendurado em correntes, no qual nós, meninos, não nos cansávamos de balançar. O pai da Zezé, o Azambuja, era um homenzarrão também moreno, bem nutrido, alegre, bem-humorado. Parecia ser, na época, o companheiro mais constante de meu pai e vinha, com a família, frequentemente nos visitar. Anos mais tarde, quando nos desfizemos do nosso valente Hupmobile, o Azambuja ficou com ele. É espantoso como podem mudar as coisas, em tão pouco tempo, na cabeça de uma criança. As minhas lembranças de Santa Teresa são bem mais nítidas e numerosas que as de Belô. Muitas coisas aconteceram naqueles poucos meses (quantos?) em que moramos na grande casa da rua Almirante Alexandrino: aprendi a ler e escrever; tive uma babá tão forte e tão bunduda que nos sentávamos no seu traseiro, como se fosse uma macia garupa de motocicleta e, agarrados nela, passeávamos pela casa ou, ao menos, pelos nossos domínios, vale dizer, um amplo porão, também na parte de trás da casa, mas uns dois ou três andares abaixo do varandão de cima. Eu brincava e conversava muito, estava ficando falante e desembaraçado, não só com minha namorada, mas com meus irmãos, Maurício e Rodolfo; brincava e, às vezes, brigava; mas eles não podiam comigo. A casa de Santa Teresa é um mar de lembranças, embora ainda com ar de sonho, dispersas, desencontradas, às vezes desconexas. Aprendi a ler com minha mãe e minha avó, decifrando manchetes de jornal, muitas vezes de cabeça para baixo. Aprendi de repente; espalhava os jornais no chão; letra por letra as palavras se juntavam, se formavam, faziam sentido, um sentido que eu certamente não entendia, mas minha mãe e minha avó, pacientemente, me traduziam, tanto quanto possível. A leitura é um milagre; é magia, surpresa e descoberta; um jogo de armar. Disse Galileu que aquele que inventou o alfabeto foi o maior de todos os inventores. O alfabeto suprime o tempo e o espaço. Com ele você fala não só com interlocutores em qualquer lugar da Terra, mas até com gente que ainda não nasceu; pessoas que vão viver daqui a 100 ou 1.000 anos. O alfabeto está sempre apontado para o futuro. Stendhal, escrevendo sua autobiografia em 1835, em Milão, preocupava-se muito com o que diriam eventuais leitores em 1880; será que entenderiam alguma coisa daquilo que ele estava dizendo? Fazia desenhos explicativos, ilustrava seu próprio texto, na esperança de facilitar o entendimento e a leitura. Que diria ele de mim, que o leio agora, em 2006, ou dos que vão lê-lo, amanhã, em 2035, dois séculos depois de escrito seu livro? Ele chamou sua autobiografia de *Vie de Henry Brulard*; Henry era ele mesmo; Brulard era um tio materno de quem gostava e do qual supunha ter herdado o jeito e o caráter. Seu pai chamava-se (vejam só) Chérubin; Querubim Beyle; havia também um avô Gagnon, adorado, e uma bela e detestável tia Seraphie, que felizmente morreu cedo; tudo isso se passava em Grenoble, nos anos da Revolução Francesa, diante de uma praça chamada Grenette. Passei uma ou duas vezes por Grenoble, a caminho de Montreux, onde morava meu sogro Jean Duvernoy, mas não me lembro dessa praça Grenette. Talvez ela já não exista, ou tenha mudado de nome e se chame hoje praça Henry Beyle...

Em Santa Teresa, naquele ano de 1931, quando aprendi a escrever, minha mãe e minha avó devem ter-me comprado cadernos de caligrafia, coisas assim, mas não me lembro muito disso; lembro-me de que, quando me apanhei com um lápis na mão, comecei logo a exercitar meus futuros dotes jornalísticos e a desenhar palavras em todas as superfícies disponíveis; certo dia a porta do quarto de meus pais foi especialmente visada; devo ter começado ali a escrever estas *Reminiscências*... Minha mãe, quando se deu conta do desastre, confiscou o lápis e me repreendeu com doçura. Ao meio-dia, entretanto, meu pai voltou da cidade para almoçar e, quando soube do que eu tinha feito, pegou-me pela mão, sentou-se ele mesmo no chão, junto à porta rabiscada, e pusemo-nos os dois a apagar, letra por letra, os rabiscos; ele mostrando com jeito e carinho como fazer, e como, às vezes, pode ser até melhor e mais divertido apagar do que escrever. Foi uma lição para toda a vida; nunca mais escrevi nada senão em cadernos ou em folhas de papel, e mesmo as anotações que faço em margens de livros são raras e discretas... Escrever não é o contrário de ler; são faces do mesmo jogo; braços, mãos, pernas do mesmo corpo. Alguém disse de Jorge Luís Borges que ele era, na verdade, mais um leitor do que um escritor. E quem não é? O pintor que pinta um quadro (quem foi mesmo que disse isso? Wolfflin?) tem diante dos olhos, não só o modelo, e a tela, mas, sobretudo, os quadros pintados antes dele. Ler, escrever, apagar, reescrever, eis uma contradança antiga que, uma vez iniciada, não termina nunca mais.

    Nosso próprio quarto de dormir, meu e dos meus irmãos, tinha o pé-direito alto, como se fazia antigamente, e grandes janelas que davam diretamente sobre a rua Almirante Alexandrino. Muitas vezes eu acordava bem cedo, com o dia ainda começando a clarear, e ficava quieto na cama olhando o teto e as sombras e reflexos que corriam por ele, como numa tela, refletindo o movimento de carros e carroças e até de pessoas passando na rua. De manhã os carros e os passantes eram raros; além de ver, eu ouvia também o ruído das rodas sobre os paralelepípedos e até as passadas, as vozes na rua. A Almirante Alexandrino, naquela altura, não era muito larga; do outro lado, um alto paredão, encimado por grossos corrimãos de ferro, protegia os trilhos do bonde; e, adiante, mais muros e casas na encosta, morro acima. Além dos carros, carroças e passantes, havia ainda, especialmente ao entardecer, centenas, talvez milhares, de andorinhas voando, desenhando no ar sua caprichosa coreografia, ali, naquele espaço restrito, entre as nossas janelas e a encosta em frente. Ter janelas dando para a rua, num primeiro andar, é quase como trazer a rua para dentro de casa. Seus ruídos, suas cores, seu movimento, seus odores. Outra lembrança forte que me ficou de Santa Teresa foi a da fúria das tempestades magnéticas e dos seus raios que caíam tão próximos de nós, na montanha; do trovão estalando e fulgindo quase que dentro de nossa casa; às vezes, as luzes se apagavam e íamos para as janelas, tentando ver as centelhas e sua luz fulgurante. Eu não tinha medo da trovoada, que na verdade me excitava e me fazia desejar que o próximo raio fosse ainda mais forte, mais terrível, mais tonitruante.

As tempestades que meus irmãos e eu apenas começávamos a aprender a temer, naquele tempo, eram outras. Meus pais discutiam, às vezes, e meu pai se exaltava e elevava a voz, gritava com minha mãe, que acabava em lágrimas. Em Santa Teresa essas cenas domésticas eram ainda raras, distantes, por trás de portas fechadas ou apenas entreabertas. Nós as sentíamos, mais do que víamos, e elas nos apavoravam; eram como sombras, apagando nosso contentamento, nossa alegria. Mais tarde, já na praça Eugênio Jardim, para onde nos mudamos, esses destemperos de meu pai – chamados na época de crises de neurastenia – se tornaram menos infrequentes e mais declarados; aconteciam às vezes, na mesa da sala de jantar, diante da família toda reunida, minhas irmãs mais moças, já nascidas e presentes. Pelo menos duas ou três ceias de Natal acabaram assim, como pesadelos e completos desastres. Não havia, nunca houve, violência física; eram palavras, violência verbal; os motivos invariavelmente fúteis, corriqueiros; erros dos empregados, comida que ele achava malfeita, coisas assim. Mas a fúria, a raiva crescente e mal contida de meu pai, à medida que as explicações e justificativas de minha mãe procuravam acalmá-lo e apaziguá-lo, eram terríveis, alarmantes. Para nós, já meninotes, essas cenas, mais do que medo, propriamente, geravam frustrações, desânimo e uma sensação de impotência e de culpa, de covardia, até. Queríamos fazer alguma coisa, intervir, apaziguar; mas toda intervenção nossa só servia para piorar ainda mais as coisas. Essas explosões de meu pai constituíram, ao longo do tempo, a grande mancha sobre a felicidade da família, provavelmente mais ainda do que a doença da Lílian, que afinal nos uniu a todos na mesma dor e acabou destruindo em meu pai não só seu temperamento, mas seu vigor e sua vida.

De onde viria tudo isso? Como explicar que uma pessoa como meu pai, amável, bem educado, alegre, pai excelente e carinhoso; marido que não deixava nunca de vir almoçar e jantar em casa com a família, e, apesar de *homme à femmes* e dado a aventuras, não saía nunca à noite, a não ser que fosse para nos levar, sua mulher e seus filhos, em longos passeios de carro? Por que tanta fúria inútil, injusta e desastrada? Será que ele não percebia o grande mal que estava fazendo a mim e a meus irmãos, na nossa inocência? A autoridade de meu pai, em casa, era completa, indiscutida; a dedicação e o amor de minha mãe perfeitos; o respeito de minha avó (que ele também respeitava) idem; de onde saía, então, tudo aquilo?

Freud explica? Talvez não seja preciso ir tão longe. Meu pai "repreendia" minha mãe; impunha sua vontade, ainda que de um modo brutal e estúpido. Minha mãe, de seu lado, ainda que muito magoada e triste, aceitava a repreensão, e procurava corrigir o que estaria errado e evitar a repetição do ocorrido. Em vão. Passado algum tempo (meses ou semanas), a crise voltava, muitas vezes ainda pior, pelos mesmos motivos ou por outros semelhantes. Meu pai tinha frequentemente razão em sua queixa, sua reclamação – embora a perdesse, aos nossos olhos, por força do seu excesso estúpido. Minha mãe era tímida, frágil, talvez delicada demais; havia tido uma educação diferente; não tinha autoridade bastante no trato dos empregados e, até, no trato conosco, seus filhos, que logo aprendíamos a vencer ou contornar suas determinações, seu comando. Mas, se minha mãe era assim, frágil, dócil, mais absurdo e inaceitável ainda parecia o comportamento de meu pai. Já contei que minha mãe era filha única de mãe viúva; seu pai havia morrido muito cedo e ela vivera só, ao lado de minha avó, mulher de grande caráter e personalidade. Fora educada em casa, nunca pôs os pés numa escola, em princípios do século XX (ela era de 1901), quase exatamente como Stendhal havia sido no fim do século XVIII, em Grenoble. Trancada em casa, isolada do mundo e dos outros meninos e meninas do seu tempo, superprotegida, conhecendo apenas os parentes – a prima Rachel, muito querida, a prima Noêmia, a prima Mary, o primo Otávio – e os raros mestres, os professores. Aprendeu primorosamente francês e lia os livros da condessa de Ségur e assemelhados; estudou religião, um pouco de inglês, um pouco de música, dança e prendas domésticas. Era bela e graciosa. Quando mocinha, a conselho médico, aprendeu a nadar, permitiram-lhe tomar banhos de mar no Flamengo e começou a jogar tênis no Fluminense. Apesar da asma, era saudável e forte; aos 17 anos teve a gripe espanhola, perdeu os cabelos todos, passou dias entre a vida e a morte, e salvou-se, sobreviveu.

Mas, para quem estou contando essas antigas histórias que já não interessam a ninguém, a não ser a mim mesmo? Talvez eu pretenda, como os professores da École des Annales, revolver interminavelmente fatos, coisas e pessoas insignificantes para revelar o significante, isto é, o próprio sentido da história; no meu caso, o sentido de minha vida. Havia, no bar do Country Club, no Rio de Janeiro, um advogado, Miguel Lins, homem brilhante, cheio de amigos, descendente de uma família de ilustres juristas, que gostava de chamar a si mesmo de Pato Rouco, porque tinha efetivamente uma voz de pato rouco, forte, roufenha, cortante e agressiva como sua própria verve. Dizia o Miguel que um dos seus avós ou bisavós, homem sério e severo, bebia muito da boa cachaça de Minas Gerais. Uma noite, caiu na rua, bêbado, e morreu na sarjeta. Mas, a gente da terra o respeitava e admirava muito; a sarjeta foi tombada, transformada em monumento histórico, com grade em volta e uma placa de mármore comemorativa. Esse é, aliás, um costume do povo humilde; se há na estrada um desastre grave, com mortes, alguém planta, na margem, uma cruz, ainda que seja uma pequena cruz de dois palmos de altura. E, se a memória persiste e histórias começam a correr, aparecem velas ao lado da cruz, e logo ex-votos, imagens, uma capela se ergue, depois uma igreja, quem sabe uma catedral... A graça da história do Miguel estava na sarjeta; se não fosse a sarjeta, se seu bisavô tivesse morrido numa curva do caminho ou num campo de batalha, seria apenas mais um desses tantos heróis anônimos... Nos dois ou três últimos anos de sua vida, Miguel Lins recusava-se a sair de casa; tinha uma bela casa na Visconde de Albuquerque e lá ficava recolhido com duas netinhas, uma nora, e duas ou três antigas empregadas que cuidavam de tudo. Alguns amigos, como eu, além dos seus companheiros do escritório de advocacia, iam lá vê-lo, conversar e beber o seu uísque, mas ele já não queria saber de nada. Para arrancá-lo de casa, só chamando o Millôr. Ele adorava o Millôr e lá íamos os três "comer uma carninha", como ele dizia, no clube ou numa churrascaria. Miguel era cardíaco; uma tarde, estava descansando no quarto e chamou a empregada; pediu que ela lhe fizesse uma limonada, mas, quando ela voltou, Miguel estava morto. Outro amigo a quem Millôr e eu prestamos, uns anos antes, o mesmo tributo foi o Flávio Rangel, meu ex-cunhado e irmão mais moço. O Flávio estava em seu último ano de vida, desenganado, mas ainda aparentemente bem, conversando e andando pela casa. Eu ligava para o Millôr e lá íamos os dois vê-lo em seu alto poleiro da rua João Alberto, sempre ao lado da Ariclê, sua mulher, que morreu ainda agora, em São Paulo. O Flávio, diante da morte anunciada, foi impecável; corajoso, sereno, lúcido, digno de ser aplaudido em cena aberta. Uma tarde, meses antes, eu estava no bar do clube quando fui chamado ao telefone. Era ele: "Estou chegando do médico e não há mais dúvida; o canalha voltou!" O canalha era o câncer no pulmão, do qual Flavio havia sido dado como curado um ano antes. "Agora, só me resta dizer como o Ademar: Desta vez, vamos!" Ademar de Barros, mais de uma vez candidato à Presidência da República, havia tornado famoso o *slogan*.

Repetido pelo Flávio naquela hora, o *slogan* ganhava um cruel sentido irônico. Senti muito sua morte. Ele estava no meio de sua jornada, do seu caminho (como Dante na *Divina Comédia*), enquanto eu mesmo, naqueles dias, passava por um momento crítico em minha carreira profissional: havia sido demitido do lugar de diretor da redação do *JB*, sem prévio aviso, com uma idade, 62 anos, em que as chances da retomada são bem remotas. Tinha conhecido o Flávio 30 anos antes; e registrei nosso encontro num artigo de jornal.

"1958 foi o ano em que o Brasil ganhou a primeira Copa do Mundo, na Suécia. Naquele tempo, eu era repórter do *Estado* e o Cláudio Abramo me mandou cobrir a chegada dos jogadores a São Paulo. Éramos, na verdade, um pequeno número de amigos (amigos, então, ainda recentes) em torno do Cláudio Abramo e do Carlão, a flor dos Mesquita. Alguns, como o Flávio, nem sequer trabalhavam no jornal, mas estavam sempre lá sapeando, na redação e no bar do Jaraguá. Naquele dia, o Flávio resolveu ir comigo, para ver de perto a chegada e a festa do povo. Fomos num carro do *Estado* até a borda do Ibirapuera, na altura da estátua do Brecheret, e de lá seguimos a pé. Como havia cada vez mais gente nas calçadas, o jeito foi usar meus poderes de jornalista (o Flávio comigo), passar o cordão de isolamento, e avançarmos os dois pela pista vazia, a pista por onde deviam vir os carros dos campeões, andando ao encontro deles. Por algum motivo, nunca mais esqueci essa espécie de passeata ou de marcha; caminhamos, talvez uns três ou quatro quilômetros. O povão em volta, inquieto e ruidoso, o ar de festa e alegria, e o Flávio e eu marchando impávidos ali pelo meio. Tínhamos, na época, a mesma altura e o mesmo porte, a mesma (quase a mesma) juventude, embora ele, mais moço, com 24 anos, tivesse já a cabeça grisalha, meio branca. Sentíamo--nos donos do mundo, senhores do futuro...

"Talvez a melhor imagem para descrever o Flávio seja uma que os americanos às vezes usam: alguém que é como uma vela que queima pelas duas pontas. *A candle that burns from both ends.* Não se poupava, queria fazer tudo ao mesmo tempo. Nesses meses finais, entretanto, sem perder o humor, a verve, às vezes mesmo a velha indignação cívica, ele havia encontrado a calma, uma espécie de serena tranquilidade, apoiada no carinho e na dedicação da mulher. Para os amigos, aliás, mesmo amigos como eu que tinham pouco ou nada a ver com o teatro, Flávio nunca pareceu apressado ou sem tempo. Viajamos meses, juntos, pelos Estados Unidos e, no Rio e em São Paulo, não me lembro de tempo em que o Flávio não estivesse sempre presente em todas as nossas noitadas, em todas as nossas aventuras. Sumir, ele só sumia mesmo uma semana (uns dias) antes da estreia de cada peça. Em 30 anos de convivência, 20 ou 30 semanas de sumiço não é muito. Menos de 2%.

"O tempo do Flávio (1958-1988) foi um tempo extremamente conturbado ideologicamente, cuja solução natural, histórica, só viria um ano depois da morte dele, com a Queda do Muro e o desmoronamento do império soviético. Flávio começou (como todos os de sua geração) um apaixonado fidelista. Mas, a história da sua vida, a história do seu, digamos, florescimento artístico, é a história do seu esforço (nem sempre bem entendido ou sucedido) para se livrar do provincianismo sectário e limitado em que ficaram muitos dos seus amigos, companheiros de geração, precursores dos xiitas do PT e das pastorais revolucionárias de hoje. Flávio graduou-se, subiu de turma, procurou sem cessar (e muitas vezes sem êxito) um caminho próprio, lúcido, livre. Nesse sentido me parece que o seu estalo de Vieira, seu momento de gênio, foi *Liberdade liberdade*, que fez com Millôr Fernandes. Nesta peça, Flávio libertou a liberdade e a luta pela emancipação humana dos sectarismos e fanatismos da hora e a repôs na sua verdade, na sua essência milenar, histórica – e, com isso, redobrou-lhes a força num momento em que o país escorregava rapidamente para o desastre."

Saudades do Flávio Rangel. Morreram ontem, dia 30 de abril de 2006, John Kenneth Galbraith, aos 97 anos, em Cambridge, Massachusetts, onde vivia e será enterrado; e o francês Jean-François Revel, aos 82, num subúrbio de Paris. Revel foi jornalista, dos grandes de seu tempo, embora um tanto emproado. Mesmo os que mais resistiram estão indo...

Quero contar aqui a história de meu avô, João Pedreira, mas hesito. Meu avô era rico, muito rico, pelos padrões do tempo e do lugar, e pode parecer gabolice. Pode parecer que estou fazendo como o "Villas, meu tio", Villas-Bôas Corrêa, ou o Carlinhos Mota, colegas do mesmo ano de faculdade, que não perdiam oportunidade de inventar histórias e cantar as glórias ancestrais. O Villas não podia ouvir falar de uma proeza qualquer, sem se lembrar logo de um tio... Gabolice, gabolas; excelentes palavras que parecem caídas em desuso; gabola vem do verbo gabar-se, que já não se usa tanto; fulano gabou-se de ser o melhor presidente que o país já teve. Outro verbo simpático e pouco usado é zombar, que há dias reencontrei numa matéria de jornal. As pessoas escrevem hoje como se tomassem chá e segurassem a xícara levantando com suposta elegância o dedo mindinho. Consideram-se requintadas e sofisticadas, mas não passam de meras analfabetas; acham feios os verbos botar e pôr (quem bota é galinha), então em seu lugar, invariavelmente, usam colocar, que é outra coisa, tem outro sentido preciso; e, em lugar de colocar, inventaram recentemente um horrendo neologismo: posicionar, posicionar-se. São Pedro – ou será São Paulo? – está posicionado à mão direita de Deus... Também é muito chique usar a preposição "em" em vez de qualquer outra, e até quando preposição nenhuma é necessária: o orçamento cresceu em 18 por cento; a cotação do petróleo em Londres, hoje, declinou em... Somos inventivos; criamos uma nova língua, uma novilíngua que não será nem a do Orwell, nem a do Eça, nem a do Nélson Rodrigues; será coisa de gente fina, a língua do Brasil emergente...

No fim da Primeira Guerra Mundial, a Grande Guerra, meu avô era grande comerciante em Salvador e concessionário da Loteria da Bahia. Vivia, com a família, num enorme casarão no alto da encosta da Lapinha, mais tarde transformado em hospício, sobre a Água de Meninos, lá embaixo, e o mar adiante. Era homem generoso, mão-aberta, tratava-se bem; no peitoril das janelas do casarão, havia sempre garrafas de vinho, cuidadosamente enroladas em guardanapos, com jarros d'água ao lado; quem passasse, devia derramar um pouco d'água nos guardanapos, a fim de umedecê-los e permitir que a brisa constante de Salvador refrescasse o vinho. Seus dois filhos, Caio Mário e João, meu tio Mário e meu pai, tinham, pois, tudo o que queriam, inclusive automóveis ainda raros naquele tempo, mas não tinham mesada: sacavam o que precisassem do caixa da firma, sem limite, na conta do pai, o coronel João Pedreira. Um belo dia, porém (não sei a data exata), o governo federal, no Rio de Janeiro, concluiu que a Loteria da Bahia estava crescendo demais, fazendo sombra à própria Loteria Federal, e cassou a concessão de meu avô. As comunicações naquele tempo eram ainda precárias e, quando a notícia chegou a Salvador, já não havia recurso possível. Eram ainda os tempos do fio de barba; apanhado de surpresa num mau momento, meu avô perdeu tudo, faliu.

No Rio, para onde tinha vindo depois de formar-se, meu pai vivia a vida da *jeunesse dorée* da época; era amigo de todo mundo; ligara-se muito ao *Correio da Manhã*, então comandado por três grandes figuras, Edmundo Bittencourt, o velho Leão Veloso e um terceiro personagem, íntimo amigo de Rui Barbosa, advogado famoso, cujo nome agora me foge. Sempre vestido austeramente, como se usava na época, tinha em cada bolso do colete, da calça ou do paletó, notas e moedas de diferentes valores; notas de cinco mil-réis num bolso; noutro, moedas de um ou dois; ainda noutro notas de 20 ou 50, e as ia distribuindo generosamente aos que lhe prestavam serviços, de acordo com sua relativa importância. À tarde, despachava e recebia clientes numa mesa da Confeitaria Colombo, que lhe era permanentemente reservada. Era ferrenho admirador de Rui, a quem certa vez deu um automóvel, até hoje exibido no museu em que se transformou, depois de sua morte, a residência do grande jurista. Meu pai morou algum tempo numa pensão do Cosme Velho, junto à montanha. Frequentemente, ele e seus amigos vestiam aqueles generosos calções de banho de então e, armados de toalhas e demais paramentos necessários, subiam o morro, nos fundos da pensão, para ir tomar banho numa cascata no meio da floresta. As francesas de outra pensão próxima viam aqueles moços seminus entre as árvores e gritavam: "*Voilà les sauvages! Venez voir les sauvages!*" Era assim o Rio de Janeiro na segunda década do século XX. Laranjeiras, Cosme Velho, Flamengo, Botafogo eram bairros nobres onde moravam ou haviam morado notabilidades como Machado de Assis ou como um respeitado embaixador dos Estados Unidos (também me esqueço de seu nome) que representou seu país no Rio durante mais de 20 anos e nunca mais saiu daqui; mas eram também bairros onde a prostituição tinha espaço, alargando suas fronteiras desde o Catete e da célebre rua Conde Lages, na Glória, onde, ainda no meu tempo de estudante, a atividade e a concorrência eram grandes; até uma casa famosa, na subida para Santa Teresa, que sobreviveu quase até ontem.

Não só no Rio, mas em muitas capitais, como em Porto Alegre com sua pensão "Mônica", instalada sobre uma elevação, dominando a cidade, as casas de prostituição eram, na verdade, clubes para homens, regularmente frequentados por jovens e velhos; antes do jantar, ia-se tomar drinques no bar do Jockey ou no do Hotel dos Estrangeiros, mas também se podia ir ao bordel da moda... Da Glória, as casas de mulheres estendiam-se até a Lapa, famosa até hoje pelos seus botequins e pela malandragem. Dali, pela rua das Marrecas, se chegava à própria Cinelândia, território aliás frequentado pelo Millôr, quando ainda bem moço, entre a "universidade" do Méier e sua definitiva Ipanema. Manuel Bandeira morou muitos anos na Lapa e louvou seus encantos. Mas a prostituição pesada, ao menos até o meu tempo de menino, era no Mangue, mais perto do cais do porto, mais longe dos bons bairros. Havia, naquele tempo, umas moedas prateadas, graúdas, em homenagem a Santos Dumont, com sua efígie de um lado, e do outro grandes asas de Ícaro. Valiam cinco mil-réis e eram popularmente chamadas "Voando para o Mangue" porque esse era o preço do serviço, por lá. Eu mesmo, quando menino, inocentemente, colecionava essas belas moedas; tinha uma caixa de papelão cheia delas, que guardava com minha avó. Mas a proximidade física, o estreito "convívio" entre as, digamos, melhores e mais finas casas de putas e as residências das boas famílias, era apenas expressão e consequência da cultura machista da época; talvez só tenha hoje paralelo no que ainda acontece nos países muçulmanos e nos recantos mais atrasados do planeta. Dizia mestre Nélson Rodrigues, com sua voz pastosa e seu característico modo de falar, que "machista não era ele, era a Natureza". Nélson, por maior e mais generoso que fosse seu talento, não podia escapar dos preconceitos da sua época. Não era a Natureza que era machista; era a Sociedade; eram a religião, a ideologia dominante, os costumes, a lei da Terra.

Na verdade, o que tínhamos era uma sociedade, uma cidade que era ela mesma, como o bordel, como o bar do Jockey, um fechado clube para homens. As mulheres, de acordo com seu *status* ou sua função social, serviam aos homens, confinadas nos lares ou nos bordéis, e eram severamente vigiadas, o que não impedia transgressões frequentes... Tudo isso acabou; embora a natureza continue, felizmente, a mesma. A emancipação feminina varre hoje os últimos restos da antiga soberania machista – que entretanto ainda não acabou e pode mesmo voltar amanhã ou depois, montada no cavalo de pau muçulmano e no renitente fundamentalismo religioso norte-americano.

Assim era o Rio antigo, assim eram os anos 20. Contava meu pai que ele e seus amigos trocavam frequentemente de automóvel, mas nem sequer se davam ao trabalho de comunicar o fato às autoridades competentes; trocavam eles mesmos as placas dos carros sem maiores preocupações. O trânsito era escasso e fácil, e a fiscalização quase nenhuma. Certa vez, entretanto, uma altercação com um guarda mais severo acabou por obrigá-lo a comparecer à chefatura; o chefe de polícia era Aurelino Leal – que ocupou o cargo por muitos anos – também baiano e amigo da família. Chamou o guarda e o repreendeu: "Não me traga mais esses meninos aqui!" Dias antes, o guarda tinha levado lá um filho de Rui Barbosa...

O que é pior, o nepotismo ancestral ou a corrupção emergente? O nepotismo antigo tinha seu charme; a corrupção emergente, moderna, que hoje explode em todos os cantos, é grosseira, gulosa, frequentemente canhestra. Melhor seria se pudéssemos livrar-nos dos dois, tal como nos livramos (para sempre?) do milenar machismo ecumênico. Ainda na década de 1960 em Brasília, nas casas de deputados e senadores nordestinos, as senhoras não se sentavam à mesa; serviam os homens, as visitas, mas comiam na cozinha ou em algum canto escondido da casa. Nós éramos ainda jovens repórteres, vindos do Rio e de São Paulo, ensinados a cumprimentar, antes de mais ninguém, a dona da casa, e não sabíamos o que fazer diante daquelas senhoras simples, humildes, que nem sequer levantavam os olhos para nos encarar. Suponho que essas donas de casa antigas fossem da geração de minha mãe; hoje, 50 anos depois, não é difícil imaginar que, mesmo no sertão brabo mais distante, entre gerações mais novas, os hábitos tenham mudado da água para o vinho; e a verdade é que a rapidez desse processo, digamos, civil ou civilizatório, sua penetração quase instantânea nos lares e nas famílias do país inteiro, se deve às novelas da televisão. Já contei que em princípios de 1977, em Porto Seguro, no sul da Bahia, não havia nem sequer telefone; era preciso viajar dezenas de quilômetros de terríveis estradas de barro, até Eunápolis, para dar um simples telefonema; mas a televisão já tinha chegado; e, mesmo o chofer do táxi, o único da cidade, imitava no jeito e no modo de falar um personagem de novela muito popular, então. A mulher do Dias Gomes (ele morava ali, na Fonte da Saudade, bem perto do Flávio Rangel), noveleira famosa e de muito talento, Janete Clair, devia ter hoje estátuas suas em todas as praças do interior do Brasil; ela fez mais pela emancipação do sexo "frágil" do que qualquer autora ou sufragista inglesa, em seu país.

A libertação das mulheres libertou também os homens; tornou-os mais leves, livres, tolerantes, menos briguentos. Livramo-nos da responsabilidade antiga de carcereiros, guardiões, algozes, beneficiários de um estado de coisas repressivo e antinatural. Minha própria geração (nasci em 1926, casei-me em 1951) foi a grande atriz, a grande executora e grande paciente da nova ordem; nossas mulheres trabalhavam todas, ajudavam a sustentar a casa (durante anos, a Renina, minha primeira mulher, ganhou bem mais do que eu), e me lembro da surpresa de meus amigos quando comprei meu segundo automóvel (graças a um financiamento do jornal), um para ela e outro para mim: "Dois automóveis?" Foi no nosso tempo, aliás, que as mulheres começaram a dirigir, o que produziu, é claro, sérios problemas de trânsito, com o rápido aumento do número de carros e de *chauffeuses* nas ruas... No meu caso, posso dizer – e tenho escrito muitas vezes sobre isso – que foram anos exaltantes e enriquecedores, aqueles, embora vez ou outra, um golpe de vento mais forte tenha sacudido os galhos do meu renitente orgulho de macho sul-americano. Já de volta ao Rio e já separado da Renina, certa vez uma namorada minha muito querida voltou de uma curta viagem a Portugal com um filho na barriga; e dizia que o filho era meu. Mas, como, se eu não estava em Portugal? Não; tinha acontecido depois da volta; naquela noite, exatamente, em que ela estava especialmente vulnerável... E tanto insistiu e garantiu, que a dúvida se instalou em meu espírito (onde está ainda hoje). Chamava-se S, essa namorada; estava também separada do marido e tinha filhos crescidos, família de hábitos severos. Era moça cheia de encantos, doce, apaixonada e decidida; contava ainda com o apoio de uma analista e de um velho padre confessor em quem confiava muito; mas a crise daquela gravidez inesperada e inoportuna, a tensão, a angústia acabaram levando a uma solução feliz; perdeu o feto naturalmente, sem necessidade de intervenção, e a ameaça desfez-se como por milagre. Tantos anos passados, ficou-me do episódio, o quê? Talvez um grão a mais de ternura por minha travessa (e infiel) namorada; talvez uma ponta de satisfação por ter sido, um dia, o real, ou suposto, quase-pai de um quase-filho; eu, que não tenho nenhum jeito com bebês e crianças muito pequenas, nunca mais quis ter filhos (depois que a esquizofrenia se declarou em minha irmã mais moça), e havia sido dado, pelos médicos, como semiestéril, porque os meus espermatozoides tinham vida média abaixo do normal e, pois, dificilmente chegavam ao fim da viagem...

Mas, estou outra vez avançando depressa demais, misturando episódios e datas; a história de S é de 1970, mais ou menos; a de meu pai que ia ainda casar-se é de antes de 1920; e hoje, em princípios do mês de maio de 2006, o que tenho vontade é de escrever sobre o Fernando Henrique, que vem de lançar um livro de sucesso e que, depois de velho, está parecendo um carreirista ambicioso e pouco confiável. Mal de Parkinson ou paranoia? Tive ganas de voltar atrás, nestas notas, e riscar ou mudar o que escrevi sobre sua presidência; mas não: ele foi um grande presidente; repôs o Brasil nos trilhos, abriu para o país um caminho largo e limpo, promissor; seu governo teve apenas uma grande falha um notório buraco negro: o Ministério da Justiça, em geral entregue por ele a políticos de terceira ordem, a assessores, a funcionários. Mas a Justiça é a lei, a ordem pública, a polícia, a segurança do Estado e da sociedade, a própria política. Como se pode explicar que um homem como Fernando Henrique não tenha visto isso; tenha simplesmente incluído a Justiça entre tantos outros ministeriozinhos a negociar no Parlamento em troca de votos? Talvez, a única explicação possível (ainda mais numa sociedade de bacharéis, como era aquela em que nos criamos) seja sua própria família, o ambiente doméstico em que se formou; uma família de militares, altos servidores públicos especializados na administração da força, na aplicação e na autoridade da força, embora, sempre que possível, no quadro da lei. A Justiça? Bem, pode-se dizer como o marechal Floriano Peixoto: "O Supremo garante; mas quem garante o Supremo?" Os pais e avós do Fernando eram gente boa e correta, mas eram também membros (e chefes) de um Poder Moderador vindo do Império e longamente acostumado à sua peculiar autoridade: viam a lei de cima para baixo e não de baixo para cima, como o povão, como todos. Já os bacharéis, os juristas, veem a lei um pouco como os cocheiros a carroça... Seria bom, se o Fernando Henrique por ventura voltasse ao poder, que ele se desse conta disso. Tanto mais quanto, desta vez, a tarefa do governo, a primeira e grande preocupação do futuro governo, não será mais a inflação ou a finança, mas a reforma política, a reforma dos partidos e do próprio regime político; uma reforma que só se pode fazer no início de mandato, ainda com o embalo e o impulso das urnas – e que exige grandes doses de espírito público, coragem e visão do futuro. Precisamos de um Charles de Gaulle tupiniquim, armado de um bom (e jovem) primeiro-ministro para enfrentar as batalhas do dia a dia.

Nesse livro que o Fernando vem de publicar, o que mais me surpreendeu e irritou foi sua preocupação em nos convencer de que, ao contrário do que em geral se acredita, ele próprio, Fernando, não pensava "desde pequenininho" em ganhar o poder político e, no melhor dos casos, a presidência; ao contrário, havia sido sempre um estudioso, um sociólogo que, só por ser sociólogo, se aproximou do povo e dos negros, um professor preocupado apenas com sua carreira de professor. O que me aborreceu, lendo essas lorotas no seu livro, foi menos o fato de serem óbvias lorotas (ainda mais para os que o conhecem, como eu, há quase 60 anos) do que as implicações dessa sua nova tese; como se fosse mau e errado buscar o poder político, a liderança de seu povo e seu país;

como se a virtude verdadeira estivesse em ser apenas um professorzinho que sabe citar autores e discutir teses, e ganhar no fim a presidência "por acaso". Ora, pipocas. Toda a vida do Fernando, toda a vida de nós todos, seus companheiros mais moços ou mais velhos (ele tem menos cinco anos do que eu), foi o exato oposto disso; somos animais políticos; o Fernando é um político inato. Mais ainda; nosso tempo, nossa geração é uma geração política, uma geração que trouxe consigo, desde os bancos acadêmicos, uma fecunda mensagem política e ideológica, vinda da guerra (1939-45), na qual, conforme ficamos sabendo mais tarde, se incluíam uma boa dose de ilusões e mentiras, mas que nem por isso nos apaixonava e exaltava menos.

A primeira grande manifestação política de que me lembro de ter participado foi uma imensa passeata, no dia seguinte à morte de Roosevelt, acho que em março de 1945. Passamos todos em silêncio, diante da embaixada americana, na avenida Presidente Wilson; um prédio antigo, com uma grande sacada quase à altura da rua, e, nessa sacada, o embaixador Adolf Berle (grande figura) e, a seu lado, o líder comunista Luís Carlos Prestes, recém-libertado (e que havia se entendido, na cadeia, com o ditador Getúlio, mas nós não sabíamos disso). Viriam em seguida os anos da política estudantil e da campanha do petróleo, com Roberto Gusmão, Fernando Gasparian e dezenas e dezenas de outros. O próprio Fernando Henrique conta de seu pai, o general Leônidas Cardoso, ardoroso nacionalista, e do ambiente em sua casa, mas ele mesmo não participou de nossas aventuras estudantis. Em 1951, casei-me e me mudei para São Paulo. Quando o conheci, já na pauliceia desvairada, acho que estava no último ano da faculdade. Formou-se, defendeu tese e foi logo contratado como professor-assistente da Universidade. Passou a ganhar um bom salário, acho que 21 mil cruzeiros por mês, e se tornou o mais rico do nosso pequeno grupo de amigos; casou-se, comprou um pequeno automóvel no qual passeávamos nas horas de folga: ele e Ruth, a Renina e eu, e mais dois pintores, o Mário Gruber, que está fazendo 80 anos e terá, este ano, uma grande retrospectiva de sua obra, e o Luís Ventura, que mais tarde mudou-se para o Rio, depois de passar anos na China. Entre 1951 e 1956, vivíamos à sombra e nas águas do PC e da livraria-editora Brasiliense, de Caio Prado Júnior: escritores, jornalistas, professores, intelectuais, artistas; havia até um querido amigo meu, Paulo Rodrigues, morto aos 40 anos, vindo do Rio, que servia como uma espécie de "comissário político" do grupo. Há muito o que falar desse período (o próprio FH se refere a ele no livro), mas não quero desviar-me do meu assunto: éramos políticos, ingênua e dedicadamente militantes, embora, é claro, sem abandonar nossas responsabilidades profissionais – até a Grande Ruptura com o PC e o marxismo em 1956, da qual falei no início destas *Reminiscências*.

Na Universidade, o Fernando não demorou a fazer-se líder dos professores-assistentes e ser eleito representante deles no Conselho Universitário, onde se ligou estreitamente ao reitor Ulhôa Cintra, penetrando, assim, embora ainda tão moço, no círculo restrito dos cardeais da Universidade de São Paulo – e tudo isso, certamente, por simples acaso... Viriam, então, a contrarrevolução de março de 1964 e a brutal invasão da Faculdade de Filosofia, na rua Maria Antônia. Fernando refugiou-se brevemente na residência do cônsul americano, depois na casa de amigos e logo se transferiu para o Chile, iniciando um longo período de exílio voluntário que o levaria de Santiago a Paris e, eventualmente, a Princeton. Foi nessa época que começamos a nos afastar um do outro. Enquanto estávamos em São Paulo, víamo-nos quase todo dia; um dos nossos pontos de encontro, no Centro, era a livraria Parthenon, na Barão de Itapetininga, de um íntimo amigo, Álvaro Bittencourt, casado com uma moça francesa, a Madelon, o que nos levou a aderir a um alegre círculo de novos amigos: duas irmãs, Marianne e Jacqueline, seus maridos; um cunhado, o Roger Veiler, e, logo, o poeta haitiano René Depèstre, apaixonado perdidamente pela mulher do Roger, uma moça alta, loura, escultural, espécie de monumento doce e distante, à qual o poeta dedicava caudalosos poemas. Fazíamos, com esses amigos, frequentes excursões à Praia Grande (nessa época, eu também já tinha meu carro, um valente Citroën 15), em Santos, e a outros lugares. Em novembro de 1956, quando a União Soviética esmagou a Revolução Húngara (e eu tomei o maior porre da minha vida), estávamos todos em Ubatuba, numa casa de praia cedida pelo prefeito de São Paulo, Toledo Piza, a um outro amigo nosso, Jaime Martins – que logo se transferiria, com o pintor Luís Ventura e um jovem autor, o Meme, para a China maoísta, onde ia passar todo o extenso período da célebre Revolução Cultural. Santa loucura! Outro ponto de encontro, anterior ainda à Parthenon, havia sido uma ampla livraria na praça da República, espécie de "frente legal" do PC, que servia de escritório ou redação para a revista *Fundamentos*, da qual fui secretário e onde, em certa época, se podia encontrar, não só o João Saldanha, mas Che Guevara, então um simples militante argentino homiziado em São Paulo a caminho do México e, segundo o João, pessoa sem nenhum interesse, "um chato de galochas, sempre pedindo coisas..."

Nos anos do exílio, depois de 1964, passamos a ver o Fernando só quando viajávamos, vale dizer, duas ou três vezes por ano quando muito. Em junho de 1964, ainda antes de ser publicada a última lista de cassações do primeiro Ato Institucional, fomos a Santiago do Chile, Fernando Gasparian e eu, encontrar o FH e outros amigos fugidos ou recém-exilados, Celso Furtado e Darcy Ribeiro, entre eles. O adido cultural da embaixada do Brasil, o poeta Tiago de Melo, era uma espécie de protegido de Pablo Neruda e morava numa casa do mestre, onde fomos todos recebidos num grande jantar; o ambiente era de otimismo e exaltação; havia quem achasse que em três meses o marechal Castelo cairia e os janguistas voltariam ao poder. Darcy, vindo do Uruguai, onde estavam Jango e Brizola, e a caminho do México e de Cuba, tentava reunir recursos para armar grupos revolucionários... Falei um pouco de tudo isso num pequeno livro que publiquei, no Rio, logo depois, *Março 31*. Esse primeiro encontro em Santiago foi uma boa amostra do que iam ser os anos em que o Fernando viveria imerso no universo dos exilados. A separação não seria apenas física, mas crescentemente política e ideológica.

Nós, que ficamos no Brasil, ficamos para trás, emaranhados na realidade tumultuada e contraditória daqueles dias; eles, os exilados, ao contrário, "avançaram", progrediram, ainda que em termos apenas imaginários, irreais, ainda que o avanço fosse, quase sempre, sobre um terreno de sonho, mito, desligado da realidade prática, cotidiana do país. Do próprio Fernando Henrique eu diria que ele, com sua inteligência superior, usou a nova experiência para "modernizar-se". Mas, vamos por partes, para que se possa entender melhor o que estou procurando dizer.

Tenho escrito muito sobre tudo isso. Desde o meu tempo de repórter político em Brasília, ao lado do Castelinho e do Evandro (Carlos Castelo Branco e Evandro Carlos de Andrade), passei a imaginar a evolução política e ideológica do século como um confronto (e uma sucessão) de gerações. Assim, antes da guerra, teríamos tido uma geração tripartida; a de 1935; dividida entre três partes que se combatiam com crescente violência; uma direita autoritária que dominava todo o sul católico da Europa, desde Portugal e Espanha, até a Itália, a Áustria, a Alemanha, a

Iugoslávia e mais o Japão, na Ásia; uma esquerda formada por comunistas (URSS) e social-democratas; e um centro liberal-conservador, cuja única base mais firme acabou sendo apenas a Inglaterra. Direita e esquerda competiam, cada vez mais ferozmente, não só na Europa, mas também nos Estados Unidos e até no nosso distante Brasil; e a consequência foi a Segunda Guerra Mundial de 1939 a 1945. Ganhamos. Dezenas e dezenas de milhões morreram, grandes países como a Alemanha e o Japão foram virados do avesso, mas o mundo simplificou-se: minha própria geração, a geração do pós-guerra, a de 1945, era unívoca; tinha (ou parecia ter) um lado só, o nosso, vitorioso. Os "Três Grandes", Roosevelt, Stalin e Churchill, dominavam o universo (o real e também o imaginário); os grandes artistas no Brasil ou na França, os intelectuais, os professores nas Universidades, mesmo os direitistas de antes da guerra (San Tiago Dantas, Tristão de Ataíde), formavam todos uma mesma grande confraternização, o mesmo coro unânime.

Essa espécie de paraíso não duraria muito. Já em 1948, em Fulton, nos Estados Unidos, Churchill faria um celebrado discurso denunciando a "Cortina de Ferro" que Stalin fazia descer sobre a Europa; nos países do leste europeu, sucessivos golpes de Estado comunistas, sob a proteção soviética, instauravam regimes autoritários de partido único: ferozes ditaduras que começavam por executar os "liberais" do próprio partido comunista; alguns, os mais importantes, como Rajk, na Hungria, e Stanski, na Tchecoslováquia, depois de ruidosos processos "educativos" e confissões públicas dos condenados. Em 1949-50, quando Roberto Gusmão e eu fomos à Europa em missão da UNE (eu fiquei mais de um ano por lá; o Roberto voltou logo), testemunhamos tudo isso, mas... não vimos nada. É um espantoso exemplo do que pode ser a inocência dos moços: não vimos NADA.

Ao contrário, dessa viagem, as memórias que me ficaram foram exaltantes: as multidões de jovens, nas ruas e praças de Budapeste, gritando em coro: "Rakoshi! Rakoshi!", aclamando o chefe comunista húngaro, um cidadão baixote e gorducho que acenava para nós e que nos parecia um líder extremamente querido... Ou uma tarde em Sófia, na Bulgária, o Conselho Executivo da União Internacional dos Estudantes reunido em sessão plena, aplaudindo de pé a notícia recém-chegada da histórica vitória de Mao Tsé-Tung em Pequim. Em Praga, na Tchecoslováquia, onde acabei passando os últimos quatro meses da viagem, antes da volta ao Brasil, as pessoas em geral falavam tcheco, russo e alemão; eu falava um pouco de francês e um pouco de castelhano; minha capacidade de diálogo, pois, não ia muito além dos dirigentes, delegados e funcionários da própria União de Estudantes; ainda assim, havia um barbeiro, no salão que eu frequentava, que trabalhara na França e arranhava o seu francês; havia também a senhora, dona da casa onde me puseram (num quarto onde ficou também morando Giovanni Berlinguer, líder dos estudantes comunistas da Itália, irmão de Enrico Berlinguer, então *capo* da Juventude Comunista, mais tarde líder do próprio PCI e promotor do célebre *Compromesso Storico*). Tanto a senhora quanto o barbeiro me faziam queixas e confidências, na esperança de que eu pudesse, na volta, trazê-los para o lado de cá.

A senhora me falava do seu filho, arrancado da Universidade e obrigado a trabalhar numa fábrica, há dois anos, já. O barbeiro contava das prisões e perseguições entre os próprios operários e trabalhadores. Eu ouvia e descria; me lembro de ter dito ao barbeiro: "Não é possível. No Brasil, por muito menos os operários fariam uma greve geral e derrubavam o regime e o governo!" Era eu apenas mais um bobo, um idiota, um pequeno cego fanático? Talvez. Mas o fato é que, depois que contei minhas aventuras europeias aos meus amigos e colegas do Rio, de São Paulo e de Minas, não faltou quem seguisse os meus passos e fosse, por sua vez, visitar as maravilhas do leste; lembro-me dos dois mais próximos: Francisco Costa Neto, orador brilhante da Faculdade de Direito, incumbido pelo mestre Leônidas de Resende de ler seu discurso de paraninfo na festa de formatura, em 1949; Ranulfo de Melo Freire, católico, mineiro, mais tarde juiz e desembargador em São Paulo. E havia, ainda, gente mais velha e mais experiente, como os baianos José e Jacob Gorender, como Osvaldo Peralva (que romperia com o PC em 1956), como Moacir Werneck, jovens jornalistas e intelectuais, que não foram apenas a Praga, Sófia ou Budapeste, mas a Moscou, e lá fizeram cursos, seminários...

Cada geração vê apenas o que quer ver; o que lhe convém e o que confirma suas convicções mais fundas, sua crença; e a nossa era a da grande aliança antifascista, que a própria paz e a vitória fizeram desmoronar, desfazer-se sob nossos pés. Uma geração culpada, não de má-fé ou de traição – como queriam os macarthistas americanos – mas de frustração e de inocência. Ainda hoje, tantos anos passados, tenho amigos que estão, como se diz, "morrendo de velhos" – Moacir Werneck, Antônio Souza – mas não se livram da visão antiga; dos seus amores e ódios de jovens, 60 ou 70 anos atrás...

Eis aí por que me ocorreu dizer que Fernando Henrique modernizou-se e subiu de turma, ao optar, em 1964, pelo exílio. Ele era, apesar de um pouco mais moço, um dos "nossos" (e dos melhores, mais hábeis e mais lúcidos); no exílio, graduou--se, passou com armas e bagagens para a geração nova, a dos anos 60, da qual tentou, até, fazer-se grande ideólogo, com a célebre Teoria da Dependência (com Enzo Faletto). Vistas assim de longe, essas datas todas se aproximam, se somam, ganham nexo e clareza. Em 1953 Stalin morreu, e Beria foi logo assassinado, num complô palaciano. A União Soviética começava a acabar, começava a morrer, embora o seu cadáver devesse putrefazer-se ainda por quase 40 anos, antes de ser definitivamente enterrada pela *glasnost* de Gorbachev. O próprio Gorbachev e seus amigos eram ainda estudantes, em 1953; formaram-se durante os curtos anos do "degelo" sob Kruschev, ouvindo as denúncias dos crimes de Stalin e da velha *Nomenklatura* soviética; não é nada de admirar que, quando o simples correr do tempo trouxe ao poder os quadros de sua geração (e "enterrou" os mais velhos) Gorbachev tenha feito o que fez. O degelo da era Kruschev não durou muito, mas durou o bastante para fazer germinar, na própria URSS, uma geração nova; entre nós, entre "os nossos" cá de fora, ele forçou a maioria a abrir relutantemente os olhos e reconhecer ao menos parte da verdade. O que chamei de geração dos anos 60 nasceu daí; da profunda decepção de 1956 (denúncias de Kruschev, esmagamento da Revolução Húngara) e da revolta e indignação que fecundariam uma nova esperança: o fim da Era Colonial. Nasser, no Egito, Nehru, na Índia; os novos líderes africanos, e, enfim, Fidel Castro, em Havana. Some-se a isso o brilho da estrela de Kennedy, nos Estados Unidos, os batistas de Martin Luther King, e o papa João XXIII, que consagrou e consolidou a "subversão" na própria Igreja Católica. A geração de 1960, a geração dos jovens alunos de Fernando Henrique (por um curioso acaso histórico, excepcionalmente numerosa), nasceu num quadro político de "arrebentar a boca do balão"; o que certamente não deixaria de acontecer, pouco mais tarde, em 1968, mas essa já é outra história.

Era uma geração, ao contrário da nossa, policêntrica, tinha vários centros, vários focos pelo mundo; acreditava entusiasmadamente na revolução armada e na eficácia da ação de pequenos núcleos revolucionários frouxamente interligados; no fim, entre nós, houve quem buscasse sustentação e exemplo, como o PC do B, até na Albânia e em seu líder Enver Hodja... Nossa geração havia sido "católica", tinha um papa, um Vaticano (e mesmo uma Santíssima Trindade); a de 1960 nascia "protestante"; cada pregador tinha direito à sua igreja, sua fé, sua interpretação das Escrituras marxistas: os maoístas na China, os fidelistas, na América Latina, os nasseristas e os fundamentalistas árabes, e mais um enxame de pequenos grupos guerrilheiros ou terroristas, movimentos estudantis, padres ou frades franciscanos, na Europa, no Japão, no Sudeste asiático, no Brasil, no Uruguai, no Chile, no Peru, na Argentina... Enfim uma lista variada e infinda, quase uma explosão do ecúmeno que as grandes democracias procuravam conter e controlar como podiam.

A estrela do Fernando Henrique, mais uma vez não lhe faltou; ele teve a sorte de apanhar esse bonde histórico no momento em que o motorneiro aplicava uma meia-trava. A partir de 1964, os militares na América Latina voltaram a exercitar os seus costumeiros poderes autoritários e repressivos, desta vez amparados e estimulados pelas teorias nefandas do coronel Lincoln, de West Point, adotadas por Washington, às quais me referi longamente páginas atrás. O mundo oficial fechava-se, e não só na China onde a "revolução cultural" maoísta que tanto havia excitado a imaginação de intelectuais franceses como Jean Luc Godard acabaria se revelando um inexorável e extenso massacre de esperanças e liberdades, e fazendo dos jovens os seus próprios piores algozes. A década de 1960 começara auspiciosa e brilhante, libertária, com o nascimento do Terceiro Mundo e o advento dos Beatles, em Londres, e dos barbudos de Guevara e Fidel, em Havana, mas não demoraria muito a desgastar-se e deteriorar-se entre excessos, terrorismo e provocações diversas, até afundar na decepção e no malogro da *chienlit* parisiense, em maio de 1968, na severa repressão dos meses seguintes, nos Estados Unidos, no Brasil (AI-5) e, afinal, no massacre de Tlatelolco, no México.

Dizia Carlos Marx que a França tem o dom de ser o país em que a história mostra com mais nitidez e clareza sua própria face. Em Paris, em maio, uma longa evolução nas ideias e nos costumes veio a furo, afinal, e provocou entre os estudantes uma espécie de histeria coletiva ou de paroxismo da liberdade; era proibido proibir; tudo era permitido. No fim de umas poucas semanas de choques e manifestações, a própria polícia, a poderosa polícia francesa, havia se escondido nos quartéis, desmoralizada e inútil; a greve geral nas fábricas e nos transportes, decretada pelas centrais sindicais, paralisara tudo; os estudantes cantavam vitória e deblateravam nas ruas e na veneranda Sorbonne; Paris estava imunda e esvaziada de tudo; visitantes e turistas fugiam como podiam da cidade sem recursos; o próprio general De Gaulle pegou um pequeno avião e foi se aconselhar com os generais dos regimentos franceses estacionados na Alemanha.

Mas, não havia nenhum Palácio de Inverno, como na velha Rússia de 1917, a ser ocupado, nenhuma Bastilha a ser invadida. O impasse e a desordem continuavam, e o período das sagradas *vacances*, as longas férias de verão tão queridas dos franceses, se aproximava. Que fazer? Silenciosamente, os trens, os transportes, as lojas, as fábricas foram voltando à normalidade, as ruas foram varridas e limpas, enquanto líderes estudantis e intelectuais falavam cada vez mais sozinhos, tentando dar sentido ao que eles mesmos não pareciam entender. No mês de agosto, na Tchecoslováquia, os tanques soviéticos esmagavam a "Primavera de Praga"; nos Estados Unidos da América, o assassinato de Martin Luther King, no começo do ano, a crescente violência dos "verões sangrentos" nos guetos negros, os choques cada vez piores com estudantes por causa da guerra do Vietnã geravam insegurança e medo e provocavam profunda reação na opinião pública que levaria à eleição de Nixon e à derrota dos moderados e dos "liberais", nas urnas de novembro. Iniciava-se no mundo (dos dois lados do mundo) um período termidoriano, repressivo e severo. Da minha janela, na sucursal do *Estado de S. Paulo*, rua da Quitanda, Centro do Rio de Janeiro, eu via a rua, onde bandos de provocadores misturados a estudantes secundários depredavam vitrines, viravam e incendiavam carros da rádiopatrulha, interrompiam o trânsito, enquanto o governo, o Exército e a própria polícia cruzavam os braços. Até que em dezembro, a suposta ofensa às Forças Armadas, encontrada num discurso pouco feliz de um jovem deputado, Márcio Moreira Alves, deu pretexto à edição do AI-5, o Ato definitivo, aquele que acabava com a liberdade no Brasil e impunha, de uma vez por todas, o regime militar autocrático.

Falou-se muito, na época, em Sartre (vaiado pelos estudantes da Sorbonne), em Marcuse e nos filósofos da escola de Frankfurt; mas, quem afinal decifrou o enigma da esfinge parisiense de 1968 foi o teórico e filósofo-chefe do regime militar brasileiro, Golberi do Couto e Silva. O general Golberi, lembrando-se talvez de Kant, perguntou: O que é mais importante, a ordem ou a liberdade? Os estudantes achavam que era a liberdade, que o excesso de ordem tantas vezes sufoca. Mas, a verdade é que não há, não pode haver, liberdade sem ordem. Mais: a verdadeira liberdade não é mais do que a aceitação de uma ordem justa, isto é, uma ordem que concilia o arbítrio individual e o interesse coletivo, obediente aos preceitos e exigências da sociedade como um todo e do bom convívio entre os cidadãos. O próprio Marx dizia, repetindo Hegel, que a liberdade é "o conhecimento da necessidade". Mas, os alunos da Sorbonne eram fracos em filosofia; e acabaram produzindo, apenas, a *chienlit*, palavra antiga, caída em quase desuso, que o general De Gaulle foi buscar para esfregar-lhes no nariz: *Chie-en--lit*, caga na cama. Bem-feitas as contas, durante os anos 60, o que os estudantes, a juventude, a Esquerda, enfim fizeram foi portar-se como a fêmea que arreganha os dentes, arranha, provoca e desafia o macho, até ser montada por ele.

Em outras décadas e países, não foi assim; não havia um macho disponível, o que obrigou a Esquerda a desenvolver ela mesma, em seu próprio ventre, o monstro que a ia dominar e cavalgar por longos períodos: na Rússia de 1917; na China em 1949; no Vietnã e no Cambodja; na Albânia...

Por profissão e por gosto (na verdade era, e continua a ser, minha paixão e meu maior interesse), acompanhei de muito perto os acontecimentos do meu tempo, embora minha participação neles tenha sido, quase sempre, apenas vicária, jornalística. Entre 1960 e 1965, fui comentarista político e chefe de sucursal do *Estadão*, em Brasília; passei então um ano em Washington e Nova York (onde era, como contei, um "explicador" de Brasil para gringos) e logo voltei para assumir a sucursal do jornal no Rio, ao lado de veteranos como Fernando Caldas, Villas-Bôas Corrêa e Ferreira Gullar; em fevereiro de 1971, fui chamado a São Paulo para ocupar o posto do Marcelino Ritter, que se afastava, e onde fiquei por sete anos. Em 1978, enfim, regressei definitivamente ao Rio; deixei o trabalho na redação e me tornei um simples articulista ou cronista político, escrevendo aos domingos no *Estadão* (sempre no *Estadão!*) e no *JB*, depois no *Globo*. Escrevi muito e fiz muitos amigos; em Brasília, o primeiro desses amigos foi Otacílio Lopes, o Cara de Onça; estávamos sempre juntos, éramos quase que só ele e eu, na reportagem política da capital nova; ele representava a *Última Hora* e eu o *Estado*; os outros grandes jornais esnobavam Brasília; cobriam as notícias pelo telefone. O Otacílio era muito moço e já era um veterano da cobertura política; viera do Rio, nascera em Barreiras, no fundo sertão baiano; conhecia todo mundo, nos meios políticos, e era querido e respeitado. Era casado com uma mulher mais velha, Lígia, e tinha uma filha já moça, muito bonita; tinha também 1.000 namoradas e bebia bem; um bom companheiro. Em 1961, com a posse do novo presidente, Jânio Quadros, começaram a chegar o Castelinho, o Evandro, Benedito Coutinho, o Otto Lara, e isso para não falar dos companheiros que haviam ido comigo para compor a sucursal do próprio *Estado*; gente, toda, de primeira água, amigos para a vida inteira, infelizmente hoje quase todos mortos. O jornalismo é uma profissão bizarra; ainda assim, há de ter, como as outras, bons e maus; os invejosos, intrigantes, desonestos, vendidos, puxa-sacos... Desses, devo ter encontrado uma boa meia dúzia, mas não vou falar deles, mesmo porque nunca chegaram muito perto de nós, e, hoje, já nem mesmo estou tão seguro de que os tenha realmente conhecido; os defeitos morais, mal comparando, são como os físicos: se o tipo é zarolho, ou perneta, ou narigudo, você só se surpreende e registra se um dia o encontrar livre de sua deformação, ou má formação, de sua narigudice, enfim.

Mas, estou outra vez me perdendo; voltemos ao livro e à carreira do Fernando Henrique, até porque o que falta dizer é o mais curioso e inesperado. Fernando foi sempre, como ele mesmo ressalva, em todos os lugares em que esteve, um acadêmico e professor; e eu acrescento: brilhante, querido e aclamado por colegas e alunos. A vida inteira, desde os antigos tempos na rua Nebraska, no Brooklyn paulista, ele havia diligentemente cultivado os contatos e amizades, as relações com pessoas mais velhas e importantes, cativadas pelo seu encanto pessoal, pelo seu talento jovem e seu astral alto. Lembro-me de ter visto, na sala ampla e simples da casa na rua Nebraska, uma fieira de visitantes ilustres: Sartre e Simone de Beauvoir, Neruda, Guillén e, até, o diretor do

Le Monde, Hubert Beuve-Méry. Eu mesmo, a pedido do Robert Appy, do *Estadão*, havia promovido o convite do governo brasileiro a Beuve-Méry, graças a meus contatos com Hermes Lima, então ministro do Exterior e velho amigo de minha família. Na casa da Ruth e do Fernando, Beuve-Méry me pareceu um desses grandes peixes que ficam parados no fundo do aquário, observando a evolução dos outros menores em volta deles, e, de vez em quando soltam uma bolha que sobe lentamente até a superfície. Beuve-Méry era taciturno, via e ouvia mais do que falava, e parecia curioso e um tanto perplexo diante daquele bando de jovens amigos da casa; vez por outra, respondia a uma pergunta, ou fazia uma observação qualquer.

Um ou dois anos depois, no exílio, Fernando Henrique agregava a preciosa bagagem, digamos, intrínseca e extrínseca, à aura de perseguido político, que, a rigor, não era ou não chegara a ser, felizmente, embora devesse tornar-se, pouco depois, senão perseguido, ao menos aposentado político pelo AI-5 da cátedra de Política na Universidade de São Paulo, que o regime militar não lhe permitiu exercer. De um modo ou de outro, entre os brasileiros no Exterior, não houve certamente ninguém com mais prestígio pessoal e desenvoltura, nos meios academicos de Paris, Londres, Santiago ou Princeton, nem mesmo Celso Furtado, do que o Fernando; ninguém com sua capacidade de abrir portas, amparar, ajudar alunos e amigos; obter, como obteve, para o Fernando Gasparian (perseguido no Rio pelo ministro Delfim...), uma posição em Oxford, no St. Antony's College. Gasparian ficou em Oxford uns bons anos e eu mesmo lá fui visitá-lo e fazer uma palestra num seminário dirigido por um inglês de talento e *panache*, chamado, se bem me recordo, Malcolm Deas. No dia em que falei, a mesa era presidida por Thomas Skidmore, que começava a publicar os seus tão valiosos livros sobre a então recente história do Brasil, mas a mais curiosa figura era Malcolm que, num daqueles admiráveis bródios de Oxford, subiu na longa mesa, a *high table*, e caminhou entre copos, pratos e talheres com uma taça na mão, anunciando que se sentia como o próprio Simón Bolívar avançando sobre os Andes. Quem nunca foi à Inglaterra, deve ir e depressa porque, ao contrário do que em geral se diz e se acredita, não há melhor lugar no mundo. A palestra em Oxford marcou-me, não tanto pelo que pude dizer ou não dizer sobre o Brasil naquele momento, mas porque foi a primeira vez em que fui lá e minha surpresa não podia ser maior. Quando cheguei, soube que devia apresentar um texto escrito, lê-lo e comentá-lo durante a reunião no seminário e não simplesmente improvisar. Passei portanto o tempo que me restava antes da data marcada, pouco menos de uma semana, percorrendo os imensos parques, gramados e jardins, entre os colégios, visitando um e outro sem mesmo saber bem onde estava, pátios magníficos, prédios antigos, claustros, capelas, campos de *cricket* onde rapazes e moças vestidos de branco jogavam um jogo parecido com *baseball* entre gritos e risadas e arroubos de entusiasmo; enfim, o próprio paraíso terrestre diante de um jovem brasileiro peripatético, tentando reunir e ordenar suas ideias, e pô-las no papel a tempo de serem revistas e lidas e apreciadas por um grupo de *scholars*, ele que era apenas um jornalista... Dizia José Eduardo Fernandes que a Inglaterra não é apenas o país mais civilizado do mundo; é o ÚNICO país civilizado. Gosto muito de Londres, mas naqueles tempos de Gasparian aprendi a gostar ainda mais do interior da Inglaterra: os arredores de Oxford, Woodstock e o castelo de Blenheim, onde nasceu Churchill; o Constable Country, com suas casas normandas, todas tortas como se estivessem a ponto de cair, incrivelmente pequenas... Viajar pelo interior inglês, de carro, com Gasparian e seus amigos David e Alegria Gallagher, que conheciam tudo, era um privilégio; a Inglaterra é um país na medida humana, na escala do homem; suas florestas, sua paisagem, seu clima, sua gente, sua história. Em Oxford, enfim, naquelas semanas de 1972, descobri afinal quem eu era: um moço razoavelmente bem-nascido, de boa família, criado e educado nas distantes fronteiras sul-americanas da civilização e do Império Britânico – na sua margem, digamos assim, portuguesa, ibérica, sub africana. Eu era, pois, no fim das contas, um "inglês", ainda que não o tivesse percebido antes; e apesar de todo o ódio que, na adolescência, ao menos até a guerra, havia dedicado à Grã-Bretanha e ao seu predomínio no mundo, a ponto de torcer febrilmente pelos bandidos e terroristas que, num romance da antiga "Série Negra", penetravam pelos esgotos de Londres e ameaçavam mandar pelos ares a própria *City*. Voltei de Oxford e disse aos amigos, entre convicto e irônico: "Eu queria ter nascido lá."

Na verdade, aos 16 ou 17 anos, eu detestava e "torcia contra" toda e qualquer manifestação do poder dominante: no mundo, a Inglaterra; no Brasil, o governo, a polícia, a Light; no futebol, o Fluminense, que, além do mais, era o clube de meu pai; no Jockey, o Lineu de Paula Machado; em casa, enfim, meu próprio pai, a quem eu adorava, mas do qual havia sofrido grave injustiça e com quem rompia relações, pelos motivos mais diversos, e ficava sem falar, às vezes, durante anos a fio. Essa briga com meu pai aliás durou muito e, como se verá adiante, teve enorme importância em minha formação.

Mas, voltemos ao Fernando Henrique. Em meados dos anos de 1970, a abertura "gradual" do regime militar brasileiro, promovida pelos generais Geisel e Golberi, permitiu que os exilados brasileiros começassem a voltar ao país. Entre os primeiros que chegaram, estavam Darcy Ribeiro e o próprio Fernando. Darcy, a meu ver, de longe o mais brilhante e inventivo talento da nossa geração, voltou doente; mas o que, afinal, ia prejudicar sua carreira política ou, antes, seu destino político seria menos a saúde (ele viveu até quase o fim do século) do que sua renitente e incurável ligação com o caudilhismo getuliano. Darcy havia sido janguista, até 1964; de volta do exílio, acompanhou Brizola em suas andanças, até o fim. Fernando Henrique, ao contrário, soube manter a independência e inventar seu próprio caminho, por meio de um hábil compromisso, uma habilidosa costura entre os mais velhos e os mais moços, embora trouxesse lá de fora, já prontos, surpreendentemente prontos, os principais instrumentos que ia utilizar em sua carreira e, até mesmo, sua equipe de governo, na Presidência da República, a partir de janeiro de 1995, duas dezenas de anos depois do seu regresso.

Fernando não abandonou seus antigos companheiros; continuou caloroso, fraterno, brincalhão como sempre, e estou certo de que guardou daquelas nossas batalhas antigas dos anos de 1950 uma medida de sabedoria e experiência que o distinguia dos seus parceiros da geração seguinte ou, pelo menos, da grande maioria deles. Mas, os vínculos, as amizades, os compromissos e até mesmo as cumplicidades que trouxe do exílio iam revelar--se de outra ordem: mais fundas, mais fortes, até o ponto de se mostrarem insondáveis. Mas, talvez eu não esteja encontrando as palavras precisas para dizer o que quero dizer. Todo governo, todo presidente, tem sua equipe, seus ministros, seus auxiliares imediatos, e, nessa equipe, um núcleo mais íntimo, mais próximo do chefe e que goza de sua especial confiança. Esse núcleo, nos tempos de Juscelino ou de Getúlio, era chamado de "copa e cozinha" do presidente. Fulano é da copa e cozinha, Beltrano não é. No caso do Fernando Henrique, seria talvez deselegante e inapropriado falar em copa e cozinha mas, seja o nome qual for, o que me surpreendeu, naquela hora inaugural, foi saber que o núcleo íntimo do governo era todo da AP, a Ação Popular, uma corrente de esquerda radical, como havia tantas na época da ditadura militar, com quadros vindos da JUC. Fernando Henrique nem sequer era religioso: declarava-se agnóstico. Por que diabos havia de entregar o coração do seu governo à AP? Naqueles dias, não dispondo de informações mais precisas, imaginei que o oposto tivesse ocorrido, isto é, não fora o Fernando que aderira à AP, mas a AP que aderira a ele, ou, antes, supus que o pequeno grupo de "apistas" encabeçado pelo Serjão e pelo Serra, que era o coração do governo, havia já no exílio, desde o tempo ainda do Chile, se encantado com a figura e as ideias do líder e o servira tão bem, tão lealmente, que, feito presidente, ele já não sabia o que fazer sem eles. Talvez. Mas o fato é que seus amigos antigos, seus companheiros foram delicadamente, mas firmemente, mantidos a distância; Fernando mudara de turma. Em matéria de política externa, terreno de sua óbvia preferência, ele próprio conduziu o baile; na área crucial das finanças e da economia, apoiou-se, primeiro, em Edmar Bacha, depois em Pedro Malan, duas grandes e belas figuras de especialistas, sendo que Malan ia revelar-se, ao longo de oito anos, um extraordinário exemplo de Servidor Público, merecedor do reconhecimento e da gratidão, não só do presidente, mas da nação inteira – embora, como não é raro suceder nessas horas, o prêmio maior nem sempre vá para quem mais merece, mas para quem melhor se promove ou aproveita. As finanças (vale dizer: a inflação) haviam sido o ponto de partida de tudo, desde que FH aceitou o Ministério da Fazenda, ainda sob Itamar Franco; sem Plano Real, sem a invenção da URV, não haveria nem mesmo presidência; e o próprio governo, ao longo de oito anos, não foi muito mais que uma longa e, às vezes, dramática batalha pela institucionalização da estabilidade econômica e financeira, ainda hoje sob algum risco. Na área externa, Fernando Henrique surpreendeu o país com a autoridade e o desembaraço com que abriu portas e ganhou espaços, não só na vizinhança latino-americana, mas na Europa e nos próprios Estados Unidos, onde teve a felicidade de encontrar um parceiro do tope de Bill Clinton. Finanças e Diplomacia, pois, grau dez, com louvor; restava o resto, isto é, não só a segurança pública, o MST, mas o que o Fernando, em seu livro, inclui na "arte" da política, embora mais apropriado fosse chamar de "prática" ou de "cozinha" da política. Essa foi a região entregue aos seus amigos da AP, e a ela Fernando dedicaria boa parte do seu livro: as relações com o Congresso e os partidos, os subterrâneos do Ministério da Justiça, a polícia, os "grampos", as traições, os bastidores, enfim. Questões delicadas que começaram a explodir quase que na primeira semana do governo, como o grampo da Sivam amazônica e que dariam, mais tarde, lugar a dois episódios de enorme relevância e repercussão: a aprovação da reeleição no Congresso e a venda das empresas do governo, no quadro da privatização necessária. Ninguém tem dúvida da boa-fé e da correção absolutas do presidente, e as detalhadas explicações que ele dá em seu livro sobre esses episódios parecem desnecessárias, além de cansativas e repetitivas. No caso da alienação dos ativos, o erro foi o próprio governo incumbir-se da venda (FH conta como até mesmo ele próprio, pessoalmente, se empenhou para "melhorar" o preço da Light), em vez de entregá-la simplesmente a um "leiloeiro" independente e confiável, como seria, digamos, a Fundação Getúlio Vargas, ou a Bolsa de Valores ou outra entidade do gênero. Envolvido o próprio governo, envolvidos altos funcionários da administração pública e, até, o próprio presidente na "cozinha" desses negócios multimilionários, certamente não se poderia evitar o desgaste moral e público do governo e do seu chefe, por mais isentos e limpos que pudessem ser. O caso da reeleição é semelhante. Só mesmo um presidente da República tão respeitado e bem conceituado quanto Fernando Henrique teria obtido o que ele obteve: a reeleição decretada para ele mesmo no curso de seu próprio mandato. Por muito menos, Getúlio caiu em 1945. O normal, o apropriado, o correto, o conveniente teria sido aprovar a reeleição, mas determinar a vigência da lei nova no mandato novo, seguinte. Feita tal como foi feita, a reeleição representou uma enorme vitória pessoal e política de FH, mas o preço não podia deixar de ser extremamente alto, em termos de desgaste moral e desconfiança, por mais certas que estejam as contas apresentadas pelo presidente. Não houve roubo, não houve falcatrua, não houve – como diz o presidente – compra de votos; mas plantou-se a desconfiança, o ceticismo, a dúvida. Na época, eu era embaixador do Fernando na Unesco, em Paris; cumprimentei-o pela vitória excepcional, mas não deixei de pensar com os meus botões: 50 anos depois, estávamos repetindo Getúlio, nós que tanto o detestamos e criticamos quando éramos moços. Pior ainda: com nosso elevado conceito moral e todo nosso passado de correção e honestidade, não estaremos, agora, abrindo o precedente, o caminho para um Lula ou um Jango qualquer que, amanhã ou depois, deseje perpetuar-se no poder?

    Os fins justificam os meios, ou os meios, como no caso do Fernando, justificam, e absolvem, os fins? Pouco tempo depois, consumada a reeleição do presidente, mais uma vez no 1º turno, visitei-o no palácio (como fazia, sempre que vinha ao Brasil) e lhe disse: "Você foi reeleito; eu não. Como é que fica a Unesco, devo continuar lá?" Ele me disse que eu continuava embaixador e só devia me preocupar, quanto à minha permanência, com as regras do próprio Itamaraty. Foi nesse mesmo encontro se bem me recordo, na verdade um almoço no Alvorada do qual participou também o

Raymond Frajmund, um querido amigo comum, que levei comigo a pedido do próprio Fernando, que não resisti à curiosidade e perguntei: "E o Serjão? Ele não é do meu tempo; não me lembro das circunstâncias em que ele..." Fernando me respondeu simplesmente: "O Serjão é como se fosse o Fernando Gasparian, ele fez pela nova esquerda, mais ou menos, o que o Gasparian fez pela antiga; ajudou muita gente e, hoje, é muito útil no Congresso e em muitas áreas políticas." Ficamos por aí e mudamos de assunto pois eu não queria, de modo nenhum, parecer desconfiado ou curioso demais, e nem isso teria, no caso, qualquer cabimento; conheço o Fernando Henrique e toda a sua família há séculos; não tenho, nem nunca tive, nenhuma razão de duvidar dos seus propósitos e do seu critério. Naquela hora, entretanto, não deixei de pensar que o núcleo "duro" do seu governo o estava às vezes levando a pisar um terreno escorregadio demais.

Sou a favor da reeleição; o mandato do presidente, no México, é de seis anos; na França gaullista é de sete; Sarney e Juscelino, no Brasil, governaram cinco anos cada um. Com a reeleição, o que fazemos (mais uma vez) é imitar os Estados Unidos, onde o mandato é, a rigor, de oito anos, embora deva ser confirmado no meio-termo, pelos eleitores, nas urnas. Essa confirmação estimula o bom desempenho inicial e elimina os mais fracos, por melhores que pareçam. Jimmy Carter e Bush 1 não foram reeleitos. Roosevelt foi reeleito quatro vezes; mas, na terceira vez, em 1940, ainda no mais difícil momento da guerra, ele achou que estava exagerando (nenhum presidente antes dele havia pretendido um terceiro mandato) e se recusou teimosamente a pleitear a eleição; não apresentou sua candidatura, nem sequer foi à Convenção Democrática e, mesmo escolhido e aclamado, deixou à mulher, Eleonor, a tarefa de aceitar o resultado, o que ela fez num célebre discurso no qual dizia que aqueles eram "tempos muito estranhos" –

"*no ordinary times*", se bem me lembro da fórmula inglesa. Depois da guerra, o Congresso americano limitou a reeleição (uma única vez) e mesmo um presidente excepcional e ainda moço, como Clinton, não tem mais vez. Se queremos mandatos maiores, o jeito é adotar o parlamentarismo, que permite aos grandes primeiros-ministros (Koln, Adenauer, De Gasperi, Thatcher, o próprio Blair) eternizarem-se no comando...

José Serra e Sérgio Mota, o Serjão, os dois "tratores" da AP, tanta e tão fértil influência tiveram na administração, que é até mesmo difícil imaginar como seria um governo FH sem eles. Sérgio morreu cedo; Serra é hoje candidato favorito ao governo de São Paulo, o mesmo do qual foi secretário nos tempos de Montoro, entre 1982 e 1986. Embora comentarista político (e depois embaixador), só me encontrei uma única vez na vida, pessoalmente, tanto com um, como com o outro; Serjão foi a Paris, acompanhando FH numa viagem oficial; encontramo-nos numa recepção a empresários franceses e, no dia seguinte de manhã, subimos juntos uma imensa e bela escadaria no interior do Hotel de Ville, para assistir a uma homenagem que o prefeito de Paris prestava ao visitante; a escadaria parecia não ter fim, mas o ministro e eu, ambos cardíacos e recém-safenados, resistimos brilhantemente. Nem sequer precisamos apoiar-nos um no braço do outro. Quanto a Serra, bem antes disso, foi convidado pela direção do *JB*, da qual eu fazia parte na época, a almoçar no jornal. No dia em que devia ir, entretanto, a cozinha do *JB* pegou fogo (não se assustem com a coincidência), e o almoço foi transferido para o restaurante Mosteiro, perto da praça Mauá. No jornal, o visitante teria com certeza uma plateia maior; no restaurante, entretanto, não passávamos de quatro ou cinco; Serra falou muito, expôs suas ideias e, no fim, lembro-me de ter-lhe dito: "Nossa geração acabou não conseguindo fazer nada; esperamos que a sua seja mais feliz." Serra é lido, articulado e competente, e um incansável trabalhador. Tinha a fama de não dormir, atravessar a noite maquinando coisas...

Resta dizer que a comparação entre o Serjão e o Fernando Gasparian, feita pelo FH, pode ter sido esclarecedora, mas está longe de ser completa ou justa e não inclui muita coisa que não precisava ser dita, numa conversa entre nós, mas que não posso deixar de registrar aqui. Gasparian, além de ser um amigo querido e próximo, meu e do Fernando, desde os anos 50, é um homem que tem história. Apaixonou-se, ainda estudante, pelas ideias e ideais nacionalistas, e batalhou por eles, incansavelmente, com entusiasmo e dedicação exemplares, toda a vida. Era o tempo do "petróleo é nosso" e da Petrobras; Gasparian foi líder estudantil, presidente da União Estadual de Estudantes de São Paulo, mais tarde, deputado federal e constituinte em 1988; fundou editoras, publicou livros a mancheias, publicou jornais nanicos, como *Opinião*, durante o regime militar, amparou e socorreu uns e outros, salvou, até mesmo, o *Pasquim*, na hora do seu inferno administrativo e financeiro ao lado do Millôr. Quem quiser saber em detalhes o que foi a carreira do Gasparian e não pôde, como tantos de nós, acompanhá-la pessoalmente, deve ler o ensaio que escreveu sobre ele Afonso Arinos Filho, ao recebê-lo no PEN Clube. Gasparian foi (tem sido), sobretudo, generoso e fraterno, até quase à cegueira, em sua paixão, em seu empenho pessoal que frequentemente não lhe permitiram escolher muito, distinguir entre bons e maus, entre gente séria e aventureiros que eventualmente se aproveitavam de sua largueza. Se tivéssemos de compará-lo a alguém, a alguma outra figura da época, seria talvez o caso de lembrar Ênio Silveira, da Civilização Brasileira, que era, em muitas coisas, uma espécie de anti-Gasparian, menos pelos resultados do que pelo estilo e atitude. Ênio, primo do Flávio Rangel, grande amigo do Paulo Francis, tinha a altura e o porte e os louros cabelos, e a voz de comando de um oficial do exército soviético; era uma espécie de condutor autoritário, severo e bem-humorado de sua editora, e não escondia, como também Caio Prado Júnior, da Brasiliense, sua condição de comunista. No Ênio e no Caio talvez o mais importante fosse, além dos livros, a atitude, a pose, a altaneria, a bravura pessoal; no caso do Gaspa, neto e bisneto de imigrantes, filho de uma família de industriais ainda recentes, que devia furar com o próprio corpo, com o próprio entusiasmo e simpatia as ondas de reserva e preconceito que encontrava ainda diante de si, tudo o que devia vir, vinha do seu coração largo, da sua compulsão política e pública. Comparando-o ao Serjão, naquele almoço do Alvorada, FH o fazia, ainda, com uma ponta de malícia e de veneno, porque sabíamos os três que Gasparian detestava o Serjão e não perdia oportunidade de criticá-lo aberta e severamente...

Éramos, aliás, no início desta história, três Fernandos – o Cardoso, o Gasparian e eu – sócios de um pequeno jornalzinho em Jundiaí, *O Jundiaiense*, e decididos a partir dali, daquele modesto começo, em busca da grande aventura... Mas esse é um caso, o caso do pequeno jornalzinho de Jundiaí, que deve ficar para depois. Nessa mesma época, fins dos anos 50, me lembro, como se fosse coisa ainda de ontem ou anteontem, que íamos num carro, atravessando a avenida Rebouças em São Paulo, na direção do Sumaré (não existia, então, o enorme trevo entre a Paulista e a Dr. Arnaldo), conversando com a liberdade e o natural desembaraço dos jovens. Éramos, outra vez, três: o mais moço, que era o FH; o mais velho, que era o Roberto Gusmão; e o do meio, que era eu, talvez o mais filosofante dos três. No meio da conversa, lembro-me de ter declarado que meu propósito, na vida, era estar sempre entre os primeiros, mas não ser nunca o primeiro, o líder, o chefe de fila; a liderança, dizia eu, me incomodava e aborrecia, e essa era até uma das lições que me ficara das minhas experiências de estudante; o líder vive cercado e pressionado pelos seus liderados, tem que atender a suas necessidades e exigências, corresponder a seu afeto e confiança; tem ainda que constantemente enfrentar os desafios dos rivais, os quais frequentemente o levam a correr mais do que desejava ou a desviar-se do seu caminho... Eu preferia minha liberdade, minha santa autonomia pessoal, ao poder e à responsabilidade da liderança. Antes mesmo que pudesse concluir meu raciocínio, porém, fui interrompido pelos dois companheiros de viagem: nenhum dos dois concordava comigo; o Roberto protestou logo: "Pois eu não; eu quero ser o primeiro", e o FH logo o secundou: "Que dúvida. Se eu puder ser o primeiro, vou ser o primeiro!" As palavras podem não ter sido exatamente essas, mas o sentido, o espontâneo ânimo dos três personagens aí está retratado fielmente. O protesto do Roberto Gusmão, meu amigo desde 1947, quando pela primeira vez nos encontramos na rua Correia Dutra, no Flamengo, nas vizinhanças da sede da UNE, no Rio de Janeiro, ele candidato à presidência e eu a secretário, no Congresso Nacional de Estudantes, então em curso, não me surpreendeu; o Roberto, em toda a nossa geração, foi desde o início o mais marcado pelo carisma da liderança, pela determinada e decidida vocação política. Teria certamente sido o primeiro se a sorte o tivesse ajudado, em vez de atrapalhar. Dizem os políticos que presidência é "destino", o que é apenas um modo mais complicado ou cabalístico de dizer coisa bem mais simples e vulgar; não é o mérito ou o talento que decide, mas a sorte, o acaso, o "rabo", se me permitem a expressão chula. No nosso tempo, o Itamar, o Collor, o Sarney, o Jango foram presidentes, e nem Deus sabe como. Ou, antes, sabe: três deles eram vice-presidentes, inesperadamente atropelados pela presidência que simplesmente lhes caiu no colo. Roberto Gusmão, apesar de tudo, deixou sua marca; fez uma bela carreira, ocupou posições importantes. Ainda na UNE, foi ele quem lançou, entre os estudantes brasileiros, a campanha do petróleo, promovendo duas célebres conferências, uma de Juarez Távora e outra de Horta Barbosa, na sede da entidade. Naquela época, nem Getúlio, nem Prestes, nem o PC haviam ainda tomado posição a favor da tese nacionalista; tendiam até para o polo oposto, juarezista, "capitalista", internacionalista. Foi mais tarde, o Roberto, delegado do Trabalho em São Paulo, ainda antes de 1964; depois do período militar, em que foi ostracizado e vilmente perseguido, voltou ao poder com o governador Franco Montoro, eleito em 1982, de cujo governo foi chefe da Casa Civil e a mais importante figura, até tornar-se em seguida um dos autores da campanha que levaria Tancredo Neves à presidência, em janeiro de 1985, e ser nomeado por ele ministro da Indústria e Comércio. Foi um notável ministro; extinguiu velhos e poderosíssimos focos de corrupção e bandalheiras, como o Instituto Brasileiro do Café e o Instituto do Açúcar e do Álcool, bastião dos grandes usineiros; mas as consequências da morte do presidente terminaram levando-o a afastar-se da política militante; ainda assim, até hoje é respeitado e consultado por seus pares e seus amigos, que veem nele um bastião, um mestre, uma espécie de fera da arte política, ponto de encontro moral, ainda que distante, de uma geração inteira. O próprio Fernando Henrique, depois de oito anos de presidência, vai lá dividir com o Roberto dúvidas, projetos, alegrias e decepções, ainda que misturadas no bom caldo da mineiridade e de um inesgotável bom humor. Costumo brincar com os dois, dizendo que, entre todos os meus amigos, eles são os únicos políticos autênticos, os únicos de nascença e que isso se exprime no gene H, um gene político inserido em suas iniciais: FHC, de um lado, e, de outro, RHG, Roberto Herbster Gusmão. O H do Roberto é mais forte, mais visceral, embora mais discreto; vem da família de sua mãe e não apenas do prenome como o do Fernando. São, todos os dois, grandes figuras (o Fernando tornou-se, até, grande homem) que encerram e coroam a obra da nossa geração, cada um com os seus peculiares atributos. O FH foi um presidente-professor, brilhante, dedicado, valoroso (embora muitas vezes tímido), um raro presidente que sabia fazer e, até, gostava de fazer o seu "dever de casa"; estudava, lia relatórios e memorandos, manobrava e conduzia seus jovens economistas, até repor habilmente as coisas em seu devido lugar. Coube-lhe a fortuna ou o "destino" de ser o último (e o melhor) presidente brasileiro do século XX e ainda de quebra inaugurar o século e o milênio novos, entre 1994 e 2002.

Conheci o FH ainda quando morava com o pai num apartamento acho que de 1º andar, na Vila Buarque, na minha memória ou na minha imaginação uma espécie de triângulo entre a praça da República, por trás da escola Caetano de Campos, que forma a base ou hipotenusa do suposto triângulo, e dois extensos catetos, as ruas Marquês de Itu, de um lado, e Maria Antônia, do outro. A Maria Antônia nascia mais longe, nos começos da Consolação, mas iam as duas subindo, ela e a Marquês de Itu subindo e se fechando até os começos de Higienópolis, isto é, até a antiga casa de dona Veridiana Prado que, depois, se tornou o clube São Paulo; por ali há uma pracinha, no sopé da ladeira, onde se instalou logo depois uma célebre casa de jovens raparigas, como hoje se diz, "de programa". Eu mesmo, mais tarde, morei logo acima, numa rua que subia, a Sabará, e na qual moraram não só Paulo Emílio Sales Gomes, como, umas quadras adiante, o doutor Júlio Mesquita Filho, dono do jornal em que eu trabalhava, o que significa que muitos editoriais do *Estadão* foram feitos ali, nos dias em que o Velho Júlio não podia sair e chamava os editorialistas à sua casa para ditar-lhes a opinião (imutável) do dia seguinte. Mais adiante, ainda, morou o Carlão, já perto da praça Buenos Aires. Mas, Higienópolis não acaba nunca, e as lembranças são muitas. Voltemos à Vila Buarque, que foi, durante um certo período, palco de nossas atividades, primeiro residenciais ou laborais, e, depois, boêmias. Sabemos hoje que as cidades modernas se movem; crescem, mudam de formato e vocação ou direção. Sabemos, mais, que, dentro delas, a vida, o coração, o ventre vão se deslocando inexoravelmente, seguindo direções precisas que talvez só o Jorge Wilheim possa explicar. No caso de São Paulo, a cidade antiga era do outro lado do vale do Anhangabaú; lá ficavam a praça da Sé, a sede do Jockey, os grandes bancos e os grandes escritórios, os grandes corretores de café, o próprio célebre largo do Café e virtualmente tudo mais de importância; tudo isso vinha dar numa praça (onde se construiu o Hotel Othon), já na beira do Vale, diante do viaduto do Chá, por onde a cidade ia rapidamente escapulir para instalar--se do outro lado, "nosso" lado.

Quando chegamos a São Paulo, logo no início dos anos 50, o nosso lado do Anhangabaú, o lado "moderno", já tinha seu predomínio bem estabelecido e só esperava a vez de passar o bastão à zona dos jardins; a cidade começava a fugir pela Augusta ou pela Consolação, por cima do espigão da Paulista; nós mesmos, o Roberto Gusmão e eu, fomos morar, ele e a Tharsis, em Pinheiros, e eu, com a Renina, no Itaim, ainda antigo, cortado de ruas de paralelepípedos ou de terra batida. Mas, passávamos o dia e trabalhávamos no Centro, no miolo urbano que era, então, para nós, a rua Barão de Itapetininga, cantada por Mário de Andrade em sua "Lira Paulistana" ("Na rua Barão de Itapetininga não se vê moça que não seja linda, minha namorada não passeia aqui"). A Barão começava no grande prédio do Mappin, onde havia um restaurante no qual se comia razoavelmente bem (e barato) e, do lado da Conselheiro Crispiniano, no próprio prédio, pequenas lojas e um açougue onde, nos dias de aperto, eu comprava bifes de fígado que a Renina cozinhava para o jantar. Havia, ainda, na Barão, duas excelentes confeitarias, a Fasano, mais para o lado da Marconi (outra ruazinha admirável, onde ficavam a Old England e a livraria Jaraguá), e a tradicional Vienense, junto da praça da República, antiga, uma "Confeitaria Colombo" paulistana, cheia de charme dos anos 20 com um palco ao fundo e uma orquestra inteira animando as noites, desde a hora do chá. Tinha, enfim, a Barão duas grandes livrarias, importantíssimas para nós: a Brasiliense, de Caio Prado Júnior e Artur Neves, e a Francesa, de Pierre-Jean Monteuil, da qual nasceria a Difel – Difusão Europeia do Livro, editora onde eu iria trabalhar por quase dois anos, antes de engajar-me no *Estadão*, em 1958. (E isso, ainda, para não falar da Parthenon, de Álvaro Bittencourt, à qual me referi, páginas atrás.) Mas, a Barão não era tudo. Entre o Viaduto do Chá e a praça da República, corriam, correm, paralelas três ruas, as outras duas de um lado e do outro da Barão; a de baixo (qual era mesmo seu nome?) saía da praça Ramos, onde ficava o Teatro Municipal e, atrás dele, o Hotel Esplanada; a terceira rua, a Sete de Abril, começava por trás dos fundos do Mappin, já na Xavier de Toledo. Minha vontade, aqui, se eu tivesse os talentos do Stendhal, seria desenhar um mapinha esclarecedor, mas talvez o mais fácil seja consultar um guia de São Paulo. A Sete de Abril tinha, bem no meio, um grande prédio moderno, construído pelo Chateaubriand, onde ficavam o Museu de Arte com suas galerias e oficinas (onde trabalhava a Renina), o Museu de Arte Moderna, com o seu barzinho "dos artistas", frequentado por todos nós, a redação do *Diário de S. Paulo*, órgão líder dos *Diários Associados* (onde iniciei minha carreira profissional), e muitas coisas mais, além de grandes garagens, no subsolo, onde se guardavam os carros do Chatô que eram inúmeros, uma vez que ele trocava frequentemente de carro, mas não se desfazia dos velhos, guardava-os. A grande figura do Museu de Arte do Chatô era Pedro Maria Bardi, como sabemos todos.

O que nem todos sabemos é que o Museu tinha também um executivo, um vice-diretor, chamado Flávio Mota, maravilhosa figura de artista, engraçado, talentoso, culto, naturalmente histriônico, bom amigo e excelente pessoa. Tive sorte com os Flávios que encontrei na vida e se tivesse um filho talvez lhe desse esse nome. Flávio Mota era um dos numerosos filhos de um amigo importante do próprio Chatô, Cândido Mota Filho, e, quando o Chatô vinha a São Paulo, era incumbido de ir recebê-lo no aeroporto. Na viagem de volta até a cidade, tentava o Flávio explicar coisas do Museu, mas não conseguia: mal ele abria a boca, o Chatô, ao lado, inclinava a cabeça e adormecia; mais adiante, despertava, falava umas coisas, dava umas ordens e, imediatamente, cochilava de novo. Era cômico, mas era também exasperante; o Chatô estava numa fase do processo senil pelo qual passou também, mais tarde, seu colega Roberto Marinho. (O Otto Lara, quando foi demitido da TV Globo, contava uma divertida história do seu último diálogo com o antigo chefe e companheiro de tantos anos.) Nada disso, entretanto, impedia o Flávio de ir levando brilhantemente suas tarefas no museu e de divertir-se com as suas próprias habilidades histriônicas; telefonava para Lasar Segall, por exemplo, imitando a voz e o sotaque do Bardi; depois para o Bardi, imitando o Segall. No fim, riam os três das invenções do Flávio – que era só bondade, imaginação e alegria. Mais tarde Flávio tornou-se professor de Estética, na Faculdade de Arquitetura da USP, onde a Renina também lecionava, e algumas de suas aulas ficaram famosas como *shows* verdadeiros; assisti a uma delas em que ele tentava, com muita graça, explicar aos alunos a descoberta da eletricidade e seus revolucionários efeitos sobre o comportamento e o entendimento humanos. Os domínios do Flávio, do Bardi e da Renina, isto é, o próprio Museu de Arte de São Paulo, ficavam, no prédio da Sete de Abril, à esquerda de quem entrava no imenso saguão, vindo da rua; ao fundo, bem no fundo, ficavam os ascensores do outro recente Museu, o de Arte Moderna; e, à direita, ainda outros elevadores que levavam às dependências do *Diário de S. Paulo*. Frequentei durante anos esses três endereços; a princípio, mais o lado esquerdo, depois o direito e, afinal, o fundo, onde reinavam figuras como Arnaldo Pedroso Horta, Almeida Sales, Sérgio Milliet, Luís Martins e tantos outros. São Paulo era uma pequena--grande cidade, coesa e culta, europeia e civilizada (pelos nossos padrões), que se preparava para comemorar o seu IV Centenário. Mudamo-nos para lá, vindos do Rio e ainda recém-casados, no dia 1º de maio de 1951. Fomos morar, provisoriamente, num amplo apartamento da Barra Funda, hóspedes de outro jovem casal: Teresa e Rodolfo Nanni. A Teresa era irmã mais moça de uma colega minha do Colégio Melo e Sousa, Gilda Nicolao, uma menina magra, espigada, bem simpática e falante e muito minha amiga; pertencíamos, os dois, à primeira turma de alunos do ginásio do Melo e Sousa e fizemos, juntos, a 2ª, a 3ª, a 4ª e a 5ª séries. O pai da Gilda e da Teresa, Joaquim Nicolao, morava em Botafogo, numa rua difícil de achar, logo depois do Túnel Velho. Era médico, pediatra muito conhecido e bem-sucedido; havia feito amizade com Osvaldo Aranha e outros poderosos da época, e ganhado do governo, durante a guerra, uma fábrica de tecidos tomada dos alemães. Meu pai o conhecia, mas não tinha grande estima por ele. Gilda, uns anos depois, já casada, morou numa rua perto da Fonte da Saudade, na Lagoa, onde moravam também minha irmã Dulce e Flávio Rangel. Teresa, mais moça, era muito bonita; tinha cabelos negros e essa beleza delicada e forte, clássica, italiana, mais para Anna Magnani quando menina. Sua história com o Rodolfo parecia uma romanesca aventura do século XVIII; seu pai, o velho Joaquim, desaprovara o namoro e havia se servido de meios extremos e indignos para impedir o casamento; usara até mesmo suas ligações no governo e na polícia para fazer com que o namorado da filha fosse preso e vítima de vexames e acusações infamantes. Mas, Thereza era valente, enfrentou o pai e foi-se, para a Barra Funda, morar com o Rodolfo.

Mudei-me para São Paulo por vários motivos, mas talvez o principal deles tenha sido o desejo de afastar-me do PC, que andava, na época, ainda mais sectário e inconveniente do que nunca; nas eleições de 1950, havia feito campanha pelo voto nulo, e seus militantes chegaram a ser apedrejados em bairros populares do Rio; os dirigentes, entre os quais o próprio João Saldanha, meu amigo e um dos ídolos da minha adolescência, mostravam uma arrogância antipática e exigente, cada vez mais distantes dos meus sonhos jovens de fraternidade revolucionária... Tudo isso, é claro, vinha das diretrizes soviéticas em tempos de guerra fria e paroxismo stalinista, mas vinha também das ojerizas e fobias pessoais do "homenzinho", Luís Carlos Prestes, líder do partido no Brasil, e do provinciano autoritarismo dos seus lugares-tenentes ainda "legais" (os únicos com os quais tínhamos contato), como o deputado Arruda Câmara. O caso do João, no entanto, era especial e merece ser contado mais em detalhes; o João era rapaz rico, de boa cepa gaúcha, valente e decidido como poucos. Ficamos amigos ainda nos meus tempos de ginásio, no Melo e Sousa, quando cheguei a ser reprovado dois anos seguidos, na 5ª série, porque passava a noite no salão de sinuca e, no dia seguinte, matava aula. Tinha, pois, então, 14 ou 15 anos, mas era um menino precoce e todos os meus amigos, mesmo os veteranos da praça Eugênio Jardim, eram pelo menos três ou quatro anos mais velhos do que eu. Havia-me tornado, modéstia à parte, "campeão" de sinuca do bairro, embora tivesse, pelo menos, um rival que muitas vezes me derrotava, o Gastão "Bode" (filho e um ex-presidente do Flamengo, Gustavo de Carvalho); mas, além disso, jogava limpo, não fazia mutretas e merecia a confiança dos apostadores – pois a verdade é que o salão de sinuca era uma verdadeira casa de apostas e uma grande jogatina, e aqueles anos foram, exatamente, os meus poucos anos de jogador inveterado: quando não estava na sinuca, estava na casa de algum amigo, jogando pôquer, ou no Jockey, nos fins de semana, apostando nos cavalos, onde em geral perdia tudo. O João, nove anos mais velho, estava então casado com a Hilda, sempre junto dele e que o acompanhava em suas excursões noturnas. Ele pertencia a um grupo de rapazes ricos e notórios, na época, dos quais o mais célebre era o Nanaga, Fernando Aguinaga, filho de um grande médico-obstetra; o Nanaga estava sempre acompanhado de um moleque muito magro e alto, o "Minhoca", seu *valet de chambre* e secretário, muito elegante nas roupas que lhe passava o patrão (e que o engoliam), e objeto das intermináveis gozações do grupo. Era uma rapaziada alegre que incluía, além de um irmão do João, o Aristides, excelente figura, também o Xanxão (Sebastião Ferreira), o Vorô, o Caetano "Orelha", o Sandro Moreyra, o Heleno de Freitas, o Sérgio Porto, o Rolemberg, o Douglas, o Lake, entre muitos outros. Vários desses personagens surgiram logo no início, atraídos pelas apostas e emoções da sinuca; outros eram mais do Jockey, ou da praia (em frente da Bolívar), ou da casa do Álvaro Moreyra, histórico endereço, e foram aparecendo ao longo do tempo. Mas o que importa é que nos tornamos amigos e companheiros de aventuras por muitos anos, até que a vida nos separasse e, às vezes, juntasse de novo, mais de uma vez, como no caso do João ou do Sandro Moreyra, que fui reencontrar, pela vez derradeira, 40 anos depois, na redação do *JB*. Se falo tanto do João, é porque ele foi o único dos nossos que virou lenda ou legenda e tocou a imaginação popular. O João virou mito; era, aliás, ele mesmo, um tanto mitômano; numa célebre entrevista ao *Pasquim*, contou, entre outras coisas, que certa vez tinha-se encontrado comigo em Praga, havíamos os dois viajado para Moscou e, de lá, depois de uma ou duas semanas, tomado o transiberiano para Pequim. Só que eu, em toda a minha longa vida, nunca fui a Moscou, nunca fui a Pequim, nem nunca tomei o transiberiano; o João deve ter-me confundido com outro, talvez o Francisco Costa Neto. Seu irmão, Aristides, era o oposto dele; em vez de magro, parrudo, fortíssimo; em vez de brigão, pacífico, bem- humorado e tolerante. O Aristides era homem lido e culto; tinha o hábito de ajeitar com o dedo indicador os óculos que lhe escorregavam para a ponta do nariz. Era grande mulherengo e campeão mundial, imbatível, de um esporte incomum: corrida de gatinhas; engatinhava na areia da praia a uma velocidade assustadora e não havia quem o alcançasse, mesmo entre os mais moços. Viria a ser, mais tarde, um valoroso advogado do PC, além de tabelião como o pai, Gaspar Saldanha, titular de um dos maiores cartórios do Rio, ganhado na Revolução de 1930. E havia, ainda, um tio, Firmino Saldanha, arquiteto, o mais gaúcho de todos, e uma irmã, a Ione, pintora, mulher de talento. O Aristides também não tinha medo de nada, mas a valentia do João, sua fúria combativa, acho que lhe vinham do pai, Gaspar, protagonista de terríveis façanhas, ainda lá no Sul, das quais a família preferia não falar. Vínhamos, uma noite de verão, o João e a Hilda, eu e mais dois ou três amigos, descendo a Xavier da Silveira, quando vimos, diante do Bar Azul, na esquina da avenida N. S. Copacabana, dois crioulos brigando. A briga parecia feia e paramos um pouco para ver, quando um dos dois puxou uma navalha diante do adversário caído e o João não pensou duas vezes: avançou sobre o sujeito, tomou-lhe a navalha e acabou com a briga. Não há dúvida de que o Rio daquele tempo, há mais de 60 anos, era bem diferente deste de hoje, em que se mata a tiros, no meio da rua, até mesmo um desembargador ou um juiz, e nada acontece; era um tempo em que havia "respeito", isto é, em que a distância entre ricos e pobres tornava quase inimaginável, para um malandro de morro, cortar à navalha (revólver era privilégio da polícia ou de rico) um cidadão prestante. Mas, o João era ainda apenas um rapazola, um meninote, e sua coragem, sua pronta reação naquela noite, diante de um adversário enfurecido, com uma navalha aberta na mão, nos espantou e assustou. Eis aí o João; o mesmo João que, muitos anos depois, envelhecido e doente, se armaria de um revólver para dar um tiro no Manga, goleiro do Botafogo, que supostamente o desacatara; o mesmo que, feito técnico da seleção brasileira, em 1970, começou por enquadrar e ameaçar tirar do time Pelé, que lhe parecia fora de forma. Só havia um outro, naquele tempo, com a mesma fama e a mesma fria fúria do João: Laurinho Müller, irmão do Maneco, que jogava no gol e, às vezes, servia também como *center-half*, em nosso time de futebol de meninos, o Tupi F.C., comandado pelo técnico Lauro Tatu; o Maneco lutava boxe bastante bem, à brinca ou à vera, mas era, sempre foi a vida inteira, bom companheiro, ameno e tranquilo. Eram os dois, ele e o Lauro, filhos da célebre Negra Bernardes e netos de Lauro Müller. Dizia-se, do Laurinho, um fiapo de gente, que ele fora capaz de enfrentar um caminhão inteiro daqueles bonés vermelhos da Polícia Especial do Getúlio, apanhar muito, mas bater muito também, até cair. Maneco seria, mais tarde, jornalista e colunista social do *Diário Carioca*, criador do novo gênero que, depois dele, iria celebrizar Ibrahim Sued; Laurinho fez carreira no Itamaraty e, nos tempos do Renato Archer vice-ministro, início dos anos 60, servia no gabinete do chanceler; vivia sob a ação de calmantes poderosos, engordara e encorpara; morreu logo depois, num desastre aéreo, na Ásia distante.

    Disse, páginas atrás, que escrevia tanto sobre o João Saldanha porque ele se tornara lenda, mas isso ainda não é a verdade inteira; o João teve outra face – oculta, ou semi-oculta – que foi sua vida como *aparatchik*, membro e dirigente do aparelho clandestino do PCB, e fui testemunha disso. Em 1945, quando a guerra na Europa acabou, Luís Carlos Prestes foi solto e, enfim, Getúlio caiu, nosso grupo de amigos havia estabelecido seu quartel-general na rua Xavier da Silveira, 99, residência de Eugênia e Álvaro Moreyra. Mais adiante terei ainda muito a dizer sobre essa casa, suas histórias e seus personagens; mas, por ora, direi apenas que, naquele ano de 1945, e naquele endereço, nos tornamos todos militantes políticos, "nascemos" para uma vida nova que, em alguns, iria durar anos, em outros, a vida inteira, ainda que cada um a seu jeito e maneira; o temperamento, o modo de ser, vem do berço e não muda nunca; o que pode acontecer, às vezes, é que um traço reprimido ou não revelado vem à tona, acentua-se ou se apaga diante de circunstâncias novas. No ano de 1945, eu estava saindo de uma forte paixão adolescente, a primeira grande paixão de minha vida, por uma colega de colégio; transferi para a política essa paixão. Outros, como o João, eram em verdade intensos, obstinados, seriíssimos, mesmo na vida solta e fácil que antes pareciam levar, e se tornaram, para nossa surpresa, militantes seriíssimos e dedicados à causa que era uma só: tornamo-nos todos comunistas, prestistas (partidários apaixonados de Luís Carlos Prestes), e nos deixamos arrastar com gosto e fúria, até, pela onda do tempo novo que surgia.

Tudo era novo, ou parecia novo; os jornais, os políticos, o discurso de Prestes, o marxismo, a liberdade... João Alberto, veterano da Coluna Prestes, era o chefe de polícia; o Partido Comunista se tornara legal, abrira sedes por toda a cidade, sendo as duas principais, as dos Comitês Nacional e Metropolitano, na Glória e na rua Conde Lages, muito nossa conhecida. Inscrevemo-nos no partido; fizemos a campanha de Iedo Fiúza, o "rato" Fiúza; saíamos de caminhão pelas ruas para fazer pichações, colagens, demonstrações; participávamos de comícios e comitês, éramos um bando de tontos, alegres e bem-humorados, bêbados de liberdade e ignorância, convencidos de que estávamos construindo um mundo novo. Mas, o PCB tinha um Estatuto, um código de deveres escrito e que devia ser obedecido, e esse código vinha de cima (e de longe) e continha – ficamos então sabendo – um artigo, o artigo 13, que surpreendeu os mais velhos e menos ingênuos entre nós; o artigo 13 proibia terminantemente qualquer contato ou relação pessoal dos comunistas com os "inimigos do Partido", isto é, trotskistas, anarquistas e antistalinistas em geral. Para nós, estudantes, a proibição parecia desimportante, nem mesmo entendíamos bem seu sentido; mas, para os mais velhos, era uma bomba, era absurda e inexequível, as redações dos jornais e os círculos intelectuais em geral estavam pontilhados de trotskistas, que eram frequentemente os mais brilhantes ou mais respeitados entre seus pares; as redações de grandes jornais, como o *Correio da Manhã*, no Rio, ou o *Estado*, em São Paulo, eram dominadas por trotskistas. O que fazer? A direção do partido insistia, mas a proibição, ainda mais no clima de confraternização reinante, acabou sendo simplesmente, por todos nós, posta de lado, assim como o próprio Estatuto, com o seu tom de regulamento de colégio interno. Por todos nós, exceto pelo João. O João tomou o Estatuto nos braços, embalou-o e estudou-o com atenção e carinho, e acabou escrevendo um texto que tomava cada artigo e o defendia e explicava, mostrando a necessidade de sua aplicação. Vejam só: o João tinha dentro de si um c.d.f., um "Caxias", um disciplinador, e não apenas o terrível rebelde que supúnhamos; também não era um teórico, um intelectual; era um militante, um militante severamente convencido de seus deveres e obrigações. Não me lembro de ter lido o texto do João, mas me lembro de que ele foi muito apreciado pela cúpula do partido, que determinou sua distribuição a todos os membros e aos novos aderentes, junto com o exemplar do Estatuto, um pequeno livrinho muito prático que se podia levar no bolso, até para consultar numa emergência.

Não sou homem de estatutos; nunca fui; basta-me o código moral de comportamento que trouxe de casa (e do colégio) e me formou. Toda a minha geração é e seria sempre, aliás, libertária; o que procuramos sempre foi abrir janelas e portas nas construções e conveniências antigas, quebrar barreiras e tabus – até o paroxismo e a frustração do "É proibido proibir", de maio de 1968. Naqueles anos do PC, não foi diferente, e as divergências, os choques não demoraram a surgir. Em março e abril de 1950, eu estava em Praga, servindo como observador no próprio Conselho Executivo da União Internacional de Estudantes. A União queria a adesão da UNE, e eu estava lá para ver como funcionava seu Conselho e dizer se nos conviria ou não participar dele, aderir. Havia lá representantes de todas as grandes entidades estudantis: a Unef, francesa, a italiana, a inglesa, a cubana (já então importantíssima; dizia liderar a América Latina), a mexicana, a birmanesa, a dos exilados espanhóis (derrotados e lamurientos) e muitos outros. Fiz amizade com o equatoriano, Etcheverria, que dividia seu gabinete comigo e era uma tranquila e simpática figura; e com um venezuelano falante e engraçado, poeta e contador de histórias, Ali Lameda; o Ali não voltou nunca e, na última vez em que soube dele, do então já citado e renomado poeta Ali Lameda, vivia na Coreia do Norte. Fiz amizade, também, com o italiano Berlinguer, um sardo (magro e seco como um cardo), severo e inteligente, irmão do Enrico, então chefe da Juventude Comunista italiana e, depois, substituto e herdeiro do próprio Palmiro Togliatti. Talvez já tenha falado disso, mas não custa repetir, pois a verdade é que tive sempre, toda a vida, especial simpatia e admiração pelos comunistas italianos. Conheci também, como seria de esperar, o presidente da UIE, cujo nome agora me escapa, mas que tinha ares de "cavalo de parada", e o inglês Tom Madden, secretário-geral, que trabalhava numa vasta sala do segundo andar, e, embora rapaz elegante e bem-vestido, não tomava banho e cheirava terrivelmente mal; eram, aliás, os dois piores nessa mal cheirosa realidade europeia de 1950: Tom Madden, no 2º andar, e, no nosso próprio gabinete, uma gentil secretária que, toda manhã, quando chegava, nos obrigava a abrir as janelas, às pressas, Etcheverria e eu, embora a temperatura lá fora fosse de 14 ou 15 graus negativos. Eis aí uma cruel realidade da qual os jovens de hoje, em sua inocência, não têm a menor ideia; o que era, o que podia ser a Europa civilizada e culta, antes da era do desodorante. Essa mocinha, nossa secretária, era até bem-feita de corpo e, não digo bonita, mas agradável; mas, quando chegava à sua mesa e tirava o sobretudo, era como se libertasse duas gambás velhas, escondidas nas axilas...

Havia, ainda, na UIE dois russos, acho que vice-presidentes da entidade. Um deles era alto, forte, severo, cabelo cortado curto, parecia um militar; chamava-se Iúri; o outro era mais para gorducho, cabelos pretos, óculos e gostava de rir e brincar; chamava-se, se não me engano, Oleg ou Ossip. Não havia chegado a ter muito contato com eles. Um dia, Tom Madden me chamou a sua sala e me pediu que escrevesse um artigo para a revista da UIE, *Mundo Estudantil*, que era então publicada em quatro línguas, as línguas oficiais da UIE, espanhol, francês, inglês e russo; viriam, depois, edições ainda em outras línguas, chinês, alemão, árabe... O artigo devia ser amplo e descritivo; mostrar os estudantes brasileiros em suas lutas, seus trabalhos, suas tendências, e o papel que desempenhava a UNE em tudo isso. Voltei para minha sala e pus-me a escrever; no fim de dois ou três dias, estava pronto o texto, em português, que foi então vertido para o francês pela secretária e, afinal, depois de revisto e aprovado por mim, enviado aos redatores da revista. No dia seguinte, recebi um aviso de que deveria procurar o Iúri, que queria falar comigo; fui a sua sala, sempre fechada, e ele, ao receber-me, ainda na porta, foi logo dizendo: Li seu artigo e há nele uma inverdade que não pode sair. Como assim? Que inverdade? Respondi eu, surpreso. Você diz que os estudantes brasileiros não são comunistas, frequentemente são mesmo contra o comunismo, mas concordam em colaborar com os comunistas, como na UNE, desde que haja acordo em torno de uma causa comum. Isso não é verdade. Os estudantes brasileiros são a favor do comunismo, são simpáticos às ideias comunistas e só não manifestam abertamente esse sentimento porque são vítimas da opressão burguesa dominante. Temos que corrigir isso antes que o artigo seja publicado. Olhe, eu estou vindo de lá; sou brasileiro, militei longamente no movimento estudantil e posso lhe garantir que o que escrevi no artigo é a pura, óbvia, clara verdade... Não, não é verdade, você está enganado e seu artigo vai dar uma ideia falsa da realidade brasileira...

Não sei como acabou essa conversa de surdos; o Iúri falava mais inglês do que francês, eu mais francês do que inglês, e não nos entendemos. Transcrevi nosso diálogo à maneira do Saramago (também tapado comunista, como o Iúri, mas Prêmio Nobel e grande escritor, mestre da prosa portuguesa) e estou certo de que fui, mais uma vez, fiel à verdade. Não sei se o artigo saiu, não sei se foi censurado. Sei que, na hora, achei graça naquela estúpida controvérsia, mas me senti, depois, como se tivesse batido num muro; um muro espesso e pesado. Pouco depois, ainda no fim de abril, dei por terminada minha experiência da UIE e pedi para voltar para casa. Um navio polonês saía de Gdansk (Dantzig) no Báltico, rumo ao Rio de Janeiro. Peguei o trem em Praga, deixei para trás uma namorada em lágrimas, Pat, inglesa, filha de pai português; deixei para trás o Jorge, a Zélia, seu filhinho ainda miúdo, João, a babá Musette, o castelo dos Escritores, entre as montanhas, junto a um pequeno lago congelado, onde eles moravam e eu passava, às vezes, os fins de semana, e cheguei a Varsóvia ainda a tempo de assistir à Grande Parada de 1º de maio. Varsóvia era bonita, bem mais alegre do que Praga; o Centro da cidade já todo reconstruído (estávamos em 1950, a Guerra havia terminado cinco anos antes), com suas casinhas e construções antigas reproduzidas como num cenário de teatro. Varsóvia é doce, é suave na primavera. Voltei lá 40 anos mais tarde com meu amigo Zoza Médicis, então embaixador. Uma tarde, no carro da embaixada, perguntei ao motorista: "Qual é a cidade mais bonita do mundo, Varsóvia ou Paris?" "Depois de Varsóvia, é Paris", respondeu ele sem pestanejar. Em 1950, não tive muito tempo para ver tudo; parti logo para o Norte, a caminho de Soppot, uma estação balneária cheia de hotéis, e me hospedei num deles, à espera da hora de embarcar. Eram três cidadezinhas juntas, irmãs: Gdansk, o porto, os estaleiros, que Lech Walesa faria famosos; Gdynia, a cidade propriamente dita; e Soppot, o balneário que já se aprontava para o verão que iria chegar. Meu navio era um cargueiro, desses que têm duas ou três cabines para passageiros. Há quem, como Jânio Quadros, prefira viajar em navios assim; mas o conforto a bordo não era grande e a viagem foi longa; deve ter durado quase dois meses; parávamos em quase todos os portos e, só em Dunquerque, paramos dez dias, presos por uma greve no porto; aproveitei para dar uma fugida clandestina até Paris, onde fui reencontrar meus amigos da *rue* Cujas, 19, no Hotel S. Michel; lá estavam, firmes, o Paulo Rodrigues, o Castiel e o Scliar, que me entregou um álbum de fotografias da Albânia, enviado pelo Enver Hodja e devidamente dedicado ao camarada Prestes. Não tem problema, me disse o Scliar, você chega ao Rio e entrega ao Arruda Câmara, que ele encaminha. (Prestes estava na ilegalidade, na época, foragido e escondido; seu segundo, Arruda Câmara, entretanto, era deputado pelo partido do Ademar de

Barros e tinha escritório montado e aberto na avenida Rio Branco, diante do Palácio Monroe). Mas, o álbum de fotografias acabou me custando caro; foi apreendido na Alfândega, juntamente com toda a minha bagagem, roupas, livros e tudo o mais; perdi tudo. Na Alfândega, naquele fim de tarde, não havia quase ninguém, só eu e meu irmão Rodolfo; diante da comoção e do espanto que o álbum havia criado entre os funcionários, tratamos os dois de dar o fora, enquanto era tempo. Era uma tarde de sexta-feira; passei o fim de semana escondido na casa do Carlinhos Mota; na segunda-feira, acompanhado de um competente advogado contratado por meu pai, apresentei-me às autoridades. Fui preso, passei a noite no xilindró, deitado no chão de cimento de uma cela vazia da Delegacia de Ordem Política e Social; no outro dia, ouvi uma severa repreensão do célebre delegado Cecil Borer, o Boré, mas não apanhei, não fui torturado e nem sequer fui seriamente interrogado; a polícia, certamente, já sabia muito mais do que eu... Quanto ao meu amigo Carlos Scliar, que reencontrei depois, muitas e muitas vezes no Brasil (nos últimos anos ele morava perto de mim, num apartamento da Dias Ferreira, no Leblon), bem que ele podia, pelo menos, ter-me dado um quadro seu, ou dois, à guisa de reparação... Mas, qual o quê. O Scliar, no fundo, era outro Iúri; provavelmente achou que a culpa tinha sido minha e que, afinal, a encomenda não havia sido entregue.

Mas, não quero ser injusto com o Scliar, o Carlos Scliar. Ele era, na verdade, apesar da aparência serena e da voz mansa, um fanático, um possuído; tinha em sua arte e em sua obra uma fé de missionário; vivia cercado de artistas mais moços que orientava e conduzia com uma autoridade e uma seriedade de pastor protestante. Saudades do Scliar.

O Brasil havia mudado muito, entre 1949 e 1950. Era como se a Guerra Fria, afinal, tivesse desembarcado aqui. Ia haver eleições para presidente, mas não havia alegria, nem esperanças; o ambiente era sombrio e belicoso. Na minha primeira visita à UNE, várias pessoas que eu mal conhecia me saudaram efusivamente e vieram me dar repetidos e apertados abraços; soube, logo depois, que eram policiais, procurando ver se eu estava armado, se trazia um revólver por baixo do paletó. Pensavam, talvez, que em Praga eu tivesse tido aulas de tiro ao alvo... Havia policiais infiltrados por toda parte, e o clima, no prédio da UNE, era de guerra; nada de parecido com o civilizado estado de coisas de um ano antes; discussões e embates, muitas vezes acalorados e violentos, mas entre colegas, entre estudantes; e isso num quadro e numa época em que não éramos muitos, e, todos, bem ou mal, se conheciam.

O Brasil, o mundo enchiam-se de Iúris, donos da verdade, apoiados em suas respectivas polícias políticas. Lembrei-me de uma das quatro liberdades do presidente Roosevelt, acho que a terceira ou a quarta, proclamada ainda no início da guerra antifascista: "A liberdade de não ter medo da polícia política." As razões do medo estavam voltando depressa demais, se é que, algum dia, tinham diminuído. Fui a Belo Horizonte encontrar os estudantes de lá, e aproveitei para renovar meu passaporte, ainda sob Mílton Campos, cujo governo estava acabando. Espantei e encantei os amigos mineiros com minhas ingênuas e extraordinárias histórias europeias. Eu era uma espécie de herói, um Marco Polo de volta da China. E a prisão, na chegada, a apreensão do álbum e da bagagem, as ameaças do Boré só faziam aumentar o charme do relato... Com a viagem, havia perdido um ano inteiro de Faculdade (tinha trancado matrícula), meus colegas de turma já se formavam naquele ano, e decidi que não retomaria o curso na Faculdade; não queria ser advogado, na verdade, detestava a ideia de ser advogado, de defender clientes em troca de dinheiro; queria escrever, sonhava com a ideia de escrever um livro; começava a publicar nos jornais artigos de crítica de arte; metia-me em controvérsias e debates estéticos, sempre ao lado da Renina, que me esperara, durante o meu périplo europeu, e que parecia cada vez mais próxima, mais cheia de carinho e paixão. Uma tarde, o João Saldanha foi me procurar na praça Eugênio Jardim para uma conversa séria; sentamo-nos num banco no canto da praça em frente do Corpo de Bombeiros e o João falou-me, não simplesmente como amigo, agora, mas como chefe e responsável do Partido. Aparentemente, ele havia sido feito líder de um grupo incumbido pela alta direção partidária de criar a Juventude Comunista do Brasil; nada menos. Aos estudantes, como eu, aos líderes estudantis, mais ou menos soltos e livres até ali, cumpriria agora enquadrar-se na Juventude e obedecer a seus dirigentes; ia haver no mês seguinte ou nas semanas seguintes, não me lembro exatamente, o Congresso Nacional dos Estudantes, e os dirigentes da Juventude, ocultos em seus esconderijos clandestinos (eram quadros "ilegais", a própria Juventude era ilegal), queriam participar dele, do Congresso, por nosso intermédio e, se possível, vencer as eleições da UNE mais uma vez, tal como vínhamos fazendo, havia três anos; 1947, com Roberto Gusmão; 1948, com Genival Barbosa; e 1949, com Rogê Ferreira. Expliquei ao João que isso não era possível; os líderes estudantis não eram fantoches; além do mais, eu mesmo estava decidido a deixar de vez a Faculdade, não era mais, a rigor, estudante e não queria me tornar um daqueles desmoralizados "estudantes profissionais" que envelheciam pelos corredores da UNE, a serviço de terceiros. Mas, o João insistiu e, no fim, acabei concordando em servir como uma espécie de consultor deles, durante algum tempo, até que a própria Juventude pudesse criar seus contatos e suas bases próprias. Nessa condição de "consultor", fui obrigado a me submeter a um ridículo jogo de esconde-esconde; passei dias escondido numa casa em Juiz de Fora, supostamente para "aconselhar" congressistas amigos, eu que sempre jogara de peito aberto e era conhecido e respeitado por meus colegas da UNE e da Faculdade de Direito por minha franqueza e boa-fé. O resultado foi uma desastrosa e espetacular derrota; ganhou a "direita", uma direita que incluía, desde o meu amigo Paulo Egídio Martins, mais tarde governador de São Paulo, até os extremos mais torpes, os falsos estudantes, os policiais infiltrados, a corrupção e o medo.

A participação nesse infeliz episódio de "consultoria" em Juiz de Fora foi o último ato de minha vida de estudante e de participante da política estudantil. Voltei-me totalmente para outro lado; perdi o interesse a ponto de nem mais saber, durante anos e anos, quem era quem ou o que se passava nessa área onde, entre 1945-46 e 1950, aprendi e vivi tanto e tão intensamente; quatro ou cinco anos de grandes alegrias e descobertas, aventuras diversas, ilusões, surpresas e muitas lições, algumas desagradáveis, sobre o mundo em volta e sobre mim mesmo. Máximo Gorki, o escritor russo que hoje parece ter saído completamente de moda, escreveu sobre essa fase de sua vida um livrinho admirável que li numa edição francesa e se chamava *Mes universités (Minhas universidades)*. As minhas foram essas; foram esses anos. Ainda faltavam dois ou três mais de "curso complementar", que eu ia fazer em São Paulo, até 1956, mas essa, como o leitor em boa parte já sabe, é outra história, ou, se preferirem, é a mesma, mas num novo cenário. Ainda no Rio, poucos meses antes, eu tivera a confirmação daquela inesperada "aula" de Praga com o Iúri soviético. A UNE havia sido invadida pela polícia. Uma solenidade ou manifestação (da qual eu não tenho lembrança exata) havia provocado a invasão, o que era em si mesmo um fato grave, pois, até ali, a UNE tinha sido respeitada como território livre e refúgio dos estudantes; estendia-se ao prédio da praia do Flamengo um privilégio que era, então, da própria Universidade, a casa do saber, onde a polícia não punha os pés, a não ser a chamado do reitor e com sua permissão expressa. Bons tempos! Paulo Rodrigues, um estudante da Faculdade de Filosofia, estava comigo na noite da invasão e nós dois, entre muitos outros, havíamos presenciado os momentosos acontecimentos, amplamente discutidos e noticiados nos jornais do dia seguinte. Um ou dois dias depois, fomos inesperadamente chamados ao escritório do próprio deputado Arruda Câmara, Secretário de organização do PC, que queria conversar conosco. "O que aconteceu, afinal, na UNE? Vocês estavam lá?", perguntou ele. Contamos então, o Paulo e eu, o que tínhamos visto, tão detalhadamente quanto possível. Redarguiu o Arruda: "Vocês não leram o jornal do Partido, não viram como está descrito, lá, o episódio? A história que vocês estão contando é muito diferente." Respondemos que o jornal do Partido, a *Tribuna Popular*, no caso, estava errado e que o que tínhamos testemunhado era aquilo mesmo que estávamos dizendo. O Arruda indignou-se: "Vocês, como militantes, não sabem que a palavra do Partido é uma só? Não sabem que o que diz a *Tribuna* é a palavra do Partido? O Partido não tem duas, três ou quatro verdades; tem uma só e essa verdade é a palavra do Partido!" Mandou-nos então, o Arruda, para uma sala reservada do seu escritório para uma reunião de "autocrítica" capaz de convencer-nos definitivamente do nosso erro; devíamos trocar os nossos olhos pelos do redator da Tribuna, ou pelos dele Arruda... Faltavam ainda alguns anos, antes que se chegasse ao relatório secreto de Kruschev no XX Congresso; e, muitos mais, antes, enfim, de Gorbachev e do desmoronamento definitivo da URSS. Hoje, a Verdade Única só subsiste (por quantos meses ainda?) em Cuba e na cabeça do Zé Dirceu ou de seus teimosos amigos; embora ameace renascer entre aiatolás e fundamentalistas cristãos ou israelenses sionistas. Mas, onde há Verdade Única, tende a haver, também, hereges, rebeldes, pequenos Voltaires; desde cedo, descobri que no fundo do peito eu era um deles.

Sou um tímido; sempre serei. Escondi-me por trás da palavra escrita. Suo muito nas palmas das mãos, demais. Muitas vezes, antes de dar a mão a um interlocutor, um recém-chegado, tento enxugá-la disfarçadamente nas calças ou na aba do paletó, para ocultar o vexame; às vezes emudeço, já não sei o que dizer; me torço e retorço por dentro, sem motivo nenhum. É claro que, com o passar dos anos e a experiência acumulada, a angústia diminui; mas, o curioso é que, apesar da timidez, desde o princípio, fui, com frequência, surpreendentemente audaz e desembaraçado, não só em política (política estudantil, no começo), mas com as moças. Certa vez, logo que voltei dos Estados Unidos, em 1966, depois de uns poucos encontros ocasionais entre amigos e claros sinais de mútua simpatia, a porta estava aberta, escancaradamente aberta, e eu não via, não percebia; a moça era casada, muito bonita e muito querida, e eu temia a recusa, o ridículo, o escândalo... Certa manhã, na praia, entretanto, e ela não gostava de praia, a moça esqueceu perto de mim os seus óculos de sol, e neles colada à haste, numa tira de plástico, seu nome e seu número de telefone... E tudo aconteceu como tinha que acontecer; durou seis anos inteiros e quase me casei... Anos antes, em Brasília, eu era repórter político, morava sozinho na capital nova e frequentava diariamente o Congresso Nacional, que ainda não era essa vergonha de hoje. À tarde, nos vastos corredores da Casa, o movimento era grande; circulavam sem parar, entre Câmara e Senado, políticos, jornalistas, visitantes, funcionários, secretárias; entre essas, uma me pareceu especialmente tentadora; era discreta, jovem, morena, sem ser bonita demais, e tinha uma silhueta que, naquele excesso de luz do Planalto que fazia dos salões envidraçados grandes aquários humanos, se destacava por sua graça. Era uma outra versão da Lídia; aproximei-me e, enquanto ela entregava algumas pastas de documentos num serviço qualquer da Câmara, trocamos duas ou três frases e fiquei sabendo em que gabinete ela trabalhava. Passaram alguns dias, talvez uma semana, e comecei a receber telefonemas, à noite, em casa, de uma pessoa que não dizia quem era; eu atendia, entre curioso e impaciente, irritado e desconfiado com aquele mistério todo, até que ela confessou que era ela. Durou dois anos esse namoro; acabou sendo uma das mais fortes paixões físicas, sensuais da minha vida, até terminar entre contidas amarguras. Um dia, talvez, ainda conte sua história.

O telefone foi inventado, como quase tudo mais, por um americano, ainda nos tempos de Edgard Degas, um dos pintores e personagens meus preferidos. Degas detestava o telefone e mofava de seus amigos que corriam a atender à insistente campainha, como se fossem, dizia Degas, simples criados. Também não gosto de atender ao telefone e só atendo quando não há mais ninguém, na sala ou na casa; suponho sempre que não é para mim. Dir-se-ia que sofro de pessimismo telefônico crônico. Ainda assim, outro episódio, semelhante ao de Brasília, ocorreu no Rio, poucos anos depois, embora, digamos, com o sinal invertido. Havia uma jovem senhora que eu conhecia desde menina, pois era irmã caçula de uma família inteira de íntimos amigos meus, e parecia cada vez mais bela, cada vez mais mulher, loura e planturosa, fruto maduro a ser colhido, moça alta, decidida, alegre e irreverente. Estávamos frequentemente juntos e a apreciação ou o reconhecimento dos seus encantos me parecia cada vez mais difícil de esconder ou suprimir. Num fim de tarde, estávamos todos reunidos na casa de alguém, quando ela chegou, descobriu que faltava alguma coisa na casa (determinado disco de música ou coisa assim) e logo organizou uma pequena caravana na qual decidiu que eu também precisava ir, com mais três ou quatro amigas suas. No carro, apertados, sentou-se a meu lado e me perguntou, num sopro, se tinha sido eu que tinha telefonado para sua casa, dois dias antes, e perguntando por ela sem dizer quem era. Hesitei meio segundo e confessei que sim, fora eu mesmo. Ela literalmente me cobriu de beijos e ria alegre e me abraçava, enquanto dizia frases mais ou menos desconexas para as amigas e, baixinho combinava maneiras de encontrar-se comigo.

Hoje, o telefone vai sendo rapidamente suplantado e colonizado como meio de comunicação, mesmo em assuntos assim íntimos e amorosos, pelo *e-mail* do computador; mas, do fim do século XIX para cá, ele havia reinado cada vez mais absoluto, a ponto de suprimir, entre as pessoas mais simples e práticas (mas também, até mesmo, entre escritores e supostos letrados), o uso comum do alfabeto, ou melhor, da palavra escrita, nas comunicações pessoais: cartas, cartões, mensagens, bilhetes desapareceram. O mundo, o mundo dos simples, ao menos, estava rapidamente regredindo a um estado de quase analfabetismo absoluto; em países como o nosso, chegou-se ao ponto de matar as livrarias, que iam morrendo umas depois das outras, e secar as editoras e suas edições; salvavam-se só os chamados *best-sellers* que se lia nas férias e na praia, e se compravam em supermercados e *drugstores*. Tudo isso mudou; o computador está criando toda uma geração nova de leitores e escrevedores ou redatores; é essa geração vasta e recentíssima que explica o súbito renascimento e a multiplicação das novas livrarias e o extraordinário reflorescimento de editoras de todo o tipo e tamanho. Fizemos as pazes com o livro e com a leitura; reaprendemos a escrever, embora, nessa linguagem ainda meio cifrada e agreste, inculta, dos *nets*, dos internautas. Esses novos beletristas do computador precisam da palavra escrita; são estimulados, instigados, obrigados a aprender a usá-la, a dominar os seus segredos, descobrir seu encanto, procurar em si mesmos o talento e a habilidade de escritores verdadeiros. É curioso que essa ainda quase secreta e irreconhecida (acho que ninguém falou nisso, ainda) virtude da febre informática comece a ter efeito num momento em que a telefonia, em vez de murchar, atinge, com os celulares, um extraordinário zênite: a comunicação por meio da língua falada (ou telefônica, se quiserem) atingiu hoje quase 100 por cento da humanidade, e talvez já seja usada até pelos pigmeus africanos, no meio da floresta imensa, comunicando uns aos outros a descoberta de novas colmeias de abelhas... E há, ainda, a televisão, onde, por trás da imagem, o talento ou a habilidade verbal é tudo, ou quase tudo. A televisão é falada e, por ser falada, atingiu no peito, surpreendeu, educou e reeducou, divertiu esses muitos milhões de analfabetos e semianalfabetos que fazem o Brasil, os brasileiros. Não há nada mais popular, ou mais necessário, mais atual, hoje, do que a febre da televisão e dos celulares. Não se dirá que nenhuma dessas duas recentes "antenas" do inseto humano seja a rigor contra o livro ou contra a palavra escrita; mas, o fato é que ocupam, consomem enorme parcela do tempo livre, das horas de lazer das pessoas. Ainda assim, o computador e o *e-mail* conseguem fazer renascer, entre o povo, a paixão antiga pelas letras. Não se trata de contrapor, comparar, antepor duas metades de uma mesma e só coisa, que na verdade se somam, se completam; a fala é natural, inerente entre os humanos, como o latido ou o rosnado entre os cães, ou o chilrear entre os pássaros; mas o alfabeto, a palavra escrita, a literatura, o gosto e a arte de escrever são uma conquista essencial da civilização que parecia murchar, estiolar-se, fenecer, ao longo do último meio século. Quem foi o derradeiro realmente grande escritor? Hemingway, Proust, Joyce? A literatura acompanha o curso da civilização humana desde sempre, desde Platão, ao menos, mas nada a impedia de ter sina semelhante à música, por exemplo, que, do século XVIII para cá, é como um balão apagado descendo do alto do céu, espécie de estrela cadente, ainda que, vez por outra, uma lufada mais forte de vento ou uma corrente ascendente dessas que fazem subir entre as nuvens as grandes aves, os atobás ou os urubus, pareçam devolver-lhe o impulso. Ou, pior ainda, ter a mesma triste sorte da pintura, virtualmente destroçada, entre estertores, e afinal agonizante e quase morta, no fundo de um despenhadeiro, nascido da invenção e da grande divulgação da fotografia, na mesma época do mesmo Degas, no fim do século XIX, ainda ontem, portanto. A fotografia começou por ocupar os espaços, as funções da pintura – retratos, paisagens, a imagem dos objetos – até empurrá-la para os extremos marginais da experiência, da suposta invenção e da abstração vazia ou do charlatanismo puro e simples. Em muitos quadros é sempre possível, ainda, entrever ou discernir o talento legítimo de um ou outro pintor verdadeiro, sua emoção, sua alegria ou sua angústia; mas a verdade é que não há progresso em arte, essa ideia tola em que os modernos se agarram; há altos e baixos, uma constante oscilação, ou ondulação, e, por isso, sempre me pareceu que a história das artes é como uma imensa cordilheira, um Himalaia, onde picos mais altos, vales profundos, montanhas e morros e colinas se sucedem. Alguns dos ramos dessa cordilheira às vezes se perdem no mar ou na distância. Hoje, o que fazem computadores e *e-mails* é, quem sabe, ajudar-nos a sair de uma depressão mais extensa e funda, espécie de californiano Vale da Morte; onde estamos, ao menos no terreno da literatura; salvar a grande maioria da condição de iletrados ilustrados pelo cinema dublado e pelas telenovelas, dois horrores hodiernos dos quais fujo tanto quanto posso, vale dizer, sempre – embora reconheça sua exemplar utilidade na divulgação da sopa rala de cultura e arte que servimos ao povão emergente.

O *e-mail* do computador é, aliás, com muita frequência parte dessa mesma sopa rala e, muitas vezes, até, vicioso e moralmente discutível ou condenável; mas tem o imenso mérito, e foi isso o que eu quis assinalar, de obrigar a gente simples a escrever outra vez, a descobrir e redescobrir o uso da palavra escrita e aos poucos reinventar, para si mesmas não só seus recursos e sua beleza peculiares, mas revelar e incentivar talentos novos ou ocultos. Desde o século XIX, pelo menos, não se via isso; e a dimensão, a área alcançada são hoje muito mais amplas, desmedidas...

É claro que não se pode simplesmente dizer que a fotografia matou a pintura; que a telefonia ameaçava sufocar a literatura e hoje o computador e o *e-mail* estão dando sinais de que podem redimi-la. E a música, quem a teria mutilado e assassinado? Há muitos outros fatores em jogo, e a simplificação exagerada leva quase sempre ao absurdo, ao erro de julgamento. Não falei, por exemplo, do cinema, a grande arte do nosso tempo, nascida da própria fotografia. O cinema é arte coletiva, orquestral, sinfônica; reúne e mobiliza todas as outras. Produziu diversos notáveis, grandes maestros: Fellini, Kurosawa, Chaplin, Bergman, Scola, Zavattini, Renoir, os chineses. Maestros que são, também, autores; eles escreveram ou criaram a própria partitura, embora às vezes a partir de ideias ou obras anteriores, como aliás fizeram Shakespeare, Stendhal, Bach e tantos outros em seu tempo e em suas artes respectivas. Por que, na verdade, não comparar Fellini ou Kurosawa (ou Bergman) a Bach, Tolstoi e Dostoievski, Chardin, Bruegel, Rembrandt, Van Gogh? Para mim, um realmente grande filme vale um grande livro; o Carlitos, de Charles Chaplin, pode valer tanto quanto o Quixote, de Cervantes; eis uma questão que proponho aos séculos futuros – se é que vai haver séculos futuros. Mas, essa é ainda uma comparação pernóstica, insatisfatória, apenas válida, talvez, como medida de grandeza. Chaplin inventou o

Carlitos; mas inventou também *Tempos modernos*, sobre a era da Indústria; e *Luzes da cidade*; e o Calvero, de *Luzes da ribalta*, e até o *Grande ditador*, que de certo modo o levou de volta à sua primeira grande criação. Não escrevo, aqui, como crítico ou suposto historiador das artes, mas apenas como leitor ou espectador; um espectador com pelo menos 70 anos de janela: estudante, jogador, amante, animal político, sonhador e, antes de tudo, moleque de praia em Copacabana. Choro todas as vezes que vou ao cinema e vejo Fred Astaire e Ginger Rogers, e Carlitos; Calvero tirando do rosto a maquiagem, no fim de sua carreira. Minha capacidade de me comover está, aliás, hoje muito aumentada pelo enfraquecimento físico decorrente da idade e pela pungência das lembranças. Charles Chaplin talvez seja incomparável, talvez se torne um dia uma espécie de Homero, um mito apenas no céu, ou um Shakespeare. E eis aí, talvez, a dificuldade maior desses paralelos: a linguagem, a língua, o alfabeto e o que se pode fazer com aqueles tantos signos ou letras que o compõem. Ou com os sons da grande música; ou com as imagens na tela. O cinema, aliás, tem em si um outro fator de perturbação crítica, que é sua inerente força hipnótica; você é fechado numa sala escura, diante da tela iluminada, cercado dos sons e das vozes dos alto-falantes, e é envolvido ou engolido como Jonas pela baleia; sai de si mesmo; é arrastado para um outro universo, que substitui ou nega a realidade lá fora. Quando eu era menino e a dor ou o íntimo desgosto de uma decepção ou traição qualquer eram grandes demais e me impediam até de ler um livro ou de deixar-me levar pela música, o grande recurso que usava era meter-me num cinema; ser engolido pela baleia e, durante duas ou três horas, viver outra vida, num outro mundo. Quando saía, os problemas, muitas vezes, estavam ainda lá, mas eu era outro, mais forte, renovado, confiante. Anos mais tarde, usei um esporte, o tênis, e a concentração que ele exige, para obter o mesmo efeito, diante de crises, supostamente, de gente grande: demissões, decepções amorosas... O livro, a palavra impressa, a voz do cantor ou do ator recitando um poema, o som dos instrumentos musicais numa sala de concertos têm também o mesmo hipnótico efeito; mas, em dose bem menor; e o cinema junta todos eles, soma-os todos numa coisa só... É provavelmente mais fácil gostar de *Rashomon* ou de *Derzu Usala*, de Kurosawa, do que do melhor Faulkner, daquela longa caçada do urso em *Go down Moses*; mas Fellini e Bergman, Zavattini, Scola, De Sica, filmes *cult* como *A Festa de Babette, Bagdá Café, Casablanca*, "acasos" quase, valem, para mim, *O vermelho e o negro*, valem os romances do século XIX, valem o melhor Hemingway...

Dir-se-á que o cinema é impermanente, imaterial, volúvel e ligado demais ao lugar e ao tempo, a valores ocasionais, nossos. Mas, e Shakespeare e Stendhal não são ou não o foram? Esse é um assunto que me apaixona e persegue e não havia como não falar dele nestas minhas *Reminiscências*. Talvez o que esteja nos faltando seja menos a grande arte, do que um moderno Vasari, ou um Diderot, para nos falar dela, para nos mostrar o que nós mesmos vemos (e amamos) sem saber que vemos, sem saber sequer o quanto amamos.

Esta manhã, acordei muito cedo e fiquei pensando nessas coisas. Depois, adormeci outra vez e tive um sonho estranho e agradável. Estava reclinado numa ampla poltrona, no interior de uma casa em que a luz entrava livremente; era um dia, talvez uma manhã clara de sol. Olhei para cima e vi uma janela alta, próxima do teto, pela qual entravam ramos de um arbusto com folhas ainda tenras e flores brancas, como camélias. Pensei que era estupendo viver, ainda que fosse só para ver aquela janela, aquela luz e a espécie de paz daquela manhã naquela sala. Um grande pássaro, então, entrou, vindo do outro lado, de outra janela que eu não tinha ainda visto, e pousou no braço de minha poltrona. Era um pássaro de porte médio, pouco maior que um pombo, com o bico achatado, lembrando um pato, e todo preto, parecendo mais velho, marcado pelo tempo, mas simpático, amigável. Beliscou-me o braço da camisa e esfregou nele sua pequena cabeça, como se quisesse me acariciar, e, em troca, cocei-lhe a cabeça e o pescoço, dizendo essas pequenas frases que se diz a um pássaro, embora grandalhão e feioso, que vem pousar junto de nós, afetuoso e fraterno...

FIM DA PRIMEIRA PARTE DESTAS
REMINISCÊNCIAS,
EM 30 DE AGOSTO DE 2006.

Meu pai formou-se em Direito, na Bahia, mas nunca foi, a rigor, advogado, embora tenha representado meu avô em sua grande causa contra a União; foi também diretor e sócio de empresas, algumas grandes, mas também não era empresário (como hoje se diz) e ainda menos administrador de empresas. Foi também, por muitos anos, muito ligado a jornalistas conhecidos e a grandes jornais, além de ter sido fundador e dirigente da Esquerda Democrática, depois transmudada em Partido Socialista Brasileiro (em 1945-50), mas nunca foi nem jornalista, nem político, nem intelectual; arrependia-se de não ter seguido o conselho do Carrascozinha, professor de química, severo e muito querido, ainda no ginásio, em Salvador, que se tornou seu mentor e amigo e queria que ele estudasse medicina. Trabalhou muito, viveu bem, sabia viver, era razoavelmente culto e bem-educado, elegante e amante do sexo oposto, entretanto bom chefe de família e pai excelente embora muitas vezes exigente demais e impaciente no quadro doméstico, como já devem saber os leitores da primeira parte destas memórias. Por que relembro tudo isso? Primeiro porque meu pai foi... meu pai: figura decisiva na minha primeira formação, que é a que realmente vale.

Tinha ainda bom ouvido e um certo gosto pela música; havia mesmo, em casa, além de bons discos e um pequeno piano em que ninguém tocava, uma célebre fotografia dele, elegantemente recostado a uma coluna, os cabelos abundantes e revoltos, encaracolados, as pernas trançadas, e um violino nas mãos... Em resumo, meu pai bateu em muitas portas, entrou em diversas, mas nunca para sempre; era inquieto, mão-aberta, sujeito a generosos entusiasmos e admirações, ingênuo, mas querido e respeitado. Seus amigos, colegas, mestres, mentores, companheiros, com duas ou três exceções apenas (Gondim da Fonseca, Domingos Velasco), eram todos baianos de boa e velha cepa, e eu encheria essa página toda, e talvez ainda outras mais, se pudesse citá-los todos, um por um.

Duas influências, dois polos magnéticos, o norte e o sul em minha infância e primeira adolescência: meu pai e minha avó materna, Gabriela. Na verdade, sou filho de minha avó, mais até que de minha mãe. Explico: nasci num dia 3 de março; no dia 17 de abril do ano seguinte, nasciam meus dois irmãos, gêmeos, louros de olhos azuis, lindos e perfeitos. Não é que o carinho, o excesso de carinho e amor, até, com que eu vinha sendo criado nos meus primeiros 13 meses e meio de vida, tivesse diminuído. Nada; eu era muito querido e continuei a ser; mas minha mãe, ao menos nos primeiros tempos, foi naturalmente obrigada a dedicar-se mais aos gêmeos (que, além de tudo, eram dois), amamentá-los, acalentá-los; gastar com eles, com a atenção devida a eles, o melhor do seu tempo; e minha Vó tomou-me para si, absorveu-me, cuidou de mim, não só para aliviar os encargos da filha, mas talvez para ter também, outra vez, um filho só seu, um neto. Na verdade, ela que era ainda muito moça, muito cheia de amor; e nós nos demos, os dois, muito bem. Pudesse ter eu aqui, para descrever essa gentil troca ou intercâmbio de sentimentos e de ternuras, o talento e a finura, quem sabe, de um Marcel Proust ou de algum outro desses grandes mestres da sutileza e da meia-tinta. Em pouco tempo, minha Vó tornou-se a pessoa de quem eu mais gostava no mundo, como eu mesmo lhe dizia, assim que aprendi a exprimir em palavras o que sentia; e a recíproca era verdadeira e até mais que verdadeira; minha Vó me adorava. Desde bem menino e, mesmo depois, mais taludo e travesso e com fumaças de independência, ela era para mim o polo invariável de afeto, de apoio e de ternura e conselho, fosse como fosse e contra quem fosse (mesmo meu pai, às vezes). A imagem que me ficou dela, já perto do fim, e está ainda bem viva diante dos meus olhos, vem de uma madrugada em que voltei bem tarde da sinuca, não tinha ainda a chave de casa e não consegui acordar meus irmãos para me abrirem a porta. Antes deles, acordou minha Vó. Através do vidro bisotê de um postigo na porta detrás da casa, por onde eu ia entrar escondido de meu pai e minha mãe, posso vê-la ainda, descendo a escada lentamente, com a falta de firmeza que nos dá a idade avançada, envolvida numa camisola branca de dormir e com um chale nos ombros. Essa imagem esmaecida, imprecisa, distorcida pelos reflexos no vidro irregular do postigo, minha Vó de camisola e chinelos na escada ainda escura, diante da porta que nos separava e que ela ia abrir com cuidado para que ninguém ouvisse, foi a derradeira, a mais forte que me ficou dela. É claro que minha Vó me censurava mansamente e certamente se preocupava com meus excessos e travessuras; mas eu era "dela" e ela confiava absurdamente em mim. Tinha eu, na época, talvez 13 ou 14 anos e ela ia morrer pouco depois; me lembro de suas mãos muito brancas e magras, com veias azuis salientes, de sua cabeça distinta, a testa alta, os olhos azuis, os cabelos brancos muito longos e abundantes sempre presos num coque, atrás. Ela era de um tempo em que as senhoras não tomavam sol, vestiam-se discretamente, não pintavam os cabelos ou as unhas ou o rosto, rezavam o terço e iam à igreja com frequência. Chamava-se Gabriela Nogueira da Silveira Lobo. O Nogueira lhe vinha do pai, meu bisavô materno, desembargador e presidente da província do Paraná, homem valente e esclarecido, antiescravagista exaltado, que gastava o dinheiro que tinha comprando escravos, apenas para libertá-los em seguida. Esse era o pai, Nogueira. E eis o que pode explicar, também, talvez, o Silveira Lobo do marido, meu avô; a filha do presidente da província, casa-se com o engenheiro que viera da capital para trabalhar na construção da ferrovia Curitiba–Paranaguá, cheia de curvas, despenhadeiros, dificuldades técnicas, encantos e perigos; o desbravador, o herói ferroviário arrebata a mão da princesa... Até hoje não havia pensado nisso; é uma ideia que me ocorre agora; mas, por que não imaginar minha Vó mocinha ainda, quase menina, cercada de mucamas em sua casa de Curitiba ou de Santos, apaixonada pelo jovem engenheiro de bastos bigodes castanhos, recém-vindo da Corte? Vejamos as datas para ver se não batem. Antônio Gomes Nogueira, o bisavô, casara-se em Santos, em 1856, com Josefina Vaz de Carvalhaes; tiveram seis filhos; três varões e três meninas, das quais a última foi minha Vó, Gabriela, que nasceu em 1863 e foi recebida com uma salva de tiros da guarda de honra do palácio. Logo depois, seu pai, Nogueira, terminado o mandato, deixou a presidência e voltou para Santos; mas sua família, a família de sua mulher, Vaz Carvalhaes, continuou no governo da nova província; houve mesmo um deles, Antônio Vaz de Carvalhaes, tio de minha Vó, que ficou famoso por seus feitos administrativos. A ferrovia

Curitiba–Paranaguá, vencendo a serra do Mar e a serra Central, passando por Morretes, uma cidade que ficaria famosa por sua boa cachacinha (e que eu mesmo visitei em 1948, mas essa já é outra história), foi construída na década de 1870, entre 1873 e 1880, vale dizer, nos anos em que minha avó era ainda menina ou adolescente. A paixão pelo engenheiro deve ter vindo logo, mas o que custou foi o casamento, várias vezes marcado e adiado por motivo de luto na família: o desembargador faleceu em 1885; morreram depois dois irmãos, e a consequência acabou sendo que minha mãe, Odette, filha única, só nasceria em 1901, no século novo; o namoro e o noivado de Gabriela e Francisco se estenderam mais do que deviam e foram marcados pelas sombras da dor e do luto. Pobre de minha Vó; como se não bastasse, também o marido lhe ia faltar muito cedo. Meu avô ia morrer logo; não chegou a ver a filha crescer e casar-se, nem muito menos seus netos; sua imagem apagou-se; ficou apenas um retrato num álbum antigo, mas o fato é que sua mulher, viúva tão cedo, viúva ficou; não se casou mais.

Quem me fala desse Paraná distante, perdido nas brumas imperiais, é minha cunhada Marina, mulher do Maurício, meu irmão mais moço, falecido uns poucos anos atrás. Digo "mais moço" porque é isso que ele queria ser, o caçula, embora a rigor não fosse. Antes de nascerem as meninas, como contei na primeira parte destas *Reminiscências*, nós éramos três, apenas; eu, que sou de 1926, e os dois gêmeos que eram de 1927; os gêmeos eram univitelinos, não havia como distingui-los senão pelo fato de que um era o transfusor e o outro o transfusado; vale dizer, no ventre materno, o primeiro recebia o sangue da mãe e passava-o ao segundo. O Maurício fora o transfusor e, portanto, o caçula verdadeiro era o outro, o Rodolfo, o último da fila; mas, não foi assim. Os gêmeos eram idênticos, podia-se trocar um pelo outro, louríssimos, de olhos azuis, sempre juntos e vestidos absolutamente iguais. Em Belo Horizonte, onde passamos o ano de 1930, havia uma colônia inglesa importante; grandes investimentos e empreendimentos britânicos, a Mina de Morro Velho, ferrovias, obras públicas. Eis por que, naquele ano, Belô mereceu a subida honra de receber a visita do príncipe de Gales, herdeiro da coroa britânica, e de seu irmão, George. Eram os dois muito moços e muito brincalhões; cutucavam-se um ao outro, nos banquetes em palácio, por trás da cadeira do próprio governador Olegário Maciel; e desfilavam pelas ruas em seus belos cavalos, diante das autoridades e do povo que os aclamava. Minha mãe, minha Vó e nós três, meninos, estávamos lá; os dois gêmeos juntos, louros chamaram a atenção do príncipe e do seu irmão, que pensaram que eles fossem ingleses e pararam para falar com minha mãe e perguntar seus nomes. Pode-se imaginar o sucesso que foi tudo isso; a comoção, a surpresa, a alegria da família. Meus dois irmãos continuaram por muito tempo iguais, idênticos, muito unidos, sempre juntos; mas, aos poucos, o temperamento e o modo de ser de cada um, a "alma" de um e de outro, foram-se revelando. Rodolfo, o transfusado, era mais sério e severo, reservado e responsável como deve ser um futuro professor de matemática; Maurício, o transfusor, era alegre e engraçado, gostava de fazer gracinhas e atrair para si as atenções da família; era o mais carente, supostamente o mais frágil, o caçula. As cores da menina dos olhos não mudaram, não mudam; os meus são castanho-esverdeados (ou vice-versa; depende de quem olha ou da hora do dia), mas, à medida que o tempo passou, os três irmãos Pedreira foram ficando cada vez mais parecidos, cada vez mais Pedreira. E não só nas feições; a voz do meu irmão Rodolfo ficou igual, absolutamente igual, à minha; de nós três, o que lembrava mais meu avô baiano, pai de meu pai, veio a ser o Maurício; e houve amigos queridos nossos, como a Ivone, ou minha cunhada Marina, que achavam que, em tempos mais recentes, eu era o que mais lembrava a dona Odette, nossa mãe. Pode-se concluir, um tanto filosoficamente, que a vida não passa, afinal, de uma grande salada de frutas. Foi meu irmão Maurício que, numa viagem de serviço ao Sul, descobriu, num museu de Curitiba, o retrato e a notícia do bisavô Nogueira. A família da Vó Gabriela era vasta; havia o lado Vaz de Carvalhaes, capitaneado pelo sogro, Barnabé, provável dono original da ilha Barnabé, no Porto de Santos, que passou depois às mãos da Petrobras e deve estar hoje cheia daqueles imensos tanques de óleo. Havia, ainda, nós moleques na praça Eugênio Jardim, além das já referidas primas Noêmia e Mary, e da prima-irmã Rachel, duas outras primas francesas, Blanche e Ameliá, que moravam numa grande casa com um amplo jardim, na rua Barata Ribeiro, quase esquina de Miguel Lemos. Não ficaram lá muito tempo; não lembro se morreram ou se mudaram; lembro-me de que tinham grandes cachorros galgos, elegantes, peludos e pulguentos; eram bem francesas (ou belgas) essas duas primas, bem europeias, na higiene, na maquiagem, nas roupas e nos galgos.

Desde muito menino, desde o berço, quase, fui sempre considerado o filho mais parecido com meu pai. Eu era a réplica, a repetição, a reedição (não se falava em clones, ainda) do João Pedreira, do Joãozinho, como o chamavam seus mais íntimos amigos. Nada mais conveniente, para um primogênito, do que isso, do que essa parecença, e eu sempre me orgulhei muito dela e, até, me vali dela, pois aos privilégios da primogenitura acrescentava os da óbvia pedreirice, ou joãozice, em contraste com a lourice inglesa dos meus irmãos; parecia com meu pai não só fisionomicamente, mas anatomicamente. Era um verdadeiro milagre; ele tinha 32 anos mais do que eu e dez centímetros a menos de altura; eu era magríssimo, pesava 65 quilos, apenas, e era bem alto entre os da minha geração, bem como ele havia sido em seu tempo. Ainda assim, as roupas dele serviam-me admiravelmente; era preciso apenas consertar a barra das calças. Ele era homem muito cioso da sua elegância, e seus ternos eram sempre muito bem cortados pelo melhor alfaiate da época (acho que se chamava Nagib), e isso ajudava bastante; mandava fazer sapatos na Casa Cadete, mas esses, infelizmente, não me serviam; sempre tive pés enormes, descomunais, herdados talvez de minha mãe, que calçava 37, o que parecia muito para uma mulher, na época. Chamavam-me, os amigos da praça Eugênio Jardim, a "alegria do sapateiro", apelido que me pôs o Mauro Mico, porque eu não encontrava nunca o meu número nas sapatarias e era obrigado a usar sapatos e chuteiras apertados que me faziam bolhas e calos nos pés, até que pude recorrer aos talentos do Moreira e mandar fazer meus próprios calçados. Hoje, com a voga dos sapatos de tênis, as coisas melhoraram bastante mas, ainda assim, só encontro mais facilmente meu número nos Estados Unidos, pois o fato, o surpreendente fato, é que os pés aumentam, crescem com a idade, em vez de murchar e diminuir como tantas outras coisas, e os meus estão hoje maiores do que nunca. Minha similitude com meu pai era celebrada não só em casa, mas por toda parte aonde ia. Quando entrei para a Faculdade de Direito, na Moncorvo Filho, em 1946, logo na primeira vez em que tive de me apresentar ao diretor da escola, Pedro Calmon, encontrei-o reunido numa grande mesa com membros da Congregação. "Vejam", disse ele, "este aqui é filho do Joãozinho e é o comunista mais bem-vestido da Faculdade!" A Congregação reunia um notável número de baianos, naquela época, e todos se conheciam: os mais próximos de meu pai eram Hermes Lima, Oscar da Cunha e Castro Rebelo, além do próprio Pedro Calmon. O

Oscar, catedrático de processo civil (ou coisa parecida) e grande advogado, morava na rua Barata Ribeiro, numa casa talvez na esquina da Santa Clara que, de tão grande, parecia mais um castelo; tinha duas filhas mocinhas, Lia e Vera, as duas salientes e irreverentes, sem serem muito bonitas; glosavam o velho Oscar o tempo todo e gostavam de contar uma historinha na qual o pai se deixara prender entre o portão de entrada do jardim e seu próprio carro, com a marcha ainda engatada e que o espremia contra as grades do portão; "Papai ficou todo roxo", contavam elas, às gargalhadas. Não cheguei a ser aluno dele, nem do Hermes Lima, eleito deputado naquele ano pela Esquerda Democrática, e que se licenciou da faculdade. Hermes era catedrático de Introdução à Ciência do Direito e o seu livro sobre a matéria era claramente marxista; estudávamos por ele, embora conduzidos por um substituto. Quanto a Pedro Calmon, historiador e orador brilhante (tinha discursos prontos para qualquer eventualidade, e todos decorados, como descobri depois), diretor da faculdade, foi logo promovido a reitor; outro baiano, Clemente Mariani, pai de prole numerosa, meninos e meninas, sobretudo meninas, que se tornaram, todos, anos depois grandes amigos meus, era ministro da Educação e foi grande (e cordial) adversário nosso, nas nossas batalhas do tempo da UNE. Mas, para mim, na faculdade, o mais querido e admirado ficou sendo Edgardo (com "o" no fim) Castro Rebelo, catedrático de Direito Comercial, cujas aulas eram quase sempre divertidas e alegres palestras nas quais ele nos falava sobre quase tudo e quase todos. Não poupava ninguém; era grande admirador de Anatole France, discutia e analisava seus livros e nos aconselhava sempre a ler, ler muito, e ler sobretudo romances; "Quem não lê romances fica burro!", proclamava ele. Nós o chamávamos carinhosamente, entre nós, de Castroff Rebelovitch, em homenagem aos seus antigos amores de antes da guerra pela Revolução de Outubro e sua impiedosa crítica do provincianismo local. Sua irreverência, seu prazer, sua malícia, falando dos personagens velhos e novos da cena brasileira, eram verdadeiramente sensuais; seus olhinhos brilhavam, a ponta do seu nariz um tanto rubicundo luzia, enquanto sua verve, seu talento verbal iam demolindo reputações e ignorâncias bem conhecidas. Castroff era muito querido de todos nós; quando Pedro Calmon foi guindado à reitoria, coube-lhe o lugar de diretor, que aceitou a contragosto e que obviamente não lhe servia, embora se tenha portado sempre com dignidade e coragem, no cargo. Castroff, a imagem de Castroff em pé, diante de nós, andando de um lado para o outro na sala de aula, sorrindo, quase babando de gozo com as maldades que inventava contra as burrices e desonestidades dos grandes da República, ainda hoje não me sai da lembrança; ele fez época na Universidade; muitos anos depois, no Itamaraty, na Unesco, encontrei admiradores fanáticos, veteranos diplomatas que guardavam livros e autógrafos seus como relíquias preciosas... Era homem de estatura mediana, gordote mas extremamente bem-cuidado, bem-vestido e elegante, casado com uma senhora francesa. Agora, tantos anos depois, escrevendo sobre ele, me ocorre a ideia de compará-lo a um Marcos Azambuja da *Belle Époque*, com a mesma verve e o mesmo talento, mas com elegância e graça que já não se usam; o florete em lugar da espada, em vez da metralhadora...

Além das hostes baianas da faculdade, houve ainda as hostes jornalísticas de antes da guerra, com figuras como Sodré Viana e M. Paulo Filho dos quais pretendo falar mais adiante, e pelo menos dois médicos que foram grandes e queridos amigos de meu pai. O primeiro deles chamava-se Arlindo de Assis e tinha consultório na Cinelândia, num andar alto, sobre o Bar Amarelinho. O Arlindo era solteirão (casou-se muito tarde com uma senhora simpática) e se celebrizara com a vacina BCG, que teve sua importância antes do advento dos antibióticos. Ele foi padrinho de meu irmão Maurício e, quando o Maurício se formou em arquitetura, obteve para ele o lugar de engenheiro da Prefeitura, cargo em que meu irmão serviu a vida inteira, até morrer. Eu não gostava muito do Arlindo, um homenzarrão grande, pesado, de óculos, porque, nós meninos ainda, ele tinha a mania, quando nos via, de nos festejar muito e nos pegar e pôr no colo; e eu já estava numa idade em que não gostava de ser pego e ainda menos posto no colo. Tomei implicância com o Arlindo, assim como tomara com um outro visitante lá de casa, na praça Eugênio Jardim, um velho desembargador chamado Totói, parente muito querido de minha mãe e minha Vó, um senhor de longas barbas grisalhas, vestido sempre de preto, com um colete onde lhe caía a cinza do charuto, e que parecia me adorar, encantar-se comigo. Quando se anunciava, em casa, que o Totói estava vindo, que ele vinha tomar chá ou almoçar conosco, eu me escondia no quintal ou me trancava num banheiro, na esperança de escapar das barbas do desembargador. "Mas, o Totói é a bondade em pessoa, e ele gosta tanto de você!", reclamava minha mãe. Fugi do Totói o quanto pude, tomei horror de senhores barbudos, como era a norma antiga, imperial. Aliás, em nossa casa, nunca fomos de muitos afagos, especialmente entre homens; nunca beijei meu pai, nem meus irmãos; quando muito, um abraço apertado e isso mesmo só em horas muito raras de grande emoção. Esses hábitos familiares, que podem ser tidos como secos e frios, e na verdade não são, muito pelo contrário, me marcaram para a vida inteira; e hão de ter certamente beneficiado meus sobrinhos, meus inúmeros afilhados e os filhos de amigos meus aos quais mais me apeguei, como os filhos do Gaspa, como o Ricardo, filho do Ermelindo Gusmão, e tantos outros. As crianças, mesmo ainda tenras, têm direito à sua intimidade, ao seu espaço individual próprio, que é preciso não invadir, que é preciso saber respeitar. Aliás, por uma curiosa coincidência, li há dias uns versos do Auden (um poeta de quem gosto muito) que parecem aplicar-se como uma luva à conjuntura. Diz Auden que, diante da ponta do seu nariz, há um espaço de pelo menos 30 polegadas que ele considera seu, e há de defender sempre, se não com uma espada, ao menos com uma cusparada. Mas, como cuspir no velho Totói ou no doutor Arlindo? Quando você é ainda de colo e não sabe nem falar, chora, grita, esperneia, fica rubro de cólera, até as pessoas entenderem que você não quer. Há uma idade, entretanto, em que nos sentimos obrigados a portar-nos como crianças afetuosas e bem-educadas e então...

O outro grande amigo médico de meu pai, também colega de infância, lá da Bahia (acho que os dois tinham a mesma idade), chamava-se Armínio Fraga. O Armínio morava numa bela casa na praia de Copacabana, entre os postos 5 e 6, uma casa na qual se entrava subindo uma pequena escada de mármore, ornada de colunas e com um largo corrimão. O andar térreo ficava, assim, erguido sobre um meio-porão e dispunha de uma bela vista para a praia e o mar, do outro lado da avenida. Eram tempos ainda bem anteriores aos alargamentos e reformas do Carlos Lacerda. Copacabana era, ainda, a "princesinha do mar"; uma fieira de luzes, como pérolas, três em cada poste, corria de uma ponta a outra pelo meio da avenida, que não tinha, talvez, nem um terço da largura da atual. Estive nessa casa umas poucas vezes e conheci seus filhos, mas não cheguei a ficar amigo de nenhum deles, nem mesmo do Sílvio, que tinha mais ou menos a mesma idade que eu. Espero que minha lembrança da casa esteja razoavelmente correta; eu era mais freguês do consultório do Armínio, montado numa daquelas avenidas da esplanada do Castelo. Nos meus anos de estudante, fui lá várias vezes. Ele se recusava a cobrar, fosse o que fosse, para cuidar das minhas eventuais mazelas dermatológicas, e me recebia sempre com grandes manifestações de carinho. Fazia-me andar, de um lado para o outro, diante dele e dizia que eu andava exatamente como meu pai, era o retrato vivo, escarrado do Joãozinho quando moço. O Armínio, grande médico, de renome internacional, com uma clientela que incluía até mesmo a mulher do Chiang Kai-Chek, ditador chinês, uma das lindíssimas cunhadas do patriarca Sun Yat-Sen – e olhe que não era fácil, naqueles anos ainda tão distantes da globalização, para um brasileiro, ter seus méritos reconhecidos lá fora – o Armínio, dizia eu, era homem de muita personalidade, incrivelmente desbocado para os padrões da época; sua verve estava sempre apimentada pelos mais sonoros palavrões e mais escabrosas referências. Para um moço estudante, como eu, era curioso ver aquele ilustre médico, amigo do Chateaubriand e de todos os grandes da República, dizendo aquelas barbaridades todas, com um ar esperto, iconoclasta. Foi no seu consultório que confrontei, pela primeira vez, um bisturi elétrico, então recentemente inventado, que me cortou fora um quisto sebáceo, localizado atrás da orelha esquerda, e isso quase sem nenhuma espécie de anestesia. Saía fumaça da minha orelha, mas aguentei firme. Muitos e muitos anos depois, na redação do *JB*, que eu chefiava mas onde minha preocupação verdadeira era cuidar da página "onze", a página Op-ed, do jornal da época, recebi certo dia um telefonema do Sílvio Fraga, o único dos filhos do velho Armínio que seguiu os passos do pai e se tornou também renomado dermatologista. Queria o Sílvio que o jornal publicasse artigos do seu filho, economista recém-formado. O menino, disse o Sílvio, tinha muito mérito, bom nome entre colegas e professores, mas precisava escrever, aparecer, mostrar o que sabia; chamava-se Armínio Fraga Neto, nada menos, e seria logo depois convocado a trabalhar nos Estados Unidos na equipe de George Soros, de onde só voltaria para ser presidente do Banco Central do Brasil, já no fim do governo do Fernando Henrique. Não cheguei a conhecer pessoalmente o economista, embora esteja certo de seus méritos, mas para mim a grande figura da família continua a ser o avô, hoje esquecido e ignorado. Mesmo Pedro Briggs, meu médico, talvez hoje o melhor dermatologista do Rio, e que se iniciou na carreira trabalhando no consultório do Sílvio Fraga, não sabia nada das histórias do velho Armínio, e se surpreendeu quando lhe falei dele. De onde virá essa espécie de desmemória? Talvez da moda dos tempos em que vivemos, os da nossa geração, quando para falar de avós ilustres era preciso, como fazia o Miguel Lins, inventar histórias de sarjetas tombadas...

O velho Armínio sabia, talvez por meu pai, das minhas preferências políticas, na época, e das minhas leituras e proezas marxistas e prestistas. Certa vez em que fui visitá-lo, o problema dermatológico não era atrás da orelha esquerda, mas, mais para baixo, no próprio membro viril que eu apenas começava a usar com algum brilho cívico. Ele examinou o local, declarou que não era nada muito grave e receitou a aplicação de uma pomada, todos os dias, depois do banho: "Volte daqui a uma semana, para vermos como isso evolui." Voltei na data marcada, exibi a peça; ele olhou-a com ar satisfeito e decretou: "Está bom; pode meter no cu do Prestes!" Curioso conselho. Ontem, domingo, 1º de outubro de 2006, 60 anos mais tarde, dia de eleições gerais no Brasil, enquanto eu contava aqui essas histórias do doutor Armínio, a sua Bahia, na verdade o Nordeste inteiro, de uma ponta a outra, parecia decidido a inverter sua proposição, seu conselho, e eleger por ampla maioria o último de uma extensa fieira de líderes do populismo distributivista, na verdade sucessores de Luís Carlos Prestes: o Lula. O Lula já nos governa há quatro anos e, na verdade, não assusta mais ninguém, menos ainda as áreas da indústria e da alta finança que gostariam de vê-lo, ao contrário, menos ortodoxo economicamente, e mais "estimulante" num segundo mandato. Mas, o voto deste primeiro turno, domingo último, espantou e assustou os comentaristas, mostrando um Brasil clara e nitidamente dividido em duas metades por uma espécie de paralelo, quase como o que separa as duas Coreias; um paralelo não só político ou ideológico, mas gráfico, cartográfico. Houve mesmo um comentarista, dos mais brilhantes dentre eles, em geral tão cansativos, uma moça nossa amiga, a Lúcia Hippolito, que atribuiu à reviravolta nordestina, especialmente em Estados como a Bahia e o Ceará, um caráter "geracional", isto é, uma passagem de pai para filho ou de avô para neto, a substituição de uma liderança gasta pelo tempo e envelhecida, por outra nova. Mas, a cartografia, por "impactante" que possa parecer, especialmente a cartografia eleitoral, é na verdade capciosa e volúvel, muda a cada eleição, a cada passo. Ainda há uns anos, entre nós, era o Nordeste que estava submetido a seus coronéis-usineiros, a seus antigos caciques, enquanto o Centro-Sul e o Sul haviam sido invadidos e dominados pelo populismo distributivista dos demagogos e da esquerda. O desequilíbrio, a divisão, a oscilação entre opostos não têm impedido o Brasil de governar-se e, até, de progredir. Ao contrário, pode-se dizer mesmo que, se o Nordeste está hoje assim, não é porque tenha ficado para trás, mas porque avançou, está avançando rapidamente, no curso desses anos mais recentes. O Nordeste "paulistiza-se", progride, salta do atraso para a condição ultramoderna do prestador de serviços, torna-se um parque de grandes investimentos hoteleiros europeus, quer ser tão emergente quanto o próprio Lula, na verdade um "paulista de 400 dias", que tomou o lugar dos velhos quatrocentões aposentados.

Redijo estas notas numa luminosa manhã de domingo, ainda a duas semanas do decisivo segundo turno das eleições presidenciais; posso, pois, mudá-las, remendá-las ou suprimi-las amanhã ou depois, se as urnas não me derem razão. Essa é a vantagem de já não ser jornalista, nem comentarista de televisão, como a Lúcia Hippolito: digo e desdigo à vontade, especulo e exponho sem medo que me corrijam ou me calem; sem medo de leitores hostis ou de editores severos como o Rui Mesquita – ou o Oliveiros, antes dele, que simplesmente jogava na cesta originais meus. O Oli, segundo do Rui na seção do exterior do *Estado*, no último semestre de 1965, jogou fora 20 correspondências minhas, das 22 que mandei de Washington e Nova York (publicadas todas, entretanto, no *JB*), sem que a direção da casa sequer percebesse; nem o Rui ficou sabendo; e o próprio Rui, muitos anos depois, ainda agora em 2001 e 2002, já diretor do jornal, suprimia artigos meus que não lhe caíam no goto, ou mandava-os simplesmente publicar num canto qualquer da seção de arte, em vez de estampá-los no lugar habitual. O que faz um editor? Um editor "edita", isto é, corrige, conserta, corta, acrescenta, aprova ou desaprova. Eu mesmo nem sempre fui vítima; fui editor, muitos anos, e cortei muita coisa de muita gente boa (e ruim também). Algumas vezes errei, e me arrependo, mas houve casos felizes de autores que me ficaram gratos e houve até um deles que me mandava, agradecido, fitas gravadas; numa delas, inesquecível, o Sacha tocava e cantava canções e sucessos antigos na sua boate do Leme; podia-se até ouvir as vozes das pessoas em torno, boêmios e amigos da Copacabana do nosso tempo, conversando. Agora, no fim, entretanto, o Rui tinha ciúmes de mim (ele próprio já não conseguia escrever), e isso o fazia impaciente e discricionário; mas a verdade é que seus vetos, seus "arroubos" de diretor, acabaram sendo benéficos, embora traumáticos, porque apressaram minha aposentadoria; não fosse ele e talvez ainda hoje eu estivesse na ativa, como um outro Barbosa Lima, que publicou seus artigos semanais até morrer, até depois dos cem anos, com admirável persistência e constância. Mas meu caso era outro, eu estava cansado; havia escrito, quantos? Talvez, somando tudo, entre ensaios e artigos, alguns bons milhares, pelo menos. A política, o governo, o entendimento da coisa pública (a *res publica*), que eram minha paixão, haviam virado, para mim, rotina; repetiam-se; parecia um bagaço mastigado, descolorido e desbotado, insosso; o país crescia, progredia; mudavam as moscas, mas a merda era a mesma. Pior, as novas moscas mostravam-se (ou me pareciam) medíocres, tacanhas, grosseiras, ignorantes.

A consequência foi que mudei, ou fui mudando, de assunto; já durante a última década do século passado, escrevi mais crônicas da Europa e impressões de viagem e de leituras, do que artigos políticos; agora, no século novo, passei a recorrer cada vez mais às reminiscências, às lembranças, como afinal acabaria fazendo aqui, nestas notas, graças ao empurrão do Rui (e à insistência do Millôr); notas que ninguém vai ler, a não ser, talvez, alguns dos próprios citados, os que estiverem vivos, ao menos... Perdoem-me se insisto nessa palavra pouco elegante e, digamos, "arminiana", mas talvez devêssemos parodiar aqui uma frase antiga do Tom Jobim, comparando os Estados Unidos ao Brasil: o passado era uma merda, mas era melhor; o presente é melhor, mais rico, mais informático, mais popular, mas é uma merda; e que merda! Promete ainda piorar rapidamente e muito, nas próximas décadas, até consumir-se e desaparecer, segundo anunciam climatologistas e geólogos, entre calamidades diversas, talvez lá para o fim do século XXII ou XXIII...

Levei uma semana inteira para redigir estas últimas duas ou três páginas, não porque elas contenham coisas muito difíceis e complicadas de escrever, mas porque o escândalo, a zoeira que nos martelam o cérebro num fim de campanha política são quase como se o vizinho de cima resolvesse trocar o piso de mármore do seu apartamento por tacos de madeira; operários martelando-nos o crânio das 9 da manhã às 5 da tarde, com uma pausa de meia hora para o almoço, cinco dias por semana; às vezes, com alguma pouca sorte como agora, neste meu apartamento do Leblon, se consegue somar as duas coisas, as obras no vizinho e o engalfinhamento eleitoral; mas sempre sobram o sábado e o domingo nos quais se pode, afinal, pensar com mais clareza, e concatenar as frases de um discurso inteligível. Lula vem aí, outra vez: Já no próximo domingo, daqui a mais uns dias, as urnas vão corrigir o que parecia, no mapa do primeiro turno das eleições, o desenho improvável de um paralelo divisório entre dois Brasis, o de cima e o de baixo, ficando o de baixo em cima e o de cima embaixo, de acordo com a tradicional ordem das coisas, segundo a qual as populações devem ser tanto mais pobres quanto mais próximas do equador. Seremos, pois, outra vez, e cada vez mais, um país só, o país do Lula e é até possível que estejamos melhor com ele do que estaríamos nas mãos do seu insosso, embora bem-intencionado adversário, Alckmin.

Enfim, sobrevivemos. Talvez o mais triste e o pior, para mim, dessas longas semanas da campanha política tenha sido a morte, em São Paulo, do Fernando Gasparian. O Fernando não parava, não parecia descansar nunca, não abria mão de suas incessantes viagens, mas na verdade estava, há muitos anos já, seriamente doente; tinha pedras nos rins; seu próprio organismo produzia sem cessar essas pedras que lhe entupiam vasos, condutos, canais e os próprios rins e o obrigavam a submeter-se, cada vez mais frequentemente e sempre de urgência, a intervenções e cirurgias e tratamentos penosos; houve tempo em que o Fernando tinha, inseridos no ventre, dois ou três cateteres que ele procurava ignorar, ou fingia ignorar, para não interromper seu trabalho e suas viagens. Agora, nos dois últimos anos, tinha cada vez mais dificuldade de andar e de mover-se, mas não renunciava a seus hábitos antigos, nem mesmo à bebida; bebia bem e fortemente e, até o fim, foi um excelente e bravo companheiro. Não me lembro exatamente da data de sua morte; sei que foi no princípio de outubro e que a Dalva, sua mulher de toda a vida, voltou para o Rio e pudemos ir vê-la em sua casa, logo depois. Durante a noite, na véspera de morrer, Fernando tinha tido necessidade de ir ao banheiro e ela, como costumava fazer nesses últimos tempos, levantou-se também para ampará-lo e ajudá-lo, mas logo o Fernando anunciou que ia cair; era um homem grande e pesado e acabou caindo por cima da Dalva que, na queda, fraturou duas vértebras. Veio então a febre violenta que, mesmo no hospital para onde foi levado, os médicos já não conseguiriam controlar. Fernando foi velado na Assembleia Legislativa de São Paulo e, depois, cremado. No Rio, na missa em sua memória, numa igreja da Fonte da Saudade (a mesma em que foi batizado meu sobrinho Ricardo Rangel) cheia de amigos e familiares e antigos colaboradores, era um pouco como se estivéssemos todos numa das reuniões que ele e Dalva tão frequentemente promoviam – almoços, jantares – em sua casa. Ou antes: em suas casas, que foram na verdade inúmeras: em São Paulo, no Rio, em Oxford, em Londres... Ele havia (como eu também, embora no sentido oposto) dividido sua vida entre São Paulo e Rio; viera para cá em 1964, na época em que assumiu o controle da América Fabril, entregue a ele e a dois outros industriais paulistas pelo Banco do Brasil, vale dizer, pelo governo, pouco depois da deposição de Jango em 31 de março. Foi morar num grande apartamento da praia de Copacabana, que não era ainda o inferno que se tornou depois; ficou lá uns bons anos e me lembro de que foi nesse apartamento que revi Darcy Ribeiro, recém-chegado do exílio. Passou depois para uma casa ampla, embora quase sem jardins, no sopé de uma encosta entre o Leblon e a PUC, no caminho da Gávea. Seus filhos, com exceção da mais velha, Heleninha, diplomata de carreira, tornaram-se cariocas, irremediavelmente cariocas, condição à qual Dalva acabaria aderindo; mas ele próprio, Fernando, era um carioca relutante; gostava do Rio, mas preferia São Paulo, e, até o fim, resistiu às instâncias dos filhos e dos netos e da mulher, que queriam vê-lo definitivamente instalado (e sossegado) aqui. Além de receberem multidões variadas de amigos e conhecidos, Dalva e Fernando, ocasionalmente, hospedavam visitantes, gente que estava de passagem, ou mesmo convidados vindos do Exterior. Me lembro de ter ficado em casa deles pelo menos umas três ou quatro vezes em que me apanhei sem pouso certo ou não resisti às instâncias do hospedeiro; em Oxford, em Londres, no Rio, na casa entre o Leblon e a Gávea, e, até, em março de 1964, na semana do célebre comício da Central do Brasil, hospedado, elegantemente hospedado, num apartamento do Anexo do Copacabana Palace, que havia sido alugado pelo Fernando, talvez para acomodar algum personagem importante que afinal não pudera ou não quisera comparecer. A vida de um jovem repórter, amigo do Fernando, tinha dessas surpresas; nessa época, ele se elegera diretor da Fiesp e do Sesi e se metera em altas cavalarias, mas não se escondia; continuava o amigo de sempre, aberto e franco. Perguntou-me, certa vez, se eu me lembrava de alguém que pudesse ajudá-lo num caso de urgência: uma complicada questão da própria Fiesp, já na pauta da sessão da semana seguinte no Supremo. Disse-lhe que, pelo que corria no Rio, a pessoa certa para casos assim era o Bahout. Fernando procurou o Bahout e o Bahout, mediante uma substancial soma, resolveu a parada da Fiesp. Na Faculdade Nacional de Direito, onde estudei, talvez o mais ilustre dos catedráticos fosse San Tiago Dantas, mais tarde deputado e ministro de Jango. Dizia San Tiago que, dos três poderes da República, o mais corrupto era o Judiciário; e o Bahout, Eduardo Bahout, desde os tempos da velha Capital Federal, no Rio, era a prova prática e mais eminente de que a tese do mestre tinha, ou podia ter, muito de verdadeira.

Entre os hóspedes da Dalva e do Fernando, houve alguns especialmente ilustres (e surpreendentes) como Elizabeth Hardwick, editora da *New York Review of Books*, que esteve incógnita, por uma ou duas semanas, na casa do Leblon, com seu marido de então (se não me engano, o poeta Robert Lowell, mas pode ser que me engane de poeta). Pouco mais adiante, um professor de Oxford, autor de célebre livro sobre a Guerra Civil espanhola, Raymond Carr, colega do Fernando no St. Antony's College, veio ao Rio com a mulher e ficou também hospedado na casa do Leblon; os Carr, como bons ingleses (e intelectuais de boa e antiga cepa), iam à praia do Leblon decentemente vestidos, ele de paletó e ela com um vestido simples e um chapéu; lá chegados, tiravam a roupa (iam com maiôs de banho por baixo) e mergulhavam no mar; terminado o banho, secavam-se ao sol, vestiam-se outra vez, e voltavam para casa – onde não tomavam a clássica chuveirada de água doce; acreditavam, talvez, que o sal e o iodo do mar fizessem bem à saúde e à pele; e a consequência, conforme pôde constatar a própria Dalva, é que os lençóis de cama deles, no dia seguinte, estavam "salgados", cobertos daquela fina areiazinha esbranquiçada e salina, característica. Num domingo, o Fernando nos convidou para almoçar no Gávea Golf com o Carr e a mulher; éramos três ou quatro casais à mesa e, a certa altura, o professor nos perguntou que personagem da história do Brasil distinguiríamos como especialmente significativo. Estávamos sentados na varanda do Gávea; era um dia de sol muito bonito e a paisagem em volta, deslumbrante; a floresta na encosta da montanha, a pedra da Gávea, o mar de São Conrado e eu respondi sem hesitar que meu personagem preferido na história do Brasil era Caramuru, o bravo português Caramuru que, com um tiro do seu arcabuz ou bacamarte, havia submetido os índios de uma tribo inteira e conquistado a mão da própria filha do cacique... Tudo ali em volta, que estávamos vendo, a própria baía da Guanabara, mais adiante, Sepetiba e Angra dos Reis, mais para trás, era tudo terra de índios; nós os havíamos conquistado e dizimado, tínhamos tomado suas terras e suas mulheres e assim se fizera o Brasil... Raymond Carr quis saber detalhes da história do Caramuru, mas nós não nos lembrávamos nem sequer do seu nome verdadeiro de oficial português; podíamos, quando muito, cantarolar a antiga marchinha carnavalesca composta em sua homenagem: Caramuru, filho do fogo, sobrinho do trovão...

Hoje, tantos anos passados, morto meu amigo Fernando, me ocorre dizer que, se estivéssemos, não num alegre almoço de domingo, mas num simpósio ou seminário acadêmico, é provável que tivéssemos dado, à pergunta do professor, outra resposta bem diferente; podíamos ter-lhe dito que ali mesmo ao nosso lado se encontrava um bom exemplo do "herói brasileiro" moderno, que tomara o lugar do português predador-desbravador dos primeiros séculos, com suas levas de escravos, a princípio índios e depois negros africanos; esse herói, com ou sem aspas, era o imigrante; eram os filhos e netos dos imigrantes italianos, alemães, japoneses, "turcos" (na verdade, sírios e libaneses), armênios, espanhóis que haviam vindo para cá, não como conquistadores, mas como "convidados" pela legislação do Império, que promoveu e organizou a chegada das primeiras grandes levas europeias e asiáticas, embora não lhes desse depois o apoio e a cobertura prometidos; os imigrantes tiveram que fazer tudo por conta própria: escolas para as crianças, estradas, cidades... e talvez tenha sido melhor assim. E eis aí o que é, pelo menos, curioso: ainda hoje, ainda agora em 2006, os grandes livros de referência, onde procuramos e, tantas vezes, encontramos as raízes do Brasil, referem-se todos a um país antigo, anterior à realidade nova trazida pelos 3 ou 4 milhões de imigrantes que fecundaram e revolucionaram São Paulo e o Sul, a partir do fim do século XIX. Nessa época, o Brasil inteiro teria, quando muito, 25 milhões de habitantes ou pouco mais, sendo, boa parte deles, escravos ou ex-escravos recém-libertos, e os 3 milhões de recém-chegados pesaram enormemente.

Imigrantes, hoje, é nome de rodovia; mas, fazer o que ainda agora fazem *scholars* e professores, saltar de Gilberto Freyre ou Sérgio Buarque de Holanda para o Brasil do século XXI, ignorando a obra desses heróis humildes, construtores verdadeiros das bases do país moderno, eis o que abre um buraco, uma falha tectônica entre o que sabemos ou aprendemos sobre nós mesmos e o que vivemos.

Fernando Gasparian tinha apenas um quarto de sangue armênio; sua mãe e sua avó eram de outra origem. Dalva, sua mulher, é meio italiana (Funaro) e meio sérvia; os filhos, portanto, têm apenas um oitavo de sangue, mas nem por isso são menos caracteristicamente armênios, a pele muito branca, grandes e bem fornidos como o pai; as moças, Heleninha e Laurinha, todas as duas muito bonitas de rosto, alegres e risonhas, graciosas, embora os hábitos e as modas ocidentais não lhes tenham nunca permitido obedecer ao padrão amplo e generoso de sua origem. Fernando gostava de contar como o grande compositor Khatchaturian, vindo a São Paulo após a guerra, logo depois de reatadas as relações do Brasil com a URSS, se encantara por uma de suas tias ou primas, exatamente a mais rechonchuda e irradiante de todas... Registro aqui essas histórias, essas memórias, na verdade menos minhas que do Gasparian, porque elas, em sua simplicidade, me parecem refletir uma São Paulo da qual eu não tinha nem ideia, quando para lá fui, em 1951. O pai do Fernando, figura austera e severa, chamava-se Gaspar e tinha cinco irmãos e uma irmã, casada com outro armênio, Varan Keutnedjan. Os seis irmãos homens e o cunhado Varan eram comerciantes de tecidos no Bom Retiro, em São Paulo; todas as semanas almoçavam juntos num restaurante do bairro e compravam um bilhete de loteria. Um dia, bateu a sorte grande; os irmãos e o cunhado tornaram-se de repente milionários. O momento era especialmente favorável a quem dispunha de uma boa bolada nas mãos; a crise e a quebradeira geral de 1929 estavam ainda próximas, havia muitas empresas e até grandes indústrias falidas ou quase quebradas, e os Gasparian não perderam a boa oportunidade; montaram em pouco tempo um pequeno império. O bloqueio alemão e a guerra logo chegaram, fechando a porta às importações e reservando o mercado interno, sustentado pela política do café e pelas verbas públicas, para os nacionais, isto é, para os que haviam restado. Quando conheci o Fernando, em 1953 ou 54, sua família tinha dúzias de fábricas, não só em São Paulo, mas em diversas cidades do interior do Estado; o mais rico de todos era, talvez, o cunhado Keutnedjan, que logo se tornou importador de automóveis e encheu de carros *Nash* as ruas de São Paulo e Rio; a historinha de como o tio Varan, numa viagem aos Estados Unidos, diante das recusas da Ford e da GM, havia afinal convencido e corrompido um alto diretor da *Nash*, marca da qual ninguém tinha ainda ouvido falar, e se tornara seu grande representante no Brasil, ficou famosa entre os íntimos...

Eça de Queirós, na *Correspondência de Fradique Mendes*, compara pensar a fumar, duas atividades, observa ele, que consistem em lançar ao espaço pequenas nuvens que logo o vento leva. Pois digo eu que escrever memórias, pôr no papel lembranças antigas, reminiscências, é como desatar nós. Ou antes: é como desembaraçar e pentear os longos e cacheados cabelos de uma criança ou de uma rapariga; de alguém que queremos muito e a quem devemos muito carinho. As lembranças vão brotando umas das outras, vão-se acumulando, se juntando e embolando em grandes novelos; e todas as manhãs é preciso ordená-las, penteá-las antes de formar as tranças de um texto coerente que conserve ou preserve seu encanto, sua poesia. Tenho ainda muitíssimas (e importantíssimas) coisas a contar dos meus tempos de estudante, entre 1945 e 1950; foi nesse tempo que conheci e namorei a Renina, com quem casei em março de 1951, e só a história desse namoro, que começou numa viagem de navio à Bahia, com Fernando Pamplona e um grande grupo de moças e rapazes da Escola Nacional de Belas Artes, daria um livro inteiro, um extraordinário livro, se eu apenas tivesse o talento, quem sabe, do Jean Giraudoux ou da Colette. Foi também nesse período que minhas funções de diretor da UNE me levaram a conhecer o Brasil (ou ao menos suas grandes capitais) e um pouco do mundo, lá fora. De tudo isso tenho falado e vou falar, se me sobrar tempo, mas quero aqui deixar apenas um registro, um curioso testemunho; entre os líderes estudantis de meu tempo, havia, com certeza, bons e maus, piores e melhores, interesseiros ou idealistas, mas o índice do que se poderia chamar de corrupção era muito baixo, virtualmente igual a zero – em todos os Estados, do Amazonas ao Chuí, com exceção de um único: São Paulo. Em São Paulo, podia-se "comprar" um diretório acadêmico como o Centro XI de Agosto, ganhar eleições e fazer política com métodos semelhantes aos da Máfia ou da Camorra; não é que as pessoas, os líderes fossem especialmente maus ou viciosos; muitas vezes eram até o oposto disso, como no caso do Ubirajara Keutnedjan ou do Rogé Ferreira, que o sucedeu e conheci de perto; o processo, os meios e modos de ganhar ou perder é que eram corruptos, mafiosos; o dinheiro corria e, em certas áreas de menor evidência, predominava a violência, a pancadaria; os líderes tinham suas gangues, seus guarda-costas, seus valentões; sem eles, nada podiam fazer.

De onde vinha tudo isso? Provavelmente, de mais de uma fonte; São Paulo naqueles anos já se tornara a célebre locomotiva que puxava 20 vagões, quase todos vazios, e certamente pagava o preço dessa liderança; era a terra do doutor Ademar Pereira de Barros, o homem do "rouba mas faz"; e era ainda terra de imigrantes, onde homens e mulheres vindos de diferentes culturas, de diferentes países, e armados de diferentes códigos de conduta e maneiras de viver, batalhavam entre si para criar raízes e ganhar a vida. Conheci o doutor Ademar; trabalhei, ainda que por bem pouco tempo, no seu gabinete de prefeito, então recém-eleito, de São Paulo; acompanhei, pouco mais tarde, meu amigo Joaquim Pinto Nazário, que levava para o prefeito uma maleta cheia de dinheiro e, aparentemente, precisava de uma testemunha, para evitar eventuais complicações futuras. Eu era, então, modesto redator do *Diário de São Paulo*, jornal do qual meu amigo era diretor; não fiz perguntas, nem me cabia fazê-las, e o Nazário não me disse nada; imaginei que o dinheiro fosse o *kick-back*, o "por fora", de alguma operação escusa, envolvendo o prefeito e o dono do jornal, Assis Chateaubriand. Outra vez, já não sei mais se antes ou depois disso, fui à casa do doutor Ademar, em Higienópolis, acompanhando Agildo Barata, que havia rompido com o Partidão e queria fundos para o seu movimento rebelde;

Ademar recebeu-nos na ampla cozinha de sua residência; comia tangerinas ou ameixas e cuspia ruidosamente os caroços; achou graça no pedido do Agildo e recusou-se a colaborar; não queria meter-se, disse ele, em brigas internas entre "comunas". O doutor Ademar, digamos assim, foi o "neandertal" de várias espécies de *homo sapiens* que viriam a seguir; era bem-nascido, quatrocentão, filho de pais abonados, formado em medicina na Alemanha; essas origens requintadas não o impediam de ser também um inato demagogo com corpo e alma de demagogo; popularesco, grandalhão, grosseiro, espertíssimo, cínico e brutal.

Paulo Maluf, que vem de se reeleger, ainda agora, deputado federal por São Paulo, com mais de 800 mil votos (o deputado mais bem votado do Brasil inteiro), diante do velho Ademar pareceria pouco mais que um ameno personagem das colunas do Ibrahim Sued ou de seus sucessores. Maluf, com sua votação espetacular, esmagadora, ainda é pouco; para ter uma ideia das fundas raízes populares da corrupção, escondidas por trás desses grandes e pequenos demagogos, é preciso ver o fenômeno do PT, da vasta máquina do PT, hoje exposta aos olhos de todos pela série de escândalos que sacudiram o país nos últimos meses; o PT, como Ademar e Maluf, é filho da moderna São Paulo, onde nasceu e cresceu sua rede mafiosa, embora tenha também uma base gaúcha, getuliana, e, como se pôde ainda agora comprovar, não encontre dificuldade em estender seus ramos não só no Congresso (e no Judiciário) mas na alta administração pública.

E eis aí até onde pode trazer-nos a simples lembrança de como se fazia política no Centro XI de Agosto, nos meus tempos de rapazola, entre 1945 e 1950. A corrupção tem ainda, curiosamente, um traço que a aproxima da pederastia, esse desvio ou inclinação hoje tão eloquentemente defendido por tanta gente boa. O macho, o corruptor, é relativamente bem visto ou tolerado; o peso maior da vergonha cai sobre o corrompido, sobre aquele que vende seus favores, seus poderes ou sua honra – ao menos enquanto um e outro, ativo e passivo, não trocam de posição... São muito raros, entre nós, os que se negam, chegada a oportunidade, a dar "um dinheiro", uma propina, um jabaculê, ao guarda de trânsito, ao *maître* no restaurante, ao fiscal (ou ao juiz, ao prefeito, ao ministro) receptivo e tolerante. Mas não é meu propósito, nestas notas, fazer ou desenvolver teorias; dou apenas meu testemunho. Em pouco mais de meio século de jornalismo, assisti de muito perto ao "espetáculo", como diria o presidente Lula, da corrupção, embora em geral não participasse dele. Houve episódios curiosos e significativos, além daqueles aos quais já fiz referência. Talvez mais adiante volte a falar deles.

Ainda ontem à noite, noite de sábado, véspera de um domingo cinzento, úmido e apagado, fui ver um filme sobre Cuba, sua Revolução e suas duas ditaduras, a do sargento Baptista e a do barbudo Fidel, tão diferentes mas tão iguais. O filme é muito bonito, ainda que um tanto infantilmente apoiado em clichês; sua conclusão é que, da ilha, o que fica é música popular, rum e charutos; além da brutal violência e do recurso à emigração. Nada de muito novo, portanto, mas saí do cinema comovido e pensando comigo mesmo: como podem os Estados Unidos, como pode Washington, meterem-se em países distantes e complicados como o Iraque e o Vietnã, a pretexto de garantir a seus povos liberdade e democracia, quando não consegue dar conta sequer de uma pequena ilha estendida a seus pés? Que mistério tão grande, esse, de um país imenso, fiel a suas raízes, capaz de intervir decisivamente em grandes confrontos mundiais, como a Segunda Guerra, mas que tropeça como um bêbado qualquer no primeiro meio-fio diante de sua porta: a pequenina (e encantadora) Cuba, o Haiti, a República Dominicana? O filme que vi no sábado foi feito nos Estados Unidos, com recursos e técnicas hollywoodianos, por um famoso ator de origem cubana, Andy Garcia. A revolução fidelista é de 1959; acontecimentos semelhantes haviam ocorrido no Brasil um quarto de século antes, em 1935; nosso Fidel chamava-se Luís Carlos Prestes e tinha, entre nós, raízes bem mais amplas e respeitáveis que as do seu distante sucessor cubano entre os seus; mas foi rapidamente derrotado; o *putsch*, o levante armado no Rio, em Recife e Natal, em Santos e em outras cidades – não durou muito mais do que um dia ou dois. O Brasil, embora tão parecido, já não era então nenhuma Cuba, e o nosso sargento Baptista (manda a verdade que se diga) também não era um qualquer; havia sido deputado federal, ministro da Fazenda do seu antecessor Washington Luiz, depois governador do Rio Grande do Sul e candidato à presidência, até ser alçado ao poder supremo pela vitoriosa Revolução de 1930. Mas, tinha alma de ditador e o *putsch* de 1935 deu-lhe o pretexto político (e a unidade militar de que necessitava) para instaurar no país o Estado Novo e tornar-se um Oliveira Salazar caboclo. Além do vezo ditatorial, sua semelhança com os cubanos estava no uniforme militar que envergou em 1930, e nos charutos que fumava.

Em 1935, morávamos na praça Eugênio Jardim e cursávamos o primário no Colégio Guy de Fontgalland, dos padres barnabitas, na rua Leopoldo Miguez. Eu tinha nove anos, meus dois irmãos menores, oito, e estávamos os três já fardados com a fardinha do colégio e de malas cheias de livros e cadernos nas mãos, prontos para sair, quando chegou a notícia, não me lembro exatamente se trazida por alguém ou ouvida no rádio por minha mãe; estourara uma Revolução, havia tiroteios em alguns lugares, o bairro da Urca estava conflagrado; as aulas haviam sido suspensas e as crianças eram aconselhadas a não sair de casa. Devia ser ainda bem cedo, as classes no colégio começavam às oito, e a notícia nos apanhou de surpresa; éramos ainda muito pequenos, pequenos demais para entender o que estava acontecendo, e, entre o susto e a alegria de matar aula, ao menos para mim, o marco daquela manhã histórica ficou sendo, não o capitão Agildo Barata, que comandou a revolta na praia Vermelha e que eu ia conhecer 20 anos depois, mas o lugar em que estávamos quando a notícia desabou sobre nós: o *hall* da escada na casa da praça Eugênio Jardim, os poucos móveis em volta, a luz que entrava por uma grande janela de vidro fosco, espécie de vitral comprido, alto, que tomava todo o espaço por trás da escada até o teto do segundo andar. Esse vitral era importantíssimo; de dia, era luminoso, enchia o centro da casa de uma luz branca enfraquecida pela espessura do vidro todo desenhado e burilado; à noite, ele era nosso cinema, nossa televisão: acesas as luzes dentro de casa, o vitral transformava-se numa irresistível armadilha para toda sorte de mariposas e pequenos insetos do jardim que vinham pousar nele e eram caçados e comidos pelas lagartixas. Ficávamos, às vezes, horas observando, acompanhando o movimento quase imperceptível, traiçoeiro, das lagartixas se aproximando de suas presas, até laçá-las com a língua, num rápido bote final. Muitas vezes a mariposa escapava a tempo, e a lagartixa tinha que recomeçar todo o lento processo outra vez mais adiante; mas, se o bote era bem-sucedido, podíamos ver a mariposa ainda se debatendo no bucho da lagartixa que a engolia inteira, pois a luz na janela tornava translúcidas também as lagartixas e era tudo quase tão instrutivo quanto uma aula prática de história natural... Também nas noites da fazenda, no Espírito Santo, para onde fomos uns anos depois, podíamos ver as lagartixas na varanda, caçando grandes besouros cascudos, atraídos pelas luzes da casa e que acabavam se arrastando desajeitadamente, muitas vezes de pernas para o ar, pelo chão de cerâmica, antes de tentarem alçar voo outra vez; o curioso é que, na fazenda, vendo bem de perto, pude observar que a lagartixa, na verdade, só dava o bote na fração de segundo em que o besouro abria a sua pesada armadura negra e libertava as asas para levantar voo; nem antes, nem depois. Cada lagartixa comia, em geral, três besouros por noite, antes de retirar-se, de pança cheia; não era raro que encontrássemos, no dia seguinte, a casca do besouro inteira, perfeita, apenas esvaziada do seu conteúdo pelos poderosos sucos gástricos do predador... Mas, perdão, talvez eu esteja confundindo as coisas; na fazenda do Espírito Santo, não eram lagartixas que comiam os besouros, era um sapo; um sapo que vivia ali perto e parecia ignorar nossa presença, soberanamente. Da escuridão em volta, ele pulava para o chão iluminado da varanda e começava sua caçada, quase a nossos pés; não era toda noite que ele aparecia, e isso aumentava ainda mais a expectativa e o interesse, e a torcida pelo seu êxito.

Nos três meses inteiros do verão que passamos na fazenda, o sapo frequentou nossa varanda bastante assiduamente e, no fim, éramos nós, meninos, que já não aguentávamos mais tantos besouros... Entre sapos e varandas, aliás, há uma frequente cumplicidade, como pude observar mais tarde. Numa casa de campo nos arredores de São Paulo, talvez a do Mário Garnero, havia uma fonte e um pequeno lago ao lado da varanda, onde morava um sapo-martelo, cuja vibrante "martelada", no silêncio da noite campestre, assustava os visitantes. Bem mais tarde, ainda, nas alturas da serra de Araras, havia uma moça amiga nossa, dona de uma casa toda de vidro sobre um vale entre as montanhas, com uma pequena piscina e um varandão na frente. Num dos verões em que lá fomos, os sapos apareceram, não se sabe vindos de onde, e passaram a frequentar, não só a piscina, mas a varanda também; numa longa noite de festa e de dança, a dona da casa, solteira na época, beijou um deles e o príncipe encantado não tardou a aparecer... Na praça Eugênio Jardim, além do vitral alto que o iluminava, o *hall* central era parco em móveis, mas não em atrativos; embaixo da escada, havia uma espécie de depósito onde guardávamos brinquedos, tabuleiros de damas e xadrez e coisas assim; o telefone principal da casa ficava bem ao lado, preso na parede, com uma mesinha e uma cadeira embaixo. Ao lado da porta que levava à copa e à cozinha, havia um móvel alto (para nós) com um grande relógio, em cima; mas, talvez o mais importante de tudo, ali, fosse o patamar da escada e, acima dele, os degraus acarpetados, o corrimão, os balaústres de madeira torneada e escura que nos serviam de aparelhos de ginástica. Em suma, no *hall* da escada, o importante era a escada, erguida em dois lances, desenhando um "L" invertido, com o vitral e um patamar intermediário, bem no ângulo; sentávamos nos degraus para conversar e para brincar e, algumas vezes, já mais para a frente, recostei-me no patamar inferior, entre a parede, a escada e o chão, dois degraus abaixo, namorando, ou tentando namorar, minha prima Hebe. Talvez estivesse ali, naquele pequeno *hall* da casa da praça Eugênio Jardim, o próprio centro do mundo e do universo; ali ocorreu, em tempos hoje imemoriais, o célebre *big bang* que tanto intriga os astrônomos e os físicos. Meu irmão Maurício, que era arquiteto, já morreu, senão eu pediria a ele que desenhasse as várias fases desse extraordinário processo: (1) o *hall* e sua escada; (2) a casa em volta dele, com o jardim na frente e o amplo quintal atrás; (3) o quarteirão em que ficava a casa, e sua curiosa divisão entre terrenos de vários tamanhos e formatos, circunscrito pelas ruas Xavier da Silveira e Miguel Lemos, dos dois lados, e pela Barata Ribeiro, atrás. (Quem terá sido esse Barata Ribeiro, nome de rua tão importante, na verdade uma grande avenida? O capitão da praia Vermelha, que citei linhas acima, chamava-se, na verdade, Agildo Barata Ribeiro; seu único filho, Agildo Ribeiro, iria tornar-se, bem mais tarde, artista de teatro e TV; seriam parentes da rua, os dois?) Nosso universo de meninos ia estender-se bem além desse primeiro quarteirão, e só o talento e a habilidade de um bom arquiteto podiam, quem sabe, desenhá-lo a contento; seu núcleo central formava um grande trapézio ou paralelograma, cujas linhas, na base, se estiravam pelas areias da praia, da altura onde está hoje o Hotel Pestana, antigo Cinema Rian (anagrama de Nair de Teffé), até quase o posto seis e, no topo, do morro do Cantagalo e da praça, até a rua 5 de Julho. Daí, desse amplo trapézio onde se andava sempre a pé – havia bondes e ônibus, mas para trajetos maiores ou pessoas mais velhas – partimos à conquista de satélites e planetas mais próximos ou distantes, e até de outras galáxias. Mas, a verdade é que ao menos para mim, hoje, já em outro século, ocupado na redação destas notas, o objeto do meu carinho é sobretudo a casa onde morei dos 6 aos 25 anos: o número 19 da praça Eugênio Jardim. Por mais que escreva, por mais que gaste tinta, tempo, papel e neurônios, jamais conseguirei contar sequer um centésimo das pequenas e grandes experiências e aventuras que me ocorreram ali. Se fosse muito rico, se tivesse acumulado, por algum milagre, a dinheirama do Bill Gates ou desses garotos do Google, o que eu faria hoje seria construir uma réplica exata do 19 da praça Eugênio Jardim, talvez um pouco aumentada e com dois ou três banheiros a mais, e meter-me nela; fazer dela meu estúdio, meu escritório, o laboratório de minhas lembranças. Ou, melhor ainda: construiria cenários de teatro com seus vários ambientes, o *hall* central, as duas varandas sobre o jardim, a sala de visitas, o escritório, nos fundos, com seus livros, e faria representar neles, como um pequeno Voltaire em Ferney ou em *Les Délices*, peças do Millôr e adaptações minhas de textos modernos e antigos, de Durrenmat, de Stoppard, de Kundera, de um autor católico francês que escreveu sobre os jesuítas nas Missões e cujo nome, agora, quase me escapa, Gabriel Marcel.

    Nesse escritório dos fundos, diante do armário de livros, tive certa vez uma longa e dramática conversa com meu pai. Sem testemunhas, só eu e ele, a pretexto de um livro que estava lendo e que tirara do armário, depois de abrir com cuidado suas duas enormes portas de vidro, que deixavam entrever as lombadas. Era um livro marxista, o *Anti-Duhring*, de Frederico Engels, um dos poucos livros marxistas deixados ali por Sodré Viana, quando teve de fugir às pressas, perseguido pela polícia política, depois do *putsch* de 1935. O Sodré escrevia no *Globo*; era repórter, fazia também a crítica de cinema, e ia muito lá em casa; lembro-me dele mais pelo que meu pai falava ou contava, do que mesmo por minha memória pessoal, pois era, como já disse, muito menino ainda, nessa época; o Sodré, um baiano falante, brilhante e cheio de graça (espécie de João Ubaldo), era talvez o mais querido, mas não era o único a vir para o almoço e às tardes de fim de semana; outro, muito querido, era Pereira Rego, que morreu atropelado por um ônibus, diante do jornal, saindo apressado da redação numa manhã de domingo, dia da semana em que o fluxo do trânsito era invertido, ali no largo da Carioca, onde ficava *O Globo*. Lembro-me da tristeza e da mágoa provocadas lá em casa pela morte idiota do Pereira Rego; e havia ainda um terceiro: Rafael Barbosa. Esse Rafael era a perfeita contrapartida do Sodré; sério e severo, nacionalista, integralista militante, admirador de Plínio Salgado, cujos livros encontrei também no armário de casa. Sumiram todos os três: o Sodré, em 1935; o Pereira morto pelo ônibus; e o Rafael (acho que seu nome se escrevia com "ph" no lugar do "f"), ainda que durasse mais um pouco, sumiu também, perdeu a graça, talvez porque já não tinha o Sodré para discutir com ele. Entre os três, meu pai dividia-se; me lembro de uma tarde, num longo passeio de carro pela avenida Niemeyer, em que minha mãe e ele falavam desses assuntos, de seus amigos jornalistas e suas opiniões; acreditava meu pai que, se fôssemos forçados a optar, talvez a proposta da esquerda com seus *playgrounds* (palavra que estava na moda, então) e suas creches fosse preferível; mas o melhor mesmo era evitar os extremos, manter o equilíbrio (precário) em que vivíamos, como queria o Pereira Rego, ainda que sob o risco de sermos atropelados por alguma mudança nos rumos do tráfego – como afinal acabaria acontecendo em 10 de novembro de 1937. É curioso como essas coisas se repetem tantas vezes, em tantos anos, e as pessoas não aprendem nunca; nos inocentes anos 30, dizia-se que na Rússia as crianças eram mais bem tratadas, que o Estado as educava e cuidava, desde o berço até a Universidade, apesar da gritaria dos jornais do lado de cá sobre processos políticos e condenações e execuções sumárias. Hoje, ainda agora, com o Fidel envelhecido e desmoralizado, desacreditado depois de quase meio século de ditadura impiedosa, continua-se a dizer que, em Cuba, as pessoas são modestas, o país é pequeno e ainda pobre (por culpa do embargo norte-americano), mas não há "pobreza", não há mendigos nas ruas, nem filas de madrugada na porta dos hospitais, e há escolas para todos... Talvez não seja este o lugar mais adequado para falar dessas coisas, mas a verdade é que dou graças aos céus (e ao Rui Mesquita) por não ser mais obrigado a escrever semanalmente no *Estadão*, e repetir infinitamente as mesmas obviedades, diante de ouvidos cada vez mais moucos e cérebros cada vez mais entupidos de asnices e palavrório. Ainda esta manhã – estamos em meados de dezembro de 2006 – lendo *O Globo*, o jornal do Sodré Viana e do Rafael Barbosa que se tornou absoluto no Rio e é provavelmente o mais influente do país, tive a impressão de que estamos entregues a um bando de ex-guerrilheiros e ex-terroristas arrependidos e completamente desorientados, que enchem as trincheiras do governo e da própria imprensa e já não sabem se morrem de inveja do Evo Morales e do louco do Chávez, ou se enchem os bolsos e as burras com a farta dinheirama capitalista. E há ainda os que se escondem no desvio ecológico...

Meu pai não era um intelectual, homem de livros. Ou, antes, era, mas à sua maneira; havia lido e nos fez ler os discursos de Rui, belos e empolados, gongóricos, sua "Oração aos moços", suas *Cartas de Inglaterra*, sua polêmica célebre com o velho Carneiro Ribeiro; eram entusiasmos e convicções que trazia, ainda, da Bahia e da juventude. Na Eugênio Jardim, entretanto, e em seus últimos anos, lembro-me dele lendo um único livro: os pensamentos de Confúcio, numa antiga edição francesa. Quando fui para a Europa em 1949, com o Roberto Gusmão, meu pai só me pediu uma coisa: que eu comprasse uma boa edição do Confúcio, em Paris, e a mandasse para ele com urgência; pois sua velha cópia ele havia emprestado a um amigo que não a devolvia, e a leitura lhe fazia muita falta.

Mandei o livro logo que pude, mas depois de enfrentar uma inesperada dificuldade: eu não sabia dizer Confúcio em francês; "Pensamentos de quem?", me perguntavam os livreiros; até que um deles matou a charada e esclareceu tudo: "*Ah, vous voulez dire Confucius!*" Mas, estou outra vez me adiantando. Sempre gostei muito de ler, embora não tenha sido nunca rato de biblioteca; era mais moleque de praia e de rua: trocava qualquer coisa na vida por uma bola de futebol (eram umas bolas de borracha branca, pouco menores que as oficiais e que custavam cinco mil--réis, cada) e uma boa linha de passes ou um "racha", às vezes na areia da praia, mas quase sempre na calçada diante de casa. Lia de noite na cama e custava a apagar a luz, lia, às vezes, até o dia clarear; lia e sonhava, ao mesmo tempo; lia quando chovia, e nosso primeiro autor predileto, nossa primeira paixão literária, foi Monteiro Lobato, suas histórias da Narizinho Arrebitado e do Visconde de Sabugosa; Lobato era o nosso Harry Potter, não queríamos saber de outra coisa. Vieram depois as aventuras da coleção Terramarear, *Mogli, o menino-lobo*, *Fennimore Cooper*, *Tarzan dos macacos*, *Winnetou e sua bala de prata*, e mais os policiais da Série Negra, os mistérios da Série Amarela e *Fu Manchu*, até que, subindo mais, chegamos à chamada grande literatura e à poesia; um caminho que não tem fim; russos, franceses, americanos, ingleses, brasileiros, as grandes e boas traduções da editora Globo, de Porto Alegre, da Editorial Leitura, que nos faziam ler Balzac, Tolstoi, Gogol, Tchekhov... Referi-me, páginas atrás, a uma séria conversa que tive com meu pai, a partir de livros que estavam na sua estante e que eu havia lido e ele, não; livros que haviam sido do Sodré Viana e que meu pai havia mandado encadernar e guardara como se fossem seus, à espera talvez que o Sodré voltasse um dia, ressurgisse inesperadamente tal como havia sumido naqueles intermináveis anos de ditadura. Não era uma estante, a rigor; era um grande armário-biblioteca, que tomava uma parede quase toda do escritório dos fundos; era bonito, mas incômodo e pouco prático; para alcançar um livro qualquer, era preciso abrir suas grandes portas de vidro, depois de afastar cadeiras, objetos ou pessoas que estivessem no caminho; uma operação mais delicada e complicada do que a movimentação de tropas numa batalha napoleônica. E o que havia dentro do armário, além dos livros políticos do Sodré e do Rafael Barbosa? Lembro-me de três ou quatro coleções de obras completas: Machado de Assis, numa edição da Jackson de capa marrom; Eça de Queirós; Humberto de Campos, autor de grande prestígio na época, mas logo esquecido; e Rui Barbosa, certamente, em vistosos volumes em imitação de couro cor de vinho; além da inevitável *História do Brasil* de Rocha Pombo, e de uma grande enciclopédia universal em 20 volumes, grossos e pesados, acho que de origem francesa. Havia ainda exemplares de autores diversos, uma edição luxuosa, ilustrada e bem cuidada do *Amor de perdição*, de Camilo Castelo Branco, poesias de Antero de Quental e de Bocage; traduções de Anatole France, *A revolta dos anjos*, *Thaïs, Pierre Nozière...*

Interrompi a redação destas notas na segunda semana de dezembro (2006); decidi esperar pelo Ano Novo e seu novo ânimo, antes de retomar o fio das lembranças. Afinal, sou hoje um homem livre, liberto de obrigações profissionais; bolas para vocês, improváveis leitores do século XXI! Na segunda e até na terceira semana de dezembro, as marretas dos operários do andar de cima continuavam a martelar em nossas cabeças, as pressões da campanha política e das eleições presidenciais haviam sido substituídas pelo tumulto do trânsito e das festas do fim de ano, achei que o descanso me faria bem. Tínhamos, aliás, planejado uma breve viagem ao Chile e à Argentina; passaríamos o *Réveillon* em Mendoza, sobrevoaríamos os picos e as neves da *Cordillera* pelo menos quatro vezes, num dos pontos em que ela é mais alta, nas imediações do Aconcágua, e na melhor época do ano; mas nada disso acabou acontecendo. M teve uma forte crise de ciática e ficou presa ao leito; passamos o *Réveillon* em casa, os dois, comendo salmão defumado com torradas e bebendo vinho branco; à meia-noite M já havia adormecido e tive que acordá-la para que visse ao longe, da janela do apartamento, os fogos na orla da praia e na lagoa Rodrigo de Freitas. Lindos fogos, agora mais visíveis de nossa casa porque estouram em plataformas no meio do mar e não, como antes, nas areias de Copacabana. Ainda assim, essa grande festa do Rio, hoje famosa no mundo inteiro, não se compara com outra que assistimos, quase sem querer, em junho, em Veneza; a festa da Redenção, celebrada todos os anos na laguna, diante da praça de São Marcos, em homenagem à santa padroeira que acabou com um terrível surto de peste, ainda na Idade Média. A festa veneziana é extraordinária, deslumbrante; os fogos enchem o céu em grandes ondas sucessivas, durante duas horas inteiras; as grandes igrejas e palácios em volta da laguna são decorados com fieiras de lâmpadas fazendo os mais curiosos desenhos, enquanto as gôndolas e pequenas embarcações de pescadores e de celebrantes cobrem as águas entre a praça e o Lido e o Canal Grande. Estávamos voltando de um cruzeiro pelas ilhas vizinhas do Adriático, quando, na noite seguinte à nossa chegada, fomos surpreendidos pela festa da Redenção. Veneza tem tantas atrações e é tão famosa no mundo inteiro que pode se dar a esse luxo: "esconder" uma festa assim tão grande, celebrada religiosamente todos os anos, na qual se queimam milhões de euros em fogos; ninguém, entre os nossos conhecidos, nem mesmo velhos frequentadores de Veneza ou sequer os organizadores do cruzeiro pelas ilhas da Croácia, que vínhamos de fazer, sabia da festa; a festa da Redenção era, por assim dizer, uma festa "íntima" dos venezianos, celebrada entre eles, embora aberta aos visitantes, ao menos aos que se hospedam na cidade, ao contrário da grande maioria de "turistas de um dia", que chegam de manhã e fogem ao cair da noite; vão dormir em pensões e albergues mais em conta, longe dos limites e dos preços de Veneza...

 2007 começou chuvoso, cinzento, ranheta. Sobre o mar gelado de Ipanema, incomumente, persistentemente frio este ano, uma névoa grudenta, úmida, espessa se forma e vem esconder as montanhas e os prédios do bairro. Ponho-me a ler um livrinho mínimo, quase um folheto, que me custou apenas 3 ou 4 reais, e me fala de um tempo mais antigo; seu autor (e personagem) é um notório inimigo das artes. "A escrita", diz ele,

> tem um grave inconveniente, tanto quanto a pintura. Os retratos da pintura são como se estivessem vivos; mas, pergunte-lhes seja o que for e eles permanecerão mudos e solenes, diante de você. O mesmo acontece com os discursos escritos. Pode-se supor que falem como pessoas inteligentes, mas, se você lhes pedir que expliquem o que querem dizer, eles repetirão uma só coisa, sempre a mesma. Uma vez escrito, o discurso vai daqui para ali e passa indiferentemente das mãos de um conhecedor para as de um ignorante; é incapaz de distinguir a quem deve ou não deve dirigir-se. Se é menosprezado ou injuriado injustamente, terá que recorrer a seu pai para defender-se, pois ele próprio é incapaz de repelir o ataque ou de se proteger. (Platão, *Fedro*, Ed. Garnier, página 275.)

E logo adiante:

> O ensino da escrita, diz Theut ao rei, consolidará a ciência e a memória dos egípcios, pois nele descobri o remédio do esquecimento e da ignorância. Respondeu o rei: Engenhoso Theut, alguém é hábil bastante para criar as artes; outro julgará em que medida elas darão lucro ou prejuízo aos que as utilizarem. É assim que, você, pai da escrita, atribui-lhe benevolamente efeito contrário ao que lhe é próprio, pois a escrita gerará o esquecimento nas pessoas, levando-as a negligenciar a memória. Confiantes nos textos, será do exterior, de caracteres vindos de fora, estrangeiros, e não de dentro e do fundo de si mesmas que as almas buscarão suscitar seus pensamentos, suas lembranças; você encontrou o meio, não de reter, mas apenas de renovar a lembrança; e o que você dará aos seus discípulos será a presunção da ciência e não a própria ciência; pois eles se acreditarão muito ilustrados depois de muito terem lido e, frequentemente, não

serão mais do que ignorantes, pretensiosos e tolos porque se suporão sábios, sem que o sejam. (*Ibid*, páginas 274 e 275.)

O grego Sócrates maldizia a literatura, a pintura e até mesmo a retórica e a simples eloquência; foi seu primeiro grande adversário. Não gostava das artes (e das mulheres), embora se servisse delas com frequência ou sempre que isso lhe parecia conveniente. Falava, apenas; nunca escrevia. Discutia, argumentava, desafiava seus interlocutores, dialogava. Tudo o que sabemos dele, seu pensamento, sua vida, nos vem dos discursos escritos de Platão, ou de apostilas e textos diversos deixados por seus discípulos e contemporâneos. E eis aí uma última, terrível ironia: Sócrates, o inimigo da literatura, ficou-nos como personagem literário, herói dos *Diálogos* platônicos. Houve mesmo quem duvidasse de sua mera existência física: "Quer Sócrates tenha existido ou não – escreveu seu colega Aristóteles – sempre se poderá imaginar alguém como ele, ou parecido com ele; e isso evidentemente será o mesmo que supor Sócrates eterno" (Aristóteles, *Metafísica*, 191ª). Eis aí, improvável leitor destas *Reminiscências*, um privilégio do qual você e eu não gozamos: mestre Sócrates é eterno; mais real e verdadeiro do que qualquer ipanemense, qualquer brasileiro, contribuinte do imposto de renda e do FGTS, neste cinzento, ranheta (gostei dessa palavra) mês de janeiro de 2007; pode-se compará-lo ao D. Quixote, de Cervantes; a Julieta e Romeu; a Otelo; a Édipo (o do complexo); a Anna Karenina ou aos irmãos Karamazov, para não falar dos seus antecessores homéricos, Aquiles, Agamenon, Ulisses... Em outras palavras: o imaginário pode ser mais real e verdadeiro que a própria miúda realidade de onde veio, onde nasceu; o que realmente importa, o que fica, é o mito artístico, essa espécie de antimatéria que os humanos criam (ou secretam) para tecer com ela sua história e reconhecer-se a si mesmos. Há tempos, quando estávamos ainda em Paris, na Unesco, uma jovem amiga (na verdade, mais amiga do Millôr do que minha; intitulava-se embaixadora extraordinária do Millôr em nossa humilde residência) deu-me um belo livro chamado, se não me engano, *As grandes reportagens da história*, sendo a primeira e a melhor de todas, exatamente, a que descrevia o episódio da morte de Sócrates: suas palavras aos juízes que o condenaram e aos atenienses em geral; sua atitude e sua disposição diante da morte; sua crença num outro mundo melhor. Tudo admirável, convincente, inteligentíssimo, perfeito. Na verdade, comparar Sócrates a Romeu e Julieta ou Anna Karenina, ou mesmo a Édipo e Aquiles, é muito pouco, talvez seja sacrilégio; a prateleira do filósofo é mais alta, ao lado do Buda, ao lado de Lao-Tsé e Confúcio, ao lado do Cristo, acima de todos, do qual foi grande precursor e, em boa parte, inventor, ao menos no Ocidente, na Grécia, na própria raiz da civilização que chamamos cristã-ocidental. Disse ele aos atenienses:

> Talvez, zangados como crianças que a gente desperta e que querem continuar dormindo, vocês me façam morrer, sem pena e sem cuidado; depois recairão para sempre num longo sono letárgico, a menos que a Divindade tenha piedade de vocês e lhes mande, algum dia, alguém que se pareça comigo.

Cinco séculos mais tarde, seria a vez de Jesus Cristo; mais três ou quatro séculos, e as ideias (socráticas?) do próprio Cristo se tornariam religião oficial em todo o Império Romano. Realimentadas pelas lembranças de outras leituras mais antigas, essas divagações, digamos, pós-socráticas consumiram-me o chuvoso mês de janeiro e invadiram fevereiro; um fevereiro em que o sol e os luminosos dias do Rio voltaram e eu mesmo (pobre octogenário...) acabei preso em casa duas ou três semanas inteiras, vítima de um ferimento na perna esquerda resultante de descuidadas travessuras no "Jaca", uma pequenina e idílica praia de Angra, santuário histórico de queridos amigos meus, à sombra do pico do Frade. Enfim, pensar em Sócrates, hoje, nestes albores do século XXI, pode ser tão importante quanto... chupar um pirulito. Quem se lembra, ainda, dos antigos pirulitos de açúcar queimado? Eram vendidos, nas ruas do Rio, pelo homem do tinguilim, um ambulante com uma enorme lata cilíndrica pendurada no ombro, que fazia incessantemente tilintar numa das mãos um tinguilim, espécie de grosseira castanhola, e vendia, além dos coloridos pirulitos, uns finíssimos e muito queridos biscoitos de farinha, enrolados como folhas de papel, crocantes e que se dissolviam na boca, deixando um agradável sabor de pão fresco, um pão insubstancial, quase uma hóstia... Sócrates não foi, à maneira de Jesus e como ele próprio supunha, um enviado dos céus; mas foi com certeza um santo; um santo secular, laico, num tempo em que os santos canônicos, avalizados pela Igreja, ainda não existiam. "Morrendo como morreu, sem dor e sem ignomínia", disse dele Jean Jacques Rousseau, já no século XVIII,

> Sócrates sustentou até o fim, sem dificuldade, seu personagem. Não houvesse essa fácil morte honrado sua vida, e duvidaríamos de que o filósofo, com todo seu espírito, tenha sido mais do que um sofista. Ele inventou – dizem – a moral. Outros, antes dele, haviam-na praticado: ele não fez senão pôr em lições seus exemplos. (*Emílio*, livro IV, l58.)

Minha geração foi a última, no Brasil, que estudou, no ginásio e no colégio, latim ou grego. Quando cheguei à Faculdade de Direito, em 1946, o exame vestibular pelo qual passamos consistia em três provas eliminatórias, sobre três matérias, a escolher: português, inglês ou francês, e latim ou grego. Além do português, obrigatório, escolhi francês, que arranhava bastante bem, e latim; mas a verdade é que eu não sabia absolutamente nada de latim, ainda menos de grego, e seria certamente reprovado no exame, se não houvesse um prévio acordo clandestino, oferecido pelos bedéis da faculdade aos candidatos a acadêmicos, em nome do secretário administrativo da faculdade: em troca de uma contribuição em espécie – 1.000 cruzeiros, um "conto de réis", dizia-se na época – os futuros advogados não precisavam sequer comparecer ao exame, estavam automaticamente aprovados e latinizados para todos os efeitos. Se assim era em 1946, na própria Faculdade Nacional de Direito da Universidade do Brasil, pode-se imaginar como andam as coisas hoje, em 2007, pelo Brasil afora... A outra grande escola de Direito, bem mais prestigiosa ainda do que a nossa, mais ilustre até do que a ilustríssima Faculdade de Direito do Recife, a escola das célebres "Arcadas" do largo de São Francisco em São Paulo, com o seu Centro XI de Agosto, já vimos, páginas atrás, como andava; vale dizer: já vimos como o velho nepotismo da *old-boy network* dos quatrocentões ia sendo rapidamente varrido e substituído pelo dinheiro fácil e farto dos imigrantes e arrivistas da nova indústria e da São Paulo emergente... Se me sobrasse ainda alguma paciência, contaria aqui um pouco mais do que era o ensino de direito na faculdade do meu tempo. Especializava-se a faculdade em produzir e diplomar, de cinco em cinco anos, levas de jovens profissionais divididos em duas grandes categorias: os ignorantões e os autodidatas; é possível que a razão entre os dois grupos fosse de dois ou três por um; três ignorantões por um autodidata e, isso, digamos, nos melhores anos e nas melhores safras... Na faculdade não era proibido aprender, não era proibido estudar; estudava-se, isto é: quem queria estudar, estudava; entre os melhores, lia-se muito, discutia-se e sempre alguma coisa se aprendia. Quanto ao estudo sistemático, acadêmico, do direito e de suas diversas especialidades, acho que talvez não merecesse a atenção sequer de um décimo dos alunos inscritos; a imensa maioria preocupava-se apenas em passar de ano, coisa banal, quase compulsória. Mas não era proibido aprender, isso não; quem queria aprender, aprendia; havia mesmo alguns excelentes (excepcionais) mestres, como San Tiago Dantas, Arnoldo de Medeiros, Madureira de Pinho. San Tiago e Madureira, bons amigos, eram antigos membros da "Câmara dos 40" do Partido Integralista, mas eram homens pragmáticos, inteligentes, abertos às novas ideias, às novas e vitoriosas modas antifascistas trazidas pela guerra. San Tiago morreria muito cedo, em 1964, para grande tristeza e pesar nosso, mas não sem antes tornar-se prócer do PTB janguista e teórico da nova esquerda bem-comportada. Foi derrotado, no seu próprio partido, por Brizola e pela malta de fidelistas e comunistas radicais, em volta de Jango e Prestes. Encontrei San Tiago pela última vez no bar do aeroporto de Brasília, já em abril ou maio de 1964. Ele me surpreendeu, chamando-me pelo primeiro nome, da mesa onde estava com amigos comuns (Renato Archer, Nelsinho Batista); trocamos duas ou três palavras, já não havia muito a dizer; ele ia morrer umas poucas semanas mais tarde. Ainda hoje há de haver na faculdade quem estude direito civil nas velhas apostilas tiradas de suas aulas; era um mestre como muito poucos; na minha própria geração, só Marcílio Marques Moreira, seu antigo discípulo, tem a cabeça tão bem organizada, embora sem o carisma, a presença e o encanto de San Tiago. Para mim, ele foi, antes de tudo, o político, um líder capaz de expor com clareza uma linha de equilíbrio e lucidez, numa hora em que a paixão e a burrice (e a ambição, o ressentimento, a sede de poder) tomavam conta de tudo. San Tiago acabou desempenhando papel parecido com o do alienista, de Machado de Assis: se a cidade era de loucos, então quem devia ser internado era ele. A faculdade, em 1946, era sobretudo política; não havia espaço quase para mais nada; não sabíamos coisa nenhuma, mas discutíamos e doutrinávamos sobre tudo: literatura, arte, poesia, política, história, sociologia; qualquer coisa, menos direito... Havia, na escola, uma revista de mais peso, tradicional, clássica, chamada *Época* (existirá, ainda?), então dirigida por um colega nosso, curiosa figura de espadachim; chamava-se José Gerardo Barreto Borges e era irmão do Barretão, Luís Carlos Barreto, jovem repórter do *Cruzeiro* que, mais tarde, ia tornar-se pai (e mãe) do moderno cinema "novo" brasileiro. Publiquei na *Época* um único artigo, sobre abolicionismo (comemorava-se a Abolição no dia 13 de maio), mas o que me apaixonava, então, era a política, a descoberta do marxismo, o sonho e a utopia rooseveltianos, nascidos da guerra que vinha de terminar. Havia, ainda, na faculdade, mais duas ou três publicações dignas de nota; uma delas era *A Crítica*, jornal semanal interno, de meia dúzia de páginas, excepcionalmente bem redigido e dirigido por Celso Medeiros, colega meu de turma, um inato e raro talento jornalístico que se perdeu, mais tarde, na prática da advocacia. E havia ainda, que eu me lembre, mais duas importantes publicações independentes: os membros da célula do PC na escola, encabeçados por João Rui Medeiros, um dos nossos da velha praça Eugênio Jardim, editavam um original semanário (ou era mensário?) em forma de bloco de tiras de papel; longas tiras coloridas, grampeadas no topo e que se estendiam talvez por um meio metro de comprimento, contendo artigos, ensaios, crônicas e charges políticas variadas, além das matérias doutrinárias do PC. As cores das tiras variavam, mas a quinta tira era sempre verde, da cor dos "galinhas verdes", os integralistas; e, sendo a quinta tira, representava a "quinta coluna", a dos que haviam colaborado com o inimigo nazifascista ou torciam ainda por ele... O João Rui era talvez o mais culto e o mais apaixonado pela literatura brasileira, entre nós, e muito terei ainda a falar de suas aventuras. Havia, enfim, entre diversos outros personagens, um jovem e hirsuto poeta, Heldon Barroso, que inventara um bravo e breve jornaleco chamado *Bum-Bum*. Era em formato pequeno e não tinha mais de quatro ou seis folhas; publicava poemas em verso livre ou em prosa que supúnhamos terrivelmente revolucionários, explosivos; daí o título irônico, *Bum-Bum,* que nada tinha a ver com a revolução sexual ou o traseiro dos bebês e das moças, aliás bem mais escassas e modestas naqueles anos distantes. Mas, por que conto essas coisas da velha faculdade? É provável que a inspiração me tenha vindo de Sócrates e das leituras e descobertas filosóficas que andei fazendo nas últimas semanas. Fui bom aluno até a quarta série do ginásio; entre os muitos professores de latim que devo ter tido no ginásio e nos anos do curso colegial, dois me ficaram especialmente na lembrança. O primeiro chamava-se Nélson Mello e Souza e era um homem alto, forte e musculoso; um atleta, provavelmente antigo frequentador de clubes de regatas e que parecia sempre pouco à vontade no terno e gravata de uso obrigatório entre os professores daqueles tempos. Gostávamos instintivamente do Nélson, do professor Nélson, embora suas aulas tivessem sempre um ar distante e displicente; nem nós, nem ele acreditávamos muito nelas. Que eu lembre, nunca reprovou ninguém; nos intervalos entre as classes, não era raro vê-lo, no pequeno pátio do colégio, exercitando os músculos em duas barras paralelas ali instaladas para as aulas de ginástica. Na verdade, ele menos se exercitava do que se exibia; arrastava a asa para a inspetora do Ministério da Educação, moça lindíssima, morena, das mulheres mais belas e elegantes da época, Maria Oliva Fraga, cujas visitas de inspeção ao Colégio Melo e Sousa eram frequentes e, em geral, coincidiam com os dias de aula do professor Nélson. Conversavam muito, os dois; provavelmente sobre as dificuldades do ensino do latim. Não sei se o mestre era casado, então; provavelmente era, pois parecia já visivelmente homem maduro. Muitos anos depois, aliás, em Brasília e, mais tarde ainda, no Rio, fiquei amigo de seu filho Cláudio Mello e Souza, ainda mais bonitão que o pai, também atlético e também apaixonado por moças de grande beleza; em Brasília, quando o conheci, o objeto do seu encanto era uma jovem secretária de Israel Pinheiro, construtor da cidade nova, então ainda em seus anos inaugurais, Maria Augusta Rebouças. Lembro-me da visita à nova Capital Federal de uma dupla de atores franceses, Jean-Louis Barrault e Madeleine Renaud, os dois famosíssimos e encantados com tudo o que viam; não posso esquecer uma festa inesperada à beira da piscina do Iate Clube de Brasília; fez-se música, organizou-se uma grande batucada de samba e o Cláudio exibiu suas notáveis habilidades coreográficas, arrastando para a improvisada pista de dança não só a Madeleine, que já não era criança e não resistiu muito, mas o próprio Barrault, que se mostrou um parceiro à altura. Bons tempos; bons e alegres tempos! De Brasília, cidade ainda menina, sob o ensandecido impulso jusceliniano, talvez se pudesse dizer o que disse Manuel Bandeira nos seus versos sobre Pasárgada: "a vida lá era uma aventura de tal modo inconsequente, que Joana, a Louca de Espanha, rainha e falsa demente, vinha a ser contraparente da nora que nunca tive...". Mas, quem podia sonhar com Brasília, ainda na primeira metade dos anos 40, num pátio de colégio, entre a avenida Nossa Senhora de Copacabana e a rua Xavier da Silveira? Para nós, meninos e meninas, alunos da primeira turma de ginásio do Colégio Melo e Sousa, Maria Oliva Fraga era um milagre, uma aparição; bonita, elegante e audaciosa como ela, só íamos conhecer, na praia, diante da rua Bolívar (dizia-se Bolívar, e não Bolívar), uns anos depois, Elsie Lessa, mulher do Orígenes Lessa, mãe (e nós nem sequer desconfiávamos disso) do Ivan Lessa, do *Pasquim* e da BBC. Elsie vivia, então, com um escritor gaúcho chamado Ivan Pedro Martins; deitava-se sozinha na areia da praia, tomava sol, mergulhava às vezes no mar, mas sem molhar os cabelos. Nós, de longe, disfarçadamente, mas muito atentamente, apreciávamos a graça e o porte da deusa Elsie, trocando informações pouco precisas sobre sua identidade e sua função neste vasto mundo. Éramos já um pouco mais taludos; entre a Maria Oliva no colégio e a Elsie na praia, quatro ou cinco anos passados, quando muito, a guerra havia acabado, Getúlio estava sendo expulso do poder; havia chegado a hora da liberdade, uma liberdade tão imensa como talvez nunca antes tivesse existido; nem tão grande, nem tão cheia de ilusões e de utopias. O Brasil, hoje, exporta para o mundo jogadores de futebol (e aviões da Embraer); naquele tempo, de nós meninos, exportava sobretudo café e mulheres bonitas; mulheres lindas, classudas, algumas delas de extraordinária educação e categoria. Maria Oliva foi mandada pelo Ministério, ou por alguém assim poderoso, para Paris, onde por muitos anos frequentou a casa da avó de M, Sílvia Latif, também linda, também encantadora, e que morava, quando a conheci, num belo apartamento térreo, perto da *place des* États-Unis, naquela rua que liga a praça à *av.* Kleber. Elsie Lessa, por sua vez, foi viver em Londres e depois em Cascais, Portugal, de onde mandava belas crônicas que eu lia, sempre, no *Globo*, o jornal do doutor Roberto Marinho. E houve outras, muitas outras, até quase ontem ou anteontem: Lourdes Catão em Nova York, Sílvia Amélia em Paris, senhorialmente instalada no Faubourg, entre palácios e embaixadas; Sílvia ainda lá está, até hoje, embora venha quase todos os anos, no verão, passar um ou dois meses em Ipanema, revendo os amigos e a família.

Além de Nélson Mello e Souza, o outro professor de latim que tentou sem êxito nos levar além da primeira declinação (*rosa, rosae...*), mas ainda assim marcou-me a memória e a lembrança, foi um português chamado Gonçalves. O Gonçalves era talvez Antônio, como costumam ser os portugueses; professor dedicado e bem-falante, suas aulas eram, no entanto, quase invariavelmente, uma grande farra, uma feroz patuscada. "Professor", perguntava algum aluno mais saliente, "qual a origem etimológica da palavra coitado?". "Pergunte à senhora sua mãe, meu filho, e ela lho dirá!", respondia o mestre, irritado. As risadas, as conversas, as brincadeiras pipocavam por toda a sala, enquanto o Gonçalves esforçava-se inutilmente para ser ouvido e impor alguma ordem. Ele sabia o seu latim, mas faltavam-lhe a autoridade, o respeito, o instintivo talento ou carisma dos bons professores. Apesar do bom nome, apesar do conceito elevado em que era tida sua diretora, dona Estefânia, o Mallet Soares não me pareceu um bom colégio; o nível do ensino era seguramente inferior ao do Melo e Sousa, onde eu havia feito o ginásio. No Mallet, o método de ensino era, quase invariavelmente, a "decoreba": o professor ditava as aulas e os alunos (as alunas, especialmente) tomavam o ditado cuidadosamente em seus caprichadíssimos cadernos de notas; na véspera da prova relíamos e decorávamos os pontos designados para o exame, fazíamos a prova e logo esquecíamos tudo. Entre tantos e tão numerosos desastres (havia um patético, péssimo, ridículo professor de matemática chamado "Comandante", ex-oficial da Marinha e muito querido da dona Estefânia; havia uma insossa e descolorida professora de história da civilização; havia o já referido latinista Gonçalves), não se pode entretanto negar que o Mallet tivesse também alguns notáveis mestres, como o respeitado professor de física Nogueira da Gama e o professor de português e de literatura Luís Viana. Esse Luís Viana não era o famoso e pomposo baiano Luís Viana, depois governador da Bahia e membro da Academia. Era homem modesto, nordestino severo, acho que de cepa cearense, baixo e troncudo, mas ainda assim altivo e elegante nas maneiras. Morava no Leme e tinha uma filha, colega nossa, moça bonita de rosto e de olhos, mas muito séria, sisuda, compenetrada. Para surpresa nossa (ou minha, ao menos), namorou a sério, por algum tempo, um dos nossos amigos da praça Eugênio Jardim, o Cid "Sapo". Em nossa turma de meninos, o Cid era dos mais destacados e queridos.

Chegara tarde à praça, mas logo conquistara o afeto e o respeito dos nossos; chamava-se Cid Rojas de Carvalho e era sobrinho da mulher do poeta Augusto Frederico Schmidt, homem importantíssimo e famosíssimo, naqueles anos. Cid era um anão, quadrado, forte e valente, audacioso como um pequeno Napoleão, mas sem arrogância, sem pretensão. Me lembro do seu entusiasmo quando leu *E o vento levou*; a autora, Margareth Mitchell, lhe parecia pelo menos tão relevante quanto Dostoievski, mais viva e interessante do que o Tolstoi de *Guerra e paz*. O Cid, na sua feiura física, baixo, dentinhos pequenos, boca larga, cara quadrada, cabelo espetado, tinha muito, moralmente, do espadachim, do nobre espanhol e do aventureiro; do Rett Butler, do *carpet-bagger*. Juntava-se aos mais audaciosos do grupo para ir jogar bombas de São João, fortíssimas, em plena sessão de cinema, no Roxy, e provocar o pânico entre as famílias e os pacatos cinéfilos. Era fortíssimo; enfrentava os mais temíveis adversários no braço; apanhava muito, às vezes, mas resistia e levava a melhor. Muitos anos mais tarde, o nosso Cid acabaria, melancolicamente, como um dos "anões do Orçamento", num imenso escândalo que encerrou sua longa carreira de deputado pelo Maranhão. Talvez ele tenha realmente acabado por preferir o Rett Butler aos heróis do *Guerra e paz*; desde seus começos na Câmara Federal, ainda no Rio, ele havia sido membro da "ala moça" do PSD, liderada por Vieira de Melo e Ulysses Guimarães, curiosa mistura de talento político, brilho oratório, marxismo, juscelinismo e negócios. O Cid, dos tempos de rapazola, era bom amigo e bom companheiro, leal e solidário; fizemos juntos muitas, incontáveis travessuras. Não se casou com a filha do mestre Luís Viana; casou-se, bem mais tarde, com a filha de um jurista eminente, Levi Carneiro. Antes de ser deputado federal, foi oficial de gabinete (posto lá pelo Augusto Frederico Schmidt) de dois ministros da Justiça de Getúlio Vargas; Antônio Balbino e Tancredo Neves; melhor e mais hábil escola política não se poderia imaginar...

Ah, o Cid! Sua história, bem contada, daria uma bela e verídica imagem do Brasil e sua elite em nosso tempo; patética, comovente, falsamente esperta, humilde, renitente, "vitoriosa" sabe Deus como e para quê. Lembro como se fosse hoje; era um fim de tarde de verão (é quase sempre verão, no Rio) e estávamos todos, não sei por que coincidência, reunidos na varanda da casa do Álvaro Moreyra, na rua Xavier da Silveira, 99. A casa era um dos nossos pontos de encontro habituais, diários, mas à varanda ninguém ia; não me lembro de nenhuma outra vez em que nos tenhamos reunido lá. O 99 da Xavier da Silveira tinha um grande quintal atrás, que ia bater quase no nosso, nos fundos do 19 da praça Eugênio Jardim. Mas, desse quintal e do resto, falarei depois; o que importa dizer agora é que a varanda da frente não era usada; não tinha sequer móveis, e naquela tarde quente estávamos todos sentados no chão, recostados nas paredes ou encarapitados no degrau que limitava a varanda, na frente. Cid tinha chegado há pouco e sobraçava ainda o enorme volume da Margareth Mitchell. Todo mundo, ali, havia visto o filme, que era um imenso sucesso de bilheteria, mas ninguém tinha lido o livro, a não ser o Cid. Quem estava lá? Talvez o Eltes, apaixonado pelos *Irmãos Karamazov*; talvez o João Rui, mineiro, que só queria saber de literatura brasileira e, na época, só falava dos *Corumbas* do alagoano Armando Fontes; certamente o Carlinhos Mota, que não perdia uma e que parecia saber tudo; eu, bem mais moço que os outros, tentando meter minha colher de pau no mingau da sabedoria alheia; o Vivinho, filho mais

Álbum de fotos

*João Pedreira Filho, pai de Fernando,
na década de 1930.*

AO LADO
*Casamento de João Pedreira Filho e Odette Silveira,
pais de Fernando, que ele próprio não tem
certeza se foi em 1922 ou 23.*

Fernando e seus irmãos gêmeos, Rodolfo e Maurício, com o uniforme do Colégio Militar.

Fernando com seus irmãos gêmeos, Rodolfo e Maurício, apenas um ano mais novos do que ele.

PÁGINA AO LADO
Atrás da foto lê-se:
1º) Rodolfo (gêmeo)
2º) Fernando
3º) Caio (primo)
4º) Maurício (gêmeo)
"Filhos de minha Odette"
1938

Torneio de Tênis do Copacabana Palace PRO-AM disputado nas quadras do Country Club, em abril de 1980.

AO LADO
Jogando futebol, um de seus hobbies *preferidos.*

Ulysses Guimarães (no centro) durante visita à sede do jornal O Estado de S. Paulo, *com o senador Marcos Freire (à direita) e Fernando Pedreira (à esquerda), em 14 de janeiro de 1975.*

Fernando Pedreira recebe o Prêmio Maria Moor Cabot, da Sociedade Interamericana de Imprensa, o mais antigo prêmio internacional na área de jornalismo, em Nova York, em 1974.

AO LADO

Fernando Pedreira, jornalista, foi diretor de redação do jornal O Estado de S. Paulo, *de 1971 a 1977.*

*Fernando com Monique Duvernoy e o editor Sérgio Lacerda,
amigo que apresentou o casal.*

Fernando com o cunhado Flávio Rangel, marido de sua irmã Maria Dulce, no início da década de 70.

Roberto e Tharsis Gusmão, Bartolomeu Barbosa e sua esposa e Fernando Pedreira e Monique Duvernoy.

Almoço informal reúne os amigos Fernando Pedreira, Roberto Gusmão e Fernando Henrique Cardoso, no apartamento de Fernando Gasparian, em Higienópolis, São Paulo, na década de 1990.

PÁGINA AO LADO
Fernando Henrique Cardoso e Fernando Pedreira, na mesma ocasião.

AO LADO
Fernando Pedreira e Vivi Nabuco no lançamento do livro O arresto do Windhuk, *de José Thomaz Nabuco, publicado pela Bem-Te-Vi Produções Literárias, no salão do Instituto Histórico e Geográfico Brasileiro (IHGB), em 2003.*

Jantar na casa do editor Fernando Gasparian, ao final da vitoriosa campanha do futuro presidente Fernando Henrique Cardoso. Da esquerda para a direita: *Lúcia de Meira Lima, esposa de Luciano Martins; Monique Duvernoy; Luciano Martins; Rosa Freire D'Aguiar; Celso Furtado; Dalva Gasparian, dona da casa; José Gregori (de óculos, atrás de FHC); Maria Helena Gregori (ao lado do marido, atrás de FHC, mas que quase não se vê na foto); Fernando Henrique Cardoso; Ruth Cardoso; Fernando Pedreira; Daniela Matteoni; e Fernando Gasparian.* Em 1º de outubro de 1994.

AO LADO, NO ALTO
Fernando Pedreira, João Cabral de Melo Neto e Otto Lara Resende.

AO LADO, EMBAIXO
Os casais Fernando Pedreira e Monique Duvernoy e Raymond e Rose Frajmund saindo para para a festa de posse do segundo mandato de Fernando Henrique Cardoso, em 1º de janeiro de 1999.

Fernando Pedreira com a esposa, Monique Duvernoy.

moço do dono da casa, gigante bem-humorado, herói e protetor da turma toda, mais tarde pintor primitivo, autor de uns barquinhos vermelhos e azuis ancorados num pequeno porto que, ainda hoje, enfeitam meu canto de escrevinhador, bem em face de minha poltrona preferida. Por que me ficou na cabeça essa discussão naquela varanda? Quem ganhou e quem perdeu? Não tenho a menor ideia dos argumentos dos litigantes (eram mesmo litigantes?), embora suponha que já houvesse, metida no meio, a semente política. O Cid levando a sério Hollywood, lendo o catatau inteiro da Margareth Mitchell, em vez de ocupar-se de coisas mais importantes? Não é difícil conferir as datas na enciclopédia; o livro da senhora Mitchell foi lançado em 1936 e ganhou logo o Prêmio Pullitzer; o filme, com a novata Vivien Leigh e o veterano Clark Gable estourou as bilheterias do mundo inteiro em 1939; a discussão na varanda da rua Xavier da Silveira, portanto, com o livro traduzido e publicado no Brasil (e lido pelo Cid), há de ter sido em 1939-40, há de ter coincidido, pois, com a *drôle de guerre*, hora trágica e confusa, a Alemanha nazista senhora da Europa inteira; a Inglaterra resistindo em sua ilha; a América e o mundo (a Rússia também) sem saber para onde ir. Eu tinha, teria 13 para 14 anos; meus amigos discutidores, 16 para 17 ou 18. Isso tudo, visto assim de trás para frente, ou de frente para trás, parece menos nebuloso, menos sem sentido; mas, ao menos para mim, esses lampejos do passado parecem relâmpagos distantes; clareiam as nuvens em volta deles, anunciam coisas, portentos, desastres, inesperadas vitórias ou derrotas... Tudo havia começado uns tempos antes, ainda na praça; meus amigos, mais velhos, já à beira da universidade, haviam fundado um "círculo literário" que funcionava na casa do João Rui Medeiros; na segunda ou terceira sessão do círculo, eles me convidaram para participar também. O procedimento era simples;

cada um lia um texto, uma redação, um depoimento preparado com antecedência, e os outros comentavam. Minha contribuição foi um completo fracasso; eu era tímido e, na hora de falar, embatuquei; não saía nada, zero; deve ter sido o tal *writer's block* de que falam os americanos. Ainda assim, lembro-me de um dos *papers* apresentados no círculo, acho que pelo Carlinhos Mota: chamava-se "O Senhor Z" e se referia a um dos do grupo, personagem marcante entre nós, meninos. O Senhor Z tinha seu jeito e seus supostos traços de personalidade examinados no *paper* de maneira meio séria, meio mordaz; brincadeira carinhosa entre amigos; mas, seu personagem ia, no futuro, dar panos para as mangas, muitos panos. Era um menino audacioso e ferozmente independente, com uma voz de barítono clara e firme e uma mal-reprimida inclinação pelo desafio e pela aventura; ia, de madrugada, caçar jacarés nas lagoas da Barra da Tijuca; ganhou dos pais uma daquelas espingardas de ar comprimido e atirava nas pessoas e nas pernas das meninas; provocava ódios, discussões e conflitos enormes e, no fim das contas, só obedecia a sua avó alagoana, acho que da família Góis Monteiro, cara redonda, bochechas salientes e enrugadas. Morreu há uns poucos anos, não a avó, mas ele próprio e, nessa época, por coincidência, eu andava relendo romances e livros que me haviam assombrado e marcado quando moço; li *Os irmãos Karamazov*; li os contos do Tchekhov, numa extraordinária *omnibus edition* da Penguin, e reli, por último, Tolstoi, que já havia relido tantas outras vezes e que é minha grande, talvez única, verdadeira paixão moral e literária: primeiro *Guerra e paz*, depois *Anna Karenina*. E lá estava, em *Anna Karenina*, o retrato do Senhor Z não como ele ia ser, mas como ele foi; como ele ficou ou tornou-se, por tantos anos, fincado, cravado, como uma estaca no peito de todos nós, uma estaca que fingíamos não ver, mas que machucava e doía e nos fazia respirar com cuidado para que não penetrasse de vez... Tudo começa numa cena magistral, como talvez só Tolstoi pudesse criar e descrever, metida no miolo do seu livro. É um dia de grandes festejos na corte; toda a alta sociedade russa está reunida no prado para assistir às corridas de cavalos e, especialmente, à grande prova do dia, um *steeplechase*, uma corrida de obstáculos disputada entre os mais famosos cavaleiros, representantes dos principais regimentos do czar. É um páreo longo e difícil, corrido em três milhas e que submete cavalos e cavaleiros a grandes riscos e dificuldades. Um dos concorrentes, talvez o favorito, é Vronsky, o amante de Anna Karenina, por sua vez uma das mulheres mais belas e admiradas da corte. Sua relação com o amante é ainda discreta, limitada pelas conveniências, embora sabida de todos. O marido, Karenin, está de pé, a poucos passos dela; é um alto funcionário do governo, quase um ministro de Estado, fala com graça e desembaraço, discute políticas, conta casos e histórias, brilha entre amigos e conhecidos; mas sua mulher não o ouve. Ou, antes: ela o ouve, mas sua voz, seu discurso, sua falação incessante, embora culta e divertida, a irritam e desagradam profundamente. "Ele sabe de tudo", pensa Anna consigo mesma. "Vê tudo e continua a exibir-se como se nada houvesse. Se tentasse me matar ou matasse Vronsky, eu o respeitaria; mas tudo o que na verdade o preocupa são mentiras e aparências." Anna não entendia – observa Tolstoi – que a particular loquacidade de seu marido, naquela tarde, que tanto a aborrecia, na verdade era simplesmente a contrapartida da sua angústia, do seu sofrimento interior. Assim como uma criança que machuca os dedos num vão de porta, dá pulos e sacode a mão e o braço para disfarçar a dor, assim também Karenin precisava, naquela tarde, brilhar, falar e dizer coisas para sufocar sua profunda infelicidade, sua dor, sua vergonha.

Ainda até poucos meses atrás, até quase o fim, o Senhor Z tinha também voz forte e disposição jovial; era bom companheiro, estimado e querido; aposentara-se depois de anos de serviço em altas funções no governo, mas, na verdade, a melhor parte desses anos havia passado tentando esconder, primeiro de si próprio, e, depois, de nós todos, que sua mulher amava um outro, um terceiro, e que sua vida íntima era uma farsa, uma comédia vazia. Homem-feito, chefe de família, casado com a namorada de infância, ele se foi tornando cada vez mais parecido com o personagem de Tolstoi; no tom de voz e na maneira de falar; na carreira que fez, nas curiosas e persistentes manias: primeiro, os cavalos, as corridas, o jogo de polo; depois, a coleção de pássaros e plantas (chegou a ter cerca de três mil espécies diferentes); a insistência com que se declarava militante fiel de uma sociedade secreta que nós todos, seus companheiros, havíamos abandonado há tempos e da qual ele próprio, a rigor, nunca fizera parte; enfim, nos últimos anos, no apego a uma criança, o filho de uma caseira, que ele passou a cuidar como se fosse seu e a carregar para toda parte.

Mas, é com certeza absurdo confundir antigas histórias da corte de Petersburgo, reinventadas por Tolstoi, com as reminiscências de um grupo de meninos e meninas reunidos pelo destino numa pequena praça triangular entre o mar e a lagoa Rodrigo de Freitas. Não houve tragédias na praça; não houve quem se atirasse embaixo das rodas de um trem ou mesmo de um daqueles ruidosos e prestativos bondes da avenida Copacabana; não houve grandes infelicidades, na praça, e fomos todos razoavelmente bem tratados pela sorte. É bem possível até que nosso personagem, o Senhor Z, só tenha mesmo existido na imaginação do Carlinhos Mota, que o desenhou naquele primeiro *paper* apresentado no círculo de estudos literários da praça Eugênio Jardim, no ano, em que ano terá sido? Talvez no fim dos anos 30.

Ou na minha própria pobre cabeça, que fui redescobri-lo entre as páginas de Anna Karenina, numa tarde de corrida de cavalos. O Senhor Z, em verdade, gostava muito de corridas de cavalos. Naquela época, e por muitos anos, os melhores jóqueis do Hipódromo da Gávea, aonde íamos religiosamente apostar nas corridas aos sábados e domingos, eram todos chilenos e, quase todos, desonestos. Eu torcia pelo Júlio Canales, que montava para os Lundgren; Z preferia o mais hábil e mais inescrupuloso de todos, um jóquei com nome de papa: chamava-se Urbino, J. Urbino, se não me falha a memória. Os únicos jóqueis sérios, daquele tempo, eram os que montavam para os Paula Machado, o velho Lineu, presidente da casa, e seu filho Chico Eduardo; esses ganhavam quase que invariavelmente todos os páreos que disputavam; lembro-me de dois deles: Andrés Molina e, depois, J. Zúniga; suas pules pagavam sempre muito pouco e por isso não nos interessavam; preferíamos apostar nos azarões e perder, quase sempre. Foi a minha fase de jogador, essa das tardes no Jockey, primeiro nas gerais, onde a entrada custava apenas dois mil-réis ou dois cruzeiros, na moeda da época, e se podia jogar quintos de pule, também a dois cruzeiros cada. Eu era ainda bem menino, então; durante a semana, passava as tardes e as noites jogando sinuca e, muitas vezes, ganhando; cheguei a ser uma espécie de campeão de sinuca do bairro, mas já falei disso, páginas atrás. Meus lucros da sinuca iam-se todos em partidas de pôquer entre amigos, nas quais eu perdia mais do que ganhava, ou nos sábados e domingos de corridas, em que perdia, invariavelmente, tudo o que tinha no bolso; sobrava só, talvez em 90 ou 95 por cento das vezes, o trocado para um maço de cigarros "Belmont-Cortiça" e o bonde da volta; na verdade, dois bondes: primeiro o "Jar. Leblon" que vinha do Humaitá e ia do Jockey ao Bar Vinte, no começo de Ipanema, e em seguida o outro, maior, que nos deixava na esquina da Djalma Ulrich com a avenida Copacabana, mas continuava até o largo da Carioca, no Centro da cidade. Saltávamos na Djalma Ulrich porque ali ficava o nosso quartel-general da jogatina, nosso principal ponto de encontro: dois cafés com salões de sinuca, um de cada lado da avenida; do lado esquerdo de quem vinha de Ipanema, logo depois da Djalma Ulrich e da célebre farmácia do Moreira, ficava o Baltazar, ou Rio-Lisboa, com duas mesas de sinuca Tujague, atrás, e um pequeno salão de barbeiro ao fundo. O barbeiro, o Zé, que depois se tornou meu amigo, como se viu na primeira parte dessas lembranças, ajudava o Baltazar a pagar o aluguel do imóvel, além de garantir com sua tesoura seu próprio sustento. O Baltazar era um português forte, encorpado, de bigodes bem cuidados e que se orgulhava muito da freguesia "ilustre" do seu café: estudantes, a meninada e a rapaziada boêmia das redondezas. Além do Zé, no fundo, que pagava aluguel e atraía fregueses, o Baltazar tinha um notabilíssimo sócio, o Carnera, outro português enorme, fortíssimo, assim chamado porque parecia ainda maior do que o então campeão mundial dos pesos-pesados, Primo Carnera, um italiano imenso, descomunal, que revi ainda uma dessas noites num filme passado na TV sobre a vida de outro grande campeão, Bradock, cuja grande façanha foi derrotar Max Baer que, por sua vez, havia derrotado Carnera, isso tudo séculos antes do Joe Louis, que dirá do Muhamad Ali, o mitológico Cassius Clay, depois transformado pelo próprio boxe, pela estupidez do boxe, que tantos chamam de "arte", numa espécie de *zombie*, vítima de alzheimer. Baltazar e seu sócio Carnera não haviam demorado muito a abrir, do outro lado da avenida Copacabana, quase na esquina oposta da Djalma Ulrich, outro café, espécie de metástase do Rio-Lisboa, mas bem mais amplo: tinha, talvez, no salão ao fundo, umas oito ou dez mesas de sinuca e, na frente, o café propriamente dito, maior que o outro, mas menos atraente, digamos, menos "autêntico"; tinha um nome vistoso e inesperado em grandes letras brancas iluminadas, "Cruzeiro do Brasil"... E eis aí onde as coisas começam (ou, antes, poderiam começar) a ficar mais sérias: os cafés definem as cidades; ou serão as cidades que definem os cafés? Anos mais tarde, pela mão de um correspondente do *JB* na Europa Central, William Waack, fui conhecer os famosos cafés literários de Berlim e Viena. Ernest Hemingway, por sua vez, ainda moço, aos 20 ou 20 e poucos anos, em Paris, conta como escrevia seus magistrais contos e ensaiava os primeiros romances nas *brasseries* da Rive Gauche; pedia um chope, escolhia uma mesa discreta, no fundo, e passava a manhã inteira sentado ali, escrevendo, revivendo e recriando aventuras de menino, pescando trutas ao longo de um mágico rio do *middle-west* americano. E, até mesmo o Cairo, no Egito, uma das mais feias, sombrias e medonhas cidades que jamais visitei, tinha o seu café literário, onde Mafous, o célebre escritor árabe, já quase cego, sentava-se todas as tardes e contava histórias para seus amigos e admiradores.

Mas, o Rio, ainda mais o Rio, ou, antes, a Copacabana familiar e pequeno-burguesa dos meus tempos de adolescente, era pobre, provinciana, atrasada, alegre e... distante. Vivíamos no mundo, com certeza, mas mal e mal sabíamos disso; o que nos salvou foi a guerra, a guerra lá longe na Europa e, mais tarde, na Ásia. Ali, nas redondezas da Djalma Ulrich, morava um pequeno número de companheiros nossos; dois deles, os irmãos Habeyche, eram libaneses, maronitas: o Roland, doce figura, mais moço e mais meu amigo, e o Clóvis, mais velho, com um narigão enorme, bom rapaz, metido a elegante e cheio de estilo; jogava bilhar bastante bem. E havia, em volta, no "entorno", como hoje escrevem os subliteratos da imprensa, um pouco mais distantes do Rio-Lisboa e de suas mesas de sinuca, outros amigos e conhecidos que ficariam para a vida inteira. O Eltes Arroxelas, que morava mais para cima, quase na esquina da Barata Ribeiro; o Pecô Muniz Freire, que se casou mais tarde com a Terezinha Alencastro e virou personagem das colunas sociais; o Francisco Camará Fagundes, gaúcho com alma de jogador, sempre de chapéu, para esconder a calvície, que mais tarde tornou-se treinador de cavalos do Jockey; a Zora e o Rubem Braga, mais perto da praia e de um bar que faria história, o Alcazar... Mas, estou me adiantando demais no tempo e confundindo as coisas; podia falar também do Maneco Müller (não terei falado ainda?) *center-half* e, muitas vezes, *goal-keeper*, do nosso time de futebol de praia, o Tupi F.C.; o Maneco era uma extraordinária e querida figura; lutava boxe como um verdadeiro Charpentier, ágil, certeiro e elegante... Quantos anos de minha formação se passaram entre as tribunas do Jockey Club e as mesas de sinuca do Carnera e do Baltazar? Imagino que uns cinco ou seis, quando muito: entre 1937-38 e 1942-43, entre os 11 e os 16 ou 17 anos de idade. Dizia Carlos Marx (ou terá sido o Chico Anísio?) que a violência é a parteira da história. No caso da minha história particular, há de ter havido, certamente, violência; ainda que contida, reprimida e íntima, dolorosamente íntima, recalcada, como sói acontecer entre pessoas bem educadas e de boa família. Mas talvez, aqui, o melhor seja recomeçar do início, já que não nos faltam nem papel nem caneta, e eu na verdade já não tenha mais nada a fazer senão reacender e tentar reviver estas velhas reminiscências. Menino, eu idolatrava meu pai, embora não tivesse muita noção disso; pensava até que gostava mais de minha avó Gabriela; e meu pai por sua vez me adorava, e acho que tinha disso plena consciência. Ainda assim, brigamos, isto é, eu briguei com ele, e briguei fundo, e por muitos e muitos anos, senão para sempre. Acontece que, num determinado e preciso momento, ele se mostrou injusto, grosseiro e mesmo brutal comigo, e isso, insistentemente, em público, por um motivo qualquer fútil e idiota, quando, no cais de Vitória, no Espírito Santo, desembarcávamos de um navio para passar extensa temporada numa fazenda de gado que ele havia comprado, estabelecido e preparado para nos receber. Meu pai era "neurastênico", como então se dizia, sujeito a eventuais rompantes domésticos cuja vítima habitual era minha mãe; a tudo isso já me referi na primeira parte destas *Reminiscências*; devo ainda repetir que, em relação a nós, seus filhos, e especialmente a mim, o primogênito, ele foi sempre um excelente pai, carinhoso e atento, embora às vezes, raras vezes, pudesse mostrar-se impaciente e demasiado severo. Nada que se afastasse, no entanto, das boas normas e padrões da época. Em termos cinematográficos, se poderia dizer que não tínhamos, em casa, um Clint Eastwood; tínhamos um Henry Fonda, ou talvez uma mistura de Jimmy Stewart com o juiz Hardy dos filmes do Mickey Rooney. Nossa família há de ter sido muito parecida ou igual a muitíssimas outras famílias de classe média ou média alta no Rio de Janeiro da primeira metade do século XX. E, ainda assim, ela me surpreende e espanta, ainda hoje, não só pelo que foi, entre as quatro paredes das casas da rua Almirante Alexandrino e da praça Eugênio Jardim, mas pelo que produziu: pela prole que gerou; por mim mesmo e por essa irmã que tenho e esses irmãos que tive. Há de ter havido, é claro, influências genéticas: as matrizes maternas e paternas deviam ser boas e sólidas, ainda que "fracas" ou, pelo menos, não especialmente fortes; faltava a agressividade, a determinação, a avidez, a "fome" do desvalido, do bastardo ou do imigrante, tantas vezes forçado a abandonar os seus e a lutar e vencer na casa dos outros. Francisco de Assis Chateaubriand Bandeira de

Melo, o mais brilhante e poderoso dos jornalistas brasileiros do século, ele próprio bastardo, costumava dizer que o Brasil só iria de verdade para frente quando tivesse um imigrante na Presidência da República; Kubitschek foi a prova dos nove da sua tese. Lá em casa, as influências genéticas hão de ter sido muito importantes, mas provavelmente houve bem mais do que isso. Dos três irmãos homens, eu fui o pior ou o menos bom, o menos "santo", o mais egoísta. Meus irmãos gêmeos eram, desde pequenos, e continuaram a vida toda, ingênuos, puros, desambiciosos, embora tivessem os dois todas essas qualidades que costumam (ou costumavam) abrir todas as portas: eram altos, bonitos, louros, brilhantes, bem-apessoados, bem-educados e relacionados, discretos, escreviam muito bem, eram lidos e razoavelmente informados, sabiam inglês como gente grande, campeões de vôlei (um deles chegou a formar, com Gil Carneiro de Mendonça, na seleção brasileira da época), trabalhadores e capazes; mas, não chegaram, não queriam, não quiseram nunca chegar até onde eu esperava que chegassem em suas vidas, em suas profissões. Casaram-se bem, foram felizes, tiveram filhos (um deles, meninas; o outro, meninos, como costuma acontecer com gêmeos verdadeiros), mas faltava-lhes o quê? Talvez esse pequeno grão de insânia, essa pequenina chama de ambição e insatisfação que nos aguilhoa e nos obriga a ir adiante, a querer mais, a tentar o que parece (e quase sempre é) impossível...

Meu pai era homem cioso das aparências. Mesmo nos momentos de neurastenia e fúria, jamais passaria dos limites, jamais faria escândalo, jamais daria "espetáculo" diante de estranhos. Naquela esdrúxula manhã do cais de Vitória, posso ter levado coques e tapas na cabeça e nas orelhas, ouvido palavras e ameaças e xingamentos ferozes, mas tudo isso discretamente; e é possível que essa necessidade de ser discreto tenha multiplicado e estendido sua gana, a intensidade de sua raiva e de sua frustração, descarregadas sobre o filho mais querido. Lembro-me, ainda hoje, imprecisamente, mas intensamente, de tudo isso; lembro-me de que, à noite, já instalados em nossos quartos no hotel de Vitória, eu chorava e soluçava de ódio e mágoa, pela injustiça de tudo aquilo, enquanto minha mãe procurava me consolar e acalmar, com seu carinho, seus beijos e suas palavras de conforto, até que o sono, afinal, afogasse minha decepção e minha revolta. Ainda hoje, à beira dos 82 anos, meu coração bate forte e descompassado enquanto escrevo estas linhas; minhas mãos suam e me dou conta de que essas coisas estão ainda bem vivas dentro de mim e hão de morrer comigo.

Meu pai! Eu o fiz sofrer muito por causa dessa briga, usei todos os motivos, todos os pretextos que apareceram para magoá-lo e desgostá-lo, até uma noite, na praia de Copacabana, já nos anos 50, em que eu passeava com um grupo de amigos (naquele tempo, fazia-se o *footing*, à noite, no calçadão da praia), quando um carro parou ao nosso lado e alguém, da janela, me chamou: "Meu filho, meu filho!" Era ele, com a família toda, minha mãe, meus irmãos (o Rodolfo dirigia o carro), e sua expressão era tão triste, derrotada, que eu me comovi e me arrependi. Naquele período eu morava com a Renina, em São Paulo, e, quando vinha ao Rio, ficava na casa de um ou outro amigo, em geral o Carlinhos Mota, e ignorava deliberada e ostensivamente a casa paterna. Alguma pequena coisa qualquer que ele tinha feito ou dito havia me desagradado e eu o castigava... A partir dessa noite, fui vê-lo e voltei sempre; conversávamos muito, ele me contava histórias antigas da Bahia e de nossa família; eu metera-me em política, me tornara um jornalista, fizera-me homem e ele, de certo modo, ficara para trás antes do tempo. Ainda assim, quando morreu, aos 68 anos, em setembro de 1962, sofri um pesado golpe; nunca pensei que seu passamento pudesse me afetar tanto; durante meses e meses, era como se uma brutal e inesperada injustiça tivesse se abatido sobre mim; ganhei consciência da morte, que até ali não tinha; tornei-me, de repente, mortal, vulnerável, inseguro, e isso, por dentro, no mais fundo da alma, chorando a dor da ausência dele, enquanto, por fora, na vida do dia a dia, diante dos meus amigos e companheiros de jornal, mantinha as aparências, a compostura, a triste, severa atitude de quem passou por uma dura, inevitável prova, mas está, como se espera, decidido a engolir a mágoa e ir em frente, cumprir seu dever e suas responsabilidades. Meus pais e meus irmãos moravam no Rio, eu vivia e trabalhava em São Paulo e em Brasília; a morte de meu pai, fulminado por uma leucemia que o levou em poucas semanas, me tinha feito esquecer todo o resto; prendeu-me no Rio, em casa, ao lado de minha mãe, tentando entender a realidade nova, atordoante, por dias e dias a fio. Quando enfim voltei a São Paulo e cheguei ao "aquário", a sala envidraçada onde ficavam o Júlio Neto e o Carlão com os editorialistas, lembro-me da surpresa com que fui recebido: "Você sumiu! O que houve?" Nem eu mesmo sabia dizer ao certo, mas logo as coisas se recompuseram; voltei ao trabalho e à Brasília, numa hora em que a própria realidade política do país me obrigava a viver intensamente, tumultuadamente, até; 1963 seria o ano que antecedeu à queda de Jango, em março-abril de 1964; foi um ano de extraordinária vibração política e de crise constante em Brasília, onde eu chefiava a sucursal do *Estadão*; o ano da "revolução dos sargentos", que chegaram a ocupar ruas inteiras da capital; das tentativas de sequestro e golpe do governo federal contra Lacerda e Arraes; do pedido de estado de sítio, recusado pelo Congresso em princípios de novembro e, afinal, já em 1964, da investida derradeira de Jango, Brizola e Prestes, em fevereiro e março, pela "república sindicalista"; o comício da Central do Brasil, a revolta dos fuzileiros navais, prestigiada pelo próprio presidente, numa histórica sessão no Automóvel Clube, no Rio; a marcha dos 100 mil e, enfim, na semana seguinte, em Brasília, as tropas que desciam de Minas Gerais, a queda e a fuga de Jango, que acompanhei, ou melhor, "cobri" nos momentos finais, ao lado apenas do Flávio Tavares que, na época, representava a *Última Hora* em Brasília. Escrevi muito sobre tudo isso em muitos lugares diferentes, escrevi até um livro, *Março 31*, meu primeiro livro, publicado em setembro de 1964 pela editora José Álvaro, do João Rui Medeiros. Muitos anos depois, quando me lembrava de tudo isso, não podia acreditar que meu pai tivesse efetivamente morrido quando morreu; não podia crer que, durante aqueles terríveis meses, eu tivesse vivido uma dupla vida: a dor íntima tão grande da perda e a vibração e o envolvimento externos, a alegria e o ardor, até, do jornalismo e da política num dos seus momentos mais intensos e absorventes, mais terríveis e decisivos. Eu refazia as contas, revia as datas, sem poder acreditar nessa fusão de contrários, nessa espécie de mórbida dialética entre o luto e a luta, nesses meses entre a exaltação do combate político e a dor íntima, sem remédio...

A frase não é minha, é de um notável diplomata, escritor e historiador, recentemente falecido, George Kennan. Observa ele que, quando as pessoas vivem muito, como hoje tão frequentemente acontece, suas ideias, convicções, gritos de guerra envelhecem e morrem sem que elas mesmas se deem conta disso. É como se essas pessoas cavalgassem cavalos mortos. Estou hoje chegando aos 82 anos; em 1963-64, não tinha ainda 40. Nesse quase meio século de intervalo, o mundo mudou, as ideias e as próprias palavras amiúde trocaram de sentido; pode-se dizer que assistimos nesse período a um curioso fenômeno de reversão ou de subversão da própria história falada ou escrita, da própria "verdade estabelecida". Na década de 1960, duas gerações vizinhas, quase aliadas, irmãs, se chocaram num embate tremendo ou, se quiserem, num surdo e feroz confronto ideológico; uma geração mais velha, vinda dos anos 40 e da grande guerra vitoriosa de 1939-45; e outra mais moça, a geração fidelista, guevarista, terceiro-mundista, ou que outros nomes possa ter. A geração mais moça perdeu: perdeu em 1964 e perdeu outra vez, em 1968, em maio, mas acabou ganhando os despojos: enquanto seus vitoriosos adversários envelheciam e morriam, ela sobrevivia e assumia o poder pela simples ação dos anos e da idade. Em nenhum outro país isso aconteceu tão claramente quanto no Brasil; e o mais curioso é que os "vitoriosos" de hoje, o PT e a esquerda populista, para melhor calçar os sapatos do poder, herdados dos adversários da véspera, tornaram-se tão "conservadores" e ainda muito mais corruptos do que eles – mas impuseram sua nova "história" e seus novos "heróis": ex-guerrilheiros, ex-terroristas, calejados stalinistas da velha guarda... Nem mesmo o *Estadão*, o antigo jornalão dos Mesquita, padrão moral da velha imprensa brasileira e sul-americana, onde trabalhei a vida inteira, se arrisca hoje a dizer a verdade e a recusar os novos padrões estabelecidos, a nova terminologia, o moderno credo dos politicamente corretos: assim, o que era "Revolução de 1964" virou "O Golpe" com maiúsculas; e nem sequer pode chamar-se de contrarrevolução ou contragolpe, como corretamente o definiu mestre Afonso Arinos. O "Golpe" de 1964 teve o apoio da grande maioria da opinião pública; teve a seu lado e participando até no seu comando os governos estaduais de Minas, Rio, São Paulo e Rio Grande do Sul, entre outros menos votados; teve o apoio declarado de toda a grande imprensa, com exceção da *Última Hora*. O "mártir" João Goulart, por sua vez, era um governante inepto, cínico e corrupto; defendia a reforma agrária, mas quando foi deposto já se havia feito, com o auxílio dos poderes públicos, o maior proprietário de terras do país; a inflação galopava como nunca (até então) e a administração pública mergulhava na desordem. Jango nunca se elegeu presidente; era vice-presidente, eleito em 1960, graças a uma escusa manobra política que lhe permitiu embarcar à última hora na canoa janista (com o movimento Jan-Jan), traindo seu próprio candidato à presidência, o marechal Lott, enquanto Jânio puxava o tapete sob seu vice, o ingênuo Mílton Campos. O primeiro governo do ciclo militar, hoje incluído sob o labéu genérico de Ditadura, o governo do marechal Castelo Branco, foi na verdade um dos dois ou três melhores que este país já teve; enfrentou dificuldades enormes e cometeu alguns terríveis erros, mas manteve as liberdades essenciais (não havia censura à imprensa) e repôs, administrativa e economicamente, o país nos eixos, o que permitiu o "milagre" econômico e a popularidade do seu segundo sucessor, Garrastazu Médici, apesar do AI-5 e da horrenda torquês que nos esmagava entre o terror-de-baixo-para-cima dos terroristas e o terror-de-cima-para-baixo da repressão armada, *apud* Carlos Drummond de Andrade.

O marechal Castelo governou apenas três anos; foi eleito pelo Congresso Nacional, em abril de 1964, depois de escolhido por uma grande assembleia de oficiais reunidos na antiga Vila Militar do Rio de Janeiro. Seu vice era o pessedista José Maria Alckmin, mas ele teve os votos, não só do velho PSD, mas da UDN e, até, de boa parte do PTB (ex-janguista), além dos ademaristas e de outros partidos menores. Era um indiscutível líder militar, com amplo apoio civil e institucional; podia-se dizer dele, como disse Raymond Aron de De Gaulle, na França, que seu governo era uma "ditadura republicana"; reunia venerandas e ilustres figuras vindas dos anos 1920 e 1930, Eduardo Gomes, Juarez Távora, Cordeiro de Farias, Juraci Magalhães, a um respeitado "primeiro-ministro", Roberto Campos, e sua equipe de tecnocratas, encabeçada por Otávio Gouveia de Bulhões. De lá para cá, não há dúvida que os homens (e suas circunstâncias) mudaram muito.

Assim se escreve a história, mas este não é um livro de história e, ainda menos, de acerto de contas. As contas são tantas, que o melhor é esquecê-las. Não sei se esses poucos fatos acima referidos, e muitíssimos outros igualmente relevantes, estarão incluídos no livro do Élio Gaspari. Espero que estejam, mas a verdade é que não cheguei a ler o livro. Para quê? Para ver se a visão do Élio casava ou não casava com a minha? Élio Gaspari, como Mino Carta em São Paulo, foi homem do general Golberi, que o protegeu nas horas amargas, a pedido de Ibrahim Sued, e se tornou depois seu admirador e amigo, a ponto de deixar-lhe seus arquivos e os de seus segundos, para que sua história tivesse o melhor dos intérpretes possíveis. E o fato é que, pelo menos até hoje, quatro décadas depois da "gloriosa", nada há, ainda, na praça que se possa comparar ao peso dos vários volumes do livro do Élio.

No caso, desconfio menos do autor que da fonte. Vinte anos atrás, um conhecido brasilianista, até aquela época íntimo amigo meu, escreveu um livro sobre o quadro político-militar brasileiro, baseado principalmente em conversas e depoimentos pessoais a ele concedidos pelo general Golberi do Couto e Silva. Meu amigo brasilianista mandou-me as provas do livro, para que eu as revisse, mas elas me chegaram tarde demais, o livro já estava sendo impresso, e tudo que pude fazer foi publicar no *Estadão* e no *JB*, onde escrevia, um artigo ao qual chamei simplesmente "Exumação", e no qual fazia um exame sumário do texto.

Não havia no livro quase nada que fosse verdadeiro; quase nada que não fosse habilmente distorcido ou simplesmente infiel, inverídico. Talvez eu não devesse ter publicado o artigo, ainda mais sob aquele título duro, "Exumação", que se referia menos ao livro do que aos próprios fatos de 1964, já passados e repassados. Talvez eu devesse ter simplesmente transmitido ao autor minhas observações, para que ele as usasse, quem sabe, numa outra edição posterior, se isso lhe parecesse conveniente. Perdi o amigo. Perdi o amigo quando, bem-feitas as contas, minha briga não era com ele, era com sua fonte. Que diferença pode, na verdade, haver, entre uma fonte autorizada, oficial ou oficiosa, e uma fonte simplesmente confiável, fidedigna? Eis uma questão que, desde o começo dos tempos, embaraça a grande maioria dos historiadores e dos jornalistas. Ouvir o general Golberi sobre o movimento de 1964 era quase como ouvir o Tunga, o Dunga ou o Parreira sobre o futebol da seleção brasileira; não se podia desejar informante mais bem informado, mais autorizado – mas também não se podia ter opinião, maneira de ver menos imparcial ou isenta, menos confiável ou, se quiserem, mais "desconfiável". Quem estará mais perto (ou menos longe) da verdade? O observador, o historiador, o jornalista ou o participante, o próprio governante, o líder revolucionário? O Castelinho ou o Golberi? Raymond Aron ou De Gaulle?

Em países civilizados, ou até semicivilizados como o nosso, há fórmulas e procedimentos complexos para se chegar à (suposta) verdade dos fatos: reúnem-se os juízes ou jurados no tribunal e as partes, defensores e acusadores, réus e advogados, testemunhas e peritos são ouvidos, até que se chegue a uma conclusão, uma sentença; é um processo longo, lento e custoso, e não está isento de erros, longe disso. No caso dos historiadores, eles próprios são os juízes; conduzem o processo e ditam a sentença, isto é, descrevem o que (supostamente) teria acontecido no tempo e no lugar objeto de seus estudos. Já os jornalistas são forçados, pelas condições do próprio *métier*, a fazer como os mocinhos do faroeste, como John Wayne ou Gary Cooper, em seu tempo, ou como Scarface e os bandidos da época da *Prohibition*, que atiravam com o revólver ainda dentro do bolso do sobretudo, prática que tinha o inconveniente de obrigar suas mulheres ou progenitoras a cerzir-lhes a vestimenta ou comprar outra nova. Em suma: sejam bandidos ou mocinhos, os jornalistas, os repórteres, especialmente, quase nunca têm tempo nem os meios necessários para investigar e julgar como juízes, ou mesmo para pensar muito, como costumam fazer os historiadores; atiram de primeira, mandam chumbo e bala, malham enquanto o ferro está quente, pois quando esfria, e não demora muito, o jeito é procurar outra novidade para contar. Não há maneira de escapar desta espécie de maldição que condena os jornalistas, os repórteres, a oscilarem entre o bandido e o mocinho, senão uma única: o talento literário, o gênio jornalístico. O jornalismo foi sempre, desde o início, uma arte; uma arte que logo se fez coletiva, embora criada e produzida por indivíduos, pelo talento individual – mais ou menos como o cinema, a outra grande (maior) arte do nosso tempo. Há artistas maiores e menores, há mestres e aprendizes, e há os que não aprendem nunca. Resta dizer que essa condição ou caráter ou definição do jornalismo como arte perturba muito os próprios jornalistas, especialmente o baixo clero, a massa medíocre que vem das escolas de jornalismo e acredita que jornalismo é só informação, é o "furo" apenas. "As feias que me perdoem, mas beleza é fundamental", observava o poeta. No caso, em lugar da beleza, ponha-se talento; algum talento é fundamental. E há ainda, cada vez mais necessária, a alma coletiva do jornal; um jornal não é um quadro na parede, é um organismo, um corpo vivo, com cabeça, tronco e membros, intestinos, fígado, pulmões; não pode ser anencéfalo, nem epilético, como tantos dos nossos tabloidizados jornais de hoje...

Em janeiro deste ano (2007), morria um polonês com um nome rebarbativo, tido como um dos grandes repórteres do nosso tempo, Ryszard Kapuściński, que, ao morrer, deixou ainda um livro, além dos diversos que já havia publicado em vida. Esse último livro, só agora traduzido nos Estados Unidos, é uma espécie de derradeira prestação de contas, ou de Credo (como o chama a N.Y. *Review*) e repõe em pauta uma série de questões que estão no próprio cerne da nossa profissão. Chama-se o livro *Travels with Herodotus* (*Viagens com Heródoto*). Kapuściński começou trabalhando, depois da guerra, como um jovem aprendiz na agência de notícias da Polônia comunista. Quando saiu, ainda bem verde, para sua primeira missão no exterior, ganhou do seu chefe um pequeno volume, que acabava de ser publicado na Polônia, com as "Histórias" de Heródoto. Guardou o livrinho, quase como um talismã, um companheiro de viagem que lhe serviu de apoio e estrela-guia ao longo de suas andanças de correspondente pelo mundo afora. Agora, em seu último livro, ele dialoga com Heródoto, discute com ele, interpela-o, entremeia suas próprias descobertas de correspondente com as histórias do mestre, chamado "O Pai da História" (e também, às vezes, "O Pai da Mentira".)

Convenceu-se Kapuściński de que a grande descoberta de Heródoto, talvez sua maior lição, é simplesmente esta: não há história de primeira mão; a história (como a reportagem) é sempre de segunda mão, ouvida ou lida ou extraída de terceiros, filha da experiência e da memória de outrem; por mais confiável ou "verídica" que seja, não escapa do vício subjetivo (eu diria: do filtro subjetivo), que é sua marca de origem.

Gostava muito de uma frase que encontrei, há muitos anos, num artigo do Fernando Henrique e que ele mesmo talvez tenha achado em outro lugar: "O passado não é o que passa, mas o que fica." Kapuściński, por sua vez, lembra em seu livro uma observação da mística Simone Weil, para quem a única "verdade pura é o passado, desde que nos abstenhamos de recozinhá-lo ou remendá-lo". Mas essa abstenção, nota Kapuściński, é impossível; duas vezes impossível, tanto na Polônia comunista como no antigo Império Persa, em que viveu Heródoto. O passado é o que fica; mas o que fica é a imagem filtrada e refiltrada pelo subjetivo do autor, da testemunha e da sociedade; o que fica é o imaginário social, é o mito (artístico ou não), é a tradição, é a memória, enfim. Conclui Kapuściński que o passado, em si, não existe; o que temos são "infinitas versões dele"; o mero bagaço da vida vivida.

Me perdoem se me permito essas incursões filosóficas, essas filosofices; mas a pretensão e a arrogância desses supostos donos da verdade na imprensa, na TV e na academia me incomodam e irritam supinamente. Houve tempo em que se discutia muito, entre nós, para saber o que era mais importante, o fato ou a versão. A conclusão implícita, não declarada, dessas discussões era apenas uma: versão é para os políticos, para os ficcionistas, para os mentirosos; para a imprensa (e para a história), só o que vale é o fato, a verdade dos fatos. Ora, quanta bobagem... Na época, o grande acontecimento que absorvia todas as atenções era uma explosão envolvendo dois militares, numa noite de casa cheia, no Riocentro; um dos militares morreu porque a bomba explodiu antes do tempo, ainda em seu colo; o outro, que conduzia o carro onde estavam, um Puma, ficou gravemente ferido, mas sobreviveu. Deviam os jornais reproduzir o fato em suas páginas (ou na tela da TV), isto é, ressuscitar os milicos, repô-los no carro e na noite do Riocentro e explodir outra vez a bomba? Ou deviam contentar-se com as diversas versões correntes, – as das testemunhas, a dos peritos, a do porta-voz do Exército que inventava desculpas esfarrapadas – compulsá-las, expô-las, cotejá-las, a fim de tentar aproximar-se o mais possível do acontecido, que já não existia mais, e obter dele uma imagem, uma versão jornalística (e até mais de uma, porque os jornais e TVs são vários) tão convincente e confiável quanto possível? Lembro-me de que, na época, escrevi um artigo tentando explicar isso, mas em vão. A mídia e a história lidam com versões e não com fatos. Os fatos são grandes demais, contraditórios, complicados demais para caber inteiros na cabeça, num simples cérebro humano. A versão é como o filme na máquina de retratos; melhor ainda, ela é um filme produzido pela própria máquina, pelo próprio cérebro, que "pesca" o fato lá fora, condiciona-o segundo sua necessidade e seu ponto de vista, e o registra, mas sequer faz muita cerimônia com ele: torce-o, modifica-o e, até, algumas vezes, o apaga e enterra entre as mil dobras da memória; "bloqueia" sua lembrança.

A imprensa ganharia muito se entendesse melhor seu próprio processo de conhecimento e considerasse com mais precisão seu papel na ordem das coisas. Acreditem no grande repórter Kapuściński (ele próprio, aliás, "desconfiável"; sabemos hoje que, no início de sua carreira, foi agente dos serviços de inteligência da Polônia, para os quais produzia relatórios sigilosos, em geral anódinos, sem muita importância). O passado perdeu-se, o que nos obriga a reinventá-lo, e essa é, aliás, a primeira grande característica propriamente humana, a capacidade de recriar e reimaginar o passado, de estabelecer um *continuum*, uma sequência que reflita os dias e anos e séculos, ao menos tal como nós os vemos, ou vimos ou ousamos querer vê-los. Cavalos, cães, golfinhos não têm história, nem versões; não se lembram. Por acaso, enquanto redigia estas notas, li na *New Yorker* um artigo de um dos meus gurus, Oliver Sacks, sobre esse mesmo assunto da memória humana, a memória que ele chama de "episódica" (dos episódios) e contrapõe a outra, mais profunda, a memória procedural (dos procedimentos), que pode ser inata ou adquirida e se estende aos bichos: os fetos dos cavalos, lembra Sacks, galopam já no útero da mãe.

Costuma-se dizer que quem escreve a história são os vencedores. Acho que não; a história do Brasil recente comprova até o contrário, conforme vimos, páginas atrás. Quem escreve a história (e as manchetes de jornal) são os vivos, os sobreviventes e, entre eles, os mais vivos, os de mais talento e prosápia; quando menos, os mais diligentes e aplicados.

Mas, deixemos a história; voltemos à reminiscência, aos "fatos", tanto quanto me lembro deles. Em fins de 1951, em São Paulo, tornei-me um quadro na direção do aparelho intelectual ou cultural do Partidão na Pauliceia; isso aconteceu sem que eu mesmo me desse bem conta do que ocorria; sem que, na ocasião, eu percebesse exatamente o que havia acontecido e por quê. Havíamos deixado o Rio, Renina e eu, recém-casados, no dia 1º de maio, num trem de luxo da Central do Brasil, o Santa Cruz ou Vera Cruz, um serviço que vinha de ser inaugurado, e um dos mais fortes motivos da nossa mudança para São Paulo havia sido o inconfessado desejo meu de me afastar do PC e de sua sectária alta direção, os Arruda e Pomares da época, delegados de Luís Carlos Prestes na meia-legalidade em que sobrevivia o PC. Na Pauliceia, entretanto, fugindo do leão, caímos no seu próprio covil; ou, quando menos, numa de suas mais amenas e divertidas dependências. Teresa Nicolao e Rodolfo Nanni, que nos tinham convidado e em cujo apartamento nos instalamos logo ao chegar, estavam, então, envolvidos num projeto da editora Brasiliense, a editora de Caio Prado Júnior, que publicava os livros de Monteiro Lobato. O projeto era bastante inocente: fazer um filme para crianças, baseado num dos livros de Lobato, uma história do Saci-Pererê. Quando chegamos, os trabalhos já estavam bem avançados; Rodolfo Nanni era o diretor do futuro filme; Nélson Pereira dos Santos, seu assistente de direção; Teresa Nicolao supervisionava a decoração. Os recém-chegados cariocas foram logo absorvidos pelo trabalho da equipe, e acabei assistente de produção, sob o comando do produtor, Artur Neves, gerente geral da editora e entusiasmado incentivador e promotor dos trabalhos; a adaptação do texto de Lobato e o roteiro do filme eram de sua autoria. *O Saci* foi um sucesso, mas não guardei dele nenhuma lembrança, absolutamente nenhuma; posso apenas dizer que foi o primeiro degrau na carreira do Nélson Pereira dos Santos, que fez o exato oposto do que eu tinha feito, fugiu de São Paulo e da Brasiliense e veio se instalar no Rio; foi morar em Niterói, numa praia, e de lá sairiam *Rio, 40 graus* e mais uma fieira de belos e nobres filmes.

A livraria e editora Brasiliense tornara-se uma das principais frentes legais do PC, em São Paulo. O próprio Caio Prado Júnior (de quem Luís Carlos Prestes não gostava), embora dono da casa, mantinha-se a distância; preferia cuidar de sua própria obra, dos livros que o haviam consagrado e da fabulosa biblioteca que mantinha em sua casa, numa esquina da 9 de Julho, já nos Jardins, um salão imenso e sombrio, com pé-direito duplo, repleto de volumes cuidadosamente encadernados, onde estive muitas vezes com o próprio Caio e onde, ao anoitecer, voavam baratas às dezenas, iluminadas pelas discretas luzes de leitura, enquanto se discutia a situação do Brasil e suas opções revolucionárias, se éramos ou não, no fim das contas, uma sociedade semifeudal, uma semicolônia destinada a libertar-se graças à irresistível força da dialética marxista, sob a liderança (obtusa?) do camarada Prestes. Caio Prado ouvia-nos e defendia com calor seus pontos de vista, mas não creio que nos levasse muito a sério; ele era uma extraordinária e santa e brava figura de quatrocentão; gostava de andar sem meias, como eu; comparecia às manifestações do Partido, embora discordasse de sua linha política e, com sua altaneria de grande escritor e grão-senhor enfrentava a violência e até as balas da repressão policial, como se não fossem com ele... Caio Prado era um mito em São Paulo; o Partido utilizava amplamente seu nome e seu prestígio; as divergências internas e as implicâncias de Prestes com os intelectuais e com o próprio Caio eram conservadas na sombra. A Brasiliense ficava entregue aos cuidados administrativos e políticos do Artur Neves. Acho que já falei um pouco dele, Artur, e de tudo isso, na primeira parte destas *Reminiscências*, mas não contei nem metade da história. A direção do PC na área da cultura paulistana estava entregue a quatro cavalheiros, quatro militantes, e um comissário político que nos ligava à cúpula clandestina e nos trazia as devidas instruções; esse comissário viera do Rio, como eu; era um amigo dos tempos da praça Eugênio Jardim, Paulo Almeida Rodrigues, irmão do Newton Rodrigues, filhos os dois de uma numerosa família que morava numa grande casa da rua Barata Ribeiro, acho que ainda antes da esquina da Barão de Ipanema. Fiz amizade com eles, ainda estudante do colegial, no Mallet Soares, onde encontrei diversos amigos comuns; lembro-me de pelo menos dois: um chamava-se Raul e era um rapaz alto, espigado, sério, bela figura, amante de questões filosóficas que então nos apaixonavam; outro era o Amauri Nogueira Porto, que faria mais tarde carreira no Itamaraty, mas sempre do outro lado do mundo; nunca mais o vi. Na casa do Paulo e do Newton, na Barata Ribeiro, havia um galpão no fundo, talvez a antiga garagem readaptada, que servia de escritório e biblioteca para "os meninos". Era lá que eu ia me encontrar com eles para conversar, discutir e descobrir o mundo; no centro, uma grande mesa, dessas compridas de escritório, algumas cadeiras confortáveis, estantes e muitos livros por todo lado. Talvez houvesse, no corpo da própria casa, onde nunca entrei, outra biblioteca ainda maior que não havia bastado para conter a sede de livros da família; e a garagem readaptada, ocupada pelos "meninos", fosse uma espécie de rebote da cultura dos Rodrigues. O Paulo foi, com certeza, nesse período da minha vida, até sua súbita morte aos 40 anos, a pessoa com quem tive mais afinidade intelectual; éramos irmãos gêmeos mentais, solidários nas crenças, invenções e descobertas. Ainda assim, foi com surpresa que o descobri em São Paulo, comissário político; mas os ritos clandestinos, ultrassecretos do PC explicam esses curiosos desencontros e reencontros, até entre pessoas íntimas e amigas constantes na vida, digamos, real. Na verdade, o jogo de esconde-esconde, esses súbitos reaparecimentos, às vezes no meio da noite, de camaradas que haviam sumido ontem ou anteontem, ou que julgávamos em paz em suas casas e em sua vida "legal", eram recebidos entre nós até com encanto; eram uma espécie de contraprova dessa espécie de *underground* revolucionário ao qual nos supúnhamos ligados e que era nosso íntimo orgulho, a marca da nossa "diferença". Não só o Paulo, mas também João Saldanha, antigo companheiro da sinuca e do Jockey, que se havia tornado quadro da direção do PC e suposto presidente de uma Juventude Comunista que não chegou a existir, fora mandado para São Paulo. Com nome trocado, militava clandestinamente não só na capital mas em cidades do interior; nunca cheguei a saber o que fazia e onde estava, embora o tenha encontrado duas ou três vezes, por acaso, numa livraria montada pelo PC na praça da República, que servia como ponto de encontro e sede legal de nossas aventuras.

Do João em São Paulo, aliás, a primeira notícia que tive me veio, certa manhã; fomos acordados, na pequena casa térrea em que morávamos, no Itaim-Bibi, por alguém que batia insistentemente na porta de entrada. Essa porta dava para uma pequena varanda, diante do jardim minúsculo e da rua, ainda de terra batida. Havia uma campainha no portão, lá fora, mas o visitante a tinha ignorado ou não a encontrara; as campainhas das casas daquele tempo tinham o hábito de esconder-se em dobras de muro, atrás da folhagem de azaleias ou outras plantas ornamentais. Fui ver quem batia, ainda em trajes de dormir, isto é, seminu e assustado. Era uma daquelas portas de madeira trabalhada, muito comuns, mas então consideradas "nobres"; tinha, no meio, um postigo protegido do lado de fora por uma pequena grade de ferro e, por dentro, por um vidro facetado opaco. Abri o vidro e dei com um senhor alto e bem-posto, com ar severo e impaciente: "Sou o pai do João Saldanha", disse ele; "e vim buscar meu filho; suponho que o senhor saiba onde ele está." Pedi tempo para enfiar uma calça e uma camisa, deixei entrar o velho Gaspar Saldanha e, com alguma dificuldade, convenci-o de que não fazia ideia que o João pudesse estar em São Paulo; fiz-lhe ver que o Partido era muito estrito nessas coisas: se o João estivesse em São Paulo e na clandestinidade, só mesmo seus superiores hierárquicos, ou seus "contatos", saberiam do seu paradeiro. Nunca tinha visto antes o velho Gaspar, mas sabia da sua história ou, melhor, da sua fama; a feroz valentia e seus feitos nas lutas gaúchas e na Revolução de 1930, que haviam levado o governo revolucionário a nomeá-lo titular do mais rendoso cartório do Rio, o 5º Ofício, se não me engano, mais tarde subdividido e entregue por Juscelino ao seu chefe de gabinete Osvaldo Penido. Entre nós, amigos do João e do Aristides, o velho Gaspar era tido como uma fera, capaz, quando moço, de esfaquear adversários maragatos sem muita conversa. Naquela manhã, na pequena casa da rua Carlos Morais de Andrade, no Itaim, sua indignação maior era contra o próprio filho, João, que, dizia ele, havia perdoado a Hilda, sua mulher, que o tinha traído, e vindo com ela para São Paulo. Sua disposição era levar o João de volta para casa, sumariamente, sem a Hilda, indigna, mil vezes indigna do perdão da família. Não cheguei a saber como terminou a investida paulista do velho Gaspar, mas o João, depois de uns anos clandestino na Pauliceia, voltou ao Rio, casou-se duas ou três vezes mais, virou herói nacional em 1970, estrela de TV e do vasto mundo dos esportes; fui reencontrá-lo no *JB*, em 1985, eu, diretor de redação, e ele, famoso repórter, mas já vítima de um enfisema que mal lhe permitia falar. O drama doméstico da Hilda, ainda dos tempos, logo depois da guerra, em que nos reuníamos todas as noites na casa do Álvaro Moreyra, nos havia surpreendido e comovido muito. Hilda e João eram um casal modelo, inseparáveis, os dois sempre juntos em todos os lugares aonde iam. Mesmo nas noites de sinuca no Baltazar e no Carnera, quando o João jogava e apostava (ele era um jogador medíocre) às vezes até a manhã do dia seguinte, a Hilda ficava ali sentadinha, esperando e torcendo pelo marido; era a única das mulheres ou namoradas que fazia isso. Mas, a partir de 1945, com o súbito e cada vez mais apaixonado entusiasmo do João pelas atividades do Partido e suas frequentes excursões pela clandestinidade, a Hilda foi ficando abandonada e sozinha num ambiente que não era o dela; nós, mais moços, levamos um primeiro susto quando percebemos que a mulher do João, uma bela moça muito clara mas de cabelos pretos, filha de família de origem germânica, séria e compenetrada, mostrava desejos de "pular a cerca"; e mais surpresos ainda ficamos depois que o João descobriu a história e o escândalo estourou, quando soubemos quem havia sido o herói: Valdir Duarte, um primo do João Rui Medeiros, casado com a Ízia, filha mais velha do Alvinho, o Álvaro Moreyra. Valdir era um personagem discreto, mas importantíssimo, uma espécie de força oculta por trás do nosso pequeno mundo; era nada menos que membro do Comitê Nacional do Partido Comunista, vindo da célebre Comissão Nacional de Organização Provisória, a

Cnop, a ala pró-União Soviética, stalinista que, durante a guerra, havia se aproximado de Getúlio e derrotado seus rivais trotskistas do Comitê de Ação. Prestes, ao sair da cadeia, em 1945, prestigiou a Cnop, que se tornou o PC brasileiro, e deixou os outros a ver navios. Os intelectuais, os escritores e artistas de esquerda, dividiram-se: muitos deles já ligados ao Ministério da Educação de Gustavo Capanema: Carlos Drummond de Andrade, Niemeyer, Portinari, Jorge Amado, *etc.* ficaram com Prestes (e Getúlio), e nós os acompanhamos; os outros, mais liberais, antigetulistas, fundaram a Esquerda Democrática, com João Mangabeira e Hermes Lima. É incrível como a vida da gente, sem que na maioria das vezes sequer saibamos para onde estamos indo, pode misturar-se com a história do país e do mundo. Hoje, olhando para trás, é possível perceber até que ponto o *affaire* entre o Valdir e a mulher do João Saldanha deve ter incomodado os altos dirigentes do PC com o seu potencial de "imoralidade" e escândalo; no fim, o interesse "maior" da Revolução e da Causa Operária prevaleceu, e enterrou-se tudo sob o manto espesso da clandestinidade; o João, a Hilda e o Valdir sumiram; do Valdir e da Hilda nunca mais tive notícia; o João reapareceria tempos depois.

Mas, retomemos o fio da nossa história. Moramos quatro anos naquela casa do Itaim, meus primeiros quatro anos paulistanos; era uma casa muito simples, mas confortável, ao menos para um casal recém-casado, como nós, a Renina artista pintora e gravadora e eu metendo-me a crítico de arte e quadro do PC, escrevendo artigos, traduzindo livros, trabalhando em filmes e descobrindo a Pauliceia. Os donos da casa moravam atrás; um casal de portugueses simpáticos e operosos, ele condutor de bondes aposentado, e ela uma senhora sólida e risonha, trabalhadora e prestativa. Haviam construído as duas casas, a deles e a nossa, eles mesmos, com cuidado e carinho, ainda que modestamente.

O aluguel mensal era compatível com nossos modestos ganhos; havia, na frente, a varandinha já referida e, logo, uma sala bastante ampla com um lustre daqueles de pingentes e, ao lado, um cômodo menor com janela para a frente, protegida por uma grade de ferro. Da sala saía-se para um pequeno corredor que dava, de um lado, para um banheiro e, do outro, para o nosso quarto. Mais adiante, havia outro cômodo que servia de ateliê para a Renina e quarto de vestir e, afinal, a copa-cozinha. Nada muito apertado, tudo razoavelmente "vivível". Atrás da casa tínhamos um quintal cimentado, com tanque e varal e, no fundo, um quartinho de empregada (mas não havia empregada) e um bom chuveiro frio, onde eu tomava banho de manhã cedo; o chuveiro do banheiro de dentro era daqueles elétricos, intoleráveis, embora a Renina o preferisse. Não havia móveis; mas na esquina de nossa rua com a Iguatemi, antecessora da avenida Faria Lima, havia uma fábrica de móveis baratos e decentes; compramos lá, à medida que nos ia sobrando algum dinheiro, cadeiras, uma mesa e um sofá; o resto, eu mesmo construí com tábuas, pregos e tijolos de cerâmica; a cama de casal era um estrado "patente" com um colchão de molas em cima; o colchão custou-nos mil pratas, exatamente. Fabricar estantes e aparadores com tábuas e tijolos não é difícil, mais difícil é montar um armário, ainda que sem portas, apenas com um cortinado na frente; na cozinha, já havia um fogão, e não me lembro de onde veio a geladeira. Tínhamos quadros, também, nas paredes; muitos quadros da Renina e de amigos; tínhamos até uma pequena e linda estátua de Anchieta, com pouco mais de um metro de altura, comprada (a prazo) do Bruno Giorgi; era a maquete de uma obra a ser erguida onde está hoje: na ilha de Tenerife. Comprei a maquete com o compromisso de cedê-la de volta ao Bruno, quando ele precisasse dela, para talhar a obra definitiva, o que aconteceu uns anos depois. A maquete era de gesso branco, com tons de rosa; voltou do ateliê do Bruno, depois, mais séria, pintada de bronze, como a estátua definitiva. Ao lado da casa corria o que deveria ser a entrada para carros, mas não era; mostrou-se até estreita para o Citroën 15 que comprei em 1954 (depois eu conto a história desse meu primeiro carro) e na verdade servia de passagem para a casa de trás, menor e mais modesta do que a nossa, a casa do nosso senhorio português e de sua excelente esposa. Fomos os primeiros inquilinos do número 14 da Carlos Morais de Andrade, e o casal de proprietários encantou-se conosco; tratavam-nos a vela de libra, incumbiam-se de varrer e lavar, com a mangueira do jardim, não só a passagem, mas a própria rua, irrigada duas vezes por dia para reduzir a poeira que, aliás, não era muita; a Carlos Morais de Andrade era pequena e dava num matagal que se estendia até a margem, razoavelmente distante, do rio Pinheiros; não tinha saída, portanto, e os carros ou caminhonetes que passavam por nossa porta ou eram dali mesmo, ou eram de visitantes ou entregadores. Os portugueses recebiam, de tempos em tempos, encomendas e presentes de amigos ou familiares da "terrinha": presuntos, queijos, garrafas de vinho do Porto ou de excelente bagaceira, e de tudo isso faziam questão de que participássemos; vinha a mulher com um pernil de presunto para a Renina, ou os dois com garrafas de vinho e insistiam que aceitássemos, que era tudo dado de coração e era muito o que recebiam, os dois sozinhos não podiam comer e beber tudo aquilo. Gente boa, trabalhadora, humilde e generosa; tenho saudades deles. A casa do Itaim recebia visitas; vinham amigos almoçar; não sei como a Renina se arranjava; além dos antigos, outros novos; como é fácil fazer amigos quando se é moço! Mais tarde, vinham também visitantes vindos de outras terras, como o poeta cubano Nicolás Guillén, que recitava seus poemas com um cantante sotaque caribenho, quase como se fossem canções sem música, nascidas do jogo de sonoridades entre vogais e consoantes, e logo encontrou, entre nós, um impagável e implacável imitador, o Luís Ventura. Muito por obra do Paulo Rodrigues, nossa casa do Itaim algumas vezes serviu também de "aparelho" para reuniões clandestinas de dirigentes do PC; havia vários deles circulando por São Paulo, entre os quais alguns que cheguei a conhecer; Mário Alves, filho de um amigo de juventude de meu pai em Salvador, José e Jacob Gorender, que escreviam nos jornais. A rigor, não deveríamos ter nem ideia de quem seriam esses cavalheiros que vinham disfarçados, e com nomes de guerra, reunir-se na pequena saleta que me servia de escritório e sala de visitas, com uma janela dando para a frente da casa, nessas horas, discretamente cerrada. Mas essas reuniões foram raras; ao longo dos quatro anos, talvez uma meia dúzia, talvez dúzia e meia; o Partido dispunha de muitos outros aparelhos mais confortáveis e bem fornidos, além de menos distantes; mas, para garantir sua segurança, precisava estar sempre mudando de endereço, e o meu servia, talvez, como emergência.

Entre o Itaim-Bibi e o Centro da cidade, corria uma excelente linha de ônibus elétricos, os "chifrudos" ou "jangos", como nós os chamávamos; a rampa da Augusta, a partir da Estados Unidos, parecia-nos bem íngreme, mas os "chifrudos" enfrentavam-na com surpreendente desenvoltura; num instante estavam no topo, cruzavam a cordilheira da Paulista, desciam velozes pelo outro lado e iam depositar-nos num terminal situado por trás da Escola Caetano de Campos, na praça da República, a dez ou 20 passos da Barão ou da Sete de Abril e de todos os endereços que compunham nosso pequeno mundo profissional e boêmio. Diante de tantas conveniências e tantas alegrias, já não sei mais por que deixamos a casa da Carlos Morais de Andrade e, em 1956, instalamo-nos, com armas e bagagens, num pequeno apartamento, bem no início da rua Pinheiros, no terceiro e último andar de um prédio sem elevadores, bem em frente de um ruidoso e movimentado posto de gasolina. Talvez nos tenha movido apenas nossa inquietação de jovens, ou talvez eu me tenha deixado tentar por uma pequena varanda, no alto, com uma vista razoavelmente ampla, que incluía a perspectiva da própria rua, uma espécie de pequeno largo, diante de nós, e fachadas e telhados pequeno-burgueses e, por cima deles, o céu, uma larga faixa celeste onde evoluía o sol paulistano.

Eis o que pode ter sido, afinal, uma boa razão, embora escondida tão fundo no peito, que só agora vou me dando conta dela; a memória, a lembrança dos morros que cercavam a praça Eugênio Jardim, a pedra do Cantagalo, altíssima, vertical, bem junto de nós, durante toda a minha meninice, me perseguia pelas ruas de São Paulo, fazia-me mudar de pouso sem muita razão – em 15 anos, entre 1951 e 1965, quando fui para os Estados Unidos, morei em pelo menos quatro bairros paulistanos: o Itaim, Pinheiros, Mariana Correia e Higienópolis; nos últimos cinco desses anos, tinha também casa montada em Brasília além dos abrigos diversos no Rio de Janeiro...

Cantagalo é hoje nome de favela e, até, de estação de metrô (lá embaixo, na praça); no nosso tempo de meninos, era apenas nome de morro, penedo, penhasco, pedra grande; subíamos por trás, pelos caminhos onde depois se fez a favela, e íamos até o topo, bem lá no alto, onde logo descobrimos uma fenda entre as rochas e um túnel fortemente inclinado por onde se podia descer, quase aos tombos, agarrado às saliências e reentrâncias da pedra, até a boca imensa de uma escancarada caverna, logo abaixo. Essa caverna, do lado de cá, do lado da praça e da lagoa, é a que hoje exibe grandes dentes de concreto armado, agressivamente pintados de branco, que servem para sustentar a pedra de cima, imensa, que ameaçava rolar. Nosso caminho de meninos, a fenda entre as rochas do topo e o pequeno túnel que "desbravamos" à custa de cotovelos e joelhos ralados serviram ao Estado, depois das grandes chuvas do verão de 1965-66, em sua grande obra de contenção de encostas – e lá está ele, posso vê-lo daqui de onde estou, da minha janela no sopé dos Dois Irmãos, na rua Timóteo da Costa, 297, no alto Leblon: o grande remendo de tiras brancas que o sol da tarde ilumina, rudes colunas de cimento que devem ser bem altas, entre os beiços de rocha viva, das quais depende a sobrevida dos que vivem e trabalham lá embaixo, onde moravam no meu tempo o Eltes, a Helena, a Bitie e a Gilda; o Roberto, que ainda vive, irmão mais moço, e a irmã mais velha do Eltes, Vanda. Durante a guerra, talvez em 1942 ou 1943, veio morar ali, na Djalma Ulrich, do outro lado da rua, bem no sopé do morro, num prédio baixo, daqueles pintados de pó de pedra, cinzentos, que estavam então na moda, uma família de judeus italianos que podia ter vindo do *Jardim dos Finzi-Contini*, personagens de um filme que o Vittorio De Sica ainda ia fazer; tinham filhos, a Sara e o Ricciuli (não estou seguro da grafia desse nome, dizíamos Richúli), uma menina-moça e um rapazola, louros, elegantes, de olhos claros; ela, linda, a mais linda de todas as meninas que havíamos visto; ele, já com a linha de um buço alourado sob o nariz, jogava futebol conosco e contava histórias que não podíamos entender.

A guerra foi boa para nós, embora a um custo terrível para europeus e asiáticos; quase tudo que aprendemos, naquele tempo, de mais importante e mais fecundo, veio dela; a guerra virou de pernas para o ar o mundo que ia ser o nosso, entregou-nos de bandeja a liberdade e a democracia, a nós que cantávamos hinos fascistas no recreio do Colégio Guy de Fontgalland e marchávamos nos grandes desfiles do dia da Raça, na Semana da Pátria, diante de um ditadorzinho barrigudo que lia discursos escritos ou pensados pelo Lourival Fontes e pelo Marcondes Filho; a guerra, a santa guerra, empurrou também para as nossas costas (embora não fôssemos tão ricos e atraentes quanto os nova-iorquinos) imigrantes de alto nível intelectual, professores, jornalistas, escritores, sem os quais a própria Universidade de São Paulo seria difícil de imaginar, sem os quais a imprensa do Rio e de São Paulo não chegaria a ser o que foi nos seus melhores tempos; muitos desses imigrantes se foram, quando a Europa recuperou-se; mas muitos ficaram ou deixaram aqui seus filhos e a semente fecunda de seu talento e sua cultura; só do velho *Estadão* e do *Correio da Manhã*, lembro-me de Tomas Ribeiro Colaço, Frederico Heller, Gianino Carta, Robert Appy, Gilles Lapouge, Otto Maria Carpeaux... Lapouge, aliás, vive ainda e, lá de Paris, onde sentou praça como correspondente há quase meio século, continua a ser, ainda agora, um dos grandes porta-bandeiras do *Estadão*.

Dos meus endereços paulistanos, o de maior encanto e graça não foi o do Itaim, mas o da Mariana Correia, no Jardim Paulistano. No Itaim tínhamos tudo o que queríamos (e não era muito), menos vista. Na Mariana Correia, a casa era mínima, mas era um charme só; custava-nos o aluguel 12 mil mensais, que era tudo o que eu havia passado a ganhar como repórter do *Estadão*; as outras despesas ficavam por conta dos salários da Renina. Essa história, aliás, dos meus dinheiros é engraçada, mas vou deixá-la para mais adiante porque do que tenho ganas de falar agora é desse mistério que é escrever, que é a relação do autor com o texto, por mais sensaborão e tolo que possa parecer ao improvável leitor. Nas últimas dez ou 15 laudas falei dos meus endereços de recém-casado; talvez, a rigor, não houvesse nada para contar, mas, esse "nada", não imagina o leitor o prazer que me deu lembrar-me dele, revivê-lo, redescobri-lo e reinventá-lo; a pedra do Cantagalo, por exemplo; eu mesmo não podia sonhar, antes de pôr-me a escrever sobre ela, que representasse tanto para mim; nem bonita ela é; o antropólogo Claude Lévi-Strauss, um dos meus gurus dos meus tempos de jovem, compara as montanhas do Rio a "cacos de dentes na boca de um velho desdentado", ele esteve aqui, passou pela baía de Guanabara a caminho de São Paulo, e não gostou do que viu; levei um choque quando me deparei logo no começo dos *Tristes tropiques*, seu livro sobre o Brasil, com o cruel veredito do sábio. De fato, para um europeu, conterrâneo dos Alpes e dos Pirineus, talvez os morros cariocas não pareçam grande coisa, pois a verdade é que nossas montanhas são velhas e gastas, restos de eras geológicas perdidas na pré-história do planeta. Ainda assim, não posso me esquecer de um começo de tarde, no Itaim; eu tinha saído de casa com um amigo, depois do almoço, a caminho da cidade; íamos os dois conversando, distraídos, mas, quando chegamos à esquina da Iguatemi, senti um baque dentro do peito: uma sombra enorme ao meu lado parecia o vulto de uma montanha imensa; voltei-me e não era nada; era apenas um fantasma, a sombra alta e escura de duas ou três frondosas árvores por trás do muro de uma casa, talvez de um sanatório que havia ali, discreto e sóbrio, onde se recolhiam, quando sentiam chegar a hora da crise, amigos meus, os Coutinho – um deles chamava-se Fernando, como eu – homens amáveis, cultos, bem-educados, paulistas de boa cepa; a doença, uma curiosa doença que não cheguei a saber exatamente qual era, os impedia de levar vida normal, mas não os impedia de ler e de ter opiniões políticas (...)

Interrompi a redação destas notas no começo de dezembro, arrastado pela *tsunami* das festas de fim de ano; e hoje, já em janeiro de 2008, passado o domingo de Reis, relendo o que escrevi, já não consigo atinar com o sentido exato do que estava dizendo. Mas, é tudo verdade; havia um sanatório cercado de grades e muros altos na Iguatemi; os irmãos Coutinho ou, pelo menos, um deles, que conversava muito comigo e me descrevia a rotina de sua vida, internava-se lá de tempos em tempos, para curar suas mazelas. Os Coutinho eram jovens e ricos, quatrocentões, mas a doença fazia-os viver uma suave vida de aposentados, quase como essa que eu mesmo levo hoje, já nos albores do século XXI: levantavam-se cedo, liam os jornais, tomavam café e, com frequência, deitavam-se de novo até a hora de vestir-se e sair para o almoço na cidade com os amigos; à tarde, depois da sesta, iam ao Clubinho dos Artistas, ou ao bar do museu, na Sete de Abril, bebericavam, jantavam, riam, conversavam, vez por outra iam ao cinema ou ao teatro, e voltavam para casa para dormir. Vida mansa. Quem me dera ter hoje essa vida de volta; passear de sobretudo, terno e gravata pelos bares paulistanos dos anos 50, comer sanduíches de rosbife na Fasano da Barão de Itapetininga, beber cerveja tcheca, quem me dera ser um Coutinho!

Esta manhã acordei tarde e fiquei muito tempo ainda embaixo das cobertas, ouvindo a chuva bater lá fora e misturar o seu som de lata ao ronronar do ar-condicionado. É segunda-feira de Carnaval, alto verão no Rio, mas o Rio não é mais o mesmo ou é o mundo que não é o mesmo, mudado, transtornado por uma nova febre que aquece as manchetes dos jornais, o aquecimento global. Encolhido debaixo das cobertas, sinto-me quase como se estivesse em Paris, num pequeno apartamento entre as ruas Copernic e Boissières, perto da praça Victor Hugo, onde moramos durante três ou quatro meses, 15 anos atrás; o frio era intenso em Paris, a cama era enorme, tínhamos um fantástico, imenso cobertor azul, macio e pesado, e eu me encolhia debaixo dele, curtindo o calorzinho bom. Às vezes, havia até sol no frio do inverno parisiense, e abríamos o postigo de madeira da janela para que ele entrasse e aquecesse um pouco mais o canto da cama em que eu ficava. M gosta de trabalhar e de fazer coisas; levantava-se, ia fazer o café, vestia-se para fazer compras no mercadinho da esquina da Copernic; eu, mais contemplativo, mantinha-me fiel ao cobertor azul. Mas essas lembranças parisienses complicam ainda mais um mundo que, de si mesmo, já parece extraordinariamente complicado; esse verão do Rio, por exemplo, não é verão coisa nenhuma; é fresco, agradável, chuvoso, umidérrimo; o mar, na praia, anda muito frio e, embora às vezes as tardes e as manhãs sejam claras e bonitas, há sempre um véu de névoa fria e úmida mais ou menos espesso, vindo do oceano vasto. Além do aquecimento global, que domina as manchetes, fala-se também no El Niño, uma corrente traiçoeira do Pacífico, que tudo perturba e ataca quando menos se espera. A meu ver, entretanto, as coisas podem ser mais simples; sabe-se que o gelo dos polos está derretendo rapidamente; ora, gelo derretido, o que é senão água gelada, uma água que vem aquecer-se aqui, mais perto do equador (em Cabo Frio e nas costas cariocas), para voltar para o polo e derreter mais gelo por lá? O Rio sempre foi bem quente, e o que o aquecimento está fazendo é, paradoxalmente, esfriá-lo; se dormimos agora com o ar-condicionado ligado é mais para nos proteger da umidade; o improvável leitor destas linhas sabe que herdei de minha mãe um gene asmático que a fez sofrer muito, a vida inteira, e matou meu irmão Rodolfo. As correntes frias que vêm do polo e emergem por aqui parecem ganhar volume e força com o degelo e empurram terra adentro sua friagem úmida. O ar-condicionado seca o ar e dissipa os traiçoeiros vapores da noite...

FIM DA SEGUNDA
PARTE DESTAS
REMINISCÊNCIAS
2008

Faço as contas, de trás para adiante, e concluo que no verão de 1942-43 mudei de colégio e iniciei uma fase nova, importantíssima, de minha vida de menino. Descobri minha vocação verdadeira; mergulhei em suas águas fundas. Regenerei-me. Os cinco anos anteriores, entre os 11 e os 16 anos de idade, eu os tinha passado no Melo e Sousa, excelente pequeno colégio, cujo terreno formava um "L" em torno do prédio do Bar Azul, na esquina da avenida Copacabana com a Xavier da Silveira; tinha portanto duas entradas e duas saídas, embora, se bem me lembro, entrássemos sempre pelo portão da avenida Copacabana e saíssemos, muitas vezes, pelo outro, na Xavier. O Melo e Sousa podia comparar-se, ainda que com algum exagero, à Inglaterra; o regime era monárquico, embora liberal; ou, ao contrário, era liberal apesar de, na verdade, monárquico. Quem mandava, para todos os efeitos práticos, era um primeiro-ministro, o doutor Luís de Melo Campos; mas os donos verdadeiros e sempre presentes, embora discretos e em geral recolhidos a seus altos aposentos, eram o doutor Herculano e dona Julieta, um casal sóbrio, severo, enxuto. O doutor Herculano, sempre de terno escuro e gravata, tinha à mão, invariavelmente, um chapéu de feltro daqueles que se usava na época; usava-o, nas sessões de cinema, para cobrir o rosto da única filha do casal, Regina, sempre que na tela se mostrassem cenas de beijos ainda que castos e recatados como eram os da Hollywood daquele tempo. Regina era uma mocinha magra, nem feia nem bonita, boa aluna e boa colega, mas triste, apagada como os pais. Já o primeiro--ministro, doutor Luís, era grandalhão, simpático, cheio de vida e entusiasmo, dotado de um natural talento para a liderança, ainda que fosse apenas de um pequeno e bem administrado estabelecimento de ensino, destinado a jovens razoavelmente bem-nascidos de ambos os sexos, na cidade do Rio de Janeiro, ainda na primeira metade do século XX. Choquei-me com o doutor Luís acho que logo no primeiro ano de matriculado; ele me repreendeu com aspereza, por algum motivo, e eu respondi duramente; fui expulso da sala. A partir daí, demo-nos bem, ainda que sempre a uma certa distância um do outro; eu era, no fim das contas, bom aluno, não era nenhum demônio, e ele, doutor Luís, era uma excelente figura, um bom diretor de colégio, melhor até do que a dona Estefânia, do Mallet Soares, mas essa já é outra história.

Em 1938, quando cheguei ao Melo e Sousa, eu era um espirro de gente; magrinho, tímido mas, de algum modo, cheio de vento; a alma, dentro do peito, enfunada por um sopro forte que eu mesmo não sabia de onde vinha. Não suportava, nunca suportei, que falassem alto ou rudemente comigo e respondia sempre à altura, sem medir consequências. Não era metido a valente, nem brigão; nada disso; queria apenas ser tratado com a estima e o respeito normalmente devidos a um semelhante, e minha reação diante da agressão, do desrespeito era impensada, automática; mais de uma vez fui expulso de sala por esses arroubos, essas escaramuças, mas nunca cheguei aos tapas com ninguém, nunca "fui às fuças" de um adversário, a não ser uma única vez, no botequim do Carnera, felizmente sem grandes consequências. Em inglês, essas coisas são às vezes mais fáceis de dizer; muito mais tarde, já homem-feito, casado e cheio de responsabilidades, eu gostava de proclamar ainda que com um certo ar de galhofa: *"I'm a proud son-of-a-bitch..."* *Proud*, no caso, não era orgulhoso, era, antes, altivo, dotado de respeito próprio e autoestima; e, nesse terreno, embora não fosse nenhum Golias, nunca abri mão da funda do David... Um ano antes do Melo e Sousa, no colégio dos padres barnabitas na rua do Catete, havia um feroz professor de aritmética, um italiano chamado Chiavegatti, que se irritava com determinados alunos, perdia a paciência e a cabeça e não só esbravejava com eles, como os estapeava, às vezes bem perto de mim, na carteira vizinha à minha. Um desses alunos estapeados e humilhados assim em público chamava-se Sidnei e era um bom menino humilde, conhecido meu, acho que filho de um próspero alfaiate do bairro; um alfaiate, quem sabe, que talvez costurasse sotainas para os padres e uniformes para nós, alunos, uns uniformes de brim cáqui, meio militares, cheios de botões dourados. De volta para casa, terminadas as aulas, lembro-me de ter contado a meu pai a história do Chiavegatti, espantado de haver gente, como os pais do Sidnei, incapazes de reagir, de proteger a própria cria, de nela instilar de algum modo alguma autoestima, brio, rebeldia, até.

Mas, a dura verdade é que nem sempre se pode reagir com a devida altaneria. Anos antes, na praia de Copacabana mais para os lados do posto 6, talvez já depois da esquina da rua do bonde, havia um colégio instalado numa casa de centro de jardim que se chamava Anglo-Francês. Meus pais se encantaram com esse colégio e me matricularam nele, aos sete anos de idade, no segundo ano do curso primário. Eu havia aprendido em casa a ler, escrever e fazer contas, e parecia maduro para essa primeira grande aventura externa. Fui levado ao colégio, apresentado à diretora e à minha futura professora. Enfim, no dia marcado, pela manhã, antes de sair, meu pai me pegou, levou-me para a sala de visitas, sempre fechada e onde não havia ninguém, e me fez uma carinhosa e severa preleção que me marcou para o resto da vida; o mais importante, disse ele em resumo, é prestar sempre atenção ao que diz o professor, ouvir e entender o que ele diz; não se deixar distrair; se você conseguir isso, o resto é fácil. O conselho de meu pai valeu-me, pelo menos, até o quinto ano do ginásio, mas não evitou, talvez tenha até precipitado, um inesperado desastre, já no meu primeiro dia de aula. No Anglo-Francês, o "quartinho" reservado às necessidades dos alunos situava-se bem no fundo do quintal; quem se apertava em classe, pedia licença à professora, saía da sala, percorria um longo corredor, descia uma escada externa até o jardim e depois caminhava entre arbustos e canteiros até lá atrás, onde ficava o local da desova. Pode-se imaginar que esse percurso, ida e volta, tomasse algum tempo e divertisse os meninos; não era apenas um pipi, era um passeio; era quase uma aventura. Tantos atrativos estavam provocando crescentes abusos e irritando a professora. No dia em que cheguei e me instalei inocentemente na carteira que me foi designada, alguém tinha acabado de pedir para ir lá fora. A mestra não só negou a permissão, como fez um pequeno e enérgico discurso: os alunos deviam acostumar-se a satisfazer suas necessidades antes da aula e só pedir para sair no caso extremo de emergências verdadeiras; a partir daquele momento, disse ela, ninguém mais teria licença para sair, até a hora do recreio. A aula foi longa, parecia interminável, e não me custou muito constatar que eu mesmo, recém-chegado, não me havia preparado devidamente; apertei-me o quanto pude, mas a pressão era insuportável, e logo um colega, na carteira de trás, apontou o desastre: uma poça de um líquido suspeito formava-se no chão, embaixo do meu assento. Vexame, vergonha, escândalo. A professora acorreu para me socorrer; procurou, como pôde, me consolar, e levou-me às pressas para o famoso "quartinho", onde eu entrei, tranquei a porta e tentei inutilmente, longamente, secar as calças curtas do uniforme, as meias e os sapatos, usando aquelas medonhas folhas de papel higiênico da época, retângulos de um papel amarelo grosseiro e áspero reunidos num bloco, espetados num fio de arame e pendurados em algum lugar. Eu chorava de raiva, de mágoa e de vergonha, tentando em vão apagar o que nem o tempo apagaria; ou enxugaria. O ano era 1933 e o mês talvez fosse março, como agora. Não fiquei muito tempo no Anglo-Francês, o que entretanto não impediu uma colega de classe de me reconhecer mais de 30 anos depois, num clube de Ipanema, não sei se pelo nome ou pelas feições; chamava-se Maria Amélia; era mulher do Teco Brum Negreiros; lembrou-se de mim, mas não se lembrava do episódio; donde se pode talvez concluir que calças molhadas secam sempre mais depressa no fundilho dos outros.

Devo ter deixado o Anglo-Francês no fim daquele ano, transferido para o nosso conhecido Guy de Fontgalland, dos padres barnabitas, bem mais próximo de casa, na Leopoldo Miguez, ao lado da igreja que minha mãe e minha vó frequentavam. Mas o colégio da praia me provocou ainda outro susto, antes que eu o abandonasse. As aulas terminavam no fim da tarde e alguém de casa ia buscar-me; naquele dia, foi minha vó. Tomamos juntos o ônibus da Light que devia nos trazer até quase nossa esquina, sem nos dar conta de que era o ônibus errado. A Light tinha, na época, duas linhas que saíam do Forte de Copacabana e iam para a Esplanada do Castelo ou para a praça Mauá, no Centro da cidade. Os ônibus eram todos iguais, absolutamente iguais; grandes monstros cinzentos, que chamávamos de "Camões", porque pareciam zarolhos; a cabine do *chauffeur* (não se falava ainda em motorista) avançava de um lado, como um tapa-olho, sobre o motor. Uma das linhas servia-nos magnificamente porque subia pela Xavier da Silveira até a Barata Ribeiro, deixava-nos a um passo da praça Eugênio Jardim, e só depois continuava seu caminho. Naquela tarde, minha vó distraiu-se e tomamos a outra linha, que ia sempre pela praia até o fim, até a Princesa Isabel, não subia a Xavier. Se tivéssemos percebido o que estava acontecendo e saltássemos antes, na esquina da Bolívar, por exemplo, andaríamos apenas um pouco mais; mas nós continuamos distraídos pela praia e, quando vimos, já estávamos muito longe; andamos um bom pedaço e ainda tivemos que pegar outro ônibus ou o bonde para voltar; minha vó divertiu-se talvez com a aventura, mas me lembro do susto e da surpresa; da desagradável sensação de me sentir desorientado, deslocado, quase como um proto-Millôr, vítima de um súbito ataque de cretinismo geográfico, perdido em meu próprio bairro... Tempos depois, já de calças compridas, me aconteceria outra aventura parecida; tomei de novo o ônibus errado e, dessa vez, estava sozinho, não tinha o amparo de minha vó; eu ia para Copacabana, o ônibus ia para a Urca; saltei, logo que percebi o erro, já diante da antiga Faculdade de Medicina e, talvez com medo de errar de novo, sem outra ideia do que fazer, fui andando a pé, carregando minha pesada mala cheia de livros e cadernos escolares até em casa, até a praça Eugênio Jardim; subi toda a antiga rua do Lá-vem-um, atravessei valentemente o Túnel Novo, que era então bem mais escuro, barulhento e enfumaçado do que é hoje, percorri a Barata Ribeiro de uma ponta a outra, dobrei na Xavier e cheguei, enfim.

 Mas, é possível que eu esteja contando aqui essas histórias todas de ônibus errados porque na verdade me intimida a hora, que está chegando, de falar de coisas mais sérias. Comecei esta parte de minhas *Reminiscências* anunciando nada menos que uma regeneração; mas, regeneração de quê? Podia talvez dizer que de mais outro "bonde errado", agora entre aspas, mas, não: não foi um bonde, foi uma pneumonia. Uma noite, eu estava passeando de carro com meu pai, minha mãe e meus irmãos, talvez lá pelas alturas da estrada das Canoas, quando me dei conta de que não conseguia mais espirrar. Espirro de gato, dizem, é sinal de chuva; a noite, lá em cima, na floresta da Tijuca, estava fresca e úmida e eu, na janela do carro, tive o que seria um acesso de espirros, com a diferença de que os espirros não saíam; toda vez que eu inspirava, enchia o peito de ar para espirrar, uma dor aguda e forte me paralisava e o espirro não saía. Que dor era aquela? Em casa, na manhã seguinte, minha mãe descobriu que eu tinha febre, os médicos foram chamados; havia sintomas de resfriado forte, mas a dor era funda, do lado direito do tórax, parecendo vir do topo do pulmão e, para complicar as coisas, apareceram dois abscessos enormes, um na palma da mão direita e outro na planta do pé esquerdo. Ninguém parecia saber que doença era aquela; durante as primeiras semanas, os médicos hesitavam. Os abscessos, depois de "amadurecidos", foram afinal cortados a bisturi, limpos e medicados; diziam os médicos que eles haviam servido como polos para conter a infecção e defender o organismo como um todo. É espantoso como era ainda atrasada e sem recursos a medicina, naquela época; não havia antibióticos, não havia sulfas; havia iodo, permanganato e água de alibour. Em compensação, havia raio X, ao menos, e havia, num consultório no alto de um edifício da Cinelândia, um médico, chamado Manuel de Abreu, capaz de fotografar e refotografar mil vezes meu pulmão até descobrir nele as marcas terríveis do pneumococo: eu tinha uma inegável pneumonia, uma pneumonia para ninguém botar defeito. Meu pai alegrou-se, ao menos o mal estava descoberto; agora os médicos podiam agir. Manuel de Abreu, dizia ele, era um gênio, um santo! e era mesmo um santo muito moreno, cabelos muito bem penteados, óculos, voz profunda de baixo, talento poético e uma dedicação sem limites ao seu trabalho, que o levaria a inventar a "abreugrafia" e a morrer muito cedo, de câncer, consequência da constante exposição aos raios X. Os médicos podiam agir, mas simplesmente não havia, então, remédio para pneumonia; tudo que os médicos podiam fazer era tentar fortalecer o organismo do paciente para permitir-lhe resistir à doença e, eventualmente, vencê-la. Entupiram-me de fortificantes (injeções de ouro e mezinhas semelhantes), recomendaram repouso, superalimentação, bons ares e mais tudo o que pudesse revigorar e reviver o meu combalido pulmãozinho. Curei-me. Ao fim de três meses, preso no quarto, um quarto alegre, com paredes pintadas de amarelo-claro, uma janela para o lado e uma porta que dava para a varanda da frente (onde eu antes matava marimbondos), o almoço e o jantar servidos na cama por minha mãe e minha vó Gabriela, fui enfim dado como curado; podia descer, podia mesmo aventurar-me pelo jardim, ler, brincar, conversar, mas, em nenhuma hipótese, me cansar, fazer exercícios violentos ou me preocupar com estudos e exames difíceis, puxados... Pois a verdade é que havia, ainda diante de mim, o risco de uma recaída; o risco, acima de todos os outros, da tuberculose, a TB, a grande doença endêmica da época, que não perdoava aos fracos do peito...

Bendita pneumonia! Ela me consumiu os meses do verão de 1937-38, deu em minha família um susto enorme, mas acabou compensando tantos males com outros tantos benefícios, ou supostos benefícios.

Naquele ano, ao lado dos meus dois irmãos e do primo Caio Mário, que viera da Bahia para morar conosco, eu devia matricular-me no Colégio Militar do Rio de Janeiro, na Tijuca; sentar praça, depois de passar por um exame de admissão tido como duríssimo. Meus dois irmãos e meu primo submeteram-se galhardamente ao exame, passaram e se matricularam. Eu não; salvou-me a pneumonia. A decisão da família de entregar seus rebentos à disciplina e à sabença militares havia decorrido não só de razões de economia doméstica, mas até de motivos estratégicos. O momento não estava para brincadeiras; era tempo ainda de vacas magras; no Colégio Militar, o governo não só pagava os estudos e despesas correlatas, como pagava ainda aos cadetes um modesto soldo, para gastos pessoais. Meu pai entusiasmou-se: "Além de ter tudo pago, vocês ainda vão receber um soldo!" Getúlio Vargas, desde o 10 de novembro de 1937, governava o país à sombra dos generais; na Europa e na Ásia rufavam os tambores. Por que não haviam de marchar com seu tempo os três mosqueteiros da praça Eugênio Jardim, que na verdade eram quatro, mas acabaram afinal sendo mesmo três, graças à minha inesperada defecção? Às armas, cidadãos. Todos os dias, meu pai acordava às cinco horas da manhã, reunia a tropa, pegava o calhambeque da família e levava os seus soldadinhos para a Tijuca. Àquela hora o trânsito corria fácil; pior era a volta, já no fim da tarde. O regime no Colégio Militar era de semi-internato e os alunos tinham números, em vez de nomes. Lembro-me de que o Caio era o "1.080", mas não me lembro dos números de meus irmãos, nem de quantos anos durou essa aventura; talvez todo o tempo do ginásio, cinco anos, naquela época.

Mas, antes de continuar escarafunchando essas coisas antigas (já lá se vão 70 anos redondos!), permita-me o leitor, se é que me sobra ainda algum, abrir aqui um irreprimível parêntese. Estou sendo perseguido por um fantasma; o fantasma do Rui Mesquita, ainda moço, na redação do *Estadão*, nos tempos em que construíamos o grande jornal que hoje um grupo de competentes profissionais vai inexoravelmente desconstruindo a serviço dos modernos deuses do ibope e do *marketing*. "*Catzo in cullo non fa figliolo*", bradava o Rui, lá do seu reduto na seção internacional. Ele tinha uma voz estentórea e gozava de grande autoridade na casa; era talvez o mais espirituoso dos jovens Mesquita, e também o mais feroz. É provável que a irreverência juvenil do seu brado de guerra não servisse, digamos, à seriedade e à compostura de um Al Gore, ou de qualquer outro desses líderes mundiais da salvação planetária. Seria talvez melhor dizer simplesmente: "Não faça filhos por descuido" ou "Escolha um modo prático e agradável de não procriar!" A luta contra a Aids levou a outro *slogan* parecido, o do sexo com camisinha, que não parece ter muito êxito entre os jovens, talvez pelo seu tom asséptico que lembra salas de cirurgia. Mas não há dúvida de que algo de muito sério precisa ser feito, e com urgência. Até aqui, o que fazem os beneméritos ecologistas, os verdes, é apenas, no melhor dos casos, amenizar EFEITOS: salvamos umas tantas baleias, uns tantos micos dourados e bebês de foca; reduzimos de um tanto por cento as emissões de gases do efeito estufa; e de outros tantos por cento a derrubada de florestas nativas, como a Amazônia. Efeitos, simplesmente, e ralos, pobres, magros, quando o necessário seria secar, enxugar, aliviar, quando menos, a ORIGEM, a grande fonte de todos esses males, que continua a ser a outrora famigerada, hoje um tanto esquecida, explosão demográfica. Éramos, em 1960, quando Juscelino inaugurou Brasília, três bilhões de humanos em todo o planeta; 40 anos depois, no ano 2000, já éramos seis bilhões; a população da Terra havia dobrado pé com cabeça. Daqui a mais uma dúzia de anos, em 2020, seremos, Deus ajudando, OITO BILHÕES, segundo calculam os mais competentes demógrafos. Quantos seremos em 2030 ou 40, quando eu afinal morrer de velho e parar de escrevinhar estas intermináveis *Reminiscências*? Crescei e multiplicai-vos, comandou o Cristo. Não só crescemos e nos multiplicamos (só os padres católicos não se multiplicam), como estamos hoje vivendo na menos injusta, mais fecunda, aberta e generosa sociedade jamais vista em toda a história humana. É o mundo do Lula; a própria demagogia tornada realidade prática, matemática. Mostram os economistas que, desses bilhões que hoje somos, precisamente as classes mais pobres e numerosas, C, D e E, são aquelas que se tornaram o alvo e o grande polo de atração do mercado econômico; e isso não só nos países ricos, mas principalmente na Ásia, na África e até na América do Sul: China, Índia, Nigéria, México, Brasil, Rússia... É uma enorme explosão, não só demográfica, mas mercadológica e, portanto, necessariamente também financeira, econômica, creditícia, industrial e de serviços. Muito lazer e muitos serviços! Eis aí o mundo diabólico do Lula e do Obama, o mundo que virou Marx do avesso: o seu exército industrial "de reserva" tornou-se vanguarda, agente e promotor e alvo imediato do processo produtivo.

O mundo gira pois, hoje, cada vez mais depressa, movido por um sistema duplo de explosões: a explosão demográfica e a explosão socioeconômica, que se apoiam e realimentam mutuamente. O risco (e o temor dos entendidos) é que essa fabulosa máquina, que ninguém inventou e ninguém comanda, acabe esgotando os recursos terráqueos e explodindo a si própria. No momento em que escrevo (abril de 2008), há sinais de superaquecimento e de uma forte crise, ainda que supostamente passageira: o preço do petróleo e das *commodities* estoura, o sistema de crédito quebrou e está sendo remendado às pressas. Ainda assim, não deixa de ser curioso observar como o mundo funciona: é um processo de autoingestão; o mundo reproduz-se, engorda e come a si mesmo. Nos últimos 100 anos, o mundo (o Ocidente) comeu ou absorveu os restos do seu próprio império colonial, os chamados países subdesenvolvidos. Esse processo de certo modo coroou-se, na verdade falta ainda um ou outro resto, com o advento dos chamados

Tigres Asiáticos e o despertar da China. A meta seguinte, agora na linha de mira, são as referidas classes C, D, e E, os pobres e remediados no interior de cada país.

Disse, linhas atrás, que esse é um processo que ninguém inventou e ninguém comanda. Mas, talvez seja possível discernir sinais de que ele próprio descobre meios e modos de corrigir-se ou, quando menos, moderar-se. Onde está, em verdade, o estopim da bomba? Mal comparando, a sociedade moderna é como um desses motores *flex* recentemente produzidos pela indústria automobilística, que podem funcionar com dois combustíveis diferentes e, até, com uma mistura dos dois, gasolina e etanol. O mais novo ou mais recente, o etanol, seria a rápida absorção pelo moderno capitalismo das classes mais numerosas, C, D e E; o mais antigo, tradicional e básico, comparável à velha gasolina, é a explosão demográfica. Para que a combustão interna se processe sem riscos maiores, o próprio mecanismo deveria regular, segundo suas necessidades, a injeção de um ou de outro combustível. Podemos supor que menos explosão demográfica permita absorção mais fácil ou menos tumultuada das classes pobres e facilite, até, a ordem e a disciplina necessárias ao enfrentamento das catástrofes climáticas que hoje nos ameaçam. Seria preciso, pois, se se deseja que o motor social funcione como o de uma Mercedes S 500, conter o crescimento demográfico, até estabilizá-lo ao fim de uma ou duas dezenas de anos e, então, quem sabe, procurar reduzir o volume global convenientemente, a níveis, digamos, comparáveis aos de 1960 ou 1970.

Quem viveu no Rio, naqueles anos dourados, sabe do que estou falando; nem Aids havia. Desde aquela época, um relativo controle da natalidade é praticado na maioria dos países, mas, em verdade, sem êxito; continuamos multiplicando-nos depressa demais: o único lugar onde o problema foi tratado realmente a sério foi a China de Mao; lá, permitia-se um filho por casal; acima desse estrito limite, as punições eram severas. Serão, ainda? É óbvio que restrições assim estritas são incompatíveis até mesmo com um mínimo de democracia e livre-arbítrio. Em sociedades como as nossas, os remédios têm que ser mais sofisticados, mais sutis; devemos fazer com a reprodução humana o que fizemos, por exemplo, com o cigarro, com o tabaco; e eis aí o que com certeza se poderá conseguir mais facilmente se os verdes e os beneméritos ecologistas, os líderes mundiais do tipo Al Gore ou Bill Clinton, quem sabe até o nosso FH ou o próprio Lula, souberem descobrir e acompanhar ou estimular os vezos e tendências do tempo e do próprio mecanismo social.

Há 60 anos, quando ainda estudante cheguei pela primeira vez a Paris, me surpreendi muito ao ver escritas, em grandes letras negras, nas paredes dos prédios públicos, interdições severas e, para mim, inesperadas: "É proibido cuspir", dizia uma; "É proibido mascar fumo", dizia outra. E, cada uma delas, também em letras garrafais, indicava a lei em que se apoiava a proibição, com as punições respectivas. Essas interdições vinham de um tempo que eu não havia alcançado; um tempo em que as pessoas cheiravam rapé, mascavam fumo e cuspiam uma saliva grossa, marrom, catarrenta, onde estivessem. Nos melhores lugares, havia escarradeiras espalhadas por todos os cantos; onde não havia escarradeiras, cuspia-se no chão ou pelas janelas... Em poucas palavras: o mundo deixara de ser bucólico, rural; tornara-se urbano e era preciso reeducar as pessoas, ensiná-las e obrigá-las a comportar-se de acordo com as necessidades do novo ambiente urbano, citadino. Hoje, nem o cigarro se permite mais quase que em parte nenhuma; a fumaça incomoda e, segundo os médicos, é maléfica, pode ser letal. Em compensação, outras práticas menos evidentes permanecem sem controle. Ficamos sabendo, por exemplo, que o falecido pai do senador Barack Obama, provável próximo presidente dos Estados Unidos (se não for abatido antes), teve oito filhos com quatro mulheres diferentes e de origens diversas; um caso claro de paternidade irresponsável, embora comum, frequente, não só entre as populações mais pobres e ignorantes, mas entre membros de elites religiosas católicas ou muçulmanas, gente muitas vezes rica e poderosa e de ampla influência política e social. Quantos filhos teve o pai do presidente John Kennedy, católico, embaixador, negocista, financiador de presidentes? E houve ainda, no fim do século XVIII, o bem documentado e surpreendente exemplo de Jean Jacques Rousseau, um dos teóricos fundadores do mundo moderno; Jean Jacques casou-se com uma doméstica, fazia-lhe filhos e, assim que nasciam, mandava-os para a "roda", isto é, para o orfanato público mais próximo. Fazia filhos, fez uma boa meia dúzia, mas não queria saber deles; dizia que na "roda" estariam melhor do que em sua casa. A paternidade irresponsável, pois, esteve sempre, está ainda hoje, a apenas meio milímetro da paternidade criminosa, e isso não só entre os menos cultos e educados, porém mais até entre escritores, poetas, sumidades, gênios nos quais muitas vezes o talento esconde uma ponta de insânia e um desmesurado ego...

O que é, afinal, mais importante: cuspir, fumar um cigarro ou um bom charuto, ou procriar? Qual dessas atividades pode ser mais "invasiva", como hoje se diz, intervir mais na vida dos outros, mexer com o bem-estar e a própria sobrevivência da sociedade? Por que não punir a paternidade (ou maternidade) irresponsável? Por que não defini-la mais precisamente e mais rigorosamente na lei? Talvez não seja preciso chegar ao extremo chinês, maoísta, mas... *Mister* Al Gore, por exemplo, ele próprio descendente de uma prolífica e ilustre linhagem de políticos e escritores, estaria obrigado, uma vez eleito Obama, a ir ao presidente e interpelá-lo: "Seu pai, entre tantas tentativas, teve pelo menos o mérito, ou a boa sorte, de acertar no milhar e produzir nada menos que um presidente dos Estados Unidos. Mas, isso de pouco nos valerá se Vosmicê (quem gostava de chamar os superiores de Vosmicê era o Oliveiros, lá na redação do *Estadão*), se Vosmicê não usar a força imensa desta sua nova liderança para atacar esses problemas básicos, essenciais, diante dos quais os políticos tremem porque não dão votos ou porque a Igreja é contra...".

Por que não estabelecer multas pesadas e até a perda ou suspensão dos direitos (como hoje se faz com choferes imprudentes) para os cidadãos que, daqui para a frente, se comportem como Obama pai ou como esses casais catolicões que produzem récuas de filhos e seja o que Deus quiser? Os remédios que os próprios costumes hoje nos oferecem não excluem essas providências legislativas ou outras semelhantes. São remédios, na verdade, oximorônicos, o que por si só garante sua boa aceitação entre intelectuais norte-americanos ou ingleses e afins; remédios naturais, embora contrários à natureza; remédios que nos levam de volta ao antigo brado do Rui Mesquita – pai, ele próprio, de quatro filhos, todos quatro inteligentes e combativos, embora desafortunadamente consumidos em estéreis combates internos do clã familiar.

É hoje possível afirmar com segurança que, desde a antiga Grécia de Platão e Sócrates, não há na história humana período em que o homossexualismo tenha sido mais exaltado e praticado do que neste início do terceiro milênio cristão. Buenos Aires disputa com Ipanema e a Lapa o cetro de capital sul-americana de *gays* e lésbicas; em Paris, o *Bois de Boulogne*, ocupado há tempos por travestis brasileiros, desde o fim do século passou ao domínio da máfia colombiana; o Brasil, pois, é batido pela pequena Colômbia, em Paris, não só na qualidade do cafezinho, mas na produção e no varejo da droga e do terceiro sexo! Enquanto isso, em Nova York, Paul Moore, o mais respeitado e admirado dos bispos de uma das maiores denominações protestantes, acho que os *"episcopalians"*, além de casado e pai de oito filhas e filhos, tinha ainda numerosos amantes masculinos (assessores e colegas seus), um deles com nada menos de 30 anos de dedicados serviços. Tudo isso, com fotografias e tudo, documentado e publicado na New Yorker. O que haveria de errado com esse bispo? Os oito filhos ou os incontáveis amantes? Do ponto de vista ecológico, os filhos, certamente. Por sua vez, um pastor de South Chicago, hoje famoso porque foi, até se aposentar, o pastor dos Obama, celebrizou-se por suas atitudes revolucionárias, entre as quais a bênção e a aceitação em seu rebanho de *gays* e lésbicas.

Nem todas as portas, pois, estão fechadas; muitas estão, cada vez mais, escancaradamente abertas; nem é mais preciso esconder-se, entrar pelos fundos; pode-se bater tambor, marchar em incontáveis milhares como nessas imensas passeatas paulistas! E há ainda – superimportante – o que hoje se chama mundo *fashion*, o mostruário ideológico, o grande espelho multifacetado que dita a moda dos novos tempos, não só para as elites sofisticadas, mas para o povão, para o morro e o subúrbio. No mundo *fashion* vivem as *celebrities* que gozam os seus 15 minutos de fama e servem de exemplo e modelo para a juventude: *gays* e lésbicas de discutível talento, bissexuais ou "metrossexuais" no melhor dos casos, entre os quais a promiscuidade, a licença e o descompromisso são a regra e a norma, mas que ainda assim formam casais, parcerias e, suprema felicidade!, adotam filhos, ainda que de uma especialíssima espécie: o "quente", a alta moda, entre os *fashion* é ir buscar o seu bebê na África, no Vietnã ou na Ásia Central. Há empresas bem estabelecidas e respeitadas que vivem desse mercado; e há ainda os que levam ao extremo seus impulsos de solidariedade humana e caridade cristã e adotam bebês portadores da síndrome de Down ou de deformidades e deficiências que os incapacitam.

O mundo *fashion*, pois, que vai se tornando o "nosso" mundo, o mundo do século XXI, é um mundo doente, doentio; elegante e sofisticadamente antinatural, mas um mundo que, se der certo como parece estar dando, e se puder somar-se às outras providências que esperamos do Al Gore e do Obama, já anteriormente referidas, será certamente capaz de contribuir decisivamente para o equilíbrio demográfico da sociedade futura e para o bom funcionamento do seu motor *flex*, bi ou tricombustível. O risco, como está aliás reiterado nos jornais desta manhã (29 de abril de 2008), é o rápido envelhecimento da sociedade. Sermos forçados a viver num mundo sem alegria, em que o calor e o ímpeto da juventude seriam sufocados pelo peso de uma população idosa, maior de 60 anos, que já no meio século será, talvez, 25 por cento do total geral, ao menos no Brasil. Como sustentar essa velharia toda, cansada e improdutiva; como cuidar de suas mazelas e doenças? Pois o fato, o óbvio fato matemático, é que uma humanidade que controla ou contém novos nascimentos e reduz a mortalidade, isto é, estende a expectativa de vida dos que já nasceram, tende a tornar-se cada vez mais velha, mais sobrecarregada de idosos, anciões ou que outro nome tenham; menos rica do fecundo fermento da juventude.

Mas, não se assustem; o futuro "velho" é uma contradição em termos, não pode haver. O futuro é sempre "novo", seja ele o que for; para os que nele nascerem será... O presente, e toda a velha história vai recomeçar: haverá os que o consideram errado e injusto e o querem mudar, como nós quisemos mudar o nosso; haverá sisudos conservadores e haverá até apaixonados retrógrados querendo rodar para trás a roda da fortuna...

No nosso tempo de moços, no Colégio Mallet Soares, sob o guante severo da dona Estefânia, quem estava na ordem do dia era o marechal Timochenko; era a heroica resistência dos russos à invasão alemã, hitlerista. Corria de mão em mão, entre os alunos, cópia datilografada de um poema de Carlos Drummond de Andrade, "Stalingrado", nosso primeiro "*samisdat*". O poeta era funcionário graduado do Ministério da Educação, trabalhava ao lado do ministro Capanema naquele palácio de vidro da rua Araújo Porto Alegre; mas havia censura, e a valentia dos russos ainda estava proibida. Além dos livros do Sodré, conservados no armário de meu pai, lá no escritório dos fundos da praça Eugênio Jardim, circulavam entre nós edições francesas de escritores soviéticos; um célebre romance anunciava *Os amanhãs que cantam*, *Les lendemains qui chantent*, em francês o encanto era ainda maior. Líamos tudo, descobríamos tudo; e quanto mais escondido, mais proibido, melhor. Detestei *A mãe*, do Gorki; e o livro que acabou sendo meu preferido, meu livro de cabeceira naqueles anos, por inexplicáveis motivos, foi *O segundo dia da criação*, de Ilia Ehrenburg. Contava a vida e as hesitações de um personagem chamado Volodia, preso entre as engrenagens de um universo ainda em formação. Ehrenburg viveu boa parte de sua vida em Paris e sobreviveu a Stalin, que gostava dele e tolerava suas travessuras ideológicas. Depois da morte do ditador, em 1953, Ehrenburg publicaria *O degelo*, um romance que foi uma espécie de clarinada anunciando a desestalinização. Essas eram as estrelas do nosso céu: Ehrenburg, Aragon, Éluard, Picasso, Elsa Triolet, cuja irmã havia sido a paixão de Maiakovski; e suas valorosas réplicas brasileiras: o poeta Drummond, Jorge Amado, Graciliano, Portinari, Niemeyer e Mário de Andrade, sem dúvida o mais inocente e o mais generoso, o que mais nos ensinou e morreu tão cedo.

Mas, estou outra vez me perdendo no tempo e nas lembranças; misturo episódios, salto décadas inteiras. Ehrenburg, onde foi parar o Ehrenburg? Seu livro, *O degelo*, nem sequer me lembro de o ter lido; despedi-me do Ehrenburg num pequeno hotel da praça da estação de trens, em Bolonha, na Itália, em setembro de 1949.

Acho que já me referi, ainda na primeira parte destas *Reminiscências*, a essa fabulosa viagem. Em agosto daquele ano, num avião da Air France que levava três dias e duas noites para chegar a Paris (em Dakar, cruzado o Atlântico, os passageiros saltavam e eram levados a um hotel, onde tomavam banho e descansavam, antes de prosseguir viagem), Roberto Gusmão e eu partimos em expedição exploratória à capital francesa e à Europa comunista, a Europa das então recém-fundadas Democracias Populares. Minha intenção era passar pelo menos um ano inteiro viajando; o Roberto, ao contrário, queria voltar logo.

FIM DA TERCEIRA
PARTE DESTAS
REMINISCÊNCIAS
2011

"*Assim é esse animal chamado escritor. Para quem experimentou as delícias da escrita, dessa profunda e absorvente ocupação que é escrever, ler já não será mais do que um prazer secundário. Inúmeras vezes eu pensava que eram duas da manhã, olhava o relógio e eram já seis e meia. Essa é a única desculpa que tenho por ter rabiscado tanto papel.*"

STENDHAL, *SOUVENIRS D'EGOTISME*, ED. FOLIO, PÁGINA 149

H á três meses inteiros que não escrevo uma linha sequer destas notas e reminiscências que vou deixando para trás. Três meses inteiros sem as delícias (e agonias) da escrita. No princípio de julho, M fez 70 anos. Fugimos. Embarcamos num cruzeiro para uma viagem ao Polo Norte. Um dia ainda vou falar nisso em detalhes. Na volta, sobre montanhas de pedra negra onde a neve traçava curiosos arabescos, pudemos ler com surpreendente nitidez, imensas, no litoral gelado, quatro letras, apenas: M, O, R, E. A viagem era em inglês, como quase tudo hoje, e, embora estivéssemos ao largo da Noruega, costeávamos um distante arquipélago, perdido no mar ártico, onde um aventureiro norte-americano havia descoberto há tempos uma mina de carvão de pedra e fundado uma estranha e lúgubre cidade, batizada com o seu nome, Longyear City, e onde, a princípio e por muitos anos, não havia mulheres, só homens, imaginem o horror. Ainda hoje, em Longyear, embora haja agora mulheres, não se pode nascer nem morrer. O arquipélago foi entregue à tutela da Noruega, que para lá manda periodicamente um alto funcionário incumbido de chefiar a polícia local e manter a ordem. Mas não há quem assine atestados de óbito ou de nascimento; não há serviços fúnebres ou maternidades; quem quer nascer ou morrer tem que viajar com a devida antecedência para um porto no país de sua escolha: lá em cima, no Norte, juntam-se, à Noruega, a Suécia e a Rússia; para não falar da Islândia e da Groenlândia, bem mais distantes, do outro lado do mar imenso.

Restaram-nos as quatro letras: MORE. Juntas, em inglês, elas querem dizer "mais", sabemos todos; mas, assim em letras de neve sobre as montanhas, podiam ser também o nome do estadista e filósofo, contemporâneo de Erasmo, Thomas More (Morus, em latim, que era a língua culta da sua época). Morus celebrizou-se por ter escrito um livro, *Utopia*, descrição de uma cidade imaginada e inexistente, concebida segundo os ditames da sabedoria e da justiça cristãs; o exato oposto, talvez, de Longyearbyen, filha da ambição e da cobiça, que são os motores mais comuns das construções humanas.

M fez 70 anos e parece melhor do que nunca. É incrível como pode uma mulher ser jovem, hoje em dia, de corpo e de espírito, de disposição e de graça e leveza (e de temperamento também) aos 70 anos. M não é exceção, embora talvez não seja ainda a regra; há outras como ela em volta de nós. Os 70 equivalem hoje aos 45 ou 40 dos meus tempos de menino; dos tempos de minha mãe, Odette. Sem contar que as senhoras de então usavam cintas, embora houvessem abandonado os espartilhos; não malhavam, não iam todas as semanas à "academia", aos fisioterapeutas; não tinham *personal trainers*, nem um *maître nageur*, como a senhora Mitterand, em Paris. Ganhamos sobre nossas avós e bisavós pelo menos um quarto de século de vida e de qualidade de vida. Um quarto de século a mais de jovem maturidade; um quarto de século a menos de velhice e rápida decadência, que hoje não chega, quando chega, antes dos 80; e ainda, de quebra, um fim de vida frequentemente menos sofrido, mais higiênico e saudável. E a morte, onde foi parar? A morte foi perdendo seus antigos terrores; não é um problema, é "a" solução, a solução definitiva, mas que se vai adiando, tanto quanto nos permitem a sorte e a ciência... Tudo isso, não para todos, ainda, mas ao menos para os civilizados, uma elite que se envergonha de ser elite e não para de inchar e crescer, ainda que à força de bolhas como essa de agora, que estoura em nossos narizes, a bolha dita do *subprime* norte-americano, na verdade uma dança cada vez mais frenética que se estendeu pelo mundo inteiro, arrastada pela banda do mercado financeiro e dos seus "derivativos", espécie de faroeste do terceiro milênio. Escrevo estas linhas na manhã do dia 7 de outubro; há quem lembre nos jornais outra bolha mais antiga, ainda do século XIX, que ao menos deixou, além de algumas imensas fortunas, a malha ferroviária que atravessa a imensidão do continente americano. Essa de agora, o que vai deixar? Talvez as extensas raízes e os primeiros galhos mais fortes daquela sociedade de que falei páginas atrás e do seu motor *flex* bicombustível.

 Celebramos o aniversário de M, os dois sozinhos, numa cabine de navio e em sua pequena varanda sobre o mar, diante da imensa muralha de pedra marrom escura do cabo Norte, no último extremo setentrional do continente europeu. A espetacular muralha que constitui o cabo tem a altura do Pão de Açúcar, no Rio, pouco mais de 300 metros, e se estende talvez por uma meia dúzia de quilômetros, formando uma grande ponta rombuda, arredondada. Há, lá em cima, uma plataforma onde ficam os turistas, vindos de trás, por terra. Todo o cabo situa-se numa espécie de ilha, pois um fiorde o separa do continente. Na verdade, tudo ali está cortado por fiordes. A Noruega, vista do mar ou do ar, parece, às vezes, um colar de pedras preciosas; às vezes, uma franja de renda tecida de montanhas, águas fundas, cascatas imensas, à beira do oceano. A arquitetura de suas cidades é modesta, limpa, precisa, por trás das brumas e do rigor invernais. Sua gente é econômica, avara e, com certeza, impiedosa. Os habitantes estão hoje cada vez mais ricos, por causa do petróleo das plataformas, mas não perderam as marcas de sua cultura protestante, antiga. Lembram-se da *Festa de Babette*? O petróleo de hoje talvez seja uma moderna Babette, com o seu grande prêmio da loteria, mas a Noruega (a Escandinávia) continua a ser o país daqueles severos aldeões, moldados por séculos de escassez e austeridade, sob o gelo de invernos que duram, todos os anos, oito ou nove meses.

Navegamos gloriosamente em volta do Cabo Norte, indo no sentido da Rússia e da Ásia; entramos pelo que nos pareceu uma ampla baía, até alcançar, sob o sol da meia-noite ainda bem forte, uma pequena cidade que é a capital da província setentrional norueguesa e, hoje, um centro importante do mundo do petróleo e dos seus fabulosos negócios. Não me lembro do nome da cidadezinha, mas não deve ser difícil achá-la no mapa. O comandante de nosso navio nasceu lá, e lá vive sua família, embora ele tenha, há pouco tempo, construído uma casa de verão no arquipélago, onde estava agora sua mãe. Do convés, ancorado o navio, a cidade aparece quase como uma vasta favela subindo pela encosta das montanhas à beira do mar; uma bela favela competente e próspera, ainda que sem ostentações. Senti muito, diante dela, não ter desenvolvido meus talentos pictóricos. As casas e construções, na encosta, tinham todas o telhado preto, mas de um preto bonito, limpo, cor de veludo negro, do qual o sol extraía sombras avermelhadas. Só uma das casas, perto do cais, tinha, além do telhado, também as paredes negras. Nas outras casas as paredes eram de cores vivas e fortes, escuras: vermelho-bordô, roxo, ocres profundos, azuis quase marinhos. Cores divertidas, alegres, pois, naquele extremo norte, é preciso tons fortes para absorver e conservar, tanto quanto possível, o escasso calor do sol. Suponho que, por baixo daqueles telhados negros, haja ainda materiais e superfícies que armazenem o calor absorvido e o distribuam pelos meses frios.

Durante a madrugada, enquanto dormíamos, nosso barco levantou ferros e fomos descendo pelos fiordes, Noruega abaixo. Foram dois ou três dias de deslumbramento. Paredes altíssimas, passagens estreitas, curvas abruptas, florestas, cachoeiras que se precipitavam de dois e três mil metros de altura, imensas massas d'água que pulsavam e dançavam ao vento e frequentemente caíam lá de cima em etapas, saltavam entre piscinas cavadas na montanha, para afinal desaparecer por trás de pedras enormes, antes mesmo de alcançar as águas calmas do fiorde. Na distância, ao sol, as mais altas dessas cascatas pareciam às vezes plumas brancas, presas no cimo da montanha. E havia ainda, ao longo dos fiordes, de longe em longe, o pequeno porto de uma pequena cidade (visitamos apenas uma delas), minúsculas embarcações de recreio ou de cabotagem, praias onde raros banhistas tomavam sol ou mergulhavam na água gelada. Três ou quatro semanas mais tarde, de volta ao aeroporto do Galeão e à cidade do Rio de Janeiro, uma das mais quentes da América (só perde para Corumbá ou Cuiabá...), espantei-me ao reconhecer os telhados das favelas cariocas e até dos prédios da Zona Sul, frequentemente recobertos de um preto sujo e feio, amarelado, telhas Eternit enegrecidas pelo tempo e pelo descaso, debaixo de um sol ardente e impiedoso como um grande maçarico... Fazemos o oposto de nossos ricos irmãos nórdicos; esquentamos bem o teto e os miolos, para depois tentar resfriá-los à força de muito ar-condicionado...

Mas a verdade é que, também no Rio, o tempo já não parece o mesmo. Esta manhã, depois do café, estendi-me no sofá da sala diante da larga janela e de um céu azul esplendoroso. Vínhamos de uma semana inteira de chuva, vento frio e névoa úmida do mar. E talvez o céu azul, o ar jovem e alegre da manhã me tenham lembrado uma aventura de outros tempos. Em janeiro ou fevereiro de 1964, levado por dois amigos, Carlos Murilo e Hindemburgo Pereira Diniz, fui visitar Juscelino Kubitschek no apartamento em que ele então morava, na praia de Ipanema. O apartamento não era nominalmente dele, mas do seu último ministro da Fazenda, o então fabulosamente rico "Tião Medonho", Sebastião Paes de Almeida, se não me falha a memória (e a verdade é que a memória amiúde falha, começa a falhar, exatamente pelos nomes, que nos faltam ou nos traem bem na hora em que devemos citá-los). Na primeira parte destas *Reminiscências*, aliás, um curioso lapso me fez trocar o nome da rua onde comprei o meu primeiro apartamento e onde morei anos, onde moravam também, logo acima, Júlio Mesquita Filho e Paulo Emílio Sales Gomes, a rua Sabará, em Higienópolis, que chamei de Piauí. Quem notou o erro foi FHC, personagem destas *Reminiscências*, a quem dei o texto para ler. Dei-o também a ler a Roberto Gusmão e sua santa mulher Ivna Tharsis, a Tatá; a minha irmã Maria Dulce e minha cunhada Marina, que me lembrou de histórias do Paraná; ao Millôr; ao Carlinhos Mota, que já não se lembra de coisa nenhuma; à Dalva Gasparian e à Vivi Nabuco.

Minha visita ao Juscelino naquela tarde de verão de 1964 representava uma derradeira tentativa do Carlos Murilo e do

Hindemburgo de convencer o ex-presidente a afastar-se de seu aliado Jango, com urgência, para não naufragar com ele no desastre que se anunciava e que, afinal, chegaria pouco mais tarde. Carlos Murilo era deputado federal e primo de JK; e Hindemburgo havia sido oficial de gabinete do ex-presidente e era casado com a filha mais moça de Israel Pinheiro, a Gigi; faziam os dois, portanto, parte do núcleo político-familiar juscelinista em Brasília. Eu era chefe da sucursal do *Estado* e analista político, crítico severo do então presidente João Goulart. Mas, na grande solidão de Brasília, me ligara muito aos dois: Zurilo, como eu o chamava, casara-se com uma moça linda, muito atraente, simples e de forte personalidade; além dos contatos constantes no Congresso, passávamos, às vezes, fins de semana juntos em sítios próximos da capital, de amigos mineiros. Hindemburgo, por sua vez, era um paraibano entusiasmado, talentoso e extrovertido, excelente figura. Morava no mesmo prédio em que moravam o Evandro (no segundo andar, como ele) e o Castelinho, num andar mais alto. Quase todas as noites encontrávamo-nos lá, para jogar pôquer ou biriba, no apartamento de um ou de outro deles, às vezes também num quarto apartamento, o do Fernando Lara, irmão do Otto, que eu tinha ido buscar no Rio e levara para Brasília para me ajudar na sucursal. Éramos todos íntimos, diária e diuturnamente íntimos, e muitas vezes eu me imaginava projetado no espaço externo, sobre o vasto vazio de Brasília adormecida, vendo de fora aquelas janelas acesas e nós quatro jogando: o Castelinho, o Evandro (que ganhava quase sempre), o Hindemburgo e eu, e talvez mais um ou outro amigo para completar a roda, quando o jogo era pôquer. Jogando, conversando, espantando a noite e o tédio imenso daquela capital insensata, no meio de léguas e léguas de cerrado onde, naquela época, não havia nada, nem ninguém.

Brasília, no princípio, era como um navio: era como vida a bordo. Cada um tinha sua cabine, mas todos se encontravam na hora do almoço, na hora do bar, na sala do café da Câmara, nos corredores palacianos. E vinha-se muito ao Rio.

Quando chegamos ao apartamento de JK, em Ipanema, fomos levados ao grande salão da frente, diante do mar, e informados de que o ex-presidente estava numa sala reservada, atrás, em longa confabulação com Jorge Serpa. Serpa era um conhecido conspirador e articulador político, antigo protegido de Augusto Frederico Schmidt, célebre por seus talentos, sua cultura, e sua capacidade de incendiar imaginações. Andava sempre de táxi: possuía um, sempre a sua disposição, e visitava secretamente os personagens todos da República, de um extremo a outro do espectro, procurando convencê-los de suas teorias altamente conspiratórias. Era, pois, uma espécie de precursor do atual Mangabeira Unger, ministro do Lula. Nos últimos meses do governo Jango, em 1963-64, Serpa havia atingido o topo de sua carreira; fizera-se na verdade ministro da Fazenda "de fato" do governo, embora houvesse outro ministro "de direito", a quem ele tratava como simples subordinado. Se Juscelino confabulava com o Serpa antes de nos receber, então as chances de que pudesse impressionar-se com os nossos argumentos "salvadores" diminuíam ainda mais. Com efeito, depois de ouvir-nos, o ex-presidente limitou-se a reiterar sua posição conhecida; as cartas estavam na mesa e ele não podia simplesmente retirar as suas. Agradeceu-nos e levantou-se cantarolando a musiquinha mineira: "Se a canoa não virar, eu chego lá." Fui encontrar-me de novo com Juscelino, 18 meses mais tarde em Nova York, onde ele estava exilado, triste e amargurado, depois de ter sido interrogado e humilhado pelos oficiais revolucionários, no Rio, seus sonhos de voltar ao poder em 1965 destroçados.

Votei em Juscelino em 1955, quando tudo começou. A campanha eleitoral daquele ano foi menos uma campanha do que uma batalha, um confronto, talvez um jogo de cartas marcadas. Mas, valeu. Durante a campanha, uma frase sua ficou famosa, entre nós, jovens: "Deus privou-me do sentimento do medo." Na verdade, ele não era a bem dizer, um destemido, um bravo; era, antes, impávido, impávido colosso: enfrentou impavidamente adversários terríveis e belicosos, além de dificuldades (morais e físicas) que a maioria das pessoas julgaria intransponíveis. Era conciliador e tolerante; abriu as portas do país para o progresso, com o seu plano de metas; tinha a seu lado homens imaginosos e notáveis, mas sua paixão, sua grande meta, seu lugar na história, era Brasília, e para fazer Brasília valia tudo. A profecia de dom Bosco, a aventura da nova marcha para o Oeste e do novo Eldorado, os projetos de Lúcio Costa e Niemeyer, tudo isso parecia muito bonito e tentador, mas como abandonar o Rio? As pessoas que deviam decidir, deputados e senadores, ministros do Supremo, altos funcionários e dignitários, não queriam sair daqui, deixar suas casas, carregando nas costas a República e suas respeitáveis instituições, para estabelecer-se num deserto, num acampamento de obras. Se os tempos fossem outros, e outro o sonhador, um Dário, um Alexandre, as coisas podiam ter sido diferentes. Mas, sob Juscelino, o que fez o príncipe foi despejar sobre a amada recalcitrante ouro e joias aos borbotões. O namorado conquistou a namorada (e sua numerosa família) não pela força das armas ou pela coação, mas pela corrupção e pelo encanto pessoal. Ele envolveu e corrompeu a grande maioria. Era determinado e generoso, impávida e imprudentemente tolerante. Sobre as cabeças de funcionários públicos, ministros e juízes, políticos, empresários (pequenos, médios e grandes), choveram verbas, benesses, oportunidades, aumentos, aposentadorias douradas e mais o diabo a quatro. Ao fim de cinco anos desse revigorante regime, o que sobrou?

Nos meses finais de Juscelino presidente meteram-me na cabeça a ideia de comprar um apartamento. Até ali vivíamos, e muito bem, em casas alugadas. Primeiro, a inesquecível casinha dos portugueses do Itaim; depois, a rua Pinheiros, onde estava quando entrei para o *Estadão* e fiquei amigo do Cláudio Abramo e do Carlão Mesquita. E, enfim, a Mariana Correia, pouco adiante, no Jardim Paulistano, uma pequena casa adorável, de dois andares, no meio de um pequeno jardim, duas salas embaixo, três quartos em cima, uma garagem no fundo, em cujo teto de concreto eu me encarapitava para tomar banhos de sol, antes do banho de chuveiro. Talvez essa casa da Mariana Correia tenha sido a casa de que mais gostei, entre todas as que tive, mas a pressão da Renina e os conselhos dos amigos acabaram me convencendo a deixá-la. Naquela época, eu passava pelo menos quatro dias por semana trabalhando em Brasília e no Rio, e a Renina não gostava de ficar sozinha na casa; Dulce, minha irmã que morava conosco, ia se casar (na verdade, viajou com o Flávio para Paris e voltou casada). Casou-se via Air France. E o Flávio, por algum tempo, virou bígamo; custou a livrar-se legalmente de núpcias anteriores infelizes e foram os dois morar no Rio com minha mãe.

Resolvi, portanto, em 1960, com alguma relutância, tornar-me proprietário. Os ventos pareciam soprar a favor. Antes de mais nada, era preciso obter um financiamento "especial" da Caixa, autorizado pela Presidência da República, vale dizer, avalizado pelo doutor Juscelino, pois os tetos dos financiamentos "normais" da CEF haviam-se tornado irrisórios diante da inflação brasiliense que ganhava força. Eu tinha bons amigos, estrategicamente bem situados. Pode-se dizer que minha geração chegara ao poder com Juscelino. Amigos meus de infância trabalhavam em sua Casa Ci-

vii. Lá estava o Eltes Arroxelas. Renato Archer, o mais influente deles, e Cid Carvalho, deputados poderosos, faziam ponte entre a vanguarda parlamentar do presidente, com Vieira de Melo e Ulysses Guimarães, e sua copa e cozinha palaciana, chefiada por Osvaldo Penido. Nos meses finais do governo, já em Brasília, no meio daquele vasto faroeste de obras, política e negócios, o polo central do poder jusceliniano ficou sendo o acampamento do Banco do Brasil, extensão do "Catetinho", onde o presidente despachava em suas rápidas passagens pela cidade. No acampamento do BB ficavam os escritórios de Geraldo Carneiro, secretário de JK e homem de sua total confiança. Um dos talentos do Geraldo era a facilidade com que imitava a assinatura do chefe e a implícita autorização para fazê-lo quando necessário ou conveniente; vale dizer, quase sempre... Figura em geral muito estimada, boêmio e sempre bem-humorado, Geraldo acabou vítima, muitos anos mais tarde, da mesma terrível doença que matou outro amigo nosso, redator do *Estadão*, autor de novelas, Bráulio Pedroso. Não cheguei a frequentar os escritórios do acampamento do BB, que eram, digamos, território extraoficial, reservado, e na época conhecia o Geraldo apenas formalmente; mas eis aí onde entra a célebre família mineira. Geraldo Carneiro era primo de José Aparecido, segundo do presidente da UDN, Magalhães Pinto, e, logo depois, secretário particular de Jânio Quadros; Aparecido, por sua vez, era muito ligado ao Gusmão, meu companheiro dos tempos da UNE e amigo da vida inteira. Para encurtar razões: fui instruído a reunir os documentos necessários (eram dois pedidos de financiamento, um meu e um do Roberto) e levá-los em mãos ao motorista do Geraldo Carneiro, na verdade seu factótum, porque o próprio Geraldo, na época, andava muito ocupado. Entregue o papelório, semanas e semanas se passaram sem que nada acontecesse. Pedi informações aos canais competentes e logo veio a resposta. O motorista havia juntado espertamente, às nossas duas solicitações, mais outras 30 ou 40 de amigos seus, para que o Geraldo assinasse tudo de uma vez só. Mas, estava tudo bem, tudo certo; era tudo gente de casa.

Ganhei meu financiamento, comprei o apartamento (um ótimo apartamento, aliás, embora num primeiro andar) e calei-me, mas não deixei de registrar, no fundo do peito, uma certa dose de humilhação e vergonha: aquela história toda daquele motorista e seus amigos... O financiamento em si não tinha nada de errado. Se eu trabalhasse em Nova York, Washington ou Paris, cidades para onde fui pouco tempo depois, um empréstimo daqueles seria normalmente obtido no meu próprio banco, no banco em que me fossem pagos meus salários ou vencimentos; em Nova York, o Bankers Trust da 3ª Avenida. Aqui, era o motorista do primo do primo do primo, num barracão de um acampamento de obras... Os fins juscelinianos podiam ser defensáveis ou justificáveis. Mas, os meios! O ambiente todo daquele fim de governo em Brasília arrepiou-me.

Havia liberdade, os grandes jornais denunciavam muita coisa, sabia-se tudo ou quase tudo, mas a esbórnia estava longe de ser apenas oficial. Era pública, mas era também privada... Podia referir aqui episódios que presenciei ou dos quais tomei conhecimento e que comprovavam essa, digamos, globalização da grande farra republicana e de suas vetustas raízes. Vou citar apenas um e talvez o mais "inocente" ou mais curioso. Mais ou menos naquela época, o *Estadão* resolveu criar em sua estrutura interna um Conselho Econômico. O primeiro convidado para esse conselho foi, como se podia esperar, Gastão Vidigal, íntimo amigo da família Mesquita, herdeiro, dono e senhor do tradicional banco de cujos serviços se servia o *Estadão*. Mas logo surgiu uma pequena dificuldade: para fazer parte do conselho, era preciso, quando menos, declarar seu CPF, vale dizer, comprovar sua identidade fiscal. E o Gastão, embora grande e respeitado banqueiro, não tinha CPF. Não tinha identidade fiscal, era um clandestino das finanças! Inexistia aos olhos do fisco e do imposto de renda, e preferia continuar assim.

De Juscelino Pé de Valsa, o presidente bailarino, pode-se dizer que dançava conforme a música, a mesma música que, hoje, talvez com o compasso ainda um pouco mais frenético, anima as evoluções do presidente Lula da Silva e de sua base político--sindicalista-agroindustrial. Juscelino era menos um corrupto (num universo de corruptos) do que um corruptor; um político, um líder, um maestro de boa-fé política, na verdade até ingênuo e trouxa a ponto de acreditar que o deixariam voltar ao poder em 1965. Na verdade, o que gostava mesmo era de ouvir gente de muito talento e imaginação como o Augusto Frederico Schmidt (contava-se que de manhã ia ver o poeta, encontrava-o às vezes ainda fazendo a barba e sentava-se na beira da banheira para ouvir suas histórias); Schmidt, Serpa, Campos, Gouveia de Bulhões, Lucas Lopes, o que Juscelino queria era engenhosos e competentes arquitetos para o país que queria construir (cinco anos em cinco), custasse o que custasse.

Custou caro. Quando minha irmã Lílian enlouqueceu, poucos anos antes, houve um momento em que meus pais, minha mãe especialmente, tornaram-se espíritas, na ânsia talvez de alcançá-la. Podíamos, quem sabe, fazer aqui coisa parecida e invocar os espíritos de Capistrano e Rocha Pombo para saber deles se houve, na história do Brasil, outro momento tão insano e terrível quanto aquele que sucedeu à carismática ingenuidade jusceliniana. São fatos bem-sabidos, embora quase sempre mal-entendidos. Nas eleições de outubro de 1960, elegeu-se com uma avalanche de votos um presidente cujo símbolo de campanha era uma vassoura; prometia fazer uma faxina no país e começou instaurando uma fieira de IPMs, inquéritos policiais-militares, com a missão de investigar a administração anterior, área por área, setor por setor. Oficiais das Forças Armadas, promotores públicos e delegados de polícia reunidos em pequenos tribunais de inquisição para julgar as entranhas do passado. Começou aí a Revolução de 1964, aí nasceu o germe da ditadura militar, da fúria e do fervor da chamada oficialidade jovem, alma e motor do movimento.

Ou se pode pensar que essa fúria vinha de muito antes, ainda, vinha da República do Galeão que apanhou Getúlio e não se tinha completamente saciado ou desfeito? Minha intenção não era ir tão longe, nem tentar fazer história, mas apenas contar aqui o episódio final da saga jusceliniana, aquele que selou o destino do nosso herói e armou a cena da sua final demolição: a história do Jan-Jan a que assisti de perto, mesmo porque envolveu Geraldo Carneiro e seus amigos, meus amigos, em Brasília, em São Paulo e Minas. Uma história de traição e caradurismo, feia e sórdida que não merecia os atores e agentes que teve e só se explica pela força do tempo, pela paixão política que marcava aqueles anos e que cegou ou arrastou tantos de nós. O Jan-Jan vai fazer agora meio século; era uma cínica manobra política que juntava numa panela só, nas eleições de 1960, dois adversários: Jânio Quadros e João Goulart, o Jango.

As chapas oficialmente inscritas na eleição eram duas: uma, a governista, tinha o marechal Lott como candidato a presidente e João Goulart como seu vice; contava com a força do governo e mais os votos "trabalhistas" getulianos de Goulart. A outra chapa, oposicionista, era encabeçada por Jânio Quadros, popularíssimo ex-governador de São Paulo, e trazia como vice Mílton Campos, ex-governador de Minas, querida e respeitada figura. O Jan-Jan juntava os "populares" e abandonava os outros: os janistas traíam Mílton Campos e votavam no vice adversário, João Goulart. Os janguistas, por sua vez, traíam seu candidato à presidência, o marechal Lott, e votavam no homem da vassoura, que prometia varrê-los e montava IPMs para pô-los na cadeia.

Em 1950, dez anos antes, o candidato do PSD, Cristiano Machado, havia sido notoriamente "cristianizado" em favor de Getúlio Vargas. Desta vez, de onde saíram a ideia e os meios do Jan-Jan, isto é, da "cristianização" de Lott e Mílton Campos? Sem dúvida, das mesmas fontes: da copa e cozinha do palácio e dos dois candidatos interessados, com o apoio portanto do governo, isto é, em 1960, da Casa Civil jusceliniana e, muito especialmente, dos escritórios instalados no acampamento de obras do Banco do Brasil, em Brasília.

Havia mesmo um casal de aventureiros, notório na época, que acabou tripulando um escritório na rua Barão de Itapetininga, pivô e base do Jan-Jan paulista. Esse escritório clandestino dispunha de todo o material da Casa Civil, já devidamente assinado e carimbado, para uso nas necessidades de campanha. Talvez tivesse, até, novas autorizações para empréstimos da Caixa... O casal era formado por uma jovem loura e esfuziante, de grande competência, que havia passado pelo leito presidencial antes de chegar à Casa Civil e acabar na Pauliceia. Seu marido era um mulato bem-falante, hábil e talentoso. Ela se chamava, se não me engano, Glorinha, ou coisa assim; o nome dele, nunca cheguei a saber, nem nunca mais tive notícia de um ou de outro. O interesse de Jango no Jan-Jan era óbvio: ele queria continuar na vice-presidência; queria continuar mandando nos institutos, nos sindicatos e nas delegacias do Trabalho. O interesse de Jânio era mais diabólico, mais difícil de entender: ele queria um vice inaceitável para os militares e para os grandes conservadores; um vice que lhe permitisse tentar o golpe da renúncia sete meses depois da posse. Mílton Campos vice, ao contrário, amarrava-lhe as mãos, obrigava-o a portar-se corretamente, a cumprir a lei, a abandonar seus projetos nasseristas, seus planos paranoides. O Jan-Jan, pois, a manobra palaciana do Jan-Jan, acabou sendo a espoleta de um desarranjo, uma crise intestinal (institucional) republicana que iria durar duas décadas e meia, antes de começar a curar-se com a revogação do AI-5, pelo general Geisel, a campanha das "diretas" e a eleição de Tancredo Neves, em janeiro de 1985.

As delícias da escrita. Privei-me delas, ainda agora, por um bom período, talvez desde setembro, outubro de 2008. Não tinha cabeça nem vontade. Fui vítima de um acidente cirúrgico. Numa simples operação de catarata, um erro qualquer do cirurgião descolou o vítreo do meu olho direito, espécie de matéria gelatinosa, segundo fui depois informado, que ajuda a dar forma ao próprio globo ocular. O vítreo descolado entupiu tudo e fez a pressão elevar-se às alturas. De repente, num almoço com amigos, dei-me conta de que já não podia suportar a claridade do sol que entrava pelas janelas. Voltei ao oculista, não uma, mas quatro ou cinco vezes; pinguei no olho colírios fortíssimos, com nomes e bulas assustadores, mas em vão; a pressão voltava a subir, os terminais nervosos morriam, e eu estava ficando rapidamente cego daquele olho. Quando afinal me dei conta plena do que acontecia, procurei (graças à indicação de uma querida amiga) um especialista em São Paulo que seria talvez, no Brasil, a única pessoa capaz de salvar o que ainda podia ser salvo da minha vista: o doutor Remo Suzanna. Mas o doutor Suzanna estava de férias, no exterior, e tive que esperar mais um mês até ser recebido por ele no fim de janeiro e operado às pressas no dia 2 de fevereiro, Dia de Iemanjá. No meio de tudo isso, como se pode supor, embora levasse vida aparentemente normal, servindo-me do outro olho que não fora atingido, eu não podia pensar noutra coisa; a angústia, a raiva e a íntima decepção eram enormes, e meu esforço maior era para manter a calma e, até, algum plausível bom humor. M foi comigo para São

Paulo, os amigos de lá nos receberam e ajudaram com o carinho de sempre e, durante pelo menos seis meses, no curso do longo período de um severo pós-operatório, o centro da nossa vida ficou sendo um bem montado consultório médico no Alto da Lapa, ou melhor, no ponto em que o Alto da Lapa se encontra com o Alto de Pinheiros. Tinha morado, antes, em São Paulo dezenas de anos, mas nunca tinha ido lá; salvei apenas uma pequena parte da visão do olho direito, mas enriqueci meus conhecimentos da geografia paulistana. Por que estou escrevendo tudo isso? Eu mesmo não sei. Escrever é também uma maneira de passar recibo, e estou passando recibo. A vida é assim; vão-se os anéis, ficam os dedos.

Mas pode-se dizer também o contrário: vão-se os dedos, como aconteceu ao Lula, e ficam os anéis, às vezes esquecidos num fundo de gaveta. Napoleão Bonaparte, aliás, gabava-se, em seu tempo, de não ter nunca insônias porque sua cabeça era um bem ordenado gaveteiro; quando um problema o interessava, abria a gaveta respectiva e o examinava; quando queria dormir, simplesmente fechava as gavetas todas e dormia. Anéis eventualmente esquecidos não o incomodavam.

Há muitos anos, com todas as luzes ainda acesas, e bem acesas, íamos de carro pela rua Sete de Abril, em São Paulo, quando vimos bem na beira da calçada, diante do prédio dos *Associados*, a esbelta figura do poeta Joaquim Pinto Nazário, que esperava a hora de atravessar. Buzinamos; íamos quase a passo na rua cheia de veículos; meu amigo que estava na janela do lado da calçada, gritou: "Nazário! Tira esse queixo da frente senão o carro não passa!" O Nazário era homem elegante, mas tinha um perfil um tanto quixotesco e um queixo quilométrico. Era alvo das brincadeiras dos amigos por isso, mas era também muito querido. Nazário era um terrível romântico e, talvez por causa do queixo, adquiriu a mania de namorar pelo telefone, como hoje se namora pela internet. Pendurava-se no aparelho e, se conseguia uma interlocutora carente e de bons ouvidos, falava durante horas e horas. Acabou casando-se com uma telefonista. Era, nessa época, diretor do *Diário de São Paulo,* e acho que já contei nestas *Reminiscências* que foi ele quem me deu meu primeiro emprego de jornalista profissional. E foi também ele que me chamou, uma tarde, na redação, e me fez acompanhá-lo numa visita ao então prefeito Ademar de Barros. Não se punha, naquele tempo, dinheiro na cueca ou na meia, como se faz hoje em Brasilia; aliás, nem havia ainda Brasília; eu apenas me preparava, ou, antes, fazia as primeiras letras na nova profissão, mas a intenção do bom Nazário, levando-me com ele ao Ademar, era provavelmente menos didática do que prática ou pragmática, cautelar; queria uma testemunha a seu lado, para depois o prefeito não poder dizer que não tinha recebido nada...

Tenho a tentação, às vezes, de trocar o modo dessas notas, tal como fazem tantos memorialistas; o sul-africano Coetzee, por exemplo, que tenho lido e anda muito na moda, ultimamente. Trocar a primeira pela terceira pessoa do singular; dizer "ele" em vez de dizer "eu"; criar entre o autor e o personagem uma distância artificial, fictícia, embora sejam os dois uma só pessoa. É um artifício literário que facilita as coisas e disfarça o narcisismo do memorialista envergonhado.

Antes de romper com o PC, em meados de 1956, "ele" (diria o Coetzee) fora uma espécie de servidor do partido, cumpridor de tarefas variadas: além de redator, era secretário da revista *Fundamentos,* publicação que saía sob a responsabilidade da editora Brasiliense, mas era na verdade órgão intelectual ou cultural do PC. Todos os meses, ele reunia o material, editava-o, levava à gráfica (da *Revista dos Tribunais*) os textos já prontos com todas as indicações necessárias, montava a capa, tudo isso sob a supervisão do "comissário político" do seu "aparelho", do qual participavam, além dele, o arquiteto Vilanova Artigas, o editor Artur Neves e mais José Eduardo Fernandes. A função desses quatro papas era orientar e conduzir as atividades de diversas frentes legais do PC: além da revista, a União dos Escritores, a Associação de Arquitetos, os grupos de músicos e poetas, amigos e simpatizantes em universidades, editoras e jornais diversos. Coisas em geral amenas, que contavam mesmo com a tolerância e a simpatia das autoridades e dos políticos sequiosos de votos. Nada de muito heroico ou retumbante; os liderados, "companheiros de viagem", eram ilustres figuras, bem conhecidas, na época, e respeitadas, como Afonso Schmidt, José Geraldo Vieira, Helena Silveira, Maria de Lourdes Teixeira, Cláudio Santoro, Rossini Camargo Guarnieri, Jamil Almansur Haddad, Clóvis Graciano, Di Cavalcanti, Abelardo de Souza; e o risco maior que ele corria, depois de alguns anos de militância, seria acabar, quem sabe, membro de alguma academia de letras... A mais penosa e difícil de suas tarefas, entretanto, parecia mais séria; todas as tardes da semana, ele se trancava numa sala de escritório, no prédio do Mappin, e ditava sem descanso para um hábil datilógrafo, um caboclo parrudo chamado Oliveira, uma infindável tradução para o português das *Obras escolhidas* de Marx e Engels, Lenin e Stalin; numa edição em francês, em volumes encadernados, publicada em Moscou e abençoada pelo PCUS, o Partido Comunista da União Soviética. O jovem tradutor era tido como hábil redator no vernáculo e razoável conhecedor do francês. Mas, para garantir ainda mais as coisas (e, às vezes, confundi-las bastante), a edição soviética vinha acompanhada de exemplares também em espanhol, idioma tido como mais próximo do nosso e mais acessível aos dirigentes partidários. Destinava-se o trabalho à Editorial Victoria, editora do Partido, que efetivamente publicaria, tempos depois, uma edição brasileira das referidas *Obras escolhidas*. Mas o texto datilografado pelo Oliveira só em parte foi revisto pelo esforçado tradutor e não chegou nunca a ser completado; atropelou-o a Revolução Húngara de 1956. Tudo ou quase tudo se perdeu. Salvou-se do episódio apenas uma anedota, uma engraçada anedota, envolvendo o Oliveira e um notório personagem da fauna paulistana daqueles tempos; mas nem tão engraçada que mereça ser descrita aqui.

A Revolução Húngara de 1956 foi uma espécie de terremoto centro-europeu que abalou estruturas pelo mundo afora e serviu até de pontapé inicial destas *Reminiscências*. Desligado do PC, rompidos os cordões que me prendiam à sua ideologia (notem que voltei ao regime antigo), eu precisava de um emprego, e mais que um emprego, uma profissão, um destino, uma meta, um propósito na vida. Eu não era sequer bacharel em direito, como quase todo mundo em volta. Em compensação, fizera amigos, muitos amigos; não me faltavam relações, contatos, e o momento era favorável. Durante seis meses, fui redator de agência de publicidade, primeiro na McCann Erickson, depois numa pequena mas combativa agência dirigida por um irmão do Carlito Maia, Hugo Maia de Souza, rapaz sério e bom companheiro. Um filho do Graciliano Ramos, Ricardo Ramos, elegantíssimo, era também um dos nossos, acho que na própria McCann ou em outra grande agência. Em publicidade, por pouco que seja o talento, as pessoas ganham bem, vestem-se bem, trabalham em horários civilizados, consomem os mais sofisticados produtos do mercado. Mas a publicidade não passa de uma bolha perfumada, um blefe, e é até curioso que um filho do velho Graça tenha preferido esse caminho. Labutei dois ou três meses na McCann, na Barão de Itapetininga, nos gloriosos anos 50 do século passado, sob o comando do escritor Emil Farah. Chegava ao fim do dia ou da semana e me dava conta de que havia consumido meus pobres neurônios, durante manhãs e tardes inteiras, em busca da melhor maneira de proclamar a superioridade da cerveja que desce redondo sobre a que rola gostoso. Naquelas semanas, aliás, nos escritórios da agência, o grande prêmio era para o redator que fosse capaz de produzir uma versão conveniente do *slogan* da margarina Saúde, que estava sendo lançada aqui, e, nos States, anunciava-se como "*the best spread for bread*", o melhor para passar no pão. No pão? Vê o leitor que, ainda hoje, 60 e poucos anos mais tarde, a margarina continua impiedosamente a queimar os meus pobres, hoje gastos, neurônios. Se o Gabriel, meu sobrinho-neto que mora aqui ao lado, descobrir em alguma estante um exemplar destas anotações, talvez não se lembre de um filme que marcou época e ainda ontem era exibido numa dessas TVs a cabo, *O último tango em Paris*, no qual Marlon Brando indica sem cerimônias à sua parceira Maria Schneider onde deve passar a margarina (na falta da boa manteiga da Normandia).

Evitei sempre que pude a margarina e o adoçante; mas tive ao longo da vida grandes e queridos amigos publicitários; além do Ricardo, o Guilherme Vasconcelos, que gostava de chamar-se "Bill Vasco", e o Sérgio Aurelino Leal Ferreira, ambos grandes e alegres bebedores; o Sérgio, filho de um célebre sanitarista, nome de rua, e neto de um avô materno baiano de boa cepa, já citado nestas notas, respeitado chefe de polícia de uma República que parece hoje folclore, letra de samba cantado pelo Mário Reis.

Há pelo menos um século, a publicidade sustenta financeiramente os grandes jornais, embora seja, bem-feitas as contas, uma espécie de avesso da imprensa. A imprensa procura a verdade, ou a suposta verdade, critica e condena, alimenta-se da má notícia; "*no news, good news*", diz o ditado. A publicidade, ao contrário, doura a pílula, adoça e enfeita o amargo e o feio. Janus bifronte, deus moderno de duas caras, uma com vergonha da outra; uma de lábios pintados e cílios postiços, a outra fazendo as vezes de orador romano. Não há grande jornal que se preze que publique anúncios em suas páginas nobres e não proteja a "capa", o rosto do jornal, encarecendo e disciplinando severamente os anúncios de primeira página. "Não vá o leitor confundir-nos com matéria paga", parecem dizer editoriais e editorialistas...

Deixei a publicidade, mas os ventos sopravam a favor e, em poucas semanas mais, estava já pendurado em três ou quatro cabides novos. Um amigo, Jaime Martins, que se ligara ao então prefeito Toledo Piza, convidou-me para trabalhar a seu lado; tornei-me assessor de imprensa, redator-funcionário do gabinete municipal. Não era muito, mas ajudava bem. Naqueles mesmos meses, sem muito escândalo, vinha de nascer uma nova editora, a Difusão Europeia do Livro, Difel, criada por Pierre-Jean Monteil, dono e senhor da grande Livraria Francesa, na Barão, bem na esquina da praça Roosevelt, ponto de nossa assídua frequência. A Difel começara a publicar traduções de livros franceses; tinha um corpo de tradutores categorizados e um pequeno grupo de revisores-editores, comandado pelo Jacob Guinsburg. Incorporei-me a esse grupo. Entrávamos cedo, às oito, saíamos na hora do almoço. A Livraria Francesa tinha amplos armazéns, instalados num grande galpão na Vila Buarque, pouco depois da praça. O próprio Monteil passava as manhãs lá, com a família: a mulher e uma filha (acho que era apenas uma, mas não estou certo). Naquele galpão imenso cheio de livros, com grandes estantes aproveitando o pé--direito muito alto, mais do que na célebre livraria da Barão, o editor-livreiro dava largas à sua exuberância e seu gosto pelo trabalho. Tinha escritórios montados na frente e reservara para nós um espaço conveniente, mais para os fundos.

Deixava-nos trabalhar tranquilos; além do Jacob, que comandava, e de uma mocinha simpática que se chamava talvez Mary e que todos tratavam com muito carinho, um português de paletó e gravata, professor universitário, casado com uma filha do Samuel Pessoa, chamado Vítor (não me lembro do sobrenome, talvez Ramos); e mais a presença eventual do Boris Schnaiderman, amigo do Jacob, que viera da Rússia, sabia russo e aventurava-se nas suas primeiras traduções para uma língua que ele apenas começava a descobrir, a nossa. Todo mundo gostava do Boris e o ambiente da Difusão (não era ainda Difel) não podia ser mais fraternal. Lá fora, nos corredores entre as estantes, ouvia-se às vezes a voz do Monteil cantarolando os versos de alguma canção francesa, popular e picaresca. Ele tinha o hábito de comemorar os seus êxitos comerciais ou editoriais como se estivesse no chuveiro; soltava a voz pelos corredores. Em casos extremos, emitia o seu tradicional brado de guerra: *"Arrache ta culote ma femme; ça y est, ça y est!"* *Madame* Monteil era uma senhora de respeito, invariavelmente bem-vestida numa linha, digamos, entre Chanel e Yves St. Laurent, sorridente e amável, mas severa. A filha, embora mais expansiva, parecia-se com ela.

Meu trabalho, naquelas manhãs da Difel, não podia ser mais agradável e cheio de encantos; depois dos primeiros dias de acertos e ajustes, coube-me essencialmente rever e refazer traduções de livros da Colette e de um romance de Jean Giraudoux, *Suzana e o Pacífico*. Os livros da Colette eram uma série inteira; lembro-me de histórias de *Chéri* e, muito especialmente, de uma criança que estava doente e tinha febre e delirava e sonhava, e Colette descrevia o delírio com graça e leveza e talento incomparáveis, que eu me esforçava para reproduzir em português. Espero que tenha ficado bom. Não havia muita pressa nem exagerada pressão de cima, mas havia *quand même* prazos, e eu tinha dificuldade para cumprir os meus; refazia às vezes capítulos inteiros! As traduções no Brasil, com as raras, muito raras, exceções de praxe, costumam ser matadíssimas, e nós, na Difusão, o Vítor e eu, especialmente, procurávamos corrigir isso como podíamos. Até que um dia...

Certa manhã, o Jacob nos trouxe para rever uma tradução dos *Pensamentos* de Pascal encomendada pela Difel a um dos mais estimados intelectuais da praça na época, alto funcionário da administração pública, autor bilíngue que, na juventude, vivera anos na Suíça. Metemos mãos à obra, o Vítor e eu (mais ele do que eu, uma vez que Pascal era parte da sua área acadêmica, na universidade), mas logo começaram a brotar as primeiras surpresas; a tradução estava cheia de erros e impropriedades, às vezes gritantes; em diversos pontos o texto brasileiro simplesmente contradizia o original. Não passou muito tempo antes que descobríssemos a chave do mistério: o tradutor ilustre não traduzira coisa nenhuma; limitara-se a mandar uma secretária bater à máquina o texto de uma edição antiga, já condenada, e fazer nele, depois, os remendos e reparos que lhe pareceram suficientes ou convenientes.

Certamente há de haver, no mercado, casos de traduções ainda piores e menos fiéis do que aquela. Anos depois, a versão de um livro meu para o inglês, por um jovem secretário do embaixador Lincoln Gordon, foi fulminada como "*unreadable*", ilegível, pelo editor da Knopf que devia publicá-la, e ainda hoje tenho na estante uma edição do *Guerra e paz*, de 1957, uma bela edição mineira em quatro volumes encadernados, que é entretanto insuportavelmente pomposa e oca, obra de um tradutor provinciano que traduzia o "*vous*" francês pelo "vós" português e compunha longos diálogos, como o que abre o livro, tão cheios de vento e de bolor, que a vontade que se tem é de espetar um alfinete no texto para ver se ele desincha. Assim, não há Tolstoi que aguente. Já a tradução nova-iorquina do meu livrinho de 1964 foi assassinada pelo jovem secretário, não por falta, mas por excesso de amor; ele se apaixonou pelo trabalho e repeliu até mesmo as advertências da editora que insistia num tradutor profissional. Depois atrapalhou-se, não conseguia terminar e acabou entregando o texto "*unreadable*" depois de vencidos todos os prazos, quando já não havia nem tempo mais para recomeçar. Perdi o bonde da história...

No caso dos *Pensamentos*, o editor Monteil preferiu engolir o sapo e não arriscar uma "guerra da lagosta" *avant la lettre* denunciando a desonestidade intelectual e a preguiça do tradutor contratado e já pago. Coube ao Vítor, ainda que com algum desgosto, refazer e remendar o que havia de mais errado ou impróprio. O livro afinal saiu e continuou tudo no melhor dos mundos possíveis, à boa maneira, senão de Pascal, ao menos do seu parceiro Leibniz. Deixei a Difel ainda antes que se concluísse esse modesto drama, e minha participação nele acabou sendo bem pequena. Duas ou três vezes, nessa mesma época, encontrei o Ilustre Tradutor (melhor escrever seu nome assim, com maiúsculas) sozinho, no bar do museu, bebendo seu uísque e esperando os amigos no fim da tarde. Era homem afável; puxava conversa; descobrira uma versão francesa da Bíblia, mais antiga e aparentemente mais autêntica do que a comum, e se surpreendia com a desabrida franqueza do texto em matéria de relações entre homem e mulher. Citava exemplos picantes do texto e de como podiam ficar em nossa língua. Não me ocorreu, então, que o Tradutor Excelso pudesse estar, quem sabe, tentando acender na Difel, por meu intermédio, a chama de novos trabalhos...

Do meu caminho matinal para a Difel, naquele ano e meio que passei lá, me ficou uma imagem, dessas que se gravam na retina como um quadro e não saem mais, sem muita razão ou sem razão nenhuma. Esta gravou-se por um detalhe inesperado e um tanto repugnante. Eu saltava do ônibus elétrico, o "chifrudo", no ponto final, ali atrás da Escola Caetano de Campos, e me embrenhava pelas ruelas da Vila Buarque. Várias vezes, já bem perto da editora, no canto de uma dessas portas de armazém ou de depósito (havia várias, por ali), deparava-me com uma família inteira de desabrigados, pai, mãe, tios, filhos, dormindo ainda a sono solto àquela hora da manhã, provavelmente entorpecidos de cansaço e miséria. Nesse dia, eles ocupavam a calçada inteira e tive quase que saltar por cima de suas pernas. Não pude deixar de ver um deles, um rapaz talvez de uns 18 ou 20 anos, que havia abaixado as calças e defecado, provavelmente durante a noite, e dormia ainda profundamente, exibindo à luz da manhã as nádegas e o imenso cagalhão (como diria o Boca do Inferno, Gregório de Matos), que ainda não se desprendera inteiramente delas.

Por que deixei a Difel? Só tinha amigos, lá; o ambiente era ótimo, o salário bastante bom e o trabalho também, às vezes até cheio de encantos e de imaginação, como no caso do Giraudoux e da Colette. Deixei a Difel talvez por conta da minha peculiar paranoia. E, uma vez que vamos falar de paranoias, talvez o mais prudente seja voltar ao regime da terceira pessoa do singular, o regime de John Coetzee que experimentamos timidamente algumas páginas atrás. O próprio Coetzee, aliás, vai mais longe ainda; no terceiro volume de suas memórias, *Summertime* (*Verão*) que apenas conheço por via de um longo artigo na *N.Y. Review* (Fevereiro, 2010), mas que vou ler assim que puder, ele fala pela boca de dois pesquisadores, os quais entrevistam pessoas que o conheceram, antigos amantes ou colegas, e contam o que sabem dele. É um autorretrato falado, pois chega ao leitor como o reflexo do reflexo de um reflexo. Não é mais apenas a terceira pessoa; é o terceiro reflexo. Onde foi parar o original, o verdadeiro Coetzee? Perdeu-se? Talvez não; pois o fato é que há íntimas verdades que se revelam mais ou melhor quando procuram esconder-se; e, ao contrário, escondem-se, desaparecem, somem quando se mostram demais; quando tentam exibir-se. Na minha longuíssima e um tanto bovina ruminância de leitor de livros e de romances, acabei percebendo que não há grande escritor que não seja, antes de tudo, um doente; o talento e o gênio vêm inevitavelmente misturados à loucura ou a um tipo qualquer de desequilíbrio. Nenhum escapa; e há ainda os que não são apenas doentes, mas "doentios", caso do Coetzee. Gosto mais dos outros, dos "saudáveis", de astral alto, como o Tolstoi de *Guerra e paz*, como Dickens e Balzac.

Balzac, por exemplo. Naqueles anos mesmos do armazém da Difel e dos escritórios no prédio do Mappin, comprei na livraria Parthenon, a longo prazo, do meu amigo Álvaro Bittencourt, uma coleção completa da *Comédia humana*. Eram pouco mais de 50 volumes, numa edição datada de 1851, logo depois da morte do autor, que morreu moço, aos 50 ou 51 anos em 1850 – sucessão de datas que me fez pensar que aquela podia ter sido a primeira, ou uma das primeiras edições integrais da obra. Os livros ficaram com a Renina, que certamente os guardou com carinho, embora ela talvez não fosse, tanto quanto eu, apaixonada por Balzac. Aprendi a gostar dele ainda estudante do científico, no Rio, em traduções perfeitas do Paulo Rónai; gostava especialmente de um livrinho, *Memória de duas jovens esposas*, feito de cartas trocadas entre duas moças recém-casadas, uma com um esfogueteado jovem nobre espanhol, e cheias, as cartas, de paixão e sonhos, esperanças e intrigas de amor. Hoje talvez os livros de Balzac que eu mais admire sejam *Le cousin Pons (O primo Pons)* e *Une ténébreuse affaire (Um caso tenebroso)*; mas o que na verdade me espanta nele é o seu "gaveteiro" mais fantástico, ainda, e mais bem organizado e criativo do que o do próprio Napoleão Bonaparte. Napoleão conquistou a Europa inteira; Balzac teve-a toda em sua própria descomunal cabeça; podia reconstruí-la peça por peça – famílias, pessoas, profissões, tudo – não só como era, mas como principiava a ser, a lenta absorção dos restos do Ancien Régime e o nascimento desse admirável mundo novo, o *Brave New World*, de Huxley, que os burgueses, nossos avós, erguiam e agora parece estar, por sua vez, parindo Outra Coisa ainda mais fantástica, na vã espera de um novo Honoré que a decifre e descreva...

Diante dessas vetustas lembranças, John Coetzee, com seu Prêmio Nobel, parece pequenino e azedo; não vale como medida das coisas. Ou talvez valha: medida do pequeno, espécie de microscópio que revira o lodo, a sobra, o infinitamente comum, a bactéria sendo comida pelo fungo. Ainda há duas semanas, pouco antes de retomar estas notas, li um artigo de revista que falava de Émile Zola e o apontava como o grande inventor dessa moda moderna batizada, no artigo, com uma expressão em inglês equivalente ao nosso "cheiro do ralo", o amor (literário) do fedor. Pobre Zola; o que ele inventou foi o Naturalismo, os *Rougon-Macquard*, *Nana*, *Germinal*. O amor do fedor não é escola literária; é antes um vício íntimo, uma inclinação torta do espírito, uma funda paixão que, na pena do grande escritor, viola, arrebenta a sensibilidade do leitor – e, no caso desses que eu chamo de doentios, como Coetzee e um outro, maior do que ele, Vidiadhar Naipaul, me fez largar o livro, jogá-lo fora com desgosto e raiva, mesmo que seja para retomá-lo no mês ou no semestre seguinte.

Mas, cá estou eu a fazer frases, como um aprendiz de crítico literário, quando o que eu queria era simplesmente registrar aqui esse curioso fenômeno: fico doente; adoeço lendo esses autores doentios que insistem na própria enfermidade, na própria insânia. Nunca pude ler até o fim, por exemplo, embora tentasse mais de uma vez, *A montanha mágica*, de Thomas Mann, e isso ainda nos tempos da adolescência em que lia tudo, com fome e febre de moço. Há dois ou três anos, num fim de semana na casa de campo de um amigo em São Paulo, atirei na parede, indignado, um livro do Naipaul, autor que eu venerava. Seu personagem (ele próprio, o narrador) espanca a amante até deixá-la desfigurada, arrebentada; insiste na torpeza e na covardia sem outra explicação senão suas próprias frustrações e derrotas. O livro é talvez o melhor de Naipaul, *A bend in the river* (*Uma curva no rio*), e não é livro de sexo ou apenas um romance, mas uma história africana, história das entranhas da África do nosso tempo. Naipaul ganhou, com obras assim, o Nobel, mas não ficou satisfeito; não conseguiu contar tudo o que queria contar, esfregar no nariz do leitor, suficientemente, o que tinha dentro de si, em sua alma atribulada. Contratou então outro escritor, competente, embora menos do que ele, e o incumbiu de escrever sua biografia com base no testemunho dele próprio, de sua sofrida mulher e de sua amante, contando detalhadamente todas as vilezas, baixezas, traições, vícios e taras sexuais do Grande Autor, Prêmio Nobel, reverenciado e disputado na Inglaterra, na América e no mundo. O livro saiu, ou está em vias de sair, mas não parece ter o sucesso esperado. Ainda não o li; estou curioso, mas minha curiosidade é mais lúbrica; quero saber de detalhes. Naipaul desmoralizou-se com essa espécie de gesto extremo; desmoralizou, aviltou sua própria obra, quase como um novo Céline. Mas, tudo isso passa; o que fica são seus livros, a obra, o texto, o gênio por trás deles.

Coetzee, por sua vez, provavelmente não irá tão longe quanto foi Naipaul. Seu Nobel premiou principalmente *Disgrace* (*Desonra*) um livro aparentemente simples, pequeno, cheio, empapado do princípio ao fim de mediocridade, torpezas e desgraças. No fim, a desgraça maior: a filha que o abriga em sua pequena fazenda nos arredores de Joanesburgo é espancada e estuprada por dois negros; e ele não consegue dos vizinhos ou dos amigos nenhum apoio, nenhuma revolta sequer. Ele se oferece para levar a filha para longe daquele inferno, para a Holanda, onde vive parte da família, mas a moça se recusa. Os negros vão voltar, podem voltar; mas, se ela fosse para a Holanda, se sentiria como se fugisse. Seu lugar é ali; no fundo, diz ela, os negros têm direito ao estupro, depois de tudo que sofreram... Nas páginas finais de *Disgrace*, o pai está trabalhando numa clínica de amigos antigos, dedicada a cuidar de animais muito velhos ou muito doentes que é preciso tratar, acarinhar, antes de sacrificar e enfiar em sacos pretos de plástico.

Contas feitas, Coetzee merece seu prêmio. Ele arrasta atrás de si a alma da pequena burguesia bôer, tão profundamente entranhada nele mesmo; arrasta-a até Londres, em suas memórias, e depois espalha-a, exibe-a pelo mundo. Páginas atrás, comparei Balzac a Napoleão; no caso de Coetzee, podia-se lembrar Mandela? Os brancos, os bôeres não souberam lidar com os pretos (assim como os judeus, na Palestina, não sabem lidar com os palestinos). Em troca, cuidam agora de cães e gatos doentes que precisam morrer. E são vegetarianos; querem punir-se, purificar-se, redimir o pecado dos homens, predadores naturais de bois e vacas, peixes, aves e porcos, e mais o que vier. Mas os humanos, ao menos, preservam o humor – que falta a Coetzee. Na última *New Yorker*, um chargista desenha dois grandes leões descansando e filosofando na savana africana; um deles diz: "Ultimamente tenho procurado comer mais vegetarianos..."

O humor é o que nos salva; sou do partido do humor. Já não sei quem disse que a vida sem humor não tem graça. Nem a literatura. Durante muitos anos, depois de adulto, passei ao largo dos livros de Charles Dickens e de suas belas edições ilustradas. Tinham sempre mais de mil páginas e me pareciam povoados de crianças pobres, pequenos heróis que sofriam horrores na velha Inglaterra da Revolução Industrial, entre megeras, advogados e juízes viciosos e corruptos, gangues de ladrões e assassinos. Havia mesmo um desses livros que se chamava *Bleak House (A casa soturna)*, e esse, aliás, ainda não li... Um dia, entretanto, um amigo, Jean Louis

Lacerda, companheiro de leituras, insistiu comigo, afirmava que Dickens estava do nosso lado e me desafiou a ler, pelo menos, *David Copperfield*. Peguei o livro, afinal, li uns trechos, gostei, tomei gosto, voltei ao início, li tudo, encantei-me, tornei-me admirador de Dickens para o resto da vida, não só do autor Dickens, mas do homem e do personagem. *David Copperfield* é uma autobiografia disfarçada; um autorretrato com a família toda e amigos de toda a vida; não um retrato de fotógrafo, mas de pintor; é o Velázquez pintando *As meninas*; é Rembrandt, Bruegel... Dickens estava ainda a meio caminho de sua fulgurante carreira de folhetinista quando principiou a escrever a própria biografia. Logo percebeu, entretanto, que para contar a verdade teria que deixar mal seu pai e sua mãe, figuras apesar de tudo queridas e que estavam no centro de tudo. Seu pai era um personagem até parecido com meu tio Caio Mário, da Bahia. Era imaginoso, mitômano, encantador, metia-se em aventuras complicadas, fazia dívidas imensas, gastava tudo. Acabou condenado, preso por dívidas (era, ainda, começo do século XIX), encafuado com a família inteira numa cadeia para inadimplentes. Sua mãe protegia-se dessa triste realidade falando sem parar, repetindo histórias imaginadas, carinhosa com os filhos, perdida, tentando conduzi-los como uma galinha seus pintinhos. O mais ilustre dos pintinhos, Charles, ainda adolescente, no internato do colégio, afetuosamente chamado de Trot, Davi ou Daise pelos amigos, servia de Sherazade para um jovem sultão das *Mil e uma noites*, marcante figura de menino rico que o protegia e dominava e ia permanecer como estrela distante, no céu de toda sua vida; contava histórias, à noite, para o sultão adormecer e muitas vezes cantava canções de madrugada, antes que soasse a sineta, para adoçar o despertar do seu protetor.

Todo mundo leu Dickens ou, pelo menos, dá Dickens como lido e digerido. Pois se leram, releiam; leiam de novo. *David*

Copperfield é uma obra-prima comparável ao que pode haver de mais alto e mais nobre na literatura universal. Dizia meu mestre Castro Rebelo, na Faculdade Nacional de Direito da Universidade do Brasil, ainda nos anos 40 do século XX: "Leiam romances; quem não lê romances fica burro." Tentei não ficar burro. É difícil saber quem somos ou o que somos, se não sabemos de onde viemos. Somos seres compostos: nossas pernas e braços, nosso sexo e nossos pulmões vieram, algumas vezes, de uma tribo de silvícolas dominada pelo herói Caramuru; outras vezes, de uma curva num grande rio da África. Mas, as nossas cabeças, a nação moderna... Mesmo sem querer, somos, até o Lula é, cidadãos do mundo: França e Europa, a Rússia, Napoleão, a Inglaterra, os *"States"*, Jefferson e Lincoln, se nada disso existisse, nós não existiríamos; ou melhor, seríamos apenas pernas e braços, sexo e pulmões, muito felizes, talvez, no bom calorzinho do trópico. Sequer teríamos aprendido com a professora de canto orfeônico a louvar Villa-Lobos e a cantar o hino patriótico "Oh Tupã, deus do Brasil", enquanto marchávamos ao som de tambores pela orla da lagoa Rodrigo de Freitas...

E aí está, ao cabo dessa razoavelmente breve *promenade* literária, desse desvio crítico ao qual o desprevenido leitor foi levado, a chave da minha meia paranoia: tentei não ficar burro! Li muito, pensei, reli, traduzi, trabalhei, vivi... Foi um dia cheio, que ainda não terminou. Logo de manhãzinha, aos 14 ou 15 anos, quando comecei a usar os meus próprios miolos, virei marxista, vítima de duas fortes influências: uma, os livros que o Sodré Viana deixou na biblioteca de meu pai, muito especialmente o *Anti-Dhuring*, de Frederico Engels, que me virou a cabeça; tudo parecia explicado, diabolicamente bem explicado pelo Engels. Segunda influência: a casa do escritor Álvaro Moreyra, na rua Xavier da Silveira, 99, vizinhos nossos que eu frequentava desde as calças curtas. No quintal

ENTRE A LAGOA E O MAR. REMINISCÊNCIAS.

do 99, criamos galos-de-briga (mas não muito a sério), matamos morcegos com compridas varas de bambu, comemos sapotis e tangerinas; na mesa da sala de jantar, construímos imensos balões de São João, ainda inocentes, então. O 99 era porta sempre aberta, porto seguro, convívio amigo, fraterno. O dono da casa, o Alvinho, escritor, homem de teatro, jornalista, cronista, figura querida na cidade e no país, gaúcho de boa cepa naqueles tempos getulianos, era um cidadão baixote, rechonchudo, com uma cabeça de pássaro, um rosto bonito, uma alma generosa e tolerante. Lembro-me dele especialmente em dois momentos: um dia em que, de braço quebrado e engessado, não podendo ir trabalhar na cidade, varria a calçada da rua, em frente da casa, com a vassoura enorme, maior do que ele, segura debaixo do outro braço ainda inteiro. Admirei sua destreza, seu alegre empenho, seu cuidado de bom varredor, de amador das coisas limpas. Lembro-me também dele, frequentemente, sentado numa cadeira de lona, num recanto que ele chamava de "Petrópolis" e era a varanda verdadeira da casa, embora fosse apenas a entrada de automóveis (que ele nunca teve) coberta e pela qual passava sempre um ventinho agradável. Tinha o hábito, nessas horas, de usar o dedo polegar como uma chupeta enfiada na boca. Lembro-me também dele no seu escritório no segundo andar, sobre a varanda, decorado com fotografias, quadros modernos (1922) e dezenas de estatuetas de burrinhos, sua mascote, quase tudo presentes ou lembranças de amigos de toda parte, até do México distante; o asno de Buridan era seu símbolo de sabedoria. Um escritório amplo, sombrio, cheio de estantes, fechado ao exterior, à luz do sol, e aonde só íamos raramente, levados por algum motivo específico. Ali escrevia durante a manhã e, às vezes, à noite, até bem tarde. A última vez que lá fui foi para lhe mostrar uns poemas que tinha escrito, brotoejas de adolescente. Era sério, severo em coisas sérias, mas sempre de bom humor; além de escrever, tinha talento histriônico e era exímio contador de anedotas; anedotas luso-brasileiras, anedotas políticas, histórias de seu amigo governista, Olegário Mariano; histórias do DIP e do trabalho nas redações; eram tempos de ditadura e de censura. Sua mulher, Eugênia, dona Eugênia, para nós meninos, era uma mulher grande, com voz poderosa, capaz de encher um teatro. Atriz conhecida, havia sido muito bonita, quando moça, e fazia um tipo característico, agressivo; pintava-se muito, sempre a mesma máscara, fumava cigarrilhas, mas era mãe atenta e extremosa dos seus seis filhos; não dormia enquanto não estivessem todos em casa, embora fossem já uns marmanjos enormes, saudabilíssimos: a Ízia, mais velha, casada com o mineiro Valdir Medeiros Duarte, primo do João Rui; a Rosa, a mais bonita das três meninas, noiva de um militar, tenente ou capitão do Exército; e a Colete, mais moça, noiva também, mas do Ernesto, que vivia lá e era o mestre dos nossos jogos de salão: cartas, corridas de cavalinhos de chumbo... E os três filhos homens: Vivinho, o mais moço, que o leitor já conheceu das histórias da praça Eugênio Jardim; o do meio, João Bicanca, que estava sempre passando e mal conhecíamos, chamado Bicanca por causa do nariz torto quebrado em aventuras de praia. E o Sandro, o mais velho, parecido com o pai, mas ainda mais parecido com o Humphrey Bogart e senhor de irresistíveis encantos para as moças do bairro e da época; tinha uma namorada estabelecida, mocinha gentil, chamada Gracinha, e que já era como da casa, estava sempre lá, mas não chegou nunca a casar-se com ele.

 Sandro era bom companheiro, inteligente e divertido, tinha muito do talento do pai; era assustadoramente sujeito a crises periódicas (que ainda acentuavam seu charme), desaparecia, sumia, encafuava-se no quarto semanas inteiras; não recebia ninguém, não tomava banho nem fazia a barba. Mas esses episódios eram raros e breves; crises de adolescência. Gostava de praia; ia sempre à praia com os amigos; foi à praia a vida inteira, quase até morrer, primeiro em Copacabana, depois em Ipanema, diante da Joaquim Nabuco; mas não gostava do mar, não gostava da água que lhe parecia sempre muito fria. Não molhava nem os dedos do pé por mais fortes que fossem o sol e o calor. Gostava de papo; a praia no Rio é (ou era) uma academia, um bar da esquina que não teve ainda o seu Noel Rosa; um seguro e bem estabelecido ponto de encontro, além de muitas outras coisas mais. Sempre me espantei muito ao ver praias pelo mundo afora, até nas Seychelles, lá no oceano Índico, onde as pessoas se isolam em suas barracas e tomam sol besuntadas de óleo, lendo *best-sellers*, estiradas em espreguiçadeiras. As praias cariocas podem ter isso também, mas seu espírito verdadeiro é o oposto, e o Sandro era um purista: ia à praia como o Zé Lins do Rego ia à livraria José Olympio: para ver os amigos, conversar, discutir, trocar informações – e ver as moças. A praia para ele era a melhor das academias, melhor até que as da Grécia antiga: ar livre, um simples calção de banho, muito sol, paisagem deslumbrante, liberdade plena...

Sandro era muito amigo do João e do Aristides Saldanha, do Sérgio Porto, sobrinho do Lúcio Rangel, que morava quase ao lado, na esquina da praça Eugênio Jardim. No correr de casas entre o 99 e a praça, aliás, morava também uma menina, Dirce, namorada que viria a ser mulher do Sérgio e, bem mais tarde, eu reencontraria num clube de Ipanema, onde ela ia ver amigos comuns. O Sérgio Porto não era ainda, então, o Stanislaw Ponte Preta; escrevia crônicas de cinema na *Tribuna Popular,* jornal do Partido Comunista, e os amigos o chamavam de Zenóbia, personagem de um filme do Gordo e do Magro; Zenóbia, no filme, era uma elefanta do Jardim Zoológico, que se apaixona pelo Gordo, sai atrás dele pelas ruas da cidade e o persegue até sua casa, mete a tromba pela janela da sala onde o Magro e o Gordo se escondem... O futuro Stanislaw, um rapagão alto, louro e parrudo, era o mais velho de três irmãos. A família tinha origens inglesas; o Rangel do tio Lúcio era inglês. O irmão do meio, Marcelo, o mais elegante, foi para os Estados Unidos e tornou-se piloto de aviões; mas talvez tenha voltado, passei por ele ainda há poucos meses numa rua de Ipanema. O mais moço, Flávio, o Fifuca, mais moço até do que eu, teve vida aventurosa: reencontrei-o em São Paulo, amigo do célebre advogado Oscar Pedroso Horta, apaixonado por sua filha, com quem tinha relação complicadíssima, cada vez mais mergulhado numa espécie de submundo paulistano onde teria um triste fim. O Fifuca, moço, ainda nos tempos de Copacabana, antes de ligar-se ao Carlos Roberto Aguiar Moreira, da Casa Civil do presidente Dutra, era um meninão alegre e irreverente, muito querido de todos nós.

Entre os muitos amigos do Sandro, além do Sérgio e dos Saldanha, havia ainda outra figura que ia também inserir-se nessa espécie de panteão da Xavier da Silveira, 99: o Heleno de Freitas, que morava, como o Sérgio, na Leopoldo Miguez, mas mais para o fim, depois da Miguel Lemos, mais perto do morro. Heleno pertencia a uma família ligada à diplomacia e ao Itamaraty. Fiquei amigo, bem mais tarde, de uma de suas primas, que me contou histórias da família. Heleno jogava um futebol brilhante, eficaz e elegante; conduzia o time do Botafogo e era um ídolo para a torcida. Teve tudo o que se podia ter, na época, mas não durou muito: enlouqueceu; foi internado pela família num sanatório, duas ou três vezes, até morrer, muito cedo. O Heleno era companheiro, menos do 99, onde não me lembro de tê-lo visto, e mais da praia e da porta do Roxy, onde a turma muitas vezes se reunia depois do jantar. Sua paixão, além da bola, eram os blocos de "sujos" do Carnaval, que saíam de um restaurante com nome francês, ponto nosso, logo abaixo do cinema, na própria Bolívar. Esses famosos blocos praticavam o que se poderia chamar de carnaval radical ou radicalismo carnavalesco: sambavam quatro noites e três dias, pelas ruas do Rio, bebendo e cheirando lança-perfume sem parar. Nós, mais moços, apenas olhávamos: era coisa para gente grande... A paixão pelos "sujos" e pelo lança-perfume deve ter ajudado a apressar-lhe o fim. Pobre Heleno.

Há de ter havido com certeza muitas outras tragédias, talvez até piores, mas discretas, ocultas, escondidas em armários antigos; minha irmã Lílian, por exemplo, com seus olhos azuis e seus cabelos negros, que escrevia livros que não passavam nunca da primeira página. Mas, essas duas tragédias tão próximas, o Fifuca e o Heleno, que morreram tão cedo e tão mal, depois de cortarem o céu como breves cometas, ainda que fosse apenas um pequeno canto do céu, que espécie de verme ou de fungo ou de lepra traziam na alma ou nos genes capaz de destruí-los, a eles e aos que lhes estavam mais próximos, com tanta força e tanta crueldade? Seria preciso talvez a paciência e o talento de um grande escritor para contar em pormenores a agonia de um e de outro: o Heleno em suas crises e repetidas visitas ao "insanatório"; o Fifuca, tal como apareceu um dia, lá no jornal, já sem dentes, sujo e roto, pedindo aos amigos da redação que o ajudassem; tentando aparentar ainda o antigo *panache*... Dez ou 15 anos antes, na calçada da praia em Copacabana, lembro-me dele, alegre, mostrando uma espécie de talento que ia, mais tarde, consagrar seu irmão Sérgio: "Mulher séria", dizia ele, "é aquela que trepa sem rir." Até a maldade parecia, outrora, mais inocente.

Sandro não se casou com sua noiva Gracinha, tão prestativa e assídua, mas se casou com a Milu, Carmem Lúcia, minha amiga e quase-namorada. Casou-se num impulso; no fim do primeiro ano, nasceu uma menina que ganhou o nome de Eugênia, como a mãe dele, e logo se separaram. Durou o casamento o que duram as rosas, *l'espace d'um matin* (Ronsard), uma aurora apenas, ainda que fecunda. Milu era uma moça morena, com o ar um tanto sobre o sério, mas muito atraente. Era filha de uma professora pública, já viúva, e morava numa casa modesta na avenida Ataulfo de Paiva, com um jardim na frente e uma cerca baixa que menos separava do que comungava com a calçada e o espaço público. Não havia prédios na Ataulfo, ainda, ou talvez os primeiros estivessem sendo construídos. Disse que a Milu era minha quase-namorada porque nunca a namorei, embora tivesse, na ocasião, muita vontade. Sandro a conheceu numa festinha que improvisei num apartamento bem alto, diante do Lido, no posto 2. O apartamento pertencia a um amigo rico e estava vazio; a festa era para a Milu, de quem eu, na minha impaciência de menino, achava que seria mais fácil me aproximar mais na hora da dança. Ela era aluna da Faculdade de Filosofia, na avenida Antônio Carlos, aonde eu ia muito, na condição de líder estudantil; entrávamos e íamos direto para o último andar e a cobertura, onde ficavam as dependências do diretório acadêmico. As meninas, nossas amigas, iam nos visitar lá em cima, e havia sempre algum romance entre as poltronas e sofás do amplo salão de recepção. Milu tinha muitos admiradores, um especialmente assíduo e apaixonado; rapaz alto e elegante, chamado Bernardo, bem-falante e culto, também membro do nosso grupo. Tudo isso o Sandro levou de roldão; arrebatou a princesa num átimo, sem que nós nem mesmo soubéssemos como. Fui rever a Milu tempos depois, por acaso, sentada a uma mesa ao lado da minha, num restaurante famoso perto de sua casa. O Leblon começava a virar bairro da moda e da noite.

Episódio parecido ocorreu, na mesma época, com outro herói do grupo do 99. O Aristides estava se separando da Toinha, sua mulher, irmã do Roberto Azurem Furtado, personagem curioso, parceiro de tênis que só vim a conhecer anos mais tarde, no Country. Já falei muito do Aristides na primeira parte destas notas, mas talvez nunca se possa dizer bastante bem dele. Ele era muito querido e nós, mais moços, especialmente, o adorávamos. Falava conosco de suas aventuras e desventuras nessa área em que somos todos tão sensíveis, e a separação em casa tornava-o ainda mais falante e, antes de tudo, mais vulnerável. Um dia, eu lhe disse: "Por que você não dá mais atenção à Regina, a filha do Paulo Werneck? Ela não é mais apenas uma menininha, como você pensa!" A Regina havia sido minha namorada até quase a véspera, talvez a mais bela de rosto e de corpo das namoradas que tive. Filha do Paulo Werneck, um arquiteto comunista muito conhecido, autor de grandes painéis em pastilhas de vidro, muito populares na época, a Regina, além de linda, culta e sensual ao extremo, era produto de uma educação surpreendentemente livre e avançada para o Rio de Janeiro daquele tempo. Posso dizer que fui, ao menos por uma tarde, amante, desajeitado amante, da Regina, que me levou a um apartamento na rua do Passeio, diante do Passeio Público, um pequeno apartamento escondido num daqueles grandes prédios, uma *garçonnière*, como então se dizia. Regina gostava de mim; parecia encantada; namorávamos nas ruas de Laranjeiras, onde ela morava com os pais, falávamos de sexo, conversávamos muito, íamos ao cinema, a exposições de arte, andávamos de bonde, uns bondes sempre apinhados na hora do *rush*. Ela não se incomodava com a multidão; gostava de gente, acho que se excitava com o aperto no bonde ou nos corredores dos cinemas, na entrada e na saída das sessões. Parecia tudo surpreendente, inesperado, mas, no fim de algum tempo, comecei a me dar conta de que a Regina, o amor da Regina, por mais que me atraíssem, eram talvez areia demais para o meu caminhão; o que ela queria eu não podia dar; o que ela precisava, sem se dar conta, não era de mais um apaixonado adolescente, mas de alguém com experiência e meios de gente grande. Quando disse ao Aristides que ele devia prestar mais atenção nela, provavelmente eu não tinha exata ou clara consciência de tudo isso, mas o resultado foi surpreendente; não passaram muitas semanas, antes que ele me chamasse de volta e me anunciasse: "Vou me casar de novo. E foi você quem me deu a dica!" Dei-lhe os devidos parabéns, mas fiquei sem saber se ria ou chorava. Acho que chorei, ainda que tivesse o coração mais leve. Regina e Aristides foram morar em Paquetá e foram felizes para sempre. Não tive mais contato com eles. Muito tempo depois, em São Paulo, um colega de redação me disse que ele e a mulher tinham ficado muito amigos do Aristides e da Regina, com quem tinham feito uma viagem de circum-navegação da América do Sul até as ilhas Galápagos. A Regina, nunca mais vi. O Aristides, reencontrei uma única vez, dezenas de anos depois, andando na praia de Ipanema; caminhamos juntos um bom pedaço, trocamos notícias e carinhos, nos despedimos e acabou-se. Ficou a lembrança.

Em tantos anos, só tive notícia de outra menina-moça que naqueles tempos antigos tivesse ganhado do pai tanta e tão ampla e física liberdade: a Maria, antes mesmo de ser Roberto, quando era ainda estudante, a mais velha das irmãs e irmãos Campelo, que moravam na outra esquina, a esquina de baixo, onde a Xavier cruzava com a Barata Ribeiro. Eram muitos os irmãos Campelo, Graça Couto Campelo, e a casa era grande, cercada de um muro alto, coberto de hera. O portão principal ficava bem na esquina, uma esquina movimentada onde naquela mesma época se tornavam cada vez mais frequentes as batidas de carros. O Rio era ainda uma cidade relativamente silenciosa. Ouvia-se de longe o barulho das batidas: BAM! A meninada corria; outro carro bateu lá na esquina da Barata Ribeiro... Maria ganhou do pai um *studio*, um pequeno apartamento, num prédio novo que a Graça Couto, empresa da família, ergueu na esquina da avenida Copacabana, em frente ao Bar Azul e onde depois se instalaria a primeira loja da *Elle et Lui*. Era estudante, ainda, mas logo depois se casou com o jovem arquiteto Maurício Roberto, e foram os dois, Maria e Maurício, quase até ontem, até a morte dele, personagens notórios e muito queridos do Rio de Janeiro intelectual e boêmio da época.

Se cavarmos um pouco, como se faz no Egito, no vale dos Reis, é quase certo que encontremos, ao longo da Xavier da Silveira, indícios eloquentes da história do Rio de Janeiro do meu tempo; e não só do Rio; olhando pelo lado errado do binóculo, podem-se ver até traços fortes da própria história recente do Brasil; nada menos. Do lado par da rua, o lado direito de quem vem da praia, a Xavier era, ainda que muito residencial, marcadamente institucional. Logo na altura da avenida N. S. de Copacabana, depois do Bar Azul, ficava o excelente Ginásio Melo e Sousa; um pequeno portão de ferro, servido por degraus de cimento, que dava para o pátio, nos fundos do ginásio; por ali entrávamos e saíamos todos os dias; cinco anos a fio, no meu caso; do segundo ao quinto ano de ginásio, sendo o quinto ano repetido. Um pouco mais acima, depois da esquina da Leopoldo Miguez, topava-se com o grande prédio do Colégio Mallet Soares, dirigido por dona Estefânia Helmold, mestra e educadora de gerações inteiras. O Mallet, reformado poucos anos antes, era uma sólida estrutura, espécie de grande caixote funcional, revestido de cima a baixo por uma camada de pó de pedra rosado e um tanto brilhante. Era uma colmeia de amplas salas de aula, em torno de um pátio central acimentado onde a chuva fazia poças que refletiam o céu, as árvores e as meninas e meninos passeando em círculos, durante o recreio, de braços dados. Havia ainda uma ampla entrada carroçável, ao lado de um escritório de onde dona Estefânia controlava entradas e saídas. Eu mesmo, mais de uma vez, fui apanhado em falta, tendo "matado" a primeira aula. Se a história do Rio e do Brasil servir para alguma coisa, lá há de estar com certeza o Mallet. Bem mais acima, seguindo a Xavier até o fim, na esquina da praça e da Pompeu Loureiro, antiga 4 de Setembro, dava-se com o Corpo de Bombeiros. Uma vasta construção que lá está até hoje, toda de pedra com detalhes em estuque vermelho, um pátio atrás, dando para a Bolívar, e uma enorme garagem sempre de boca aberta, onde se podia ver o carro apagador de incêndios, estrutura poderosa, capaz de produzir silvos e campainhas espetaculares, além de jatos d'água de grande potência. Esse carro saía sempre que havia um incêndio ou uma emergência importante no bairro, ou, mesmo, mais simplesmente para desenferrujar, para permitir aos bombeiros algum saudável exercicio exterior, em épocas de prolongada paz como eram as nossas. Não é preciso dizer que, para nós, meninos, a sirene ensurdecedora dos bombeiros, quando acontecia, era uma festa: íamos todos correndo ver. Houve mesmo uma época (não sei se já contei isso) em que o Ivan, filho do então comandante do Corpo de Bombeiros, da nossa idade, ficou muito camarada do Carlinhos Mota e meu e nos levou mais de uma vez para conhecer as dependências internas do quartel. No alto do prédio, em letras outrora vermelhas, mas que hoje estão azuis, há uma célebre frase latina, acho que de Terêncio: "Nada do que é humano me é alheio" (*alienum puto*), diz ele.

O lado ímpar da Xavier, o lado do 99, lado esquerdo de quem sobe, me pareceu sempre mais interessante ainda do que seu irmão institucional. Logo no começo, ainda junto à praia, na esquina da Aires Saldanha, instalou-se, em certa época, uma *boite* que andou na moda e onde conheci, levada pelo Sérgio Lacerda, M, com quem me casaria em 1974 e, ao que parece, de uma vez por todas. Mas, a Xavier da *boite* na Aires Saldanha é muito mais recente, já dos meus tempos de homem-feito. Na rua antiga, do tempo ainda do 99, subindo pelo lado esquerdo, não havia nada que mereça registro, pelo menos até a avenida Copacabana e o prédio dos Graça Couto Campelo com o apê da Maria. Depois dele, mas ainda antes da Leopoldo Miguez, passava-se por uma casa antiga, com um amplo gramado com canteiros na frente e grades altas de ferro separando-a da calçada. Por trás das grades e dos canteiros do jardim, na varanda da casa escondiam-se cinco meninas que pareciam saídas dos *Contos de Canterbury*, personagens, quem sabe, do poeta Geoffrey Chaucer: uma delas ruiva, de cabelos de fogo; as outras louras, de um louro queimado, dourado, forte. Acho que uma delas talvez tivesse o mesmo nome da minha irmã mais moça, Lílian. A família era inglesa ou irlandesa; eram amigas da minha outra irmã, Dulce, colegas de colégio. Mas eram ferozes e audazes. Quem passasse pela calçada, caminhando para cima ou para baixo da Xavier, especialmente se fosse do sexo oposto, corria o risco de ouvir assovios, vaias, ditos chistosos, provocações e desafios. Eram as meninas da casa, escondidas na varanda. Pessoas mais velhas, em geral, preferiam fingir que não tinham ouvido ou que não era com elas; os mais moços, se paravam para ver, não viam nada; ouviam apenas os risos e, às vezes, entreviam rostos afogueados e cabelos louros entre as folhas das samambaias. Minha irmã, Maria Dulce, era (é ainda) oito anos mais moça do que eu, e minha inclinação, na época, era considerar suas coleguinhas apenas crianças um tanto endiabradas. Mas eram lindas, atraentes e tentadoras, sempre juntas em suas travessuras; conheci-as melhor, anos depois, em casa de minha irmã, e as revi uma vez no Country; estavam lindas; tive pena de não ter sido criança com elas, por algum tempo. E de não ter sido mais travesso...

Talvez um quarteirão acima, subindo mais a Xavier, quase em frente do Mallet Soares, morou durante alguns anos o general Henrique Batista Duffles Teixeira Lott. Sua casa tinha um quintal grande. Dizia-se que, nesse quintal, o general fazia às vezes os exercícios marciais recomendados pelos estatutos militares, quando não podia deslocar-se até o quartel. Conheci o general, certa vez, durante a campanha eleitoral de 1960; ele descia de um avião para cumprir um compromisso, e eu o esperava, como repórter do *Estadão*, para vê-lo e ouvi-lo. Levei um susto; o general, já então marechal, em pessoa, parecia um daqueles bonecos de Carnaval com grandes cabeças de *papier-mâché* balançando sobre os ombros; muito vermelho, com um topete louro, quase branco. Não tenho bem certeza, mas acho que fazia a campanha vestido civilmente, de terno e gravata. Não era um homem alto e corpulento como seu amigo e colega, Denis. Era a cabeça enorme que se destacava, rubra de sangue e calor, e dela saía uma voz fina que não parecia adequada a tamanha imponência. Mas isso foi muitos anos depois. Na Xavier, nunca cheguei a vê-lo; sabia dele pelos outros e, especialmente, por um dos meus irmãos, talvez o Maurício, que namorou uma das filhas do general; eram duas meninas louríssimas, não me lembro se alunas também do Mallet, e o Mauricio já não está aqui para me refrescar a memória. O Maurício, aliás, namorou também, e aí já foi um namoro bem mais sério e sentido, daqueles que deixam marcas, uma irmã mais moça do Celso Furtado, bonita e bem feminina, embora muito parecida com o irmão que era, aliás, homem alto e elegante, sério e severo. Mas, o Celso e sua irmã entraram aqui de penetras; não têm nada com a Xavier, apenas com o Maurício. O general Lott, ao contrário, saiu da Xavier para mandar no país e, isso, ao longo dos anos 50, por um bom período.

    Acho que se pode dizer que seu fastígio começou em 1954, ano em que Getúlio Vargas deixou-se embrulhar em terríveis trapalhadas palacianas e familiares e acabou por suicidar-se, legando-nos uma carta-testamento que quase incendiou o país, os políticos e militares divididos, brigando entre si como cães e gatos raivosos. Dizia-se que o Brasil estava à beira do abismo. Enfim, depois de vaivéns e guinadas assustadoras, dois chefes militares de personalidade e pulso forte, Lott e Denis, conseguiram firmar-se no comando do Exército e preencher o vazio deixado pelo naufrágio getuliano. As instituições republicanas voltaram, bem ou mal, a funcionar, e Juscelino elegeu-se presidente.

Ficou dito, linhas atrás, que o general Lott saiu da Xavier da Silveira para mandar no país inteiro, mas não foi bem assim. Dizem os ingleses que seu rei reina, mas não governa. Lott e Denis, comandantes do Exército, tornaram-se chefes do "poder moderador", um poder mítico, ou teórico, mas muito real, que vinha do Império e estava acima das tricas e futricas do governo civil e dos partidos. O poder moderador não governava; apenas dizia (decidia ou escolhia) quem governava. No caso, Nereu Ramos, interinamente (1955), e, depois, Juscelino, legitimamente (1956-60). Acreditam os populistas que "o povo unido jamais será vencido"; mas a verdade é que é mais fácil unir o Exército que o povo. Ainda mais num país ainda tão cru e pouco educado quanto o nosso, unir o povo é impossível ou, antes, pode ser, quando menos, inconveniente e até contraproducente; dá em ditadura e em partido único, como na África. A própria política e a democracia, ao contrário, resultam, decorrem da natural divisão do povo e do país entre correntes e tendências diversas. Em 1964, também o Exército unido não demorou a ser vencido por seus próprios carunchos internos; seu regime produziu uma ditadura com resultados mais do que duvidosos, os quais acabaram envergonhando os próprios militares.

Bem antes disso, quando chegava ao fim o mandato de Juscelino (não havia na época reeleição), os políticos acharam que a grande cabeça do marechal Lott já estava suficientemente cheia de vento. Embrulharam-no, então, para presente. Fizeram-no candidato à presidência, deram-lhe uma Espada de Ouro num grande comício popular no Rio de Janeiro e chamaram-no Marechal do Povo. Depois, como seria de esperar, traíram-no, cristianizaram-no, e correram todos para os braços do demagogo Jânio Quadros, que era quem tinha, então, os votos. Sobrou na liça o marechal Denis, à espera de futuros embates. Tudo isso está nos jornais, nas coleções de jornais da época, para quem souber ler.

Talvez se possa, pois, dizer que a participação da rua Xavier da Silveira na história do Brasil, depois de uns anos de fastígio, concluiu-se pifiamente. Coisa semelhante se poderia também dizer da vizinha Toneleros, onde em 1954 ocorreu o atentado contra o jornalista Carlos Lacerda, que desencadearia a etapa final do naufrágio de Vargas. O próprio Lacerda, morador da Toneleros e celebrado demolidor de presidentes, teve sua candidatura presidencial engolida e regurgitada pelos militares de 1964 e terminou a carreira batalhando por uma abstrusa aliança com seus antigos adversários, Juscelino e João Goulart.

Ainda mais melancólico, ao menos para nós da praça Eugênio Jardim, terá sido o fim do próprio 99 da Xavier, a casa do Alvinho, com seu pequeno mundo, que não durou muito mais do que a vitória na guerra e a redemocratização em 1945-47. Um belo dia – e quase todo santo dia era belo, então – soubemos que dona Eugênia havia decidido visitar seus parentes de Barbacena, em Minas, onde já não ia há tempos. Voltou semanas depois, mas já não era a mesma. Triste e abatida, sem o *élan* costumeiro, havia suprimido a franja sobre a testa e a pintura viva do rosto; penteara para trás os cabelos e prendera-os num coque simples de velha senhora. A viagem a Barbacena havia sido um adeus; morreu meses depois.

Sem a sua Eugênia, Alvinho vendeu a casa; mudou-se para um apartamento na Francisco Sá, logo depois da curva do bonde, subindo à direita da Copacabana. O 99 desapareceu. Estavam todos, aliás, os copacabanenses, vendendo suas casas, cada vez mais espremidos entre maciços de prédios de apartamentos. Meu pai foi um dos últimos, na praça; foi também para o posto 6, bem perto do Alvinho, na própria avenida Copacabana, no trecho onde nunca houve bondes e tudo parecia ainda tranquilo.

Mudou-se o cenário, mudaram os personagens. Nessa altura eu já estava casado e estabelecido na Pauliceia, morando no Itaim-Bibi. Alvinho e meu pai morreriam em seus apartamentos, um depois do outro. Meu pai, relativamente moço ainda aos 68 anos e ativo, dirigindo seu fusca entre o posto 6 e o sítio que comprara em Jacarepaguá, todo lindamente ajardinado, cujo primeiro proprietário havia sido, soubemos depois, o Gregório, capanga do Getúlio. Alvinho casara-se outra vez, agora com uma jovem senhora, também encantada pelas artes cênicas, poetisa, cuja irmã mais moça era já mulher de seu filho mais moço, Vivinho. Pai e filho tornaram-se cunhados e concunhados, ou cunhados mútuos, se é que se pode dizer assim. Eu costumava, na época, sopesar os dois, meu pai e o Alvinho, a tolerância e o bom humor de um, a severidade e as eventuais crises de neurastenia do outro, como exemplos para minha vida que começava. Prometia a mim mesmo ser mais Alvinho e menos João Pedreira, resistir aos possíveis impulsos genéticos que me perturbassem o equilíbrio e a lucidez...

Acho que fui razoavelmente bem-sucedido. Não cheguei nunca a ser um Alvinho, mas, em termos de valentias domésticas, não passei de uma versão moderada do velho João Pedreira. Minha primeira mulher, Renina, era uma santa e, em 20 anos de estreita convivência, não me lembro de termos brigado nem uma única vez. M é geniosa, como eu, ou quase como eu, e mais de uma vez, em quase 40 anos de convívio, esgrimimos; uma vez, no início, saí de casa; deixei-a sozinha no apartamento em São Paulo.

Mas logo as coisas se ajeitaram; pouco a pouco fomos aprendendo, tornamo-nos, com os anos, quase como a água fresca da noite e a moringa; e, se você leitor do século XXI já não sabe o que é moringa, procure saber. Ou adivinhe.

Não faltaram, em São Paulo, novas imagens "paternas" para me servir de exemplo. Bons e maus exemplos. No próprio Partido Comunista havia santos e demônios: o "Velho", Joaquim Câmara Ferreira, diretor do diário do Partido, o *Hoje*, respeitado e querido por sua pureza (Maurício Segal o adorava), mas intransigente, teimoso defensor da linha dura stalinista, e isso em tempos de morte do próprio Stalin (1953), denúncia pública dos erros e crimes do ditador e "degelo" kruscheviano. Ou, mais perto de nós, o detestável Rivadávia Mendonça, meio-irmão do célebre advogado Rio Branco Paranhos; Rivadávia era sombrio, severo e mau como um aprendiz de Béria ou de Zhdanov. Nós o evitávamos, sempre que podíamos, e ríamos dele, que só se tornaria, para nós, realmente temível se um dia a Revolução vencesse; faltava-lhe o poder do Estado e da polícia... E havia também, em troca, gente como Caio Prado Júnior, Vilanova Artigas, Afonso Schmidt, Rossini Camargo Guarnieri, figuras que certamente não se pode meter no mesmo saco, mas que mereciam a admiração e a ternura dos mais jovens, cada qual à sua maneira. Caio Prado, de quem já falei nestas *Reminiscências*, era autor de um clássico do marxismo brasileiro, mas gostava de andar sem meias, como eu. Caminhava pelas nuvens com passo largo, como se estivesse de polainas e bengala, entre teorias novas, ideias fixas e valores antigos. Eu gostava muito dele e de sua filha Danda (Iolanda), que falava com o mesmo sotaque paterno, franco-paulista, quatrocentão. Vilanova Artigas era angustiado, obsessivo, torturado. Tinha uma mulher chamada Virgínia e pareciam os dois perdidos, parecidos. Foi um notável arquiteto que marcou época. Suas casas, sua arquitetura eram sua maneira de ordenar, passar a limpo uma realidade que as ideias novas pareciam só confundir e complicar ainda mais. Afonso Schmidt, um santo humilde que contava histórias; tinha escrito muitos livros e aparecia de vez em quando como se voltasse de algum canto escondido do passado paulistano. Falta falar do Rossine, o mais próximo de nós, o que se incorporou ao nosso pequeno círculo de amigos e seria seu membro mais eminente, se não fosse o mais inocente. Rossine era ator e poeta do gênero torrencial; um sarcástico, tonitruante Maiakovski paulistano; era músico, também, de uma respeitável família de compositores e maestros. Tinha especial paixão por Bach; aprendi a trautear e assobiar com ele "Jesus, alegria dos homens", que era uma espécie de hino ou de mantra para nós. Figuras paternas; algumas mais fraternas do que paternas; irmãos mais velhos... E como não lembrar personagens como o general Leônidas Cardoso, pai do Fernando Henrique, ou Florestan Fernandes, seu mestre na Maria Antônia? Assim de longe, dessas alturas em que estou agora, é quase impossível não ver o quanto tinham de parecidos um e outro, e não só entre eles, mas até com o Alvinho, lá do Rio, cada qual solidamente ancorado na sua Eugênia, na sua Naíde. Talvez o Fernando Henrique escape um dia dos seus terríveis vícios acadêmicos que o fazem publicar livros como esse de ainda agora (agosto de 2010), *Xadrez internacional e social--democracia*, e se deixe sonhar um pouco; escreva, descreva esses pais que teve, irmãos em tantas coisas. O velho general, com seus cabelos brancos, seu entusiasmo, sua eloquência, era uma bandeira desfraldada ao vento. Na verdade, ele nunca foi de fato general; ganhou a patente ao passar para a reserva. Mas era bem mais do que isso, líder querido e respeitado numa campanha cívica, a do petróleo, que conquistou o Brasil inteiro e fez a Petrobras, num tempo em que o Brasil nem petróleo tinha, ainda; num tempo em que se furavam em terra poços teimosamente secos, e o milagre do pré-sal e do mar ainda estava bem longe. O general era nacionalista; Florestan Fernandes declarou-se, uns anos mais tarde, para surpresa minha, marxista. Mas tinham, os dois (e o Alvinho também, lá no Rio), uma qualidade que nos tocava fundo: sabiam rir, ou sorrir, de si mesmos; não se tomavam exageradamente a sério. E eis aí onde a escolha do exemplo define talvez melhor o escolhedor do que o escolhido; não queríamos (ao menos eu não queria) ser Prestes nem Getúlio; queríamos ser como o nosso general, que nem general era; um homem limpo, um tanto ingênuo, desambicioso, valente, indomável. Naqueles anos, nós nos considerávamos não só bons nacionalistas, mas melhores marxistas que o próprio Florestan; duvidávamos do seu marxismo, dos seus textos sociológicos tantas vezes difíceis de entender; confiávamos mais nas nossas leituras e na nossa práxis de militantes políticos. Fernando Henrique imitava o professor, que havia sido garçom quando moço, representava-o com um guardanapo pendurado no braço, servindo ideias e teorias à burguesia paulista... Mas, irreverências à parte, nós respeitávamos e admirávamos o mestre; sua integridade intelectual, sua coragem, sua diligência.

Na vida real, o catedrático Florestan Fernandes podia mostrar-se surpreendentemente simples, descomplicado. Talvez uns dez ou 12 anos mais tarde, em Nova York, morando num pequeno hotel da Lexington, quase na esquina da rua 57, fui certa manhã surpreendido por uma inesperada visita do mestre. Viera sozinho de São Paulo e não tinha muito tempo a perder; devia voltar logo. O objetivo da viagem era receber uma láurea acadêmica em Harvard, naquela semana. Pôs-se sem demora ao telefone e articulou rapidamente horários, compromissos, passagens, convites. Surpreendi-me com a eficiência e a precisão telefônicas do mestre, ainda mais em terras estranhas. (Eu mesmo, até hoje, encaro o telefone com respeito e alguma desconfiança.)

No dia seguinte, embarcamos os dois para Boston, não lembro se de trem ou avião; lembro-me de que chegamos a Harvard no fim da manhã e fomos recebidos pelo Hélio Jaguaribe, que lá estava como professor-visitante, quase que na condição de exilado político; escrevera no *N.Y. Times*, pouco antes, um artigo violentíssimo contra o governo Castelo Branco, chamando o regime brasileiro de "colonial-fascismo", nada menos. Naquela manhã, em Harvard, o Hélio levou-nos para o bar da universidade, à espera da hora do almoço; falamos do Brasil, com certeza, mas o assunto que dominou a conversa foi um livro então recentemente lançado, *The Making of the Good Neighbour Policy*, de Bryce Wood. O livro fazia revelações importantes sobre a ação dos grandes trustes do petróleo na América Latina, especialmente na Bolívia, e procurava mostrar o que Roosevelt fizera ou tentara fazer; as dificuldades e obstáculos que o presidente havia encontrado no continente e nos próprios Estados Unidos para estabelecer as bases de sua política de boa vizinhança.

A láurea a Florestan foi entregue mais tarde, numa reunião solene da Congregação, rigorosamente vedada a estranhos e, especialmente, a jornalistas; mesmo em casos especiais como o meu, que era apenas, na ocasião, um mero acompanhante do mestre homenageado. Tudo o que Florestan pôde conseguir naquele dia, em Cambridge, em meu benefício foi instalar-me estrategicamente por trás de uma porta discretamente entreaberta, ou mal fechada, mas que alguém, algum contínuo diligente, veio logo fechar. Ainda assim, entreouvi alguns bons trechos de discursos – o do Florestan e o do grande sociólogo de Harvard na época, um respeitadíssimo professor de nome grego, nome que agora me escapa. E muitos aplausos, risos, apartes. Posso pois testemunhar que a homenagem a Florestan foi calorosa, fraterna, eu diria até carinhosa.

Mas, de todo o episódio, o que sobretudo me ficou, além da simplicidade e do desembaraço do nosso herói, foram as revelações do Hélio Jaguaribe sobre o livro do Bryce Wood. Li o livro com muito proveito e, de volta ao Brasil, nos meses e anos seguintes, acabei por ver confirmadas e até ampliadas suas teses sobre o empenho rooseveltiano na obra da boa vizinhança e da integração continental. Neste capítulo, não sei se vocês já leram alguma coisa do Luciano Martins. O Luciano era um respeitado repórter do *JB*, casado com uma filha do Mário Pedrosa, moça extremamente atraente. Luciano deixou o jornal pela sociologia; deixou também a mulher e os filhos; tornou-se, nessa segunda matéria, uma espécie de privilegiado *free-lancer*, discreto e de apurado bom gosto; teve casos famosos, entre outros, com uma filha do poeta Hélio Pellegrino e com uma sobrinha do San Tiago Dantas. Lia livros sozinho, sentado sob o sol escaldante, na areia de Ipanema; talvez o calor lhe estimulasse as ideias; tinha um pequeno apê em Paris, onde encontrei, mais de uma vez, Caio Prado e Celso Furtado, seus colegas e amigos. No fim, já bem no fim do mandato do Fernando Henrique, foi mandado como embaixador para Cuba. Era (é ainda) socialista e castrista, como quase todos em sua geração. Sua primeira mulher, Vera Pedrosa, de seu lado, não se casou mais; cuidou dos filhos e da carreira; fez-se diplomata; serviu na Unesco e em postos diversos; foi embaixadora na Holanda e em Paris; e em muitos desses lugares eu a visitei, tranquila e feliz, com sua grande família e seus muitos amigos.

A certa altura dessa longa história, acho que numa das muitas tardes em que nos encontramos todos na casa do Fernando Gasparian, contou-me o Luciano que havia obtido da família Vargas permissão para examinar papéis e páginas do diário do ex-presidente, relativos aos anos de guerra, e estava surpreso com algumas descobertas que havia feito, as quais desmentiam muito do que se sabia ou pensava saber sobre episódios importantes da história recente do país, como o da criação da CSN e a fundação da grande siderurgia brasileira. Vargas, em 1942 ou 1943, no dizer dele próprio, havia solicitado ao presidente Roosevelt que transmitisse aos dois grandes trustes siderúrgicos norte-americanos, U.S. Steel e Bethlehem Steel, o desejo do governo brasileiro de vê-los instalados em nosso território, tão rapidamente quanto possível, para que pudessem ser aproveitadas as nossas grandes reservas de minério em Minas Gerais. Mas os dois trustes, um depois do outro, se recusaram a vir; não lhes faltava minério lá onde estavam. Diante dessa recusa "técnica", Roosevelt, para não desapontar o aliado brasileiro, decidiu tomar a si a iniciativa e oferecer ele próprio, vale dizer o governo de Washington, os meios necessários para a construção da usina pelo próprio Brasil; e vieram os dólares, os engenheiros, os planos e o resto, e a CSN se fez, graças a Roosevelt. Eu era ainda meninote, mas me lembro das grandes discussões nos jornais; se a usina devia ser construída mais perto do porto, ou mais perto das jazidas de minério, no Rio ou em Minas... E me lembro também de encontrar nos botequins de Ipanema engenheiros norte-americanos, falando enrolado e perguntando, em tom de galhofa, se o futuro do Brasil estava mesmo em Volta Redonda. Hoje, meio século depois, pode-se dizer que o futuro do Brasil está em muitos lugares, multiplicou-se, não acaba mais de assustar e espantar os próprios brasileiros, especialmente os mais antigos, os que não morreram e já não são muitos... Mas talvez o começo estivesse mesmo ali. Uma dúzia de anos depois do convite de Vargas aos trustes, Juscelino repetiu o gesto, desta vez com êxito (já havia a base siderúrgica), e vieram os trustes da indústria automobilística, agora chamados de multinacionais. Ford, GM, Volks, Chrysler tornaram-se donas e senhoras do mercado nacional por anos e anos, até que o nosso governo, afinal, cedendo às pressões (e ao escândalo), quebrasse o monopólio concedido e abrisse as portas também aos japoneses, franceses, coreanos, italianos... Ficaram faltando, apenas, os próprios brasileiros – mas isso não porque nos faltassem engenho e arte; logo aprendemos, com a Embraer, a fazer excelentes aviões e os exportamos para o mundo inteiro; em matéria de siderurgia e metalurgia, deixamos para trás os próprios *"amerlocs"*, a U.S. e a Bethlehem, e estamos entre os primeiros do planeta. Desbravamos o cerrado com a Embrapa e na agroindústria e na produção de alimentos já ninguém pode conosco...

De onde vieram tantas luzes? Quem afinal pariu esse surpreendente Brasil moderno? Terá sido o Lula? "Nunca antes neste país..." recita o "cara", ao cabo de oito anos no governo, cada vez mais cheio de vento e prosápia. Ou terá sido o FH, antes dele, que reinventou a moeda? Na verdade, não há como negar (nem o velho João Pedreira, ferrenho antigetulista, o negaria) que ao menos o pontapé inaugural do Brasil moderno tenha vindo da Revolução de 30, do Estado Novo, cópia salazarista de 1937 e, enfim, do seu líder Getúlio Vargas, espécie de catavento político capaz de surfar todos os ventos, todas as águas.

Getúlio deu o pontapé e se foi com a perna direita ou com a esquerda, dá no mesmo; valeu o gol, a CSN. Mas seu convite preliminar aos trustes, o primeiro gesto que desencadeou o processo, logo foi esquecido; lá ficou enterrado entre os papéis onde o Luciano ia remexer. Não se falou mais nele e menos ainda na contribuição de Roosevelt à construção da usina – não fosse algum jovem historiador desavisado concluir que o impulso primeiro para nossa aventura nacionalista teria vindo... de Washington, da própria capital do Império.

Gosto de dizer que no Brasil frequentemente escrevemos certo ainda que por linhas tortas. Na verdade, em quase todos os países se faz o mesmo; o que varia é a tortice ou tortura das linhas, que pode ser mais ou menos aguda, mais ou menos lenta ou intensa ou demorada. Há torturas que duram séculos e até milênios, sacrificam interminavelmente populações inteiras, continentes inteiros; e há as que parecem explosões fulgurantes, erupções, epidemias que se alastram, mas acabam logo, não duram muito mais que umas poucas dezenas de anos, como a terrível monção totalitária, de esquerda e de direita, que varreu a Europa e o mundo nos primeiros dois ou três quartos (ou quartéis, como então se dizia) do século XX.

A tortice totalitária, espécie de *tsunami* que chegou às nossas praias, às nossas plagas, ainda com força bastante para mudar o destino de grandes países: a Argentina e sua Buenos Aires, que estavam longe na frente, ficaram para trás, deixaram a vez aos "macaquitos" do Brasil, vitoriosos na guerra. Que tipo de história se ensina hoje nos nossos colégios? Melhor é nem perguntar. O presidente americano fez, naquela época, duas viagens ao Sul; em ambas esteve em Buenos Aires e no Rio. De volta de uma delas, numa grande reunião de empresários em Nova York, ele não mediu palavras: "Perguntou-me o presidente Vargas, no Rio, o que eu faria se, tal como acontece nas grandes cidades brasileiras, também aqui, em Washington, Chicago, Nova York, os serviços públicos de luz, água, esgotos, transportes urbanos estivessem todos na mão de grandes companhias estrangeiras? E eu lhe respondi: Eu faria uma revolução!" Cito de memória e a tradução é minha, mas a reunião em Nova York foi ampla e os registros são vários e coincidentes. Quanto ao episódio em si, a conversa no Rio, não sei se há notícia dele nos papéis de Vargas pesquisados pelo Luciano. Vivíamos sob censura severa, sob um regime repressivo; quando muito, Getúlio terá feito referência ao diálogo em raras conversas íntimas.

Mas, fizemos nossa revolução, embora à nossa maneira tupiniquim, lenta e gradual. Uma bela manhã, já em tempos de Juscelino, acordamos e nos demos conta de que a todo-poderosa Light, que tinha em sua folha de pagamento, vale dizer, em seu bolso, grandes advogados, juízes dos mais altos tribunais, jornais e jornalistas famosos, autoridades variadas, parecia já pequena e frágil diante das recém-criadas Cemig, Cesp, Chesf; e logo era, ela própria, Light, vendida e comprada, estatizada e desestatizada e outra vez estatizada, objeto de negócios e negociatas. Passadas mais algumas belas manhãs, acordamos de novo e vimos que nossa revolução, na qual tantos entre nós ainda não acreditavam, não era só nossa, explodia também na Ásia e parecia até deixar-nos para trás: Coreia, Malásia, Cingapura, Índia, a própria China comunista! Era na verdade uma onda que varria e mudava o mundo.

Ainda em fins de 1945, Getúlio, ditador, foi deposto por um pacífico golpe palaciano. Seu próprio grande parceiro militar durante o Estado Novo, Góis Monteiro, anunciou pelo rádio as mudanças: assumia provisoriamente o presidente do Supremo, José Linhares, e estavam convocadas eleições populares para uma Assembleia Constituinte e a Presidência da República. Não me lembro do dia exato dessa deposição, mas me lembro de que na noite daquele dia fui expulso da mesa do jantar, diante da família inteira, por meu pai, indignado. "Levante-se; saia da mesa!", ordenou ele. Obedeci, ainda que resmungando um protesto, uma explicação. Diante do regozijo e das demonstrações de alegria de meu pai, causadas pela deposição, eu simplesmente observara que o que nós estávamos festejando era apenas o efeito de um golpe, obra de generais bem conhecidos. Vejam vocês, leitores, como pode um jovem, algumas vezes, mostrar-se frio e formalista ante o entusiasmo dos mais velhos. Não havia *impeachment*, na época; não havia sequer Constituição; mesmo a Carta de 1937, o estatuto do Estado

Novo, não era cumprida, e ainda bem que não o era. Não era, pois, questão de legalidade; era questão de... revolução ou de acomodação. Com Getúlio ou sem Getúlio, o que nós queríamos era mudar o Brasil, instaurar uma nova realidade revolucionária, tomar a Bastilha, incendiar outra vez o *Reichstag*! Acreditávamos em Luís Carlos Prestes, nossa Bíblia era a pregação de Prestes e, nisso, não éramos em nada diferentes dos nossos pais, que haviam, quando moços, acreditado no mesmo Prestes em 1930 e antes de 1930 e, até, na ANL de 1935.

Dez anos depois, já na eleição de Juscelino, fizemos as pazes, o pai e eu. Getúlio, reeleito, reposto no poder, tinha se matado há mais de ano. Meu pai chamou-me: "Meu filho, diga em quem devo votar; voto em quem você escolher. Só reservo para mim o voto para deputado no Carlos Lacerda, porque ele, afinal, mais do que ninguém, merece: livrou-nos do Getúlio!"

Eu estava em São Paulo quando Getúlio morreu. Acordei de manhã com a notícia e levei um susto; não se podia saber como o país iria reagir. Hoje, tanto tempo passado, pode-se ver as coisas mais friamente e, quem sabe, mais lucidamente. O presidente matou-se em fins de agosto de 1954, na véspera das celebrações do Dia do Soldado e da Semana da Pátria. Despiu-se, vestiu o pijama, deitou-se em seu leito e deu um tiro no peito. Um tiro na cabeça seria talvez mais seguro, mas poderia desfigurá-lo; ofenderia a desejada dignidade do momento. Podia também cair de pé, como quem luta, mas, se apertasse o gatilho de pé, ou mesmo sentado em sua mesa de trabalho, ao lado da bandeira, envolto na faixa de presidente, seu corpo tombaria, sua cabeça rolaria sobre a mesa ou pelo chão. Era preciso deitar-se antes, para garantir a compostura da imagem. Deitar-se vestido, embrulhado na faixa, ficaria ridículo: o pijama foi a solução, e dava ainda ideia de intimidade, de sacrifício íntimo, pessoal. Antes, o presidente havia encomendado ao seu redator preferido, um veterano e estimado jornalista, pai de amigos nossos, a redação e divulgação de uma carta-testamento, denunciando as "forças ocultas" que o haviam vencido. "Deixo a vida para entrar na história", anunciava ele. Durante todo o dia, dias a fio, as rádios e os jornais martelavam o povo com as frases do presidente. O suicídio, pois, longe de ter sido um gesto tresloucado, foi um ato político, cuidadosamente pensado e executado. Forçado a sair de cena, Getúlio queria deixar sua marca; e, quanto mais funda e trágica e terrível, melhor. Exército e povo nas ruas, protestos, tiros, mortes... Quem sabe o sangue não lavasse os pecados e feridas do getulismo e dos seus líderes? A comoção foi grande, mas os incidentes poucos: o pior evitou-se. A claridade, a luz da liberdade foi mais forte.

Dias antes do suicídio, Getúlio havia ido a Belo Horizonte, onde o esperavam compromissos oficiais e onde tinha talvez esperança de encontrar apoios de última hora. O governador de Minas era Juscelino Kubitschek, do PSD; o presidente hospedou-se no palácio das Mangabeiras, espécie de palacial casa de campo do governo estadual, então ainda discretamente distante do centro urbano. À noite, depois do jantar, talvez preocupado com o estado de espírito de seu hóspede que se recolhera cedo, Juscelino decidiu fazer-lhe uma visita. Em dois ou três carros, com seus amigos e auxiliares, chegou às Mangabeiras, subiu aos aposentos do visitante, mas não o encontrou. Getúlio escondera-se; procuraram-no, então, por todo o palácio e acabaram por encontrá-lo num quarto dos fundos, às escuras, encolhido a um canto. Vendo chegarem, àquela hora, carros ao palácio e um bando de homens subir à sua procura, Getúlio pensara que eram adversários, lacerdistas que vinham prendê-lo e humilhá-lo. Sentia-se como um animal acuado, perseguido, obrigado a esconder-se e a resistir como pudesse diante do inimigo impiedoso.

Essa historinha mineira me foi contada, muitos anos depois, pelo Otto Lara Resende. Publiquei-a num dos meus artigos e logo nos dias seguintes recebi uma cartinha do Otto. O Otto, entre suas manias, tinha essa de mandar bilhetes aos seus amigos, em vez de simplesmente telefonar. Tenho, entre meus papéis antigos, dezenas desses seus bilhetes sobre os mais variados assuntos. Dessa vez, dizia o Otto: "Não me lembro de ter dito a você que o Getúlio estava nu. Acho mesmo que não estava; devia estar de pijama, talvez até embrulhado num roupão, mesmo porque faz frio nas Mangabeiras em agosto."

Vejam os leitores como se escreve a história. Não sou homem de exageros, ao menos acho que não, mas por que fui dizer no artigo que o Getúlio estava acocorado a um canto, nu como um índio, no quarto às escuras? Pedi desculpas ao Otto e ao distinto público; meu desejo era apenas mostrar o desespero do presidente; até que ponto, naquele palácio que não era o seu, ele se sentira como um bicho acuado, indefeso diante das garras do predador... Exagerei. O que Getúlio temia, naquela noite em Belo Horizonte, era talvez que lhe roubassem a chance de usar sua última carta, a do suicídio, que talvez já trouxesse pronta na manga do roupão ou do pijama...

Enquanto recosturo aqui essas historinhas antigas, rolam cabeças de ditadores no vasto universo muçulmano; primeiro na Tunísia; depois no Egito; agora na Líbia, no Bahrein, no Iêmen, em Omã, em toda parte. Escrevo nos últimos dias do mês de fevereiro de 2011, e nas ruas que cercam o meu eremitério, no sopé do penhasco dos Dois Irmãos, sambam blocos de carnavalescos seminus. O Carnaval deste ano atrasou; não me lembro de nenhuma outra vez em que viesse tão tarde, e o atraso provavelmente irritou os farristas; o Carnaval, embora chocho e tardio, é ainda, depois do futebol, um dos direitos inalienáveis do cidadão brasileiro, carioca; nascemos com ele.

Quem chamava meu apartamento de eremitério era o Millôr; dizia que eram dois eremitérios cercando Ipanema, o dele, atrás da praça General Osório, e o meu na outra ponta, por trás do Leblon. Faltava referir um terceiro eremitério, o do amigo Gravatá, que o próprio Millôr sagrou senhor do seu bar preferido, no alto de um prédio espetado sobre a favela do Cantagalo. Em tempos mais recuados, havia ainda dois outros eremitérios plantados ali, ao pé da mesma favela: o do Rubem Braga, celebérrimo, coberto de árvores e plantas, quase como um jardim botânico suspenso, e o do Paulo Francis, antes de sua fase final nova-iorquina. Segundo o Millôr, eremitério era a oficina, ou morada do eremita. Éramos todos, pois, eremitas, ainda que de uma espécie muito peculiar; havia quem nos considerasse, com alguma razão, um tanto mais para sibaritas; e houve até quem nos apresentasse na distante Buenos Aires como *beachcombers*, simplesmente porque tínhamos o hábito de percorrer todos os dias possíveis a praia de Ipanema de uma ponta a outra, ida e volta; o Millôr correndo, como atleta que era, e eu, mais modestamente, caminhando; nunca tive muito fôlego. Sabe o leitor, com certeza, que muito poucos nestas nossas terras tupiniquins acumularam talentos tão vários como meu amigo Millôr Fernandes, desenhista, pintor, humorista, teatrólogo, tradutor, filólogo. Se ele chamava apartamentos de eremitérios, era porque o sentido primeiro da primeira palavra vinha de apartar, separar, isolar; um eremita de verdade, daqueles antigos, podia dizer que sua caverna no deserto era um "apartamento" do convívio dos seus semelhantes. Inversamente, para um moderno eremita milloriano, era uma adicional alegria saber que lhe bastava descer do poleiro para mergulhar diretamente em Ipanema, e isso naqueles anos absurdos, estupendos do terceiro quartel do século XX.

Eremitas de todos os países, uni-vos! Saudades do Millôr; não o vejo há muitas semanas e talvez não o veja mais. Ele leu a primeira parte destas *Reminiscências* e torceu o nariz: não gostou da ordem dos episódios, preferia outro começo; não gostou da pontuação e disse que eu devia entregar a um bom revisor esses detalhes; enfim, queria um romance, mas eu não sou romancista! Estava certo o Millôr, certamente certo, mas havia no caso um equívoco de pessoa e de propósito; a ideia de que estas anotações seriam apenas anotações e só veriam a luz depois da minha morte entristeceu-o e o decepcionou. Mas, então... Ainda assim ele insistia, telefonava para cobrar e me animar, queria que eu fosse lhe mandando páginas, capítulos, cenas à medida que as fosse escrevendo. Quanto à pontuação, não há dúvida que um bom revisor havia de achar muito que remendar, vírgulas e pontos a descasar, a suprimir ou acrescentar. Mas, *modus in rebus*, não quero uma pontuação muito correta; quero-a vaga e imprecisa, diferente do que procurei ter nos artigos de jornal, onde buscava clareza, queria ser entendido por leitores frequentemente apressados e desatentos. Agora, desde o princípio, minha ambição foi outra: aproximar a escrita da meia confusão do pensamento e da lembrança; alongar as frases, esticá-las, entretecê-las nessa espécie de interminável colar ou de copião cinematográfico em que as palavras, as cenas, os episódios, as frases se abalroam, se empurram, se atropelam – e por isso troquei os pontos por pontos e vírgulas... Não porque fosse a solução, mas apenas como um modo de entreabrir a porteira e deixar as reses menos presas, menos sujeitas à disciplina do caubói.[*]

Temos sido amigos há quase meio século, ao menos desde que voltei dos Estados Unidos; amigos de uma curiosa espécie: íntimos, mas guardando sempre uma certa, imensurável, reser-

---

[*] N. do E.: A editora optou por respeitar ao máximo as opções de pontuação do autor.

va. Há histórias do Millôr que não se pode contar. Ele viveu duas vidas simultâneas, uma mais penosa e difícil, outra quase sempre despreocupada e divertida; além de uma terceira vida intermitente, quase como a gagueira de George VI, que o sacudia em horas extremas de ciúmes e paixão. Durante um bom período tínhamos, no Rio, um grupo de amigos reunido em torno do Millôr; éramos sete ou oito, ou dez ou 12, às vezes mais ainda; almoçávamos juntos toda semana, aos sábados, num restaurante do nosso gosto, a não ser nas semanas, não muito frequentes, em que viajávamos por algum motivo específico. Fomos mais de uma vez a Curitiba, para ver obras do Jaime Lerner; fomos a Recife passar o fim de semana em Mar Azul, na casa de praia de um amigo, grande advogado; fomos a Guarapari; fomos... Esse grupo enorme tinha um pequeno núcleo de fiéis: Gravatá, Cora Rónai, Chico Caruso e Eliana, o arquiteto Casé, M e eu, Marília Kranz, Técio Lins e Silva, Marcito Alves, José Aparecido *et j'en passe*. As discussões eram animadas, às vezes ferozes, mas o Millôr era, sem dúvida, um polo magnético (e moral) na república de Ipanema e adjacências, vale dizer, no Rio de Janeiro pensante da época, embora em geral não se pense muito no Rio senão em prazeres e negócios. Somos uma cidade alegre, num país alegre, embora povoado, segundo pensadores antigos, por três raças tristes: índios subjugados, negros miscigenados e portugueses degredados. Mas tudo mudou com a chegada dos imigrantes, seis milhões deles, no fim do século XIX; e essa história apenas começa a ser contada.

Fomos a Veneza, Cora e Millôr, M e eu; alugamos um potente BMW e descemos lentamente pelo miolo da península até Nápoles, até Positano, na costa amalfitana, onde o Millôr cansou-se e nos abandonou. Fomos a Portugal, mais de uma vez, para ver o Raul Solnado; fomos a Nova York num ano em que apareciam os primeiros PCs, *personal computers*, ramo que a Cora tomaria para si, ainda que sem prejuízo dos gatos e capivaras da lagoa Rodrigo de Freitas. Eu chamava o Millôr de Volksmillor; se os alemães fizeram o Volkswagen, os cariocas repicaram com o seu Volksmillor. Ele foi (é ainda, embora em coma, há meses, num leito de hospital) um amigo como poucos; como o Castelinho em Brasília, como Cláudio Abramo e Júlio Neto em São Paulo.

Poucos? Manda a verdade que se diga que, ao menos no meu caso, em matéria de amigos, os poucos são muitos, muitíssimos. Podia encher com seus nomes a página inteira, começando do Carlinhos Mota e do João Rui lá na praça Eugênio Jardim. Eremitérios são mais raros, mais recentes; esse em que moro é fino e recurvo como a lua minguante no céu. Tem talvez 80 ou 90 anos de construído e repousa sobre um vasto jardim inclinado ao pé da montanha. Atrás dele há árvores magníficas, uma floresta de figueiras, mangueiras, paineiras, entre prédios altíssimos dos quais o mais famoso, que se pode distinguir de muito longe, desde as alturas do Humaitá, é a "Lâmina"; estreito, reto, afilado como uma navalha cravada no morro, com mais de 20 andares e uma fabulosa vista diante de suas amplas janelas. Nele morou durante muitos e muitos anos o Wilson Figueiredo, mineiro do *JB*. Éramos vizinhos e amigos, podíamos acenar da janela um para o outro, mas nunca nos víamos, a não ser no jornal ou em casas de gente conhecida. Meu quarto de dormir, nos fundos, dá para o Sul; da janela vejo a "Lâmina" logo atrás, um pouco à esquerda; deitado na cama, com a cabeça sobre o travesseiro, posso ver diante de mim, à meia altura no céu, entre a "Lâmina" e um prédio vizinho, nada menos que o Cruzeiro do Sul; suas estrelas sobem e descem, desenhando um pequeno círculo no céu, cujo centro indica o Sul. Posso vê-las melhor em certas épocas do ano, quando as condições meteorológicas são favoráveis e as luzes dos apartamentos em volta não são fortes demais; e as vejo, em geral, quando já estão descendo, de madrugada. Quer isso dizer que não as vejo todos os dias, que as vejo raramente; mas sei que estão lá e quando um dia aparecem, o encanto é dobrado, ou triplicado. Não há terremoto no Japão nem *tsunami* no Pacífico que derrube as minhas estrelas. Há dias, raros, em que os elevadores do prédio apresentam defeitos e eu permaneço atento no meu posto de observação. Normalmente, entretanto, pode-se descer os 12 andares confortavelmente e sair pela saída sul do prédio, bem embaixo de mim. Digo 12 andares porque moro hoje no 1.201. Morei antes no décimo andar, num apê alugado, mas há 15 anos subi para o décimo segundo; talvez um dia chegue ao décimo sexto, onde mora meu sobrinho Eduardo e de onde se pode ver as ilhas Cagarras, no mar, por cima das altas coberturas da Sambaíba. A saída sul é na verdade uma saída de fundos; resume-se a um grande portão de grades de ferro que serve aos automóveis dos condôminos e eventuais caminhões de fornecedores. Usamos normalmente esse portão, mesmo quando saímos a pé, embora haja também ao lado uma pequena portinhola para pedestres, que o porteiro pode abrir simplesmente apertando um botão, para deixar entrar visitantes de boa-fé. Tudo isso ocorre debaixo de frondosas árvores centenárias; é um quadro, pode-se dizer, silvestre, os ramos, lá no alto, cortados pela luz do sol ou pela chuva. Do lado de fora do grande portão, há uma pequena ladeira de cimento e logo os paralelepípedos da rua Engenheiro Cortes Sigaud. Não me dei ainda ao trabalho de descobrir quem foi esse engenheiro, não sei se ele abriu no morro a própria rua ou se construiu nela os primeiros prédios; uma pequena e agradável rua, talvez com uns 200 metros de comprido e uma largura que apenas permite um apertado vaivém de automóveis. Quando chega um caminhão – e os caminhões chegam – é um deus nos acuda, e a manobra só é afinal possível graças ao pequeno largo diante do nosso grande portão, por sua vez entupido de carros estacionados. A rua principal do bairro, a grande artéria do Alto Leblon, corre logo abaixo e chama-se Timóteo da Costa, nome de um antigo pintor de paisagens; envergonho-me de não ter em minhas paredes nenhum quadro dele, mas, quem sabe, ainda terei. Se fosse vivo meu pai e pudesse ler essas linhas, certamente desencavaria para mim um Timóteo, talvez no acervo da Dagmar Saboya, Leilões, ou da Soraia Cals, que regularmente me enviam seus ricos catálogos. Meu pai era um admirador desses pintores de domingo, esses pintores de rua ou de campo que os franceses chamam *peintres du dimanche* e estão talvez na origem da mais deliciosa de todas as grandes escolas de pintura. Me lembro de uma vez em que chegou lá em casa, na praça Eugênio Jardim, 19, numa manhã, um cidadão sobraçando talvez duas ou três dezenas de quadros a óleo, ainda sem moldura. Chamava-se Francisco Cocolilo (nunca mais me esqueci do nome por causa do cacófato), pintava recantos floridos, *flamboyants* e acácias; era um homenzinho com a barba bem aparada e um vasto topete grisalho. Meu pai encantou-se; comprou talvez uns oito ou dez quadros (não eram nada caros) e sentiu-se um mecenas; durante anos as paredes de nossa casa ficaram cheias de floridos Cocolilos.

Mas deixemos em paz o Cocolilo e voltemos à minha Cortes Sigaud. Se eu fosse o Millôr ou, quem sabe, o Jaime Martins, diretor do nosso jornalzinho de Jundiaí, certamente escreveria, em vez de Sigaud, Sigô, assim mesmo, com acento circunflexo. O Jaime, em seu jornal, ficou famoso porque anunciava os *shows* dos artistas que visitavam a cidade como "chous", e isso em destacadas manchetes. Millôr era (ou é) mais sistemático, menos sujeito à galhofa, apesar de humorista profissional; talvez quisesse apenas poupar aos seus leitores o esforço de enrolar a língua, e por isso abrasileirasse sistematicamente a grafia das palavras estrangeiras. Tradutor de Shakespeare, só não me lembro de tê-lo visto desmontar o nome do próprio autor; Millôr tendia a respeitar os nomes próprios. Cheiquespirro ou Cheiquespir? Havia um propósito e até uma história por trás do seu sistema: ele, na verdade, se chamava Mílton e não Millôr; mas o escrivão era pouco cuidadoso e, na certidão de nascimento, não cortou o "t" do Mílton e ainda deixou o n final mal acabado, parecendo um "r". Essa história foi contada pelo próprio muitas vezes, mas não sei de onde veio, afinal, o acento circunflexo, que eu mesmo não tenho usado nestas notas, talvez tenha vindo, agora me lembro, do corte do t do Mílton, que não teria sido esquecido, mas, malposto, acabou como um chapéu do o, antes do r. Poupo-me o cuidado de acentuar sistematicamente as palavras porque acho que acento só se deve usar quando marca uma diferença, um sentido, uma ênfase, ou mesmo o ritmo de uma sentença.* Mas a moda milloriana do abrasileiramento pegou, vingou, empurrada pela força do seu talento e até de sua teimosia. Millôr é gênio, diziam muitos dos meus amigos. É mesmo. E honrado, sério, o que é ainda mais raro. Em Londres, ao lado da Harrods, os ingleses escrevem Beauchamps numa placa de rua e leem Bitchum; aqui no Brasil, ao contrário, há jogadores de futebol famosos que se chamam Maicossuel, em vez de Maxwell, ou Máicon, em vez de Malcolm, e vão para a Europa ganhar em euros. São maneiras opostas e até contraditórias, mas que todas conduzem a um mesmo *gran finale* cada vez mais próximo e mais fácil de ver: o entendimento, a mundialização, cuja base linguística mais forte é o inglês, herança do velho império dos ingleses.

Há nome que hoje melhor reflita o espírito do Rio, o espírito da cidade, do que o simples nome do Millôr? Vale o escrito; a invenção do escrivão, a mente do escrevente, a lombriga do escriba:

---

* N. do E.: A editora optou por acentuar as palavras ao longo de todo o livro, inclusive os nomes próprios, de acordo com as normas gramaticais vigentes.

Millôr, Maicossuel! Maicossuel joga no Botafogo, meu time do meu tempo de menino, tempo de Carvalho Leite, Perácio e Patezko, Heleno de Freitas, Aimoré e Zezé Moreira. No bar do Country Club, o cantor Mário Reis, em 1978 ou 1979, já no fim da vida, recitava um por um os nomes dos jogadores de cada um dos times de sua época, a escalação das diversas seleções de futebol brasileiras e, na verdade, sabia tudo não só de futebol, mas de política; tinha sido apaixonado por uma filha do Osvaldo Aranha. Eu, de minha parte, me lembro apenas do Botafogo.

A Cortes Sigaud (pronuncie como quiser) é quase plana, no meio de um labirinto de íngremes subidas e descidas. Saindo a pé pelo portão grande e percorrendo toda a sua modesta extensão, até a Sambaíba, você pode cair à esquerda e ser levado, pela simples força da gravidade, até o canal da Visconde de Albuquerque; ou pode virar à direita e subir. Mas pode também, simplesmente, atravessar a rua. Do outro lado, logo encontrará uma assustadora escada quase vertical, de uns 60 ou 70 degraus, que acompanha a encosta e vai bater lá em baixo num *cul-de-sac* ocupado pelas portas da ampla garagem de um prédio de apartamentos. É um prédio redondo, cuja face principal dá para a Visconde e cujo mais notório morador é Gilberto Chateaubriand. Mas o Gilberto nunca está lá; mais fácil é encontrá-lo em sua fazenda no interior de São Paulo, ou em Paris, em geral hospedado na casa de seu amigo Mário Soares, nos anos em que Mário foi diretor da Cartier. Ou em Nova York. Certa vez, em Nova York, o Gilberto nos abriu as portas de uma extraordinária exposição de Matisse, uma hora antes que fossem abertas ao público. Ele era grande colecionador, não só de disputas judiciais, em geral contra o Condomínio Associado, herança de seu irrequieto pai, o Chatô, mas de quadros de pintores brasileiros, e tinha livre trânsito em todos os grandes museus do mundo. Do *cul-de-sac* do Gilberto, das portas da garagem do seu prédio, só mais um pulo adiante e chega-se, pela Aperana, a outra rua cheia de belas árvores floridas, ao Caminho do Céu. Ali, ao pé do Caminho, fica o último dos eremitérios a que devo referência e reverência: o do Antônio Callado, que ali viveu, num belo prédio moderno, acho que até morrer; digamos que foi o tempo do Callado escritor, depois do Callado jornalista. A última vez em que o vi, ele estava de pé na calçada, diante da igreja Santa Margarida Maria, na Fonte da Saudade; parecia alegre e bem-disposto, embora estivesse já com a doença que iria matá-lo logo adiante. Dizia o Callado: "Quem não gosta dos meus livros, não gosta de mim!" Mas, talvez fosse o contrário; gostávamos muito dele desde muito antes dos livros, desde os tempos exemplares do *Correio da Manhã* e, como se não bastasse, da BBC de Londres. Callado era o jornalista que queríamos ser, pela nobreza e pela qualidade do texto, pela elegância de atitudes, pela postura moral, pela simpatia e simplicidade. Foi a última grande figura do velho *Correio*.

Subi o Caminho do Céu algumas vezes, quando era ainda menino ou rapazote, e ao menos de três dessas históricas subidas me lembro bem. Era, e suponho que ainda seja, uma bela e bem construída estradinha de curvas apertadas em forma de "S", toda feita de grandes placas de cimento emendadas com piche, daquelas que fazem os pneus dos carros produzirem um ploc-ploc ritmado. Subíamos o Caminho do Céu a pé, abraçados; íamos ver a vista deslumbrante e namorar. Só uma vez subi de carro e acho que foi a última vez em que lá fui; já era então homenzinho, *drop-out* da Faculdade de Direito, e o carro era do Renato Archer, um Jaguar preto, enorme; íamos num grupo de amigos, havia até outro carro na caravana, dirigido pelo Eltes. Lá do alto, do pequeno larguinho onde acaba ou (acabava) a estrada de cimento, assistimos a um espetacular eclipse total da lua sobre o mar de Ipanema. Valeu a subida; éramos moços e, para os moços, até um eclipse da lua é um acontecimento; aquele foi talvez o melhor que pude ver. Que ano foi isso? Talvez em 1954, talvez antes. Renato Archer lembra Juscelino, Osvaldo Penido, debates no *Correio da Manhã* sobre energia nuclear, o comandante Álvaro Alberto, um pequeno campo de futebol na rua Cinco de Julho, em Copacabana... Eclipses da lua ocorrem em geral à noite, para que possamos vê-los melhor; mas em todas as outras vezes em que fui ao Caminho do Céu era ainda dia, dia claro, tardes de sol às vezes apenas anunciando o poente. Dois ou três meses antes de me casar com a Renina, em março de 1951, levei-a lá. Subimos, chegamos ao larguinho, sentamo-nos um pouco, decidimos subir ainda mais, avançamos por um precário caminho de terra até quase umas casas, lá mais para cima, que anunciavam uma futura favela, talvez um bairro novo. A vista era incrível, a tarde estava linda; descemos um pouco, para o lado do mar, e nos sentamos no chão de terra da encosta, entre os arbustos, abraçados. Mas a aventura não durou muito; logo surgiu um sargento ou suboficial da Polícia Militar, morador de uma das casas, que voltava do trabalho e considerou ofensiva nossa presença. Era um homenzinho magro, de óculos, lembro-me bem dos óculos porque ele os tirou enquanto esbravejava, como se fosse partir para o braço, uns óculos de intelectual desses de aro metálico, pequenos. Eram casas de família, dizia ele, onde famílias moravam, e o terreno em torno lhes pertencia; não era lugar para namoros e indecências. Depois de uma breve mas acalorada defesa da nossa posição, baixei a cabeça e retiramo-nos humilhados e envergonhados; também no céu do morro há sargentos de óculos e casas de família; a ordem urbana há de estar sempre bem garantida.

Falta contar a última das três historinhas; esta terceira é em verdade a mais antiga das três, vem do outono de 1943 e tem portanto 68 invernos; mas é tão inocente, tão tola, tão pura, e tem um fim tão triste, tão amargo, que não sei ainda, tantos anos passados, se conto ou não conto, ou se invento. De fato, não há muito o que contar – o que aconteceu passou-se nos nervos, na pele, no coração de duas pessoas ainda imaturas, e não haveria como exprimi--lo sem inventar, sem recorrer à imaginação e ao sonho. Escrever memórias é como andar à beira do precipício. Ainda ontem eu lia na *N.Y. Review* um artigo sobre um fabuloso escritor argentino, César Aira, discípulo de Borges. Aira publica livros sem parar; pequenos volumes de 80 ou 100 páginas, um depois do outro. Num deles, imagina que Rugendas, o célebre autor de gravuras do Brasil Colonial, seguiu em suas viagens pela América e foi parar no interior da Argentina, onde acabou vítima de um terrível acidente; caiu do cavalo, rolou uma ribanceira, feriu o rosto a ponto de ficar completamente desfigurado; olhava-se no espelho e não se reconhecia; à noite tinha terríveis dores na face e na cabeça. Os médicos deram-lhe morfina, para aliviar o sofrimento, e a droga o fazia mergulhar num sono profundo do qual acordava de manhã, como se renascesse. Renascia a cada manhã e vivia várias vidas diferentes. Um dia, foi visitado por um investigador da polícia local que lhe descreveu pormenorizadamente a morte de sua mulher, assassinada semanas atrás. A descrição era perfeita, completa e precisa em todos os detalhes; só lhe faltava apontar a identidade do matador. Rugendas admirou-se com o talento e a habilidade do policial; ele próprio havia matado a mulher e era, portanto, a única testemunha ocular sobrevivente, além de ser também o culpado, o eventual réu. Mas, por mais que admirasse o trabalho do policial e reconhecesse a verdade de suas descobertas até os mínimos detalhes, não conseguia casá-las com a sua própria lembrança, sua memória do acontecido. Essa divergência, no correr dos dias seguintes, incomodou-o cada vez mais e acabou levando-o à conclusão de que ele era afinal inocente; a descrição do investigador estava certa e sua memória errada; ele não tinha matado a mulher.

O rosto desfigurado e mutilado de Rugendas já não era capaz de refletir o que lhe ia na alma; músculos e nervos cortados e recosturados faziam de sua face um espelho partido, quebrado, inconfiável. Esse fato parecia desmentir o próprio fundamento de seu trabalho e sua vida: ele era pintor; acreditava na própria capacidade de retratar a realidade das coisas e das pessoas através da sua aparência; um rosto, o perfil de uma montanha, a força ou a tranquilidade da água de um rio ou de um lago. Passam-se os meses, e as consequências do acidente levam-no cada vez mais à certeza de que entre a realidade e sua reprodução pelo homem, pelo artista, há um abismo intransponível. Mas, ainda assim, continua a pintar e cada vez com mais paixão, mais empenho.

Não li ainda o livrinho do César Aira; li apenas o artigo da *N.Y. Review* (13 de janeiro de 2011) e não sei se o autor, no livro, vai mais longe. Mas, a incapacidade dos homens de transpor o abismo é paradoxalmente – e esta é uma lição que nos vem dos gregos antigos e de Roma – o que lhes garante a liberdade, o que lhes dá a possibilidade de escolher entre propostas diferentes, caminhos diversos. Se não houvesse o abismo, se pudéssemos passar sem erro da realidade à sua reprodução, então a verdade (revelada, descoberta, reproduzida) seria uma só e a mesma para todos: a verdade do partido único, a verdade do *Pravda* (que quer dizer "verdade" em russo) ou de Hitler, do Santo Ofício e do Supremo Pontífice. Mas, o abismo do Aira não é apenas garantia da liberdade humana; é também a fenda fecunda, a abertura de onde nasce a própria arte que não se faz de certezas, mas de incertezas, não nasce da razão, mas da desrazão, do sonho, da iluminação e até do acaso, como aliás a própria realidade. Vale a pena reler o que diz nos seus *Ensaios* Jorge Luís Borges, mestre de Aira, tentando definir o fato estético, o fenômeno artístico: "Música, estados de felicidade, mitologias, fisionomias gastas pelo tempo, certos lugares ao pôr do sol ou à luz da manhã, todas essas coisas procuram nos dizer, ou estão a ponto de nos dizer, algo que não devemos perder, deixar escapar – e essa iminência da revelação, ainda não produzida, é talvez o fato estético..."

A arte, pois, a bem dizer, *apud* Borges, não é nem mesmo revelação, mas iminência da revelação; não é o que está estampado, exposto na obra ou na coisa ou na paisagem, mas algo que se pode descobrir nela e que ela mesma tende a revelar... uma espécie de química, de reação química que envolve pelo menos dois agentes, um transmissor e um receptor, um objeto e um sujeito, compatíveis entre si. Tenho ganas de compará-la, talvez, ao beijo entre dois amantes, embora a carga amorosa, a potência da sensação, possa variar infinitamente.

O mesmo Borges, agora em seus *Prólogos*, cita o poeta William Blake, para quem a beleza corresponde ao instante em que se encontram o leitor e a obra, e é uma espécie de união mística entre ambos. Mas, a imagem do beijo me parece melhor, mais forte, mais funda, mais física, ainda que o beijo possa ser como o de madre Teresa em sua cela, com seu amante, Jesus. E tudo ocorra dentro dela, em sua mente enlouquecida, antes de materializar-se na carta ou no poema...

Anos antes das aventuras do pintor Rugendas no pampa argentino, um dos mais belos filmes jamais filmados, *Rashomon*, do japonês Kurosawa, mostrava como um mesmo crime pode ter pelo menos três versões diferentes e todas as três autênticas: a da vítima, a do criminoso e a da testemunha, no caso, o noivo amarrado e amordaçado pelo bandido e forçado a assistir ao estupro de sua noiva. Já não lembro se não havia ainda, no filme, uma quarta versão, a da divindade que tudo vê e cujo testemunho é evocado por um porta-voz, um sacerdote, um vidente. E podia ainda, como no livro de Aira, haver uma quinta versão, a do investigador de polícia, supostamente isento e senhor de técnicas e processos científicos capazes de tudo descobrir e comprovar. E mais uma sexta, hoje inevitável e irrecusável, a versão da mídia, a palavra desse herói moderno, o repórter, que tudo sabe e está em toda parte e se intromete entre uma realidade cada vez mais complexa, confusa, torta e a poltrona do observador. Seis versões, todas autênticas e, às vezes, nenhuma verdadeira...

Não sou pintor nem cineasta, embora tenha tentado em outros tempos também esses caminhos. Apenas escrevo. Hoje, nesta manhã nevoenta, incaracterística, de um dia de maio de 2011, diante da tela da televisão com as notícias do dia, sinto-me como se estivesse encarapitado em altíssimas pernas de pau e com elas percorresse o mundo. Há inundações terríveis por toda parte, tornados, terremotos na China, revoluções. Mataram Bin Laden, o terrorista, no domingo; mas não o torturaram, nem sequer o interrogaram, embora supostamente ele devesse saber de tudo; simplesmente jogaram seu corpo nas funduras do mar da Arábia, depois de cumprir os devidos ritos islâmicos; queriam, talvez, salvar-lhe a alma... "Fez-se justiça", proclamou de Washington o presidente Obama, responsável pelo feito. Desde a Grécia Antiga, desde *A República* de Platão, o direito de matar e de mentir é reconhecido ao Estado e seus agentes, em benefício do suposto interesse público. Avançamos pouco de lá para cá; avançamos tateando, tropeçando entre cavalos mortos; brincamos com a verdade, *jugamos con la verdad*, como gostava de dizer Aloísio Sales, que já vai fazer 100 anos.

Quem tem razão, pois, é mesmo o pintor Rugendas; o abismo entre a realidade e a humana ciência pode ser intransponível, mas não há nada a fazer senão continuar tentando vencê-lo, inventando pontes, viadutos, ciclotrons, telescópios, foguetes, teorias; não podemos fazer mais, não sabemos fazer mais, mas não devemos fazer menos. O universo em torno de nós, o mundo tal como o temos e entendemos, não é senão a soma, o produto dessas repetidas, recorrentes, incessantes tentativas: sobre elas erguemos nossas catedrais, nossas cidades, nossas universidades...

Perdoe o leitor se essas coisas, postas assim no papel, ganham um tom um tanto solene; talvez a culpa, enfim, seja ainda do César Aira, que nos meteu nesse ninho de vespas filosóficas.

Acreditavam os romanos antigos (Plínio, o Velho, 23-79 d.C.) que um livro, por mau que fosse, sempre teria em si alguma coisa de bom; talvez por isso continuo a rabiscar estas atrapalhadas *Reminiscências*, contra ventos e marés. Minha primeira namorada de verdade, aquela que primeiro subiu comigo a ladeira da Chácara do Céu, um dia cansou-se, curvou-se às instâncias de seus pais, tomou com eles um navio no cais da praça Mauá – não havia ainda, a bem dizer, aviões de carreira – e foi morar longe, no Norte. Casou-se, teve dois filhos; e só então iniciou sua longa descida para o Inferno.

Pode-se dizer que ela estava, como Dante Alighieri, no meio do caminho de sua vida, mas os horrores que a alcançaram não se parecem com os que descreve o poeta; quem deles fala com precisão e carinho é a francesa Colette: um de seus livros chama-se *L'Ingénue libertine* e é a história, o retrato da vida (e do inferno) da minha namorada. Li-o há muitos anos, talvez ainda nos tempos da Difel, bem antes de que tudo acontecesse e, na época, ele não me fez grande impressão, não me ficou dele quase nada, talvez apenas um resto de mágoa, decepção, desgosto, até, diante da pobre heroína que Colette havia escolhido para seu romance.

Nosso namoro durou dois anos; os dois anos em que estudamos juntos no Mallet, 1943-44. Eu tinha 17 anos; ela talvez um ano menos. Era uma menina loura, de grandes olhos verdes, um riso franco e alegre, cheia de vida e de histórias, também. Estava chegando de Beirute, onde seu pai servia como representante de interesses brasileiros; sua família era de origem italiana, embora radicada aqui; em Beirute ela tinha tido um primeiro namoro sério, quase noivado, com um jovem oficial da Royal Navy chamado Mark. Na sala de aula do Mallet, N (prefiro não dizer seu nome verdadeiro) sentava-se bem longe de mim, mas seus olhos procuravam os meus todas as vezes que qualquer coisa interessante ou divertida acontecia; ela ria alto, com o seu riso claro, e olhava para mim, para ver se eu ria também com ela. Saímos juntos, uma tarde, depois das aulas, passeamos, conversamos, acho que fomos ao cinema, mas esse primeiro encontro não deu muito certo; N queixou-se de que eu parecia tímido e inexperiente. A atração mútua continuava, no entanto, ainda muito forte; saímos uma segunda vez e, dessa vez, deu certo. Andamos um pouco por Ipanema, perto de sua casa, na Lagoa, procurando um lugar para ficar, afinal tomamos a balsa do Caiçaras, encontramos no clube uma varanda discreta onde não havia ninguém, sentamo-nos num sofá diante da lagoa e ali ficamos namorando nos beijando cada vez com mais paixão, enquanto aos poucos a tarde caía e o sol se punha. Era já noite fechada quando um funcionário apareceu, enfim, para nos despertar do nosso transe e nos convencer a sair, conduzir-nos até a balsa de volta, expulsos quase como Adão e Eva do paraíso...

    Abriu-se assim uma nova etapa – tão curta, dois anos apenas – de minha vida, mas que tudo mudou. Deixei de matar aula, deixei de jogar sinuca – nunca mais joguei sinuca! – passava as manhãs no colégio, à tarde namorava, à noite via os amigos, em geral na casa do Alvinho. A guerra, a virada na guerra, a resistência e a valentia dos russos, Stalingrado, os livros, a política me atraíam, me envolviam, me entusiasmavam, mas o que realmente me fascinava, a revolução verdadeira dentro de mim, naqueles dois anos, era N, suas mãos, seus seios, sua boca, seus olhos, seu carinho. Não deixa de ser curioso que precisamente esses dois anos de fogo, tão importantes na minha evolução de adolescente, tenham sido os anos decisivos da história do mundo em nosso tempo, 1943 e 1944, os anos do começo do fim de Hitler, até então impossível de bater. Se eu fosse em verdade um romancista, como queria o Millôr, e tivesse em mim ao menos um pouco do gênio de um Tolstoi, podia certamente usar hoje esses cadernos em que escrevo para tentar criar um outro *Guerra e paz*; aos valentes e inocentes personagens destas páginas, amigos, amores, amantes, mestres, juntaria marechais soviéticos, ingleses valentes, Churchill, Stalin e Hitler, Roosevelt em sua Casa Branca, batalhas históricas, a Europa inteira em fogo e ruínas, até o espanto da bomba atômica em 1945, essa espécie de nova arma de dissuasão, talvez a única capaz de convencer os fanatizados japoneses a render-se naquela hora e a livrar-se de uma vez por todas da espécie de insânia que os havia possuído. Nem sempre nos lembramos de que a guerra dos japoneses, a guerra da Ásia, começou bem antes da europeia e foi com certeza ainda mais desumana e terrível, comparável até mesmo ao holocausto judeu.

 O Tolstoi verdadeiro, do século XIX, nasceu 20 anos depois de repelida a invasão napoleônica e escreveu seu livro já homem maduro. Hoje, neste vosso século XXI, o tempo corre mais depressa e, para ver pintado o painel imenso, talvez a hora melhor já tenha passado, e seja preciso agora esperar um poeta, um Homero, um moderno Homero cibernético, quem sabe um neto ou bisneto do Ferreira Gullar.

 Enquanto os destinos do mundo se decidiam lá fora, N e eu, abraçados, passeávamos pela orla do mar em Ipanema, percorríamos as ruas do bairro até as aleias do Jardim Botânico do outro lado da lagoa, subíamos e descíamos o Caminho do Céu; mas, em todas essas andanças, não voltamos nunca à varanda do Caiçaras, clube de sua família; nosso namoro tinha um gosto rebelde, não teve a bênção paterna. Mas estávamos sempre juntos; de volta para casa, na hora do jantar, falávamos longamente, sempre que podíamos, pelo telefone; e, como se não bastasse, N me escrevia ainda cartas que ela mesma me entregava no dia seguinte; cartas de amor escritas no quarto, à noite, antes de dormir, contando o que sentia, o que sonhava, numa caligrafia corrida, peculiar, de letras bem desenhadas, páginas e páginas que conservei, guardei por muitos anos, até que um dia, não sei mais por quê, decidi destruir e até hoje me arrependo. O intervalo no namoro eram os fins de semana, quando não havia o Mallet e N devia ficar com a família. Ainda assim, não esqueço um sábado em que ela conseguiu escapar, arrastando seu irmão mais moço, e veio me encontrar na praia, em Copacabana, diante da Xavier da Silveira, onde eu jogava futebol com meus amigos. Sentamo-nos os dois na areia quente, bem perto da calçada, um de frente para o outro, os dois de roupa de banho, de mãos dadas, as pernas dobradas, nuas, se tocando.

    Foi na última de suas cartas, depois de um longo e sombrio fim de semana, que N me anunciou a decisão de partir com seus pais no mês seguinte, assim que terminasse o ano letivo, e ir com eles morar longe de mim, para sempre. Era uma decisão de família que ela já não tinha forças para contrariar. Na verdade, N ia se casar; já havia sido prometida; um *promesso sposo* lá em sua província distante a esperava, era o jovem herdeiro de uma família amiga muito próxima e muito rica, um compromisso que não se podia desfazer. N chorava e se lamentava, dividida entre duas lealdades, embora soubesse, tanto quanto eu, que não havia outro caminho; o que seus pais queriam era apenas abreviar o processo, adiantar de um ano um desfecho que podia ser ainda mais penoso e difícil mais adiante, quando se concluísse o nosso curso científico no Mallet. Eu era ainda, no fim das contas, um colegial, pouco mais que um ginasiano, metido todas as manhãs naquele simpático uniforme em dois tons de azul do Mallet. N era uma menina-moça, até por força dos meus carinhos, pronta, madura para as bodas e os filhos. Se esperasse uns anos por mim, arriscava-se a acabar como a Gracinha do Sandro Moreyra...

Um ano depois, já serenadas as piores turbulências, N voltou ao Rio por duas ou três semanas, para despedir-se dos colegas e amigos daqui. Fui encontrá-la uma tarde, em sua casa; o ambiente era animado, divertido, havia gente entrando e saindo, amigos de lá e daqui, "bandeirantes" do antigo grupo de N, meninas comandadas pela Maria Clara Machado e pela Ieda Boechat; havia também gente mais velha, rapazes e moças já passando dos 20, 25 anos, gente que eu ainda mal conhecia, mas que seriam meus amigos dos anos seguintes: universitários, artistas, *playboys*, políticos. Ria-se muito, bebia-se muito; e eu me sentia um pouco perdido no meio de tanta alegria e tanta liberdade. N pegou minha mão e levou-me para o jardim de inverno da casa, onde nos sentamos num balanço desses de varanda, cercados por um grupo de amigos mais íntimos. Em volta, a zoeira continuava; apenas me lembro de que acabei reclinado, a cabeça pousada em seu colo, o rosto colado aos seus seios, sob o vestido. Ficamos assim muito tempo. N cheirava a maçã, usava o mesmo perfume de maçã da época do Mallet Soares; não era bem um perfume, era uma simples água-de-colônia popular entre meninas da época, mas que em N parecia ser apenas dela...

Hoje, em outro século, redigindo estas notas, me dou conta de que essa festa de despedida de N foi meu primeiro contato, meu primeiro mergulho numa espécie de sociedade que estava em volta de mim, mas da qual eu não me tinha ainda dado conta: a elite, a *high society*, ou ao menos sua ala jovem, do Estado Novo getuliano; os protegidos (por assim dizer) do ministro Souza Costa, cujo enigma meu amigo Celso Furtado desvendou e por isso é até hoje celebrado: acabam de dar seu nome (novembro de 2011) a mais um imenso navio da Petrobras. Do ministro Souza Costa, já ninguém fala. Naqueles anos da guerra, a grande riqueza nacional era ainda o café; apoiado em vastas safras de café que seu próprio governo comprava e queimava, o Brasil preparava-se para o grande salto das décadas seguintes; mas de tudo isso eu só teria mesmo que falar se me decidisse pela versão *Guerra e paz* destas lembranças, e não é o caso.

Só fui rever N 15 anos mais tarde, durante a campanha presidencial de 1960; eu já não era mais menino de colégio; chefiava a sucursal do *Estadão* em Brasília e era seu repórter político sob o comando (não havia melhor comandante) de Cláudio Abramo. Encontrei N por puro acaso num *lobby* de hotel; estávamos os dois apressados, assustados e alegres com o encontro inesperado depois de tanto tempo; combinamos rever-nos no dia seguinte e ela veio buscar-me no hotel numa enorme Mercedes preta da família. Passeamos longamente pelas praias de Salvador, fomos até Itapoã, até as areias brancas da lagoa do Abaeté. Marcamos outro encontro, no Rio, no mês seguinte. E nesse encontro, afinal, nua e impudica no leito a meu lado, N me contou que um acidente de parto no nascimento de um dos seus filhos a fizera perder a sensibilidade própria do sexo, tornara-a "fria" ou frígida. Os médicos lhe haviam dito que era uma condição provavelmente passageira, que devia corrigir-se com o tempo, mas o tempo passava, os anos passavam, e todas as tentativas mostravam-se inúteis. N, entretanto, parecia estranhamente segura de si e até contente, animada. Quando afinal saímos e nos despedimos, já na rua, uma movimentada rua do posto 2, ela foi andando um ou dois passos adiante de mim e seu andar era elegante, altivo, sensual, dava gosto ver; mais tarde, quando lhe contei isso, ela retrucou que sabia que era eu atrás dela e que sentia meu olhar em seu corpo.

Voltei a Brasília, no dia seguinte, apaixonado, magoado, desnorteado, confuso; não dormia, e muitos dias se passaram antes que aceitasse enfim a realidade e recuperasse o equilíbrio emocional. Meu amor de adolescente ressurgira apenas para morrer diante daquela parede cega, diante daquela mistura delicada e fria de desejo, frustração, impotência e fingimento.

Em seu romance, que andei relendo agora enquanto escrevo, Colette leva sua heroína, já quase no fim do livro, a pensar com seus botões: "... *un bon malheur, bien cuisant, alimenté, renouvelé à chaque heure, un enfer, quoi! mais un enfer varié, remuant, animé, voilà qui tient en haleine, qui colore la vie!*" Para Minne, a ingênua libertina, seu inferno particular, desde que vivo e bem administrado, podia ser o sal da vida, o sal da terra.

Nos anos seguintes, N voltou a me procurar pelo menos três vezes. A primeira em São Paulo, no jornal, que estava ainda na velha e querida sede da Major Quedinho. Levei-a para almoçar num grande restaurante que se instalara bem em frente à redação, o Paddock; mas já não havia alegria. Tempos depois, encontramo-nos em Paris. N estava então envolvida com uma moça, sua amiga de Salvador ou do Rio, amante de um célebre travesti, cantor e ator de *vaudevilles*, que se apresentava, na ocasião, num teatro de uma daquelas ruas tortas que vão da *avenue* Montaigne para os Champs-Élysées. Talvez uns seis ou oito anos mais tarde, tivemos mais um encontro, o derradeiro, também em Paris, desta vez numa *brasserie* que já não existe mais trocada por uma grande loja de roupas para homem. Não era uma *brasserie*, a rigor, era a filial da *drugstore* da Publicis dos Champs-Élysées, em Saint-Germain-des-Prés; podia-se comprar em suas lojas jornais do mundo inteiro, revistas, discos, máquinas fotográficas, óculos, relógios de pulso, bijuterias da moda... Um lugar vivo e alegre, mas quase como uma estação de estrada de ferro, onde as despedidas são, costumam ser, tristes e cinzentas. Deixei N num táxi do ponto, embaixo, e não a vi mais. Seu inferno era o mesmo de Minne, apenas virado de cabeça para baixo; já mulher-feita e mãe, ela vira a alegria e o prazer do sexo desaparecerem dentro dela como se escorressem por um ralo; perdera o que já era seu e era parte essencial de sua vida; a outra, apenas uma menina-moça, esperava que nascesse em si uma sensação anunciada, mas que custava a nascer. Conheci no Rio, anos depois, uma adorável menina, uma Minne de carne e osso que enganava sua impaciência e sua frustração fumando maconha. Casou-se, afinal, e teve um par de gêmeos.

Ao vencedor, as batatas! Eis o que resume tudo. Eis o que poderia muito bem servir de título para estas minhas *Reminiscências*. À medida que vou enchendo páginas e páginas deste caderno, vai crescendo minha safra de batatas. Se no futuro encontrar leitores como eu, nascidos e criados mais ou menos do meu jeito, ainda que em tempos e circunstâncias bem diversos, é possível que alcancemos um final feliz. Eu adoro batatas. Ainda estudante em Paris, meu restaurante predileto chamava-se simplesmente Frites, batatas fritas, mas aprecio também batatas apenas cozidas; e purê de batatas. Havia, ainda em Paris, mas do outro lado, perto do estádio de Roland Garros, um outro restaurante, este de peixe, que servia pratos de *cabillaud*, um bacalhau mais manso, com um admirável purê de batatas. Íamos muito lá, mas isso muitos anos mais tarde, já nos tempos da Unesco, tempos de embaixada. Em 1949, éramos ainda estudantes, e foi no fim daquele ano que fiquei sabendo que Colette morava num apartamento do Palais Royal; cheguei mesmo a vê-la numa das janelas que dão para o parque. Havia não só escritores, mas físicos entre nós; e não só famosos como o Mário Schenberg, mas também jovens estudantes. Lembro-me bem de dois deles: um era o mineiro José Vargas, que se meteu depois com políticos e acabou ministro do próprio Fernando Henrique; outro era um rapaz do Rio, alto, magro, a tez escura, o cabelo preto liso, repartido, caindo sobre os olhos, uma voz bem modulada de barítono, contando sempre histórias engraçadas. Chamava-se Jacques Danon e vinha de família judia; tinha sido convidado a trabalhar na equipe de Jolliot-Curie, namorava uma filha da *madame* Leclerc, hóspede também do Palais-Royal. Gente famosa, heróis da Resistência, gaullistas, esquerdistas, comunistas. O marido da senhora Leclerc, pai da namorada do Jacques, havia morrido num desastre de avião pouco antes, na África, mas era uma assustadora figura; chamava-se Philippe de Hauteclocque; a família adotara o sobrenome Leclerc em homenagem a um célebre general napoleônico casado com uma irmã do próprio Napoleão. Era marechal da França, participara do histórico desembarque na Normandia, chegara a Paris à frente de uma divisão blindada que, depois de libertada a capital, avançaria até Berchtesgaden, o refúgio de Hitler na fronteira da Áustria. Tudo isso está devidamente registrado nas páginas do *Petit Larousse Illustré*, que traz ainda uma pequena foto do herói ao lado de Lawrence da Arábia. Mas o que eu queria mesmo contar aqui era apenas como me aconteceu, recém-chegado a Paris, naquele extraordinário ano de 1949, festejar o Natal (ou seria a noite de Ano-Novo?) nos suntuosos e reservados salões do Palais-Royal, a convite do jovem físico Jacques Danon, sob o teto dos Leclerc, vizinhos da grande Colette. Éramos apenas três no nosso grupo, talvez quatro, e vínhamos da *rue* Cujas, 19: Paulo Almeida Rodrigues, Alberto Castiel, talvez também o pintor Carlos Scliar, e eu. Devo ter tentado dissolver minha timidez em um exagerado número de taças de *champagne* porque não me lembro de absolutamente nada do que aconteceu naquela noite; tudo o que fiquei sabendo me foi contado pelos sobreviventes. Na verdade, aquela era, para mim, uma noite de despedidas; pela primeira vez na vida, despedia-me de Paris. Saí da festa do Palais-Royal quase que diretamente para a Gare de l'Est (seria mesmo a Gare de l'Est ou seria a Gare du Nord?), a caminho de Praga. Só voltaria à capital francesa, ainda que para umas simples férias de jornalista, no outono de 1962, 13 anos depois, portanto.

O Natal no Palais-Royal podia muito bem ter sido apenas imaginado; uma invenção do Paulo Rodrigues ilustrada pelo Scliar; e, no entanto, ainda agora, no fim do século, quando assumi a embaixada do Brasil na Unesco (eu mesmo posso dar testemunho disso) e fui apresentado aos funcionários administrativos da casa, lá estava entre eles uma jovem senhora que era a cópia fiel do Jacques Danon; a mesma pele, os mesmos cabelos, a mesma voz, apenas mais delicados, em suaves tons femininos, e com uma divertida e tímida reticência no modo de falar. Chamava-se Irène Danon, como Irène Curie, mulher de Jolliot, patrão e mentor de Jacques, seu pai. Parecia envergonhada de tanta história, tantas histórias em volta dela, uma simples funcionária local do Itamaraty, salário modesto, regalias poucas, direitos nenhuns, e que sequer tinha sido concebida em 1949.

Natura non facit saltus, a natureza não dá saltos, anunciou Leibniz no tempo ainda recente em que os sábios falavam latim (hoje, falam todos inglês). A regra, entretanto, teria exceções; há naturezas diversas; há mesmo, ao que se diz, universos diversos coabitando o mesmo espaço; em certos casos, a natureza salta não só para a frente e para trás, mas também para os lados, como pulga assustada; e esse é o caso aqui, conforme mais de uma vez puderam constatar os leitores destas notas. Não me coube um modo de ser bastante sistemático; comecei falando das minhas subidas à Chácara do Céu, no Alto Leblon, e fui dar no Palais-Royal, em Paris, um palácio do século XV, mais antigo que a própria cidade do Rio de Janeiro, mais velho do que Pedro Álvares Cabral e o acaso do descobrimento. O que me cumpria, ao contrário, era bem simples, apenas tomar o corte do Cantagalo, do outro lado da lagoa Rodrigo de Freitas, e voltar à praça Eugênio Jardim e à rua Xavier da Silveira, cenários das minhas aventuras na época. Quando N largou de mim (para usar o expressivo modo de falar do Rodolfo Garcia, cronista e amigo meu) e voltou para sua província de origem, não retomei os hábitos dissolutos da minha fase anterior, dominada pela sinuca e pelas noitadas. Ao contrário, transferi para a ação política, e até para o pensamento político e o entendimento do que começava a acontecer no país, toda a força da paixão de adolescente que me dominava. Tornei-me um apaixonado militante político, amparado e estimulado pelos meus colegas mais velhos, como o João Rui e o Carlinhos Mota, especialmente pelo Mota, meu companheiro de todas as horas desde as calças curtas, embora três anos mais velho e, então, já veterano da Faculdade de Direito e do PC, ou, antes, da Comissão Nacional de Organização Provisória, a Cnop clandestina que Prestes, ainda na cadeia, iria tomar para si. Vejam vocês como se ajustam, nesse momento, as peças desse improbabilíssimo *puzzle*; eu mesmo me assusto, hoje, escrevendo essas linhas, ao constatar em que medida meu entusiasmo e meu espírito jovem, minha natural sede de entendimento e de ação foram enquadrados e formados por essa série de coincidências extraordinárias. Eu era um inocente, um puro; não havia encontrado nem na família, nem na escola uma influência bastante forte para moldar meus pensamentos ou minhas ideias; a própria tintura católica original, materna, longe de se fixar, tinha-se evaporado.

Mas, e se as peças do *puzzle* não se tivessem encaixado? Se o Sodré Viana em vez de confiar seus livros marxistas ao velho João

Pedreira (ainda moço, na época), os tivesse deixado no *Globo*, por exemplo, com algum colega de redação, ou, quem sabe, melhor ainda, na própria biblioteca do jornal, onde eles estariam certamente a salvo e ainda poderiam ser úteis a terceiros? O que seria de mim, naqueles anos, sem o *Anti-Dhuring*, sem as luzes do Engels? Por sua vez, o Valdir Medeiros Duarte, primo do João Rui e mentor e conselheiro político de todos nós, podia muito bem não se ter casado com a Ízia, mulher de valor mas que saíra ao pai, o Alvinho, não só de feições, um rosto de linhas severas, másculas, quase romanas, mas também de corpo, baixinha e roliça como o genitor. O Valdir era um rapaz alto, elegante, dono de um bigode bem tratado e um topete ondulado quase igual ao do João Rui, seu primo, cujo apelido, entre nós, era aliás Jean Sablon, precisamente porque se parecia com um célebre cantor francês da época, senhor do mesmo topete que lhe caía sobre os olhos e encantava as meninas e as senhoras da sociedade. O Valdir, com tais atributos, podia ter se casado em Belo Horizonte e não ter nunca chegado à Xavier da Silveira, 99. O próprio Alvinho, dono da casa, podia ter-se mudado antes, uns anos antes, e não haveria mais nossa República do 99 nos anos do fim da guerra.

Todas essas hipóteses e muitas outras do mesmo tope são perfeitamente possíveis, mas não me parece que pudessem ter grande influência sobre as linhas do nosso comportamento na época. A única coisa que poderia efetivamente ter mudado tudo seria uma mudança na própria guerra. Por que a Rússia não fez como a França? Por que não se entendeu simplesmente com o invasor vitorioso, com o qual, aliás, já se tinha entendido na época da invasão da Polônia? Por que não embandeirou o seu próprio marechal Pétain, seu Timoschenko, ou Zhukov, e não deixou os carcomidos capitalistas ingleses e americanos falando sozinhos? Naqueles meses de 1943, se os russos cedessem, se Hitler pusesse a mão nos poços de petróleo e nos recursos imensos da velha Rússia, iria tudo com certeza por água abaixo. Houve, aliás, dois ou três escritores de renome, se não me falha a memória, que andaram tentando imaginar como seria o mundo, o nosso mundo, se Hitler tivesse vencido; houve ainda a previsão célebre do *1984*, de Orwell; aqui estamos apenas tentando imaginar como seríamos nós, jovens estudantes, alunos e mestres, rapazes e moças em 1943, se o mundo em volta, em vez de começar irresistivelmente a crescer para a vitória, encolhesse para a derrota; e marchássemos ainda que às vezes a contragosto e aos empurrões para o milênio anunciado por Hitler, o milênio "nacional-socialista", isto é, nazista.

A resposta é simples: aquele "nós" simplesmente não haveria; as pessoas poderiam até ser as mesmas, frequentemente, exatamente as mesmas, com o mesmo nome e a mesma carteira de identidade – Mário Schenberg, F. Pedreira, Carlos Mota, João Saldanha, Fernando Henrique, San Tiago Dantas – mas na verdade seriam, teriam sido virtualmente o oposto do que foram e seu destino muito outro, bem diverso. Eis aí um jogo, uma adivinhação em que a realidade, a realidade que vivemos (e fizemos) a partir de Stalingrado, é o Sonho, embora imperfeito, incompleto, inseguro, instável; enquanto a irrealidade imaginada e anunciada por Hitler, mas que morreu no ovo, é que teria sido o Pesadelo. Trocamos as bolas, ou bolamos as trocas, e ficamos sem saber no que acreditar. Que sonho é esse que é apenas a realidade, uma realidade tantas vezes tão sofrida e tão injusta? Pois aí está: eis o que fizemos, eis o que surpreendentemente continuamos a fazer, ainda que aos trancos e sem saber muito bem como e por que o fazemos; eis a resposta, a possível resposta: antes, escrevíamos livros tentando compor uma utopia ideal, como fizeram Platão, Thomas More e Marx; agora, cuidamos de construí-la na prática, com os extraordinários meios da moderna prática: uma Wikitopia mundializada, computadorizada, robotizada – que pode não durar para sempre; talvez uns poucos séculos, apenas, quando muito, coroando a passagem do bicho-homem pelo planeta Terra, antes da chegada já próxima de uma nova Era do Gelo.

Escrevo estas linhas em janeiro de 2012, um mês nevoento, chuvoso, nem quente nem frio, morno. Como será essa Wikitopia? Diante do inevitável nariz torto, torcido, dos acadêmicos, devo dizer que ela não será, porque já é; devo dizer que não se pode considerá-la como coisa-feita e acabada, mas, ao contrário, como processo, como obra em progresso e por definição inacabada e inacabável. Dizia Platão da sua utopia, a *República*, que ela podia não vir a se realizar nunca em país nenhum, em tempo algum, mas que permaneceria sempre no céu, como estrela a guiar os rumos do navegante. Platão sabia às vezes escrever como poeta. A Wikitopia procura certamente orientar-se pelas estrelas, não só a de Platão, mas todas essas que a inteligência e a imaginação humanas vão semeando ao longo dos séculos pelo firmamento; mas sua matéria-prima, sua fonte verdadeira, é a realidade: a atividade prática, o comportamento político e social dos humanos na Terra; a práxis social mais do que a teoria. Para saber para onde vai o mundo, não adianta muito olhar estrelas no céu. Platão era um filósofo idealista, talvez o maior de todos; acreditava no primado da Ideia. O inglês Thomas More era católico, papista; também acreditava no primado da Ideia, mas de uma determinada ideia, a maior de todas, Deus. Por sua vez, Marx declarava-se materialista, embora de um tipo peculiar. Criou o materialismo dialético ou, como ele mesmo disse, virou de cabeça para cima o que estava de cabeça para baixo, a Dialética de seu mestre, Hegel. Contra sua vontade, suas ideias acabaram dando origem a uma religião laica, o comunismo marxista, com as imensas e assustadoras consequências que são do conhecimento geral. Mas tudo isso passou; a utopia marxista já não representa o futuro para ninguém e este é mesmo um ponto importante do quadro atual: somos os primeiros pós-utópicos da história.

Na Faculdade Nacional de Direito, da Universidade do Brasil, em fins de 1946, no exame oral de economia política, o professor Leônidas de Resende me perguntou quais eram os elementos da dialética marxista. Respondi: tese, antítese e síntese. Ele me aprovou com grau dez. Leônidas de Resende era um mito, um mártir da ditadura getuliana; sofria do coração e estava à beira da morte; respirava e falava com dificuldade, faltava-lhe o fôlego mesmo para dizer umas poucas palavras. Havia sido positivista, mas a dialética marxista tornara-se sua paixão, sua convicção mais funda. A presença do velho mestre na banca de exame da faculdade era uma homenagem à democracia renascente e, para nós, alunos, motivo de muita emoção. Hoje, tantos anos passados, sou levado a pensar que aquele exame tão breve teve, afinal, um sentido: a fórmula proposta por Marx estava certa, embora não tenha produzido os revolucionários resultados que ele previu. O capitalismo era a tese, imposta pelo próprio desenvolvimento natural da economia europeia; a antítese foi o socialismo, sob suas várias formas; a síntese acabou sendo, depois de muita luta, a fusão gradual e crescente de ambos, através do *welfare state*, do *new-deal* rooseveltiano, da legislação do trabalho, até esses esforços mais recentes que incorporam no sistema as classes mais pobres e os excluídos em geral – tudo isso possibilitado e facilitado, enfim, pelos extraordinários avanços da ciência e da técnica nas últimas décadas, que multiplicaram por muitos mil os índices de produtividade humanos. Esse moderno milagre dos pães e dos peixes certamente há de ter produzido na maioria das pessoas uma elevação das taxas de generosidade e bons sentimentos, além do inevitável aumento do apetite, e, pois, da corrupção e da ganância.

Tese, antítese e síntese, somadas a uma inesperada e explosiva aceleração do processo; não seria isso a Wikitopia? Inventei esse nome, Wikitopia, meio por pilhéria, meio para valer. Sou um homem antigo, estou fazendo 86 anos e entendo muito pouco dessa novilíngua dos computadores. Talvez um nome melhor para a moderna realidade social fosse "A Síntese", em homenagem ao Velho Barbudo; uma homenagem um tanto irônica; então era "isso" o paraíso prometido?

Há ideias que nasceram virtualmente com a humanidade e lhe servem de consolo e alívio, mas são, ao mesmo tempo, escolhos, pedras no caminho do entendimento e da razão: a ideia do Céu e do Paraíso é talvez, nesse sentido, uma das piores. Diante do Céu e da bem-aventurança dos eleitos, como convencer as pessoas, no século XVIII, de que Leibniz não estava certo e não vivíamos no melhor dos mundos possíveis? Ou que esse mundo possível, só através de muita luta e muito sofrimento seria capaz de corrigir-se e aprimorar-se pouco a pouco e de assegurar o bem-estar e mesmo a felicidade de maiorias cada vez mais amplas? No século XVIII, o povo deu razão a Voltaire, que ridicularizou Leibniz; e enterrou Voltaire com todas as honras possíveis: Paris inteira, a França inteira, saiu às ruas para acompanhar seu féretro. No mesmo impulso, logo a seguir, o povo faria a Grande Revolução, mergulharia no terror e na febre da guilhotina até chegar, enfim, ao Império de Napoleão Bonaparte. Em relação a Luís XIV, o Rei-Sol, figura mais alta da etapa precedente, Bonaparte foi com certeza um grande avanço; mas não era ainda o Paraíso, a não ser, quem sabe, para os que morreram lutando sob o comando do seu adorado, idolatrado general. O Rei-Sol reinou no *Gran-Siècle*, o século XVII. Bonaparte alcançou os primeiros anos do XIX. Mais adiante, um americano, Franklin Delano Roosevelt, dominaria o século XX, faria o *New Deal*, venceria Hitler na Europa e o almirante Tojo na Ásia. Depois de sua morte, em 1945, viriam os Trinta Anos Felizes, até o primeiro "choque" do petróleo. Mas não era ainda o Céu. Agora, no século XXI, é crescente o número de pessoas para as quais o Paraíso, se existe, não passa de uma boa aposentadoria, com um bom plano de saúde e uma casa confortável à beira-mar ou, quem sabe, na margem de um pequeno rio entre árvores floridas, onde nadávamos ainda meninos...

José de Magalhães Pinto, banqueiro, político, governador de Minas Gerais em 1964 e líder civil da contrarrevolução daquele ano, sabia rir de si mesmo; achava graça quando o comparavam ao japonês de Hiroshima que apertou o botão de descarga da privada no mesmo momento em que explodia na cidade a bomba atômica e saiu gritando pelas ruas, "Não fui eu! Não fui eu!". Magalhães Pinto era um homem com os pés na terra, mas um sonho único na cabeça: queria ser presidente da República. Dizia ele que política é como nuvem; você olha para o céu e está de um jeito, no momento seguinte, vai olhar de novo e está tudo diferente. O céu dos políticos é instável; o céu da religião, ao contrário, é estável; está acima das nuvens, é o próprio reino de Deus e da bem-aventurança eterna. Religiões mais recentes, como a islâmica, lembram as 11 mil virgens que assegurariam aos mártires da fé o gozo eterno; mas não há dúvida de que a grande marca característica do Paraíso celeste é a paz, a ausência de conflitos, o fim da luta insana pela sobrevivência, tantas vezes entre irmãos. No céu não há dois lados; apenas um único, que é o dos escolhidos de Deus; os que poderiam formar no lado oposto, os dissidentes, os desobedientes, são consumidos nas chamas eternas do inferno. Mas, se não há conflito no céu, nem desequilíbrios ou desigualdades, também não há progresso; a ideia de progresso, aliás, nem sequer faz sentido num lugar onde tudo é divinamente perfeito de nascença e de origem. O céu da religião é, pois, marasmo, pasmaceira, um pântano, ainda que de água de rosas, estático e extático, mergulhado no eterno êxtase da comunhão divina.

Eis o que tem servido ao longo dos tempos à grande maioria das pessoas, desde os simples de espírito até sábios, teólogos e filósofos, poetas e escritores, como exemplo e modelo de sociedade ideal, convívio perfeito entre humanos, ainda que só alcançável depois da morte – condição aliás óbvia e compreensível, posto que luta, desigualdade, desequilíbrio e conflito são a própria vida; sem eles não há vida, é deles que nasce e se alimenta essa infinita pirâmide que começa do musgo na pedra, do líquen, da alga, da bactéria e do vírus e sobe até alcançar a espécie humana e o moderno *homo sapiens*, topo atual de uma cadeia que não parou de evoluir e terá ainda certamente muitíssimos avanços e recuos, ao menos enquanto o permitirem os astros do céu (mas não os do zodíaco...), vale dizer, o quadro do sistema solar do qual somos parte e dependemos.

Viver é lutar; assim dizia o poeta nos tempos ainda do Ginásio Melo e Sousa, em páginas de uma respeitada *Antologia*: "A vida é luta renhida, que aos fracos abate; aos fortes, aos bravos, só faz exaltar. Tu choraste em presença da morte? Diante da morte choraste? Tu, covarde, meu filho não és!" O pai rejeita o filho que chorou diante do tacape do inimigo vitorioso. Cito de memória, tantos anos passados, mas o sentido era esse – e nos enchia o peito de coragem e nobres ideais, ainda que logo adiante fôssemos descobrir pelo menos dois tipos, duas variantes de covardia: a covardia da fraqueza, mas também, antes dela, a da força. Qual das duas seria a pior? Naqueles meses de 1945, quando N largou de mim e pude me dedicar inteiro à política, estávamos saindo de oito anos de Estado Novo, codinome da ditadura getuliana: odiávamos a covardia do poder, mas convivíamos com a outra, a dos oprimidos.

Éramos parte de uma, digamos, aristocracia, uma elite; membros, filhos, dependentes ou servidores de uma ordem social supostamente tolerante, paternalista, que vinha já de bem longe; os oito anos de estadonovismo haviam sido apenas o último degrau da escada, uma escada que subia e descia, percorria às vezes longamente, monotonamente, as profundezas, antes de subir como as baleias para tomar ar e mergulhar de novo. O país de que tanto nos orgulhávamos em 1945, o Brasil do tenentismo e da Semana de 22, da Força Expedicionária e da democracia nascente, era em verdade um país que se fizera ao longo de quatro séculos de escravidão, três deles sob o peso e as restrições de um triste regime colonial. Pode-se dizer que do regime colonial salvou-nos, sem querer, Napoleão Bonaparte; assim como da escravidão sairíamos, ao longo de um sofrido século XIX, graças em boa parte à influência inglesa. (Que o diga Joaquim Nabuco.) Quatro pesados séculos de escravismo, pois, se contrapunham a apenas quatro ou cinco décadas de uma República ainda insegura, sem rumos firmes, conduzida por oligarcas criados e cultivados no autoritarismo de um retrógrado universo rural. Um país imenso, a população pequena, rarefeita, espalhada entre os vãos de um vasto arquipélago urbano, de São Luís do Maranhão ao Rio Grande do Sul; um povo de analfabetos e semianalfabetos, índios e negros, cafuzos e mulatos, conduzidos por uma reduzida elite, e entretanto curiosamente aberto aos ventos do largo: a casa grande e sua continental senzala iam espantosamente misturar-se aos imigrantes europeus do Sudeste e do Sul, para produzir, na verdade explodir, 60 anos depois, nesta democracia inesperadamente rica e fabulosamente corrupta do Lula (e do Fernando Henrique também).

Em 1945, nós, estudantes, tínhamos uma mais ou menos vaga consciência de tudo isso, mas só tínhamos olhos para o futuro. Acreditávamos piamente nos heróis (de então); acreditávamos não só em Luís Carlos Prestes, mas no camarada Stalin, líder de todas as Rússias; acreditávamos até mesmo nos africanos e na própria África, nos Mobutos e nos Mugabes da época, líderes tribais de partido único, Idis Amins, algozes e facínoras diversos transformados em ícones da esquerda, da sociedade livre e fraterna do futuro...

Pois o futuro aí está. Por que ficar lembrando tolices antigas, quando hoje tudo é novo e os moços têm com certeza mais com que se preocupar? Páginas atrás deixei aqui registrado o meu aborrecimento com o tempo neste ano novo de 2012; janeiro mostrava-se nevoento e chuvoso, nem frio nem quente, morno. À medida que fevereiro se aproximava, entretanto, o tempo firmou-se, surgiram semanas de céu azul, embora a névoa persistisse, esbranquiçando as manhãs e refrescando as madrugadas. Bendita névoa! É ela que salva os cariocas, amigos do mar. Quando falta a névoa, o calor do verão é tórrido, pesado; mesmo com céu nublado, tapado de nuvens, o mormaço pesa nos ombros desde manhãzinha. Já falei disso nestas *Reminiscências*, mas falo outra vez porque esse é um milagre que me encanta, adoça meus dias e parece cada vez mais forte e mais frequente à medida que aumenta a queixa dos ecologistas. Há uma corrente de águas frias, no mar, que vem do polo e, não sei por quê, aflora precisamente aqui, sempre aqui, em Cabo Frio, que por isso mesmo chama-se frio. Quanto mais gelo derrete no polo, mais forte e volumosa fica a corrente e mais ela se encosta nas praias do Rio. Diria até que ela se encosta na cidade, em verões como este de agora, com langor; ela se entrega ao Rio, embora o Rio verdadeiro resista; o Rio da Central do Brasil, cujos trens ainda ontem foram depredados por passageiros descontentes, o Rio da avenida Brasil e das fábricas, esse Rio pobre, distante do mar, que a televisão distrai, mas também educa (e deseduca), incita, estimula, orienta e desorienta... É a corrente do polo que nos traz quase todos os anos golfinhos, pinguins e até baleias. As baleias eram outrora mais frequentes e numerosas; há quem acredite que a própria baía de Guanabara era refúgio preferido dos cetáceos que aqui vinham acasalar-se e procriar; a pedra do Arpoador, na ponta leste da praia de Ipanema, ganhou seu nome por isso: do alto da pedra era mais fácil ver as baleias com seus filhotes, entrando ou saindo da baía, e apontá-las aos barcos dos arpoadores. Quem teriam sido esses arpoadores, matadores das mamães baleias? É de supor que fossem cidadãos civilizados: portugueses, holandeses, bretões, talvez os mesmos bretões de Saint Malo que descobriram e primeiro colonizaram as Malouines, Malvinas, as mesmas que depois viraram espanholas e afinal inglesas e se tornaram as atuais Falklands, hoje cobiçadas pelos irrequietos argentinos. Quanto aos índios pré-cabralinos, brasileiros *avant la lettre*, selvagens silvícolas, não tinham *know-how* nem barcos para arpoar baleias. Ou tinham?

Pelo menos uma santa vez, nos anos 60, pegando "jacaré" nas ondas da pedra do Arpoador com um bando de amigos, lembro-me do susto que me deram dois pinguins, surgindo inesperadamente ao meu lado, a um palmo ou dois do meu ombro, e logo mergulhando e nadando com espantosa rapidez, para aparecer outra vez adiante, como se a praia fosse deles e não nossa. E a água nem estava muito fria naquele ano; era um mar típico de verão: água límpida, azul, temperatura agradável. Animaizinhos atrevidos, os pinguins, alegres e espertos, sequer tomavam conhecimento daqueles grandes e lerdos *homines sapientes* tentando vê-los melhor e mais de perto.

Mas há outra lembrança, bem mais forte e funda do que essa dos pinguins e que também se passa no mar, que quero muito contar aqui, embora me falte tantas vezes o ânimo. Conto ou não conto o diabo da lembrança? Ela é tão bonita, tão simples; talvez se perca, contada por mim. Melhor talvez fosse pedir à Colette que a incluísse num dos seus livrinhos, mas Colette tem contrato com a Gallimard, o que pode dificultar as coisas; e como descobrir um *e-mail* capaz de alcançar minha antiga vizinha do Palais-Royal, lá onde ela está desde que se mudou?

Num dia de janeiro como ainda ontem, um dia claro de sol e luz, mas há muitos e muitos anos, ainda quase no tempo das diligências, um pequeno navio de passageiros, talvez um ita da Costeira, talvez um naviozinho do Lloyd Brasileiro, zarpou do porto do Rio de Janeiro rumo ao Norte, numa viagem das mil e uma noites. Levava a bordo uma caravana de estudantes da Escola Nacional de Belas-Artes conduzida por Fernando Pamplona, então perene e querido presidente do Diretório Acadêmico da escola. Ao todo, a caravana não teria mais de 25 ou 26 pessoas; incluía uma professora da escola (talvez Georgina de Albuquerque, mas não estou bem certo) e um representante da UNE, entidade que promovera a viagem, patrocinada pelo Ministério da Educação e pelo governo da Bahia; o motivo, ou pretexto, eram as comemorações do IV Centenário da cidade de Salvador que se aproximava e cujos festejos iam se tornando a menina dos olhos do governador da Bahia, Otávio Mangabeira. A Belas-Artes, na universidade daqueles anos, era uma orquídea num canteiro de rosas ou camélias; uma exceção. Na Faculdade de Direito, onde eu estudava, minha turma tinha apenas duas alunas, duas bravas jovens da Tijuca ou do Andaraí, perdidas numa classe de mais de 40 ou 50 marmanjos das mais diversas procedências; dois ou três deles, e dos mais brilhantes, vinham do Espírito Santo. Essa era a regra na Universidade do Brasil, mas não na Belas-Artes, onde predominava amplamente o gênero oposto: meninas, meninas-moças, raparigas, jovens senhoras, algumas poucas casadas e, até, um tanto matronais. Os homens eram minoria e, em geral, mais maduros, e a escola tinha ainda a distingui-la um ar mais boêmio, menos próximo da severidade científica e matemática, digamos, da Politécnica, instalada na praça Tiradentes. A caravana organizada pelo Diretório Acadêmico refletia essas peculiaridades. Éramos meia dúzia de marmanjos misturados a pouco mais de dúzia e meia de meninas e jovens senhoras. Entre os homens, além do Pamplona e deste então representante da UNE, havia pelo menos mais dois que ficaram na lembrança; um era um jovem pintor, o Palmeira, que gostava de contar histórias do tempo em que servira no Exército; dentre elas, a que fazia mais sucesso era a da castração *manu militari* de um burro que servia à tropa: os pormenores da cirurgia e o entusiasmo e a vibração do Palmeira ao recordá-los eram, como diria o Eça, d'escachar. O segundo personagem era um senhor mais velho, negro, alto, barbudo, embora de ar modesto, aluno de história da arte e muito querido e respeitado por seus colegas. No bando numeroso das alunas havia pelo menos quatro, digamos, adoráveis; chamavam-se Dora, Fani, Ester e Renina; e já no primeiro ou segundo dia de viagem, havíamos formado com elas um pequeno grupo que se reunia no fim da tarde para apreciar o pôr do sol do alto de uma ponte envidraçada na proa do navio, onde não ia quase ninguém. O ano era 1948; o mês, janeiro. Das moças, as duas mais jovens, Dora e Fani, pareciam (e eram) calouras ainda, leves e louras em sua despreocupação e seu encanto pela aventura da viagem. As outras duas, Renina e Ester, eram mais maduras, mais sérias, estavam já no seu penúltimo ano como alunas de Belas-Artes. Indo e vindo de Salvador, passamos a bordo do ita cerca de uma semana; e mais três semanas em Salvador, na praia da Barra, numa pequena pensão alugada em nosso benefício pelo governo do estado; a pensão ficava numa rua de trás, já na encosta do morro, e a vista era deslumbrante. A praia, embaixo, e o histórico farol na ponta, durante os dias da semana, eram quase que só nossos; entre as pedras no sopé do morro, o mar formava pequenas piscinas de água límpida e o único risco eram os ouriços numerosos. Havia ainda os passeios e excursões organizados pelos nossos hospedeiros. Já no dia 2 de fevereiro, Dia de Iemanjá, fomos ver os festejos dos pescadores no Rio Vermelho; e logo vieram os dias e noites do Carnaval baiano, os bailes tradicionais nos clubes; os desfiles e os blocos pelas ruas do Centro; não havia ainda, então, "trios elétricos", e o Carnaval baiano parecia, com seus agogôs, mais autêntico, mais africano do que o nosso; os blocos de populares dançavam em fila indiana, os foliões um atrás do outro, cada um com o seu instrumento; o ritmo do batuque me pareceu mais sério e profundo, quase sagrado, menos alegre e barulhento do que o nosso ou o frevo do Recife.

Curiosamente, não consigo lembrar se houve ou não escala em Vitória na ida ou na volta; mas me lembro nitidamente de uma manhã em que o navio estava ancorado a uma certa distância do cais e eu, debruçado sobre o mar no tombadilho, procurava acompanhar o ritmo das ondas lambendo o casco. Lembrei-me, então, do que anuncia a Bíblia – No princípio era o Verbo – e pensei que antes do Verbo, no caso o Verbo divino, havia de ter vindo o ritmo, o balanço, o movimento que dá sentido às palavras e frases, às coisas e à própria vida, enfim. No princípio era o ritmo. No mar, mais do que em terra firme, isso parece claro, mesmo para alguém que já não consegue lembrar se a cidade tão próxima era Vitória ou, quem sabe, Porto Seguro.

Entre as quatro meninas-moças e o representante da UNE espontaneamente formou-se, desde a primeira tarde a bordo, o que se poderia com alguma maldade chamar um *ménage à cinq*, já que eram cinco os personagens e não apenas três, como no cinema francês. Tudo começou com simples beijos trocados quase como travessuras entre o jovem representante e a mais inocente das meninas, que era Fani. Mas logo Dora quis também, e as outras duas, mais sábias e pacientes, rindo e se divertindo, esperaram sua vez, que viria mais tarde, depois do jantar. Fani e Dora, ao serem beijadas e acariciadas, gemiam e se torciam quase como se estivessem sendo possuídas. Fani era a mais atraente, a mais pura, a mais tentadora; Dora tinha talvez no sangue um perdido gene sadomasô, uma atração pela dor e pelo sofrimento: mordia, provocava. Soubemos, depois, que em outras excursões com as colegas, a Petrópolis e a cidades próximas, fugia de casa à noite e voltava com o rosto e o corpo cheio de manchas e marcas que mostrava às amigas assustadas. Um ou dois anos mais tarde, a encontramos num restaurante da moda, casada com um desembargador de um tribunal do Rio, homem bem mais velho, muito sério ao seu lado, com ares solenes de proprietário.

Das tardes e noites de bordo, nosso *ménage à cinq* estendeu-se aos passeios e festejos de Salvador e é mesmo provável que, pelo menos nos bailes de Carnaval, o número de participantes tenha crescido consideravelmente. Mas, a bordo éramos sempre cinco, embora no próprio coração do *ménage*, no seu delicado equilíbrio interior, fossem acontecendo mudanças significativas. A atração pelas mais jovens não arrefeceu, mas o vínculo entre o representante e as outras duas acentuou-se e na viagem de volta já quase sufocava os impulsos divertidos e alegres, despreocupados, do início; principiavam as coisas a tornar-se mais sérias.

A família da Ester (Neugroschel) tinha um belo apartamento na praia de Ipanema, num daqueles sólidos e simpáticos prédios de seis andares dos tempos anteriores a Carlos Lacerda e Chagas Freitas. Logo depois da volta ao Rio, Ester convidou o representante da UNE a ir vê-la, num início de noite em que seus pais haviam saído para o teatro. Sentaram-se os dois no sofá da sala, abraçados, mas, apesar do mútuo carinho e da atração forte, as coisas não alcançaram o ponto sem retorno que deviam talvez alcançar. Houve para isso com certeza razões íntimas, pessoais; mas havia também, sobretudo, o código de honra da época, que mandava respeitar a virgindade das moças até o casamento. Ou, como gostava de dizer uma amiga minha, anos depois: "Da cintura para cima, tudo; da cintura para baixo, nada..." Mesmo em Praga, na Tchecoslováquia comunista, era, ia ser, também assim, embora os motivos fossem bem outros. Frequentador quase diário da praia de Ipanema, o representante da UNE, muitos anos mais tarde, acreditou reconhecer certa manhã, na beira do mar, uma moça que só podia ser filha da Ester; os mesmos olhos, o mesmo rosto, o mesmo tom de pele, o mesmo ar alegre e decidido; apenas um pouco mais alta e esbelta que a Ester de outrora. Reencontrou-a muitas e muitas vezes depois, mas a moça o encarava com desconfiança e certamente não imaginava que ele pudesse ser apenas um antigo amigo enamorado de sua mãe.

Das quatro meninas do navio, Renina era a de rosto mais bonito, mais belo até e mais sério; nariz forte, olhos verdes, grandes, belíssimos, escondidos sempre por trás de óculos *Ray-Ban*. Sua família morava no Leme, numa rua com nome de general, diante do morro. Seu pai chamava-se Froim Katz; era um homem pequeno, feio, mas de olhos expressivos. Renina tinha um irmão menor que se parecia muito com o pai e era bonito; talvez o pai fosse também assim, quando moço. Feio ou bonito, no entanto, Froim marcou muito a vida dos seus, e menos pelas vitórias do que pelas derrotas; era um comerciante nem sempre bem-sucedido e sua loja de rádios e aparelhos domésticos estava em nome de sua filha. Fumava maços e maços de um cigarro popular, barato e forte, Yollanda 500, que o fez morrer cedo de enfisema, depois de meses de muito sofrimento. Felizmente, nesses tempos piores, Renina já se tinha casado e vivíamos em São Paulo. Falei muito da Renina em partes anteriores destas *Reminiscências*; mas há ainda muitíssimo mais para contar. Renina tem a mesma idade minha e, até, mais dois meses, porque é do fim de dezembro e eu do princípio de março; nasceu 60 dias antes de mim. Hoje deve estar sossegada entre seus muitos amigos de São Paulo, que são meus amigos também; e filhos e netos de amigos. Renina nasceu e cresceu artista, mas em São Paulo virou professora, não só no museu do Bardi e do Flávio Mota, e na Universidade de São Paulo, mas em casa: entre seus melhores discípulos e os que mais a adoram, pelo que andei sabendo, estão as filhas e filhos do Roberto Gusmão e do Thomas Farkas e da Melanie. Eu mesmo fiquei para trás e, de umas duas ou três décadas para cá, fui posto para escanteio. Naqueles meses já distantes, depois da viagem a Salvador, o nosso namoro custou um pouco a engrenar. Ficávamos de longe, um acenando para o outro, sem coragem de mergulhar em terra firme como havíamos feito no mar... Eram tempos muito loucos; eu era diretor da UNE e líder estudantil numa época em que tudo estava sendo construído ou reconstruído; era também moleque de praia em Copacabana, embora tivesse deixado essas últimas responsabilidades, temporariamente, um tanto para o lado.

Mas, não de todo. Lembro-me de que, nessa época, uma das nossas grandes preocupações, minha e do Carlinhos Mota, era descobrir como fazer para encontrar absinto; queríamos beber ou ao menos provar absinto. Líamos os livros, os romances franceses, embebíamo-nos dos quadros do Cézanne, achávamos que podíamos reinventar um pouco da Paris da *Belle Époque* aqui no Rio; pois não era isso o que tinham feito Mário de Andrade e os heróis da Semana em São Paulo? Perguntávamos às pessoas mais velhas, que haviam sido jovens nos anos finais da própria *Belle Époque*, se não tinham o mapa da mina. Afinal, dona Eugênia, mulher do Alvinho, nos indicou uma antiga casa de bebidas na Cidade, na rua Larga, quase na esquina da avenida Rio Branco. Lá enfim encontramos algumas garrafas de um *Pernod*, fabricado na Espanha, que conteria absinto. A história, ficamos sabendo depois, era a seguinte: o absinto é uma plantinha, um pequeno arbusto que nasce nos Alpes a partir de uma certa altitude; produz umas frutinhas cuja essência é um veneno mortal; entretanto, usado para fins medicinais em proporções mínimas e, também, em mistura com diversos outros componentes, principalmente anis, na fabricação de vermutes como o *Pernod*. Bebe-se em geral misturado com água, o que produz uma infusão esbranquiçada, leitosa, caracteristicamente amarga. Na França, já há algum tempo, o absinto havia sido proibido, mas o *Pernod* da rua Larga, fabricado na Espanha pela antiga fórmula tradicional, continha ainda a dose do veneno. As garrafas – grandes, belas, solenes – lá estavam na prateleira, esquecidas; e não custavam tão caro. Podem vocês imaginar o quanto ficamos famosos e paparicados, o Carlinhos Mota e eu, desde que começou a correr em Copacabana e adjacências a notícia da nossa redescoberta do absinto.

Um dos nossos mais frequentes companheiros, naqueles dias, era o Ângelo, um rapaz também de família baiana que morava numa casa da Lagoa, vizinha da antiga residência de N, na esquina ou quase na esquina da Aníbal de Mendonça. A família do Ângelo lembrava uma dessas tribos inglesas, descritas pelo Evelyn Waugh; sua mãe era alcoólatra, quase sempre recolhida ao segundo andar da casa; raramente a víamos embaixo, junto ao bar, sempre aberto e onde pontificavam garrafas de vinhos de Málaga. O pai, um industrial (então presidente do Botafogo, se bem me lembro), não aparecia nunca; havia ainda uma irmã mais moça, a Milu, menina morena bonita e delicada, muito graciosa, mas de caso firme com uma das filhas do Odilon Braga, deputado mineiro, líder importante da oposição udenista. Anos mais tarde, tornei-me muito amigo também de duas das filhas do Odilon, e fiquei sabendo até de outros inocentes mistérios da família, mas da Milu não tive mais notícia.

O Ângelo tinha um carrinho europeu, um MG com teto solar; acho que foi mesmo o primeiro carro com teto solar que apareceu por aqui. Gostava de dirigi-lo de pé, com a cabeça e os ombros para fora, no alto, usando apenas os joelhos e os pés para manter o guidom e os pedais na posição conveniente. Fazia isso em pleno dia, nas ruas de Copacabana, descendo a Miguel Lemos, por exemplo, e cruzando a Barata Ribeiro, e a aposta era saber por quantos minutos conseguiria manter-se de pé sem bater em eventuais obstáculos. Nós o acompanhávamos nessas sortidas, breves sortidas que felizmente não produziram vítimas, apenas alguns sustos e muitas risadas. Uma noite, estávamos os três no Alcazar, então o bar da moda, na praia, perto da Djalma Ulrich, bebendo o nosso *Pernod*, quando fomos convidados por dois então célebres atores de teatro, um louro e outro moreno, a ir ao seu apartamento que ficava do outro lado da rua, beber com eles; em troca do nosso absinto, ofereciam-nos *champagne millésime Dom Perignon*. O apartamento era num andar razoavelmente alto, mas o que nos surpreendeu foi a maneira modesta e o elegante recato com que era decorado; era como se fosse um apartamento de *jeune fille* ou, antes, de *jeunes mariés*. Um pequeno piano na sala, toalhas rendadas ou bordadas, *bibelots* e *bric-à-bracs* por toda parte, até o casto e bem-composto quarto de dormir com sua grande cama de casal. Os dois eram dois rapagões altos e parrudos com fama de valentes; talvez o apê tivesse sido decorado pela senhora mãe de um deles; de um modo ou de outro, os dois pareciam muito satisfeitos e à vontade em seu ninho. Lembro-me do nome de apenas um deles, Orlando Guy; não me lembro do nome do outro; pensei que pudesse ser o Cecil Thiré, filho da Tônia, mas não: o Cecil é de 1943, teria apenas cinco anos. Também não me lembro se havia ainda outros convivas, mas a alegria naquela noite ganhou impulso, e logo começamos a jogar pela janela os copos, que estouravam lá embaixo no asfalto da rua com um ruído a um tempo brilhante e cavo, abafado pela distância. Nem num casamento grego se faria melhor. O Rio era ainda o Rio de antes do *Encontro marcado*; uma cidade ainda tranquila onde a partir de certa hora da noite já não havia mais ninguém nas ruas. O próprio Rubem Braga, que morava bem ali, quase ao lado, com a Zora, acabava de voltar da guerra, ia ainda instalar-se no seu poleiro definitivo, diante do mar de Ipanema. Quase tudo estava ainda por fazer...

Os festejos do absinto terminaram logo depois. Tinham chegado as férias de junho, e meu pai havia levado a família para passar umas semanas numa casa de campo em Vassouras, com direito a charrete, estábulo com gado de leite e o resto. Eu ficara no Rio, subia apenas num ou outro fim de semana. Renina continuava distante, e imaginei que o jeito de atraí-la fosse talvez uma bela festa na casa vazia da praça Eugênio Jardim. Uma festa no modelo das que Burle Marx às vezes dava em sua grande chácara do Leme, embora, é claro, mais modesta. As festas do Burle Marx tinham bondes especiais "de ceroulas" fornecidos pela Light, para conduzir os convidados, dezenas e dezenas deles, e eram à fantasia. À nossa, convidamos apenas os amigos mais próximos, estudantes da Belas-Artes e da Arquitetura, colegas da direção da UNE e da Faculdade de Filosofia. Deixamos a casa às escuras, iluminada apenas por fracas luminárias nos cantos e nas escadas; viramos para a parede a cristaleira da sala de jantar e protegemos com mantas os sofás e poltronas. A música era apenas a vitrola no salão central; moças e rapazes podiam vestir-se, ou não, como quisessem. Era, portanto, uma festa planejada para ser discreta e até silenciosa, quase misteriosa. Ainda assim, depois de algum tempo, a animação e o entusiamo de alguns dos convivas nos levaram a falar cada vez mais alto, a cantar, a fazer proclamações diversas, algumas de caráter apenas romântico, outras de caráter cívico. O fato é que, a certa altura, o vizinho da casa à esquerda da nossa, uma família matogrossense que recebia frequentes visitas do Filinto Müller, simplesmente chamou a polícia e, de repente, não mais que de repente, uma viatura da radiopatrulha, novo serviço policial que vinha apenas de ser inaugurado, estacionou diante do nosso jardim e policiais tocaram insistentemente a campainha do portão. Não havia Lei Seca naquela época; eram ainda os anos senhorialmente tolerantes do fim da primeira metade do século XX; ainda assim, julgamos prudente designar o Roberto Gusmão, então presidente da UNE e oficial da Reserva do Exército Brasileiro, ele havia cursado o CPOR, para tratar com os agentes e levá-los a desistir da investida. O Roberto teve êxito em sua missão; os policiais retomaram assento em sua viatura e se afastaram. Na verdade, a razão principal da escolha do Roberto Gusmão como o nosso delegado diante das autoridades era sua reconhecida condição de contumaz abstêmio; o Roberto não bebia, tomava apenas um gole ou outro para não constranger os amigos, exibindo exageradamente sua virtude. De todos os que estavam na festa, ele era talvez o único que não se tinha deixado levar pelos gloriosos vapores do absinto. Ele é assim, aliás, até hoje, nestes albores do novo milênio; recebe os amigos em sua casa de campo da "Baronesa", em São Paulo, serve-lhes vinhos de Bordeaux das melhores safras, *champagnes* magníficos e mais o que quiserem beber; bebe ele mesmo um copo ou dois do seu vinho preferido (houve tempo em que preferia um *Pomerol, Chateau La Conseillante*), mas sua alegria verdadeira é a companhia dos amigos, é vê-los animados e alegres lembrando histórias, hoje em geral, antigas histórias...

 Embora repelida pelo Roberto, a invasão da radiopatrulha e a ideia de que podíamos estar perturbando também vizinhos pacatos esfriaram um tanto os ânimos; decidimos então aceitar o convite do Ângelo que nos propunha transferir o que restava da festa, na já alta madrugada, para sua casa da Lagoa, onde, garantia ele, seríamos muito bem recebidos apesar do avançado da hora. Fomos todos, ou antes, um grupo grande foi, e o mais importante para mim é que a Renina foi também. Ela havia chegado à festa, na Eugênio Jardim, acompanhada por um colega da Arquitetura chamado Fábio; mas era apenas um amigo. Aos poucos nos reaproximamos, os dois, Renina e eu, mas a confusão era grande e só mesmo na etapa final, já na Lagoa, na casa do Ângelo, juntamos os trapos. Não tenho memória precisa do acontecido, mas estou certo de que foi naquela noite que o nosso caso se estabeleceu. Durou 20 anos, sem contar adendos e prorrogações, mas sem contar também viagens e travessuras, muitas e variadas, a partir do sétimo ano – a célebre *seventh year itch* dos americanos – que, ao menos no meu caso, aconteceu mesmo e na hora prevista, isto é, no sétimo ano de casados, embora seu efeito verdadeiro tenha sido apenas o de emprestar ao casamento uma dimensão nova, a da liberdade, o risco da liberdade, e isso sem tirar dele o que tinha de melhor, de mais puro e firme e forte, a aliança, o amor entre dois amantes que haviam unido suas vidas e deviam permanecer para sempre unidos, até o fim – conforme aliás ia acontecer à nossa volta com tantos casais de amigos.

> Não tenho muita paciência com minha memória.
> Às vezes me canso dela e proponho
> Separar-nos. Para sempre.
> Então ela sorri e me olha com piedade
> Pois sabe que seria o fim, o dela e o meu também.

Wislawa Szymborska separou-se afinal de sua memória no dia 1º de fevereiro último. Pertencia a uma estirpe de poetas pela qual tenho especial apreço porque são exatamente aqueles com os quais me entendo melhor, muitas vezes por cima de barreiras linguísticas consideráveis. *Memory creates the self*, dizem os ingleses. Os versos mostram o outro lado da moeda: *Self creates the memory*. Um não vive sem o outro, na verdade um e outro são uma só e mesma coisa e o melhor exemplo vivo que posso ter disso é o meu mais antigo amigo, Carlos Frederico Lopes da Mota, o Carlinhos Mota, que nos últimos anos foi perdendo a memória e pouco a pouco deixando de ser ele mesmo, até tornar-se cada vez mais um bolo de carne, nervos e ossos que já não reconhece mais ninguém, não se lembra do que fez na véspera e, enfim, só a morte pode salvar, a mesma morte que piedosamente por tanto tempo afastamos dele...

Esta manhã, eu mal tinha acordado e fazia ainda minhas abluções matutinas quando chegou M e me disse com um meio sorriso triste: "Não sei se você já está sabendo, mas o Millôr foi-se, bateu asas esta noite; acabou-se." Já quase não se fala mais nisso, mas Millôr havia sido abatido por um AVC, um violento derrame cerebral, numa noite do mês de janeiro de 2011, e há 14 meses, até as vésperas desta Semana Santa de 2012, permanecia estirado no leito, mergulhado em um coma a princípio profundo, depois do terceiro mês mais leve, variável, e que lhe permitia às vezes reagir, responder a uma pergunta, apesar dos aparelhos espetados em sua garganta e seu corpo e que lhe permitiam respirar ainda e viver. Um dos amigos que primeiro foram vê-lo, quando pela primeira vez despertou do coma, talvez em abril de 2011, foi Gravatá, o fiel e paciente Gravatá que tão intimamente se ligara nos últimos anos, melhor seria dizer nas duas ou três ou quatro últimas décadas, ao mestre e amigo. Gravatá perguntou ao Millôr o que ele sentia e Millôr respondeu: Medo. Sentia medo, muito medo, mais do que dor e sofrimentos diversos, indizíveis, inúmeros.

Millôr, Millôr. MILLÔR! Escrevo à mão armada de caneta esferográfica num desses cadernos de espiral e é fácil para mim desenhar no papel letras enormes, garrafais, como você mesmo gostava de fazer, exaltando-se justificadamente a si próprio no alto da página; Millôr, um nome a zelar! Mais tarde, estas linhas serão digitadas por M, registradas na memória de um computador – computa, computador, computa – depois impressas em folhas de papel, revistas cuidadosamente como se merecessem especiais cuidados e, afinal, quem sabe um dia, na época julgada própria, reunidas em livro e publicadas pela Bem-Te-Vi, senhora dos direitos e do carinho deste autor, embora na verdade fosse talvez mais simples e prático e quem sabe mais eficaz apenas esticá-las, as linhas, infinitamente, via internet, pelos espaços siderais, para que se perdessem mais depressa no fundo dos tempos onde vamos nos perder todos, bichos viventes, nós e tudo o que obramos, às vezes com tanto sofrimento e tão vastas esperanças.

Talvez esteja chegando a hora de cerrar as portas deste estabelecimento. Há ainda muita mercadoria nas prateleiras, mas o dia está acabando, já há pouca gente nas ruas, melhor é fazer como Ricardo Darín e fechar o caixa, trancar portas e janelas, descer a cortina de ferro da frente e passar a chave no cadeado. Ricardo Darín é um ator de cinema argentino querido dos cariocas ipanemenses, mais vale seguir-lhe o exemplo. Comecei estas *Reminiscências* falando de amigos antigos, ainda dos tempos do Partidão, anteriores a 1956: Mário Schenberg, Luís Hildebrando, Paulo Rodrigues; quase todos morreram, uns poucos restaram. Agora vai-se o Millôr. Sem seu empurrão, seu estímulo, eu não teria embarcado nesta canoa. Mas ele queria romances de verdade e não apenas lembranças; romances talvez como os do seu amigo Paulo Francis. Ele era muito ligado ao Francis e sentiu muito sua morte, há uns anos; os dois vinham juntos de longe, pelo menos dos tempos da revista

Senhor, onde estava também o Newton Rodrigues. Dou-me conta agora de que falei pouco, nestas *Reminiscências*, do Paulo Francis; devia ter falado mais. Acho que já contei que devo a ele meu primeiro cartão de crédito, um cartão do Diners que me financiou uma inesquecível viagem de núpcias clandestinas a Paris, inesquecíveis núpcias; encontrávamo-nos num pequeno hotel a meio caminho naquela ruazinha que acompanha os Champs-Élysées já perto do Arco do Triunfo, hotel pequeno, mas discreto e muito confortável e cheio de não me toques, naquela época. Era primavera e Paris era uma alegria só. Um fim de tarde fomos visitar uma tia mais velha da minha namorada, que havia há longos anos perdido o marido e vivia só num apartamento próximo; era uma mulher sábia, bem vivida e encantadora, que me deu, diretamente ou através da sobrinha, sábios conselhos que muito me serviram. Mas, nesse episódio parisiense, PF entrou apenas com o cartão e ele era capaz de muito mais do que isso. Chamava-se, na verdade, Franz Paul Heilborn e dele se poderia dizer – parodiando o que se diz dos argentinos – que era um alemão que falava português e pensava que era inglês, mas inglês de verdade, um Kenneth Tynan, um Laurence Olivier, um Charles Laughton. Francis era, antes de tudo, homem de teatro, ator e personagem que enchia todo o palco; sendo pessoa de gosto e cultura, sentia-se homem do teatro inglês, o melhor do mundo, mais do que do nosso, e talvez por isso acabou vivendo em Nova York, embora com um palco só para ele, voltado para a terra dos seus cuidados, que era aquela onde tinha nascido. Francis morreu abatido por um tiro da Petrobras que o apanhou um tanto pelas costas, quase exatamente da mesma maneira como havia caído, dez anos antes, em São Paulo, Cláudio Abramo, traído e perseguido pelo diretor do jornal em que trabalhava; tanto Paulo como Cláudio morreram vitimados por infartos na hora do café da manhã. O infarto do Paulo foi inicialmente diagnosticado como bursite e tratado com injeções de novocaína no ombro; o do Cláudio mostrou-se igualmente traiçoeiro.

Nesses longos anos em que labutamos na imprensa brasileira, nossos jornais passaram pelas mãos de reis e rainhas diversos. No início, digamos, até o início dos anos 60, reinava a crônica, e o soberano absoluto era Rubem Braga; a crônica não se apagou, multiplicou-se e pariu príncipes diversos, mas logo veio por trás dela a coluna, que nasceu de fontes, digamos, menos límpidas: era, no início, crônica social, noticiava casamentos e batizados, às vezes à sombra de um ou outro escândalo... Jornais sérios e sóbrios não tinham colunas: o *New York Times* e o *Estadão* não tinham, e seus redatores olhavam com desprezo um jornalismo que se fazia com notinhas de dez ou 15 linhas separadas por asteriscos. Mas a coluna vingou, venceu e atingiu as culminâncias com Ibrahim Sued, no *Globo*, que se tornou, nos anos da ditadura militar, o jornalista mais influente do país, talvez mesmo mais do que seu próprio patrão, Roberto Marinho. A coluna foi na verdade uma febre que revolucionou a imprensa; era um jornalismo novo, prático, esperto, fácil de fazer e de ler, eficaz e maleável; não exigia talento verdadeiro do redator, embora também não o proibisse. Colunas de todos os tipos e feitios; e podia-se sempre suprimir uma nota ou plantar outra de última hora com endereço mais certo, desde que se preservasse o tom e o equilíbrio do conjunto. O melhor e o mais elegante dos colunistas foi sem dúvida Zózimo Barroso do Amaral, que era, além do mais, excelente figura de colega, amigo e companheiro. Zózimo aprendeu o ofício no *Globo*, para onde voltaria no fim da carreira, mas abriu realmente as asas no *JB*, em sua grande fase. Dizia o doutor Brito, patrão do *JB*, que o jornal esteava-se em duas colunas: o Castelinho no primeiro caderno e o Zózimo no segundo; mas o *JB* tinha na verdade pencas de colunas e até mesmo uma oficial ou oficiosa, o *Informe JB*. Era tido como o melhor jornal do país, ao menos em termos formais, enquanto em São Paulo começava a crescer a *Folha*, transformada numa espécie de vasto jornal mural de colunas variadas, diante do *Estadão*, ainda contido por hábitos e princípios antigos. Na *Folha* embarcou Paulo Francis, onde forjou sua supercoluna que tomaria uma página inteira do jornal. Francis, no Rio, era antes de tudo o amigo e companheiro de Ênio Silveira na editora Civilização Brasileira; andavam os dois sempre juntos e solidários. Já falei do Ênio e de sua exemplar figura de comunista e editor de livros em capítulos anteriores destas *Reminiscências*; mas o Francis não se ocupava apenas de livros.

Em setembro de 1966, quando voltei dos Estados Unidos, o *Correio da Manhã* era ainda o grande jornal do Rio e do Brasil, e seu redator-chefe, que viria a ser o último da série histórica, era Newton Rodrigues. Newton lançou, na época, o IV Caderno do *Correio*, publicação dominical que alcançou logo grande repercussão. O caderno tinha dois articulistas (ou colunistas) "residentes": o Francis, que escrevia sobre teatro e artes em geral, e este modesto escriba, que escrevia sobre política e coisas como a crise racial, então fervendo nos *States*, e suas semelhanças e dessemelhanças, históricas ou não, com a mesma crise racial entre nós. Eram meses tumultuados, aqueles, e não só nos Estados Unidos, com os seus "verões sangrentos", mas também aqui, na pátria amada. Quase todas as noites, reuníamo-nos na casa do Hélio Fernandes, atrás do Jardim Botânico; além do Hélio e sua Rosinha, lá estavam quase invariavelmente o Ênio e o Francis, Millôr, Newton, Flávio Rangel, quantos mais? O Hélio era, então, lugar-tenente do Carlos Lacerda; dirigia a *Tribuna da Imprensa* (onde eu havia escrito uma coluna na segunda página, durante dois anos, até meados de 1964), e seu projeto pessoal, sua confessada ambição, era chefiar a Casa Civil de Lacerda, quando este chegasse à presidência, se chegasse um dia, hipótese que parecia esvair-se então. Francis, ao contrário, antes de 1964, havia escrito na *Última Hora*, de Samuel Wainer, no auge da batalha do jornal contra Lacerda; mas, passados já quase três anos da deposição de Jango e do estabelecimento do regime militar, reuníamo-nos todos, ali, como amigos fraternos ou quase isso, e discutíamos furiosamente, ferozmente, pessoas, fatos, ideias, projetos, teorias; um diretor da *Tribuna*, outro do *Correio*, outro da sucursal do *Estadão*, outro da Civilização Brasileira, um humorista implacável, um diretor de teatro, um feroz polemista... Pena que a Rosinha, dos seus aposentos no segundo andar, de onde podia ouvir o vozerio dos discutidores, não tenha gravado nada, nenhum precioso testemunho, nenhuma frase inesquecível. Dizia Rosinha a suas amigas que às vezes o vozerio cessava e parecia haver um momento de silêncio; era quando tomava a palavra este escriba, espécie de antiorador cuja voz já então não ia muito longe... A casa do Hélio e da Rosinha continuou a ser ponto de encontro de jornalistas e intelectuais pelos anos afora, embora o elenco de visitantes mudasse. Hélio era pessoa extraordinariamente bem-dotada, senhor de habilidades e recursos intelectuais e manuais incomuns, quase assustadores. Dirigia um carro, no caos urbano noturno, quando queria (e quando não havia a bordo senhoras nervosas), com a audácia, a rapidez e a precisão de um desses pilotos dos filmes de bandido de Hollywood; era campeão internacional sul-americano de sinuca; imbatível em jogos de cartas caríssimos no Jockey e em clubes especializados da cidade; além de feroz e impiedoso jornalista e crítico de costumes, na linha de Carlos Lacerda e da banda de música da bancada udenista no Congresso; e não bebia nada, nunca, a não ser coca-cola e água mineral. Convencera-se, entretanto, de que os grandes impérios jornalísticos haviam-se, todos ou quase todos, formado a partir de torpezas, achaques e chantagens diversos; em suma: que o jornalismo marrom era a fonte primeira das grandes potências jornalísticas: os *Diários Associados* de Assis Chateaubriand, o *Globo* dos Marinho, o próprio *Correio* dos primeiros tempos. E ele, Hélio, estava decidido a pagar o suposto preço desta aventura, desde o início... Essa espécie curiosa de "escolha de Sofia" levou-o a associar-se cada vez mais a escroques e bandidos na administração da *Tribuna*, e a romper com amigos chegados e, até, com seu adorado irmão Millôr, com quem só veio a fazer as pazes depois de dezenas de anos de estranhamento, ainda agora, depois de morta a *Tribuna* e poucos meses antes do AVC do Millôr.

Diz-se em Minas Gerais que a esperteza, quando é grande demais, acaba engolindo o espertalhão. No caso do Hélio, a grande potência jornalística não chegou a haver, desfez-se antes de fazer-se; ficou só, cada vez mais só, o jornalismo marrom. A ideologia lacerdista que no início o inspirava esfumou-se; o próprio Carlos Lacerda morreria aos 63 anos, em 1977. Há umas tantas dezenas de anos, bem antes do fim do século, quando o jornal já não vendia mais do que uma ou duas centenas de exemplares, um veterano redator da *Tribuna*, vindo ainda dos tempos do entusiasmo lacerdista, cercou o Hélio no calçadão da Lagoa, onde ele fazia seu *cooper* matinal, e derramou-lhe sobre a cabeça um balde de tinta marrom. Muitos gostariam talvez de ter feito coisa parecida, mas, por que apenas o Hélio? Por que não o Chatô e outros tantos bem-dotados gênios da mesma raça, alguns deles bem próximos de nós? Por que só um pequeno perdedor, entre tantos ilustres ganhadores? Uma das razões que apressaram minha saída da *Tribuna*, logo depois de vitoriosa a revolução de 64, apesar do bom salário que me era pago todos os meses com um cheque pessoal do Hélio Fernandes, foi o sistemático e vicioso apoio da *Tribuna* aos "revolucionários" civis e militares que montavam inquéritos, IPMs e processos contra governos estaduais e autoridades diversas apenas para tomar-lhes os cargos e funções. Meu amigo Roberto Gusmão acabou sendo uma das vítimas dessa espécie de "avanço" revolucionário, mas houve muitos outros casos bem mais importantes logo no início, em Goiás, em Minas e no Nordeste. Eu aceitava, embora estranhasse, os cheques do Hélio, assim como havia aceitado o empréstimo da Caixa com o aval do Juscelino e iria aceitar, mais tarde, metade do meu salário, no *JB*, em dinheiro vivo, num saco de papel pardo posto discretamente por uma secretária sobre minha mesa de diretor.

Eram ossos do ofício. Nos tempos do IV Caderno, eu esperava passar oito ou dez domingos antes de ir a um guichê da tesouraria do jornal receber meu pagamento; suponho que o Francis fizesse o mesmo; o que o *Correio* nos pagava era tão pouco que oito ou dez semanas, oito ou dez artigos, mal compensavam o tempo e o esforço de ir até lá receber. *O Correio*, o grande jornal da capital da República, pagava miseravelmente a seus colaboradores; um pouco menos miseravelmente, talvez, a seus repórteres e redatores, os quais, em compensação, eram em geral funcionários públicos e empregados de grandes firmas da praça, a começar da Light, a grande empresa canadense da luz e dos transportes na cidade, a qual tinha como política bem estabelecida a contratação de jornalistas (departamento de Relações Públicas) sob a carinhosa supervisão de um dos seus diretores, ele próprio o estimado e respeitado jornalista, Pedro Dantas, do *Estado de S. Paulo*. Jornalistas (e donos de jornal) eram então isentos por lei do imposto de renda; o papel de imprensa (e o dos livros) era altamente subsidiado e os procedimentos de importação permitiam ainda uma margem clandestina que ficava no exterior, como dinheiro não declarado, à disposição do importador. Em toda a América Latina, apenas dois ou três jornais – o *Estado*, no Brasil, *La Prensa*, no Peru, e mais um terceiro, em Buenos Aires – não usavam esse artifício fraudulento.

A escola era risonha e franca. Talvez fosse mesmo mais correto dizer que era, no caso, descaradamente risonha e franca. Tinham os jornais sua matéria-prima, o papel, generosamente subsidiado pelo governo; sua mão de obra, os jornalistas, custavam muito pouco, na folha, porque recebiam a parte gorda da remuneração, segundo o talento, o mérito e a importância de cada um, do erário público e (ou) do caixa de empresas donas dos serviços públicos. Também não pagavam outros impostos, nem luz e gás, ou pagavam a muito longo prazo, depois de muito discutir e com grandes descontos. Vida mansa. O diretor do *Correio da Manhã*, M. Paulo Filho, era do Tribunal de Contas; o do *Jornal do Brasil* era, a vida toda foi, advogado do banco do mesmo nome. Pode ter havido exceções, mas eram casos isolados. Posso indicar, na minha época, talvez apenas duas: o *Diário de Notícias*, de Orlando Dantas, no Rio, e o *Estado de S. Paulo*, em São Paulo, ambos seguidores, cada um a seu modo, do modelo do *New York Times* do velho Ochs, fundador da dinastia americana. E havia ainda os protegidos, as amantes, a família, os negócios... Dir-se-á que assim, teúdos e manteúdos pelos dinheiros públicos, os jornais eram, na verdade, do governo, porta-vozes do pensamento e dos interesses oficiais. Mas talvez mais correto fosse entender o contrário: o governo e o país é que eram deles; da pequena elite que representavam ou dos diversos grupos e facções em que ela se dividia. Não quero dizer que essa pequena elite fosse invariavelmente corrupta ou impatriótica; as coisas nunca são assim tão simples. Os jornais eram aliás a parte, por definição, propriamente pública dos embates, e sua presença, por torta e viciada que algumas vezes fosse, arejava e ordenava os negócios, as ideias, as ambições, e o país mal ou bem progredia. Mas, o privilégio era escandaloso e talvez seu momento de glória tenha sido, afinal, a imagem do Chatô, de chapéu de cangaceiro, embaixador do Brasil na Corte de St. James, levando presentes à rainha...

Até quando durou a festa? Não sei se as escolas de jornalismo, que hoje fornecem diplomas aos modernos "focas", estudam esses assuntos, mas posso dizer que a festa começou a acabar precisamente naqueles anos. Entre os primeiros pontos do programa de austeridade e saneamento da coisa pública do governo Castelo Branco, em 1964, estava a supressão dos privilégios e vantagens da imprensa; e a supressão foi feita sem demora, com a anuência dos próprios grandes jornais. Talvez os pormenores desse episódio estejam registrados no livro de memórias do embaixador Roberto Campos, *Lanterna de popa*. Não sei, não li o livro; na época, eu implicava com as ideias e o estilo do embaixador, embora no fim acabasse reconhecendo seus incomuns méritos.

Anos mais tarde, num jantar na embaixada em Londres presidido pelo embaixador, coube-me sentar ao lado de sua mulher. Éramos poucos à mesa, talvez apenas oito ou dez, mas, assim que a conversa se generalizou, a embaixatriz pôs a mão em meu braço e me perguntou gentilmente: "Quem é você?" Expliquei que era apenas um jornalista de São Paulo que escrevia no *Estadão*, mas ela queria saber mais: "E de onde você conhece o Roberto?" Na verdade, eu a rigor não conhecia o "Roberto", e o jantar destinava-se, quem sabe, a sanar exatamente essa dificuldade, talvez insanável. Dali para a frente, em anos cada vez mais futuros, até quase sua morte, já virado o século, tornei-me seu vizinho e até seu correspondente; durante décadas inteiras, dividimos os dois a segunda página do *Estadão* nos domingos e, pelo menos uma vez, numa dessas grandes revistas semanais, trocamos cartas.

Trocar cartas na imprensa, cartas abertas, era um hábito antigo que às vezes voltava à moda. Na mesma época do embaixador, mas já no *JB*, troquei cartas também com o ministro e ex-ministro Delfim Neto, habilíssima, ainda que discutível, figura de homem público. Eram todos, aliás, membros de um pequeno e poderosíssimo "partido"; acho que dividiam não só os mesmos jantares, mas até a mesma sigla partidária; Campos, Delfim, Maluf, Dornelles e mais Roberto Marinho do alto de sua janela jornalística suprapartidária. Comparar as cartas aos *e-mails* da atual era eletrônica me parece leviano; acho-as mais parecidas com os antigos duelos do tempo dos romances de capa e espada. E não terá sido por acaso que seu mais célebre praticante, entre nós, foi um terrível espadachim, fervoroso e piedoso católico, mas adversário feroz dos opressores de direita então favorecidos pelo papa e pela Igreja; não só no Brasil, mas no ecúmeno. Não fosse a memória dos leitores reconhecidamente fraca e eu não precisaria de tantos adjetivos para evocar a figura do advogado Heráclito Fontoura Sobral Pinto que, durante o Estado Novo, recorreu até mesmo ao Estatuto de Proteção aos Animais na falta de códigos ou leis em que pudesse apoiar-se para defender os espezinhados direitos dos seus clientes presos e torturados pela ditadura getuliana. Sobral tornou-se uma ampla e eminente figura de defensor público; sua indômita atuação estendeu-se por muitos anos, em geral por meio de cartas abertas em que denunciava minuciosamente desmandos ou crimes das autoridades públicas. Ele não terá sido o primeiro, mas foi sem dúvida o maior e o mais determinado desses heróis civis em nosso tempo. Outro, parecido com ele, embora mais discreto e específico em seus combates, foi José Nabuco, também advogado e, curiosamente, quando iniciou sua ação, advogado dos ingleses. Sua história está contada em todos os pormenores, por ele mesmo, num pequeno livro publicado depois de sua morte. É uma incrível história; como um jovem advogado, virtualmente sozinho, apoiado apenas por amigos e colegas a quem recorre em um ou outro momento, pôde impor à Alemanha nazista uma grave derrota.

Era um momento traiçoeiro da história; últimos meses, semanas, do ano de 1939. A Alemanha nazista dominara todo o continente europeu e parecia invencível; a inclinação pacifista, adesista, simpática à nova ordem ganhava terreno em toda parte, até mesmo na própria Inglaterra. Os alemães, por sua vez, avançavam na África e lutavam para dominar também o Atlântico, não só ao Norte, mas no Sul, de modo a controlar as rotas de navegação da América no Ocidente. Pode-se entender como se tornavam importantes, naquela hora, pontos de apoio na extensa costa brasileira. O que fez Nabuco foi desencadear, contra os desejos e a inclinação do próprio governo da época, uma prolongada batalha judicial pedindo o arresto de navios germânicos que aqui aportavam.

O pequeno livro de Nabuco, publicado graças ao carinho e ao esforço de seus próprios filhos, chama-se *O arresto do Windhuk* e relata minuciosamente toda a trama envolvendo quase uma dezena de barcos alemães. É uma bela história. Devia ser tema de leitura e estudo obrigatórios nas faculdades e escolas brasileiras; escolas de direito, de jornalismo, de letras, de história. Não sei se há bons livros sobre Sobral Pinto; deve haver, mas, se não há, é preciso escrevê-los com urgência. No próprio Google, aliás, pode-se ler a história de uma terceira figura da época, comparável a essas duas citadas; um jovem diplomata de carreira, Vasco Leitão da Cunha, havia sido designado chefe de gabinete do ministro da Justiça de Vargas, Francisco Campos, o Chico Ciência, autor da Carta de 1937. A história de Leitão da Cunha passa-se já no início dos anos 40, acho que em 1942, quando os ventos da guerra começavam a virar a favor da liberdade. Chico Ciência adoecera, afastara-se temporariamente do Ministério, e Vasco assumira interinamente o posto. Na condição de ministro da Justiça, cabia-lhe julgar e autorizar ou não manifestações de ordem política. Uma de suas primeiras autorizações, entretanto, esbarrou na oposição do mais importante dos seus subordinados, o chefe de Polícia, Filinto Müller, que comandava o aparelho repressivo do regime. Mas

Vasco manteve sua decisão favorável e, diante da intransigência de Filinto, que se recusava a aceitá-la, considerou-o insubordinado e deu-lhe ordem de prisão. Um jovem ministro interino desautorava e mandava prender o próprio chefe do aparelho repressivo do regime! O incidente, como era de esperar, embora a imprensa censurada pelo DIP nada pudesse dizer, sacudiu o Rio. Vargas hesitou durante uma semana e acabou demitindo os dois. Vasco Leitão da Cunha voltou ao Itamaraty; foi embaixador do Brasil em Moscou, depois do reatamento de relações com a URSS, e em Cuba sob Castro, época em que o conheci; encontrei-o numa reunião da ONU, em Nova York, um ano ou dois depois de vitorioso o movimento de 1964. Filinto Müller morreu senador da Arena, num desastre de avião, em Paris.

A esses três nomes exemplares, Sobral, Nabuco, Leitão da Cunha, se pode juntar ainda protagonistas de episódios mais recentes ou mais antigos; mas, antes disso, não custa precisar melhor quem são esses heróis civis, esses d'Artagnans que surgem precisamente nos momentos em que falham as instituições democráticas, e a sociedade se vê desamparada diante de um governo que tenta arrastá-la para onde ela não quer ir. Artigo primeiro: esses heróis civis são apenas civis; cidadãos comuns ainda que incomuns. Não são políticos, não querem o poder para si mesmos, não se deixam corromper pela ambição do poder. Na luta pela derrubada da ditadura Vargas e especialmente no seu episódio final, em 1945, um nome se destacou mais do que qualquer outro, o do jovem jornalista Carlos Lacerda; mas Lacerda, filho de político, tinha vocação e destino bem definidos, o poder, a política – que o levariam a todos os excessos e todas as alianças, mesmo as mais surpreendentes. Sobral Pinto foi sempre advogado. Nabuco, também. Depois do episódio dos navios, em 1950, ele tentou impedir judicialmente a candidatura de Vargas, denunciando-o como perjuro. Vargas havia jurado cumprir a Constituição de 1934 e, três anos depois, rasgou-a para impor ao país a Carta de 1937, que também não cumpriu. Como poderia o país acreditar, em 1950, em mais um juramento seu, desta vez em favor da Constituição democrática de 1946? Nabuco submeteu sua tese ao Instituto dos Advogados e acabou vencido por um voto apenas. E puseram o retrato do Velho outra vez, no mesmo lugar, como dizia a marchinha carnavalesca, ainda que com trágicas consequências.

Me lembro de que, na redação do *Estado*, na década de 1970, às vezes eu me queixava em conversa com o Júlio Neto de palavras ou atitudes de determinados amigos nossos, bons amigos, e o Júlio contemporizava; "Não esqueça que o Fulano é político..." Quem leu Platão sabe que em sua *República* a casta dos governantes, os políticos, goza de direitos especiais entre os quais está o de não dizer a verdade; haveria mesmo, para eles, um código moral diferente do nosso, o dos cidadãos comuns. Talvez, em 1950, o Instituto dos Advogados estivesse afinal certo, platonicamente certo, e o juramento de um político não valha mesmo tanto assim, ainda mais em tempos de guerra, como aqueles de Vargas em 1930...

Num capítulo anterior destas *Reminiscências*, acho que ainda bem no começo, lembro-me de ter falado de um querido amigo, José Antônio de Souza, o Souzinha. Souzinha deixou-nos não faz muito; era um homem de múltiplas habilidades, um curioso, um inventor não só de coisas e de máquinas, mas de ideias e situações. Foi, talvez, o último dos stalinistas; considerava Stalin o mais inteligente dos líderes políticos e detestava os Estados Unidos, imaginava detalhados cenários alternativos em que a primeira potência mundial se veria forçada a dobrar-se diante de um implacável inimigo... Em suma, Souzinha sabia de tudo, sabia viver, casara-se, tinha uma filha linda, quadros do Di Cavalcanti, estátuas do Ceschiatti, amigos como Rubem Braga, mas, em política, era ainda criança, divertia-se pensando como muitos de nós havíamos pensado quando éramos ainda meninos.

Imagino o Souzinha, vivo ainda ou redivivo, lendo esses parágrafos que escrevi sobre os d'Artagnans da outra República. "Pedras", diria ele, "você acha mesmo que o Sobral e o José Nabuco podem valer como exemplos para esses jovens de hoje? Alguma vez, você conseguiu ler até o fim uma daquelas quilométricas cartas do Sobral? E você realmente acredita que os jovens andam atrás de exemplos de boa conduta? Que seus heróis burgueses do bem podem competir com o Fidel, o Che, o Marighela, gente disposta a matar e morrer por uma causa, uma ideia, disposta a encarar a tortura e a torturar também quando acha preciso; a disputar e tomar o poder por todos os meios... Santa ingenuidade! Por último, se Vosmicê permite, diga-me lá quantos leitores, neste século e no outro, imagina, possam ter estas suas *Reminiscências*, tão carinhosamente postas no papel – para lá ou para cá de meia dúzia?"

Talvez o Souzinha não fosse tão cruel. Em vez de dúzia, diria talvez centena: meia centena. Mas ia me esquecendo de dizer que "Pedras", como ele me chamou, é meu nome para os meus amigos ao norte do trópico de Capricórnio, vale dizer, no Rio; Pedras, Pedreira, Peter, ou Pedrote, como me chamavam o Evandro e o Castelinho. Fernando, mesmo, só as moças, senhoras ou meninas, e a família; gente muito íntima. Do lado sul do trópico, em São Paulo, muda a nomenclatura. Mas, na verdade, deixei a Pauliceia quando deixei a direção do *Estadão*, em fins de 1978, e aos poucos fui perdendo São Paulo, ainda que leia todas as manhãs o *Estadão* e visite na Baronesa meu amigo Roberto Gusmão e lá encontre o Fernando Henrique, o Angarita, o Ranulfo de Melo Freire. Mas, perder São Paulo foi um prejuízo enorme que muito me custa. E a culpa da perda, se existe, não é apenas minha. Morreram o Júlio em 1996, Cláudio em 1987, Carlão em 1970 e o Velho Júlio em 1969.

No Rio, no século novo, morreram Maneco (Nascimento Brito) e o Evandro.

Poucos anos antes de ir-se, o Velho Júlio havia sido levado a cometer, por fortes e fundos motivos, dois erros (não me ocorre maneira melhor de dizer isso) que teriam pesadas consequências. Tentando abrir caminho para seu filho Carlão, ele afastou Cláudio Abramo da secretaria do jornal. A intenção era, como dizem os americanos, chutá-lo para o andar de cima, mas Cláudio era um apaixonado jornalista, a redação era seu lugar, sua casa, e ele não admitiu a hipótese de trocá-la por uma posição fosse onde fosse, ainda que com um salário bem maior. Mais ainda: Cláudio magoou-se profundamente diante de uma decisão que o empurrava para o lado, desconsiderando além de tudo os fortes laços afetivos que o ligavam aos Mesquita e ao próprio jornal. Eu estava em Brasília, naquela hora, e custei a entender a reação passional do Cláudio, que atribuía sua "promoção" a motivos políticos inaceitáveis. No fim, rompeu com o jornal e foi para a *Folha*, onde retomou sua brilhante carreira. Carlão, por sua vez, embora fortemente atraído pelas responsabilidades novas, não tinha na verdade nenhum gosto por elas. Continuou a ser o mesmo brilhante Carlão de sempre, querido por todos, embora cada vez mais preso a seus velhos hábitos boêmios, os quais haviam sido, aliás, exatamente o motivo primeiro da intervenção de seu pai. Eram tempos desordenados e difíceis, aqueles; a vida passava depressa. Afinal, já em 1970, Carlão, em seus derradeiros meses, sempre que eu vinha do Rio ia vê-lo; encontrava-o num apartamento do Hotel Jaraguá que ele havia transformado em quarto de hospital e onde recebia repórteres e redatores, além da família e dos amigos nos fins de tarde, sempre deitado numa vasta cama ortopédica. Um atento enfermeiro, a seu lado, servia-lhe discretamente doses de uísque e remédios; ele havia tropeçado num degrau de escada e quebrado ossos da perna. Imobilizado pelo gesso, deitado na cama o dia todo, bebendo uísque servido por quem devia cuidá-lo, livre da autoridade paterna, posto que o pai havia morrido no ano anterior, Carlão havia encontrado a fórmula perfeita, a receita segura da cirrose e da morte.

Na última vez em que estive em seu apartamento, estava também sua mãe, dona Marina, acompanhada de dois irmãos, uma senhora e um cavalheiro, grandes amigos seus. Logo que cheguei e cumprimentei os circunstantes, a senhora voltou-se para seu irmão e disse: "Você sabia que o representante do *Estado*, no Rio, está de amores com uma de nossas primas de lá?" Antes que o irmão respondesse, dona Marina interveio: "E o herói está bem aqui, conosco!", e apontou para mim. Todos riram-se muito; o próprio Carlão interveio e a satisfação era geral. Esse era o ambiente no quarto, alegre e divertido, dominado pela personalidade do anfitrião. Ninguém parecia dar-se conta do que estava realmente acontecendo ali mesmo, diante de nós; Carlão estava morrendo, ia morrer dali a dias, depois de uma crise, antes mesmo de chegar ao hospital para onde foi levado às pressas.

Carlão, o filho caçula, era o mais parecido com o pai. No velório, em casa de seu irmão Rui, sua fisionomia, no caixão, era não apenas parecida, mas idêntica à do velho. Havia, entre os dois, entre pai e filho, 37 anos de diferença, mas era como se a morte do filho os tivesse igualado, irmanado no mesmo semblante severo. Dizia dona Marina que tinha sido melhor assim; melhor que o pai morresse e não visse o filho morto, morrendo, tão moço ainda, como morreu. Dona Marina, por sua vez, faleceu vitimada por um infarte, em Salzburgo, durante um festival de música que era uma de suas paixões e ao qual ela ia todos os anos.

"Marcha soldado, cabeça de papel, se não marchar direito vai preso pro quartel!" Outros amigos nossos, igualmente queridos, morreram como o Carlão; no Rio, Cesário Melo Franco Sena. Carlão escolheu números redondos; nasceu em 1930, um ano revolucionário; morreu em 1970; viveu 40 anos alegres e intensos que encantaram os que o conheceram. Cesário deixou-se ir mais devagar e chegou à beira dos 50; quase alcançou a marca de dois outros companheiros que o câncer levaria pouco mais adiante, Flávio Rangel e Sérgio Lacerda. Mas a grande maioria dos nossos passou dos 70 e, até, dos 80, e há mesmo, agora que chegamos aos últimos dias de 2014, os que já dobraram ou lutam para dobrar o cabo dos 90, como Antônio Angarita, como Ranulfo de Melo Freire, talvez o mais admirável desses ilustres bebedores, juiz severo mas cidadão sempre cheio de serenidade e bom humor, capaz, quando ainda estudante em sua terra, de entornar uma garrafa inteira da boa cachaça mineira sem alterar, por pouco que fosse, o tom de voz, a atenção, o brilho e a graça da conversa. A verdade é que bebíamos todos muito, ao menos nisso nossa época não foi diferente de tantas outras, mais ou menos memoráveis. Bebíamos uísque e vodca, sobretudo, mas bebíamos de tudo; os que absolutamente não bebiam, ou apenas fingiam que bebiam, eram raras exceções. Havia ainda, (e não eram tão poucos) os que bebiam mal – fugíamos deles prudentemente. E havia, enfim, os casos menos comuns em que a bebida parecia apenas servir para dar asas aos demônios da alma, às taras dos tarados, às alucinações... Nos tempos já tão distantes do 99 da Xavier da Silveira, Stanislaw Ponte Preta, além dos dois irmãos já referidos em capítulos anteriores, tinha também um primo em segundo ou terceiro grau, Mauricinho Porto, que frequentava vez por outra nossa roda de conversa. O Mauricinho era funcionário balconista de uma dessas antigas companhias de aviação, talvez a Cruzeiro do Sul; rapaz modesto, discreto, sem brilho, mas forte e rijo; trabalhava no turno da noite, até a madrugada. Certas noites, entretanto, noites de lua provavelmente, batia-lhe no peito uma tristeza funda que o fazia embebedar-se e sair pelas ruas à procura de uma vítima qualquer que pudesse agredir e espancar a gosto, sem explicação e sem razão. Naqueles tempos, líamos muito os grandes escritores nordestinos, e logo alguém lembrou-se de dizer que o Mauricinho era a versão urbana do seleiro Amaro, personagem de *Fogo morto*, romance maior do Zé Lins do Rego. Ficou assim o nosso anti-herói transmudado, ainda que vicariamente, em mito literário, ou submito, se é que se pode dizer assim, personagem das sombras da noite nas calçadas da Copacabana dos tempos do Stanislaw ainda rapazola. Mas, que não se culpe a bebida pelas suas maldades; leões e gorilas-das-montanhas e das savanas da África – sabemos hoje de ciência certa – não consomem álcool nem drogas, mas nem por isso deixam de produzir também os seus "Mauricinhos" piores ainda do que o nosso. Consultem as colunas da *N.Y. Review of Books* ou das revistas especializadas, se querem saber de pormenores; leões necrófilos que perseguem e matam as leoas, antes de possuí-las; entre os gorilas-das-montanhas, fêmeas mais velhas ciumentas que atacam as mais jovens, recém-saídas do parto, e roubam e devoram os bebês – gorilas recém-nascidos... Horror, horror!

Beber para nós – ouso dizer – era como montar a cavalo; montado, você cresce, corre mais depressa, combate melhor, galopa morro acima, salta cercas e valões, embora possa também cair de mais alto; mas, não caímos todos, um dia? Ainda ontem à noite, na TV, revi um filme antigo que conta a vida de Cole Porter. Porter juntava a realidade à metáfora; no fim, cai literalmente do cavalo, um belo cavalo branco, e o animal cai também, rola sobre sobre suas pernas, faz dele um patético aleijado. Ou pode acontecer, como aconteceu ao pintor Rugendas no livro do César Aira, que o cavalo se assuste e dispare, arrastando o cavaleiro com o pé ainda preso a um estribo... Em nossa fazenda do Espírito Santo, nos meses em que passei lá, aprendi não só a montar, mas a laçar, como um caubói verdadeiro, garrotes e bezerros no campo. O solo era irregular e traiçoeiro. Vastas pastagens ainda recentemente abertas na mata ou na floresta pelo facão dos desbravadores e o fogo das queimadas. Caí muitas vezes; era projetado por cima da cabeça do cavalo, que tropeçava e caía também; mais de uma vez bati com a cabeça, perdi os sentidos, mas era ainda bem moleque e logo me recuperava. A eguinha em que costumava montar, valente e esperta, iria morrer pouco tempo depois com o ventre rasgado pelos chifres do mais belo touro gir da fazenda, o Rio Doce, toneladas de músculos e nervos sob um manto negro e vermelho, testa arredondada, pequenos chifres recurvos, um monstro que certamente não avaliava a força que tinha, capaz de saltar uma cerca de dois metros como se não fosse nada. Diana, a eguinha, era a montaria preferida do capataz da fazenda, o Manoelzinho. Terminadas as férias, Diana voltou para os trabalhos do campo e, por um erro ou descuido do Manoelzinho, apertou demais o touro, irritou-o, até que ele, com um simples movimento da cabeça, a derrubasse... Caíram os dois, a égua e seu imprudente cavaleiro, ela para morrer logo depois.

 A notícia dessa pequena tragédia campestre só me chegou aos ouvidos meses e meses mais tarde; havíamos voltado ao Rio e nos reinstalado na casa da praça Eugênio Jardim, que, no entretempo, havia passado por uma boa reforma e estava outra vez estalando de nova. Não sei se derramei uma lágrima pela minha eguinha tombada em combate, mas o fato é que não me esqueci dela; quantos anos passados? Com certeza mais de 70. Nem dela, nem do Rio Doce, nem do Manoelzinho, que amansava a pau potros bravios, diante dos nossos olhos arregalados. Nem mesmo do Jacuí, outro touro ainda maior do que o Rio Doce, embora menos bonito, todo cinzento com manchas mais escuras. Ainda quando estávamos lá, uma tarde o Jacuí, por motivo de ciúmes, saltou uma cerca e dispôs-se a enfrentar o rival em campo aberto. Foi um corre-corre; mobilizou-se a fazenda inteira, até que sob o comando do Manoelzinho se conseguisse a muito custo separar os dois gigantes e evitar um desastre maior. Quanto vale um bicho daqueles? Também não me esqueci do burro Umbigudo que não gostava de mim e, uma bela manhã, quando eu, já com o pé no estribo, tentava montá-lo, derrubou-me e me escoiceou cruelmente. Chamava-se Umbigudo porque tinha no ventre, na altura do umbigo, uma saliência arredondada como se tivesse engolido uma bola de futebol. Vinha daí, com certeza, o seu mau humor. Havia ainda, nas cocheiras, uma égua negra, alta e esbelta que meus irmãos às vezes montavam. Chamava-se Gasolina e era mansa e paciente, mas rebelava-se e escoiceava com fúria todas as vezes que trazíamos o garanhão Campolino para cobri-la. Era um belo animal, esse garanhão, tordilho quase branco, crina abundante, bem escovado e tratado e cheio de vigor. Servia, às vezes, também de montaria, mas sua função verdadeira era aquela mesma de garanhão. Nós, meninos, de nossa parte, estávamos também com os fogos a se acenderem; eu ia fazer 12 anos, meus irmãos vinham logo atrás; era uma idade, digamos, masturbatória, e pode-se imaginar o encanto, a surpresa, o deslumbramento nosso diante daqueles amores selvagens; o Campolino empinava, relinchava, resfolegava, escorava no peito os coices da Gasolina, mordia-lhe a crina e o pescoço e a penetrava, enfim...

Pode-se dizer que, para nós, naquela rude gleba capixaba, o Campolino era pouco menos que um *lord* Byron, espécie de vistoso herói romântico. Os dois touros gir, ao contrário, eram discretos e eficazes em suas funções, emprenhavam as matrizes em segundos e sem erro, quase como essas enfermeiras que, nos postos de saúde, vacinam adultos e crianças contra as doenças do ano ou da moda. Havia ainda na fazenda muitos outros bichos e a alguns deles fiz referência em partes anteriores destas *Reminiscências*: o sapo que vinha à noite comer besouros na varanda da casa iluminada; os marimbondos da Casa dos Barcos, no mangue, à beira do rio, um rio que nos parecia grande mas não tinha nome no mapa. A fazenda em si não era nem bonita nem feia; era alegre, leve, ensolarada. Não tinha história, nem árvores centenárias, nem ao menos estava pronta; fazia-se ainda; arrumava-se e seu projeto era tornar-se uma espécie de usina de novilhos de boa raça, cuja produção, naqueles meses, apenas começava.

Nunca mais voltamos lá. Nem mesmo me lembro de ter tido sequer notícias de lá, depois do anúncio da morte da minha eguinha, espetada num chifre de touro. O tempo engoliu tudo. Em verdade, no fim das contas, quem tem razão é mestre Manoel de Barros, poeta dos grandes, que vem de morrer ainda agora e mereceu necrológios tão bonitos nos jornais da terra. Diz ele: "A gente nasce, cresce, amadurece, envelhece, morre. Pra não morrer, tem que amarrar o tempo no poste. Eis a ciência da poesia: amarrar o tempo no poste."

E haja poste.

FIM DO PRIMEIRO VOLUME
DESTAS REMINISCÊNCIAS
2015

{ Este livro foi editado no verão de 2016 na cidade do Rio de Janeiro. Foram usados tipos Minion, criados por Robert Slimbach em 1990, e Clarendon, criados por Robert Besley em 1846. Impresso em São Paulo pela R.R. Donnelley. }

CIP-BRASIL. CATALOGAÇÃO NA PUBLICAÇÃO
SINDICATO NACIONAL DOS EDITORES DE LIVROS, RJ

P399e
    Pedreira, Fernando, 1926-
        Entre a lagoa e o mar reminiscências / Fernando Pedreira; organização Sebastião Lacerda. - 1. ed. - Rio de Janeiro: Bem-Te-Vi, 2016.
    428 p. :il. ; 23cm.

    Apêndice
    ISBN 978-85-88747-50-0

    1. Memórias brasileiras. 2. Crônica brasileira. I. Lacerda, Sebastião. II. Título.

16-29860   CDD: 869.93
                                                          CDU: 821.134.3(81)-3

15/01/2016   15/01/2016